DICCIONARIO BREVE
DE MEXICANISMOS

GUIDO GÓMEZ DE SILVA

DICCIONARIO BREVE DE MEXICANISMOS

ACADEMIA MEXICANA

FONDO DE CULTURA ECONÓMICA

MÉXICO

Primera edición, 2001

Comentarios y sugerencias: editor@fce.com.mx
Conozca nuestro catálogo: www.fce.com.mx

D. R. © 2001, ACADEMIA MEXICANA
Donceles, 66; 06010 México, D. F.

D. R. © 2001, FONDO DE CULTURA ECONÓMICA
Carretera Picacho-Ajusco, 227; 14200 México, D. F.

ISBN 968-16-6408-6

Impreso en México

Introducción

La Academia Mexicana preparó un *Índice de Mexicanismos*, cuya información sirvió de base para la selección de palabras de este *Diccionario Breve de Mexicanismos*. El *Índice* se publicó en noviembre de 2000 en una coedición de la Academia Mexicana, el Consejo Nacional para la Cultura y las Artes y el Fondo de Cultura Económica.

El "Índice"

Desde 1761 han aparecido listas de mexicanismos señalados como tales por el autor de la publicación. De estas listas, 138 parecieron dignas de tomarse en cuenta. El *Índice* es una acumulación de los 180 000 registros que hay en ellas, reducidos a 77 000 entradas debido a las duplicaciones. Se encontraron 41 000 palabras registradas en una sola de estas listas, 36 000 en dos o más, hasta el caso extremo de *coyote*, que está en 55 (otro ejemplo muy repetido: *atole*, que está en 48). El *Índice* muestra cuatro datos en cada entrada: *a)* la palabra o la frase; *b)* el porcentaje de informantes que dijo conocerla (se constituyó una red de 65 informantes, y los hubo de todos los estados de la República Mexicana); *c)* el número total de fuentes en que aparece, y *d)* el número de identificación de las fuentes (numeradas del 1 al 138 en la bibliografía). El *Índice* no contiene definiciones. Sí indica las variantes ortográficas, de modo que *cenzontle* (grafía que recomienda la Academia Mexicana) aparece en 19 formas más, entre ellas, en orden decreciente del número de listas que las contienen, *zenzontle, sinsonte, centzontle, cenzonte*.

El *Índice* fue un primer resultado de esta investigación; este *Diccionario Breve* es un segundo resultado, que nos acerca a un tercer resultado —un nuevo y mayor diccionario de mexicanismos.

El "Diccionario Breve"

La diferencia principal entre el *Índice* y el *Diccionario Breve* es que en éste se incluyeron definiciones. Además, se redujo la lista del *Índice* a 6 200 artículos lexicográficos (que incluyen palabras [morfemas libres, unidades léxicas univerbales], locuciones [unidades pluriverbales], e incluso varios elementos léxicos [morfemas inseparables]). La reducción se logró eliminando lo siguiente: *a)* aquellas palabras y variantes gráficas que muy pocos informantes (o ninguno) dijeron conocer; *b)* palabras españolas como *abeja* que, aunque todos dijeron conocer, aparecía en una sola lista, y en el sentido de cierto aparato que en la Nueva España del siglo XVIII se utilizaba en las minas (sentido técnico en que ningún informante conocía la palabra); *c)* aquellas palabras del *Índice* que aparecen en el *Diccionario de la Lengua Española*, de la Real Academia Española (DRAE), con el mismo significado que se les da en México y sin marca regional (o sea que aunque algún autor había considerado que eran mexicanismos, no lo eran). Se limitó el número de palabras incluidas que pertenecen a ciertos campos temáticos (por ejemplo, la flora, la fauna, la minería y otras técnicas, las palabras muy regionales [subnacionales], están representadas sólo por sus términos más frecuentes).

Características

Este diccionario tiene tres características, que podemos abreviar como sigue: es sincrónico, contrastivo y descriptivo.

a) *sincrónico*. No es diacrónico o histórico, sino que representa lo actual, los elementos léxicos de uso en la segunda mitad del siglo XX, y principio del XXI.

b) *contrastivo*. Es diferencial; se preparó el diccionario tratando de comparar lo que se dice en México con lo que se dice en otros países de habla española y sobre todo con el español de la Península Ibérica; ésta fue la variante de referencia porque el español de España es el mejor conocido y mejor descrito (véase, abajo, "El comparador"). El propósito es, pues, registrar el sector del léxico del español de México que no es común con el de los otros 20 países de habla española.

c) *descriptivo*. No es normativo, indica la realidad del uso; ya que no establece criterios normativos, no se excluyen préstamos de otras lenguas (que son principalmente del inglés), ni neologismos. Tampoco se excluyen los llamados historicismos, o sea palabras que, como *cu*, ya no se utilizan corrientemente pero sí en textos recientes que se refieren a cosas del pasado.

En lo que se refiere al nivel estilístico, no se evitaron las groserías, las palabras soeces, pero se marcaron, como lo hace el DRAE, "voz [o locución] malsonante". En este diccionario, "voz malsonante" significa expresión impropia de personas cultas o educadas, que ofende los oídos de personas de buen gusto.

El comparador

El principio diferencial (respecto al español peninsular) hizo necesario un contraste con una piedra de toque fiable para decidir qué es propio y qué es compartido.

El único registro general y original del español peninsular es el *Diccionario de la Lengua Española*, de la Real Academia Española; se usó la edición 21, 1992 (DRAE). La edición 22 aparecerá este año de 2001, en octubre. En el *Diccionario Breve* se considera mexicana, para fines prácticos, toda palabra del *Índice* (si se usa, si no en todo México, a lo menos en zonas geográficas extensas o densamente pobladas) que no figura en el DRAE, o que figura en él con marca regional *(Méj.* o *Amér.).* Para los refranes, como la Real Academia Española los publicó sólo hasta la edición 18, 1956, del DRAE, se utilizó esa edición para la comparación.

Contenido

Para los propósitos de este diccionario se considera mexicanismo una palabra, partícula o locución, de procedencia española o indígena, característica del español de México, especialmente si no la comparte (si contrasta) con el español de otros países de Hispanoamérica o con el de España (ejemplos: *defensa* [de vehículo de motor], que en España es *parachoques;* o *guajolote,* que se utiliza comúnmente en México y por lo general no se entiende en otros países de habla española). Se incluyeron, pues, las voces que tienen en México un contenido semántico peculiar (voces del español general que tienen en México acepciones diferentes de las peninsulares, algunas de las cuales son arcaísmos de origen hispánico que ahora se desconocen en la Península). Se pusieron también algunas voces de origen mexicano incorporadas al español general, y aun a varios idiomas (por ejemplo, *chocolate;* que en alemán es *Schokolade,* en francés *chocolat,* en inglés *chocolate,* en italiano *cioccolato,* en ruso *shokolad:* no se han excluido los mexicanismos históricos, como éste, o como *ca-*

cao o *tomate*). No se olvidaron las denominaciones de las cosas y acciones de la vida diaria, que son las menos conocidas de un país a otro.

Se incluyeron los nombres de realidades consideradas típica o específicamente mexicanas, tales como determinados animales, plantas, comidas, o bailes folclóricos (si una persona no mexicana conoce por ejemplo el animal o la planta en cuestión, que no es propia de Europa, usará probablemente la palabra mexicana; no por esto deja de ser mexicanismo, pues es posible que sea desconocido por la mayoría de las personas de habla española).

El autor de este *Diccionario Breve*, además de utilizar el *Índice*, se encargó de hacer encuestas orales, consultando a asesores adicionales para asegurarse de que alguna palabra dudosa todavía se conoce.

Hay en este diccionario palabras de las que se podría pensar que se utilizan también en España, porque aparecen en el DRAE sin marca regional, pero que son muy poco usuales en España. Por ejemplo, *papa*, que allí se llama *patata*, o *futbol*, que allí es *fútbol* (las diferencias pueden ser de pronunciación, de uso gramatical, léxicas, semánticas, o de uso estilístico). Casi todas las voces que se incluyen se utilizan en toda la República Mexicana. Cuando son locales, pero muy difundidas, se indica con alguna marca, del tipo *Norte* o *Yucatán*.

Los topónimos y otros nombres propios (por ejemplo, antropónimos) aparecen sólo incidentalmente, si está alguno de sus derivados (v. gr., se encuentra el adjetivo gentilicio *guerrerense*, pero no *Guerrero*).

En las locuciones se indica el lugar de los sujetos o de los complementos posibles de los verbos mediante palabras como "alguien", "algo".

El artículo: notas explicativas

El orden alfabético es del tipo letra por letra, es decir **aguascalentense** está después de **aguas frescas** (como si este grupo estuviera escrito **aguasfrescas**, sin espacio) no antes, como en el sistema palabra por palabra.

En el caso de locuciones, se alfabetizan en el primer sustantivo (ejemplo, **saludar con sombrero ajeno**, bajo *sombrero*), o, si no hay sustantivo, en el primer verbo (ejemplo, **el que poco habla poco yerra**, bajo *hablar*).

La *ch* y la *ll* se tratan como combinaciones de dos letras, de modo que *ch* precede a *ci* y *ll* a *lm*.

La ortografía. En general, las palabras tomadas de otras lenguas (frecuentemente del inglés) se escriben en México como en esas lenguas; *flash*, o *whiskey*, por ejemplo, se escriben como en inglés, y *garage* como en francés, y no como las escribe el DRAE *(flas, güisqui, garaje)*.

Cuando llegaron los primeros españoles (desde 1518), como la grafía indígena era rudimentaria, escribieron las lenguas locales con el alfabeto latino. Cada persona o grupo usó su sistema; ahora hay una tradición bastante firme para escribirlas, y es la que se siguió, a pesar de que a veces se aparta de la ortografía general española.

La *x* de *México*. En España, hasta el siglo XVI (siglo en que los españoles llegaron a lo que hoy es México), la letra escrita *x* (en palabras como *dexar, dixo)* se pronunciaba como la *ch* francesa o la *sh* inglesa; la transición hasta la pronunciación actual *(j* española) llevó todo ese siglo (un poco después, también cambió la grafía —por *j: dejar, dijo)*. Cuando los españoles oyeron en lenguas indígenas el sonido /sh/, lo escribieron *x*. Hoy, en las palabras de origen indígena que por tradición se escriben todavía con *x*, ésta tiene una de tres pronunciaciones, según el caso (ejemplos: México, Oaxaca /j/; Xochimilco, Xóchitl /s/; xocoyote, xola /sh/).

La pronunciación. Las palabras de origen español no presentan problemas. En el caso de palabras procedentes de otras lenguas (indígenas mexicanas, francés, inglés), se indica la pronunciación mexicana entre diagonales // [signos alfabéticos normales en español, y /sh/ para el sonido que se representa así en inglés *(ship* 'barco'), con *ch* en francés *(chat* 'gato') y *sc* en italiano *(scimmia* 'mono')]. La *c* ante *e* o *i*, y la *z*, se pronuncian /s/ (esto se debe a una tradición ortográfica firme del náhuatl y algunas otras lenguas indígenas mexicanas).

Las variantes. Cuando se incluyen variantes léxicas u ortográficas, la primera que aparece es la principal, la que la Academia Mexicana recomienda.

La etimología. Aunque este diccionario no es particularmente etimológico, se incluyeron las etimologías que se pudieron encontrar con relativa facilidad.

Las consideraciones de espacio hicieron necesaria la concisión, que se logró no dando siempre todas las formas intermedias, y no presentando las pruebas y la evaluación en que se basa cada aseveración. Si una palabra no lleva indicación de idioma (como "náhuatl", "maya", "cahíta") o de período (como "latín antiguo", "griego medieval"), el idioma o el período son los mismos que se acaban de mencionar; por ejemplo, en **realengo**, *reg-* y *rex* están en latín porque las precede "latín *regalis*".

Las definiciones. En las definiciones se usa frecuentemente el término común en España, que es muchas veces el más conocido internacionalmente. Por ejemplo, se define *guajolote* como *pavo*.

Abreviaturas. Sólo se han usado abreviaturas para las categorías gramaticales y para el DRAE (véase la lista).

La Academia Mexicana agradece a la Real Academia Española su ayuda financiera que le permitió pagar los sueldos de dos personas que contribuyeron a acelerar la preparación de este diccionario (la doctora Martha Lilia Tenorio, que ayudó a investigar las fuentes, y la señora Elena María Uranga, que hizo la captura del texto).

ABREVIATURAS EMPLEADAS EN ESTE DICCIONARIO
(sobre todo para las marcas gramaticales)

abrev.	abreviación
adj.	adjetivo o adjetival
adv.	adverbio o adverbial
afect.	afectivo, afectiva
amb.	sustantivo ambiguo
colect.	colectivo
coloq.	coloquial
com.	sustantivo común de dos
contracc.	contracción
despect.	despectivo
DRAE	Real Academia Española. *Diccionario de la Lengua Española*, 1992 (edición 21)
DRAE 1956	Real Academia Española. *Diccionario de la Lengua Española*, 1956 (edición 18, para los refranes)
exclam.	exclamación
expr.	expresión
f.	sustantivo femenino
fest.	festivo
fig.	figurado, figurada
fr.	frase
interj.	interjección
intr.	verbo intransitivo
irón.	irónico
loc.	locución
m.	sustantivo masculino
pers.	persona
pl.	plural
poét.	poético
prnl.	pronominal
pron.	pronombre
pron. pers.	pronombre personal
PRONUNC.	pronunciación
ref.	refrán
sing.	singular
suf.	sufijo
sust.	sustantivo
tr.	verbo transitivo

// (entre diagonales está la pronunciación)

A

abajeño¹, abajeña. adj. 1. Perteneciente o relativo a las tierras bajas. || 2. m. y f. Perteneciente o relativo a El Bajío (región de los estados de Guanajuato, Michoacán y Jalisco [en el occidente del país]).

abajeño², abajeña. m. y f. 1. Nativo o habitante de las tierras bajas. || 2. Nativo o habitante de El Bajío.

abanderar. tr. Entregar la bandera (a un batallón, regimiento, etc.)

abarrotero, abarrotera. m. y f. Persona que tiene tienda de abarrotes.

abarrotes. (Del español *abarrotar* 'atestar de géneros una tienda'.) pl. Artículos de comercio, como comestibles y enseres domésticos.

abonero, abonera. m. y f. Comerciante que vende por abonos (pagos parciales a plazos).

abordar. (Del español *abordar* 'atracar una nave a un muelle'.) tr. Subir (a un avión u otro vehículo).

abrir: ábranla que lleva bala. loc. Apártense. || **abrirse.** Apartarse, hacerse a un lado.

abue. com. abrev. afect. 1. Abuelo. || 2. Abuela.

abuela: fuéramos pocos... parió la abuela. loc. Aumentó inoportunamente el número de personas donde ya había muchos [DRAE 1956: éramos pocos y parió mi abuela]. || **no tener** alguien **abuela.** loc. Ser malo o sinvergüenza. Se usa como insulto. Compárese *madre* (no tener...).

abuelito, abuelita. m. y f. afect. Abuelo, abuela.

abundancia: abundancia crea vagancia. ref. Quien tiene gran cantidad de lo que desea trabaja poco.

aburridora: echarle a alguien **la aburridora.** loc. Regañar, reprender.

abusadillo, abusadilla. m. y f. Listo, sagaz.

abusado, abusada. (De *aguzado.*) adj. Listo, sagaz. || **¡abusado!** expr. Ponte listo, abre los ojos.

acabadito, acabadita. adj. Agotado, extenuado por la vejez.

acabar: no la acabas de matar, y ya la estás desollando. expr. No hay que apresurarse demasiado. || **¡se acabó!** expr. Se da por terminado el asunto.

acalambrado, acalambrada. adj. Que tiene contraídos los músculos por un calambre.

acalambrarse. Contraerse los músculos por un calambre.

acamaya. (Probablemente del náhuatl *acatl* 'caña' + *mayatl* 'escarabajo' [idea implícita: 'escarabajo que vive entre cañas']) f. Langostino de río (*Atya scabra*).

acambarense, o acambareño, acambareña. (De *Acámbaro*, municipio del estado de Guanajuato [del tarasco *acamba* 'maguey' + *ro* 'lugar'; la ciudad fue fundada hacia 1526], + *-ense* 'de (lugar especificado)'). 1. adj. Perteneciente o relativo a Acámbaro. || 2. com., y m. y f. Nativo o habitante de Acámbaro.

acamellonar. tr. Hacer camellones (= 'caballones, lomos de tierra').

acapaneca. (Del náhuatl *Acapan*, literalmente = 'sobre las cañas' [de *acatl* 'caña' + *-pan* 'sobre'], + *-ecatl* 'morador de'.) m. y f. Miembro de un grupo indígena del estado de Jalisco.

acaponetense. (De *Acaponeta*, municipio del estado de Nayarit.) 1. adj. Perteneciente o relativo a Acaponeta (ciudad situada en la margen izquierda del río Acaponeta). || 2. com. Nativo o habitante de Acaponeta.

acapulqueño, acapulqueña. (De *Acapulco, Acapolco,* municipio del estado de Guerrero, del náhuatl *Acapulco,* literalmente = 'lugar de grandes cañas', de *acatl* 'caña, carrizo' + *pol,* aumentativo, + *-co* 'en, lugar de'; la ciudad fue fundada en el siglo xvi.) 1. adj. Perteneciente o relativo a Acapulco. ‖ 2. m. y f. Nativo o habitante de Acapulco.

acarreado, acarreada. (Del español *acarrear* 'transportar'.) adj., y m. y f. Traído en autobuses para que participe en una manifestación o para que vote.

acarreo. Acción de traer personas en autobuses para que participen en una manifestación o para que voten.

acartonado, acartonada. (Idea implícita: 'como cartón'.) adj. Delgado.

acasúchil o **acaxóchitl.** (Del náhuatl *acaxochitl,* literalmente = 'flor de caña', de *acatl* 'caña' + *xochitl* 'flor'.) Nombre de varias plantas.

acateco, acateca. (De *Acatlán,* nombre de varias poblaciones de la República Mexicana, del náhuatl, literalmente = 'lugar de cañas', de *acatl* 'caña, carrizo' + *-tlan* 'lugar'.) 1. adj. Perteneciente o relativo a Acatlán. ‖ 2. m. y f. Nativo o habitante de Acatlán.

acaxóchitl, véase **acasúchil.**

acción: acciones son amores, no besos ni apachurrones. ref. El afecto debe manifestarse con hechos, con obras.

acedera. f. Cierta planta americana *(Oxalis corniculata).*

aceite de manitas. m. Aceite que se obtiene cociendo patas de res. **| sin aceite no anda la máquina.** ref. Hay que ofrecer propina o "mordida" para que se tramite un asunto oficial.

acelerado, acelerada. adj. Activo.

acerola. (De *acerola [Crataegus azarolus],* del árabe *az-zuᶜrur*.) f. Cada uno de varios arbustos de los géneros *Malpighia* y *Bunchosia.*

acertar: acertar errando, sucede de vez en cuando. loc. de sentido claro.

acetato. m. Hoja delgada de plástico transparente que se usa para proyectar las imágenes o letras impresas en ella.

achacual. (Del náhuatl *atl* 'agua' + *tza-cua* 'tapar, cerrar, atajar'.) m. Dique para desviar el agua hacia determinados surcos.

achahuistlarse. Enfermar de chahuistle las plantas.

achaparrarse. Agacharse.

achatado, achatada. adj. Con un lado chato.

achechar. tr. Mimar con exceso.

¡achi! interj. Eufemismo por "ah, chingao" (véase **chingado**).

achicalado, achicalada. adj. Cubierto de miel.

achicalar. tr. Cubrir de miel.

achicalarse. ‖ Agotarse algo.

achicharrado, achicharrada. (De *achicharrar* 'experimentar un calor excesivo'.) adj. Quemado por el sol.

achicharronado, achicharronada. adj. Encogido, arrugado.

achicharronar. tr. Encoger, arrugar. ‖ **achicharronarse.** Encogerse, arrugarse.

achichiguar. (De *chichigua* 'nodriza'.) tr. 1. Amamantar (a un niño). ‖ 2. Mimar (a un niño).

achichinar. (De *chichinar* 'chamuscar', del náhuatl *chichinoa* 'tostar'.) tr. Chamuscar.

achichincle o **achichintle.** (De *achichincle* '(en las minas) trabajador que saca el agua de los veneros', del náhuatl, literalmente = 'quien chupa el agua', de *atl* 'agua' + *chichinque* 'quien chupa'.) m. Ayudante servil. **| comenzar en achichincle y acabar en ahuizote.** expr. Comenzar como ayudante y acabar molestando mucho.

achicopalado, achicopalada. adj. Abatido.

achicopalarse. Desanimarse.

achiotado, achiotada. (De *achiote.*) adj. Teñido con achiote.

achiotal. (De *achiote.*) m.. Campo de achiote.

achiote o **axiote.** (Del náhuatl *achiyotl,* de *achi-* 'grano, semilla'.) m. Cierto arbusto *(Bixa orellana),* su fruto y su semilla. De las semillas se hace una pasta roja que se usa como colorante y condimento.

achipilarse. (De *chípil* 'niño que padece malestar por hallarse embarazada la mujer que lo cría'.) Enfermarse un niño al destetarlo (por estar embarazada la madre).

achiquillarse. Adquirir o adoptar rasgos o comportamiento de chiquillo, de niño.

achis: ¡achis!, o ¡achis miachis! interjecciones que expresan sorpresa. Son eufemismos por "ah, chingao" (véase **chingado**).

achisparse. (De *ponerse chispas* 'ponerse listo'.) Ponerse listo, abrir los ojos.

achocar. tr. Apretar, comprimir.

acholole. (Del náhuatl *achololiztli*, literalmente = 'agua que salta', de *atl* 'agua' + *choloa* 'saltar; chorrear'.) m. Agua sobrante que rebasa el surco.

achololera. (De *acholole*.) f. Zanja destinada a recibir los achololes.

achoque. (Del náhuatl *axoquen*.) m. Nombre de varios animales parecidos a los ajolotes.

acidez del estómago. f. Estado en que el estómago contiene más que la cantidad normal de ácido.

aciguatado, aciguatada. (De *aciguatarse*.) adj. Pálido como los que padecen de ciguatera.

aciguatarse. (De *ciguatera* 'enfermedad de peces y crustáceos; intoxicación producida por haber comido pescado o mariscos'.) Enfermar de ciguatera.

acitrón. m. Biznaga (géneros: *Ferocactus* y *Echinocactus)* confitada.

acochambrado, acochambrada. adj. Sucio, mugroso.

acochambrar. tr. Ensuciar.

acocil. (Del náhuatl, literalmente = 'torcido del agua, que se retuerce en el agua', de *atl* 'agua' + *cuitzilli* 'torcido, doblado' [raíz: *cuil-, col-*].) m. Camarón pequeño de agua dulce (géneros *Cambarellus* y *Procambarus)*. | **ponerse** alguien **como un acocil.** loc. Enrojecerse del rostro, ruborizarse.

acocote. (Del náhuatl *acocotli*, literalmente = 'garganta de agua', de *atl* 'agua' + *cocotli* 'garganta'.) m. Calabaza *(Lagenaria siceraria)* destinada a extraer (chupando) el aguamiel del maguey. | **a** (o: **pa')** **acocote nuevo, tlachiquero viejo.** ref. Es preferible un trabajador con experiencia. ‖ **a**

acocote viejo, tlachiquero nuevo. ref. Si el instrumento es viejo es preferible que lo use un trabajador joven.

acolchonado, acolchonada. adj. Acolchado, lleno de algodón o lana.

acolchonar. tr. Acolchar, poner algodón o lana entre dos telas que luego se cosen.

acolhua o **colhua** o **culhua.** (Del náhuatl *acolhua*, posiblemente = 'hombres fuertes', de *acollo, acolli*, 'hombro' + *hua* 'que tienen'.) m. y f. Miembro de un grupo indígena venido del noroeste que se estableció en Texcoco (después de los chichimecas y antes de los aztecas). El grupo fue aliado de los aztecas y de Tlacopan.

acolhuaque, variante de **acolhua.**

acolmense o **acolmeca.** (Del náhuatl *acolmecatl* 'habitante de Acolman', de *Acolman*, municipio del Estado de México [de *acolmaitl*, de *acolli* 'hombro' + *maitl* 'mano'], + *-ecatl* 'morador en'; según la leyenda, Acolmaitl fue el primer hombre, que sólo era hombros y manos.) 1. adj. Perteneciente o relativo a Acolman. ‖ 2. com. Nativo o habitante de Acolman.

acomedido, acomedida. adj. Servicial, muy cortés.

acomodo. m. 1. Ocupación, empleo (de obrero). ‖ 2. Cargo ventajoso, que se obtiene por influencia.

acordar: **nomás acuérdate.** fr. coloq. Se dice como amenaza a quien se pide que haga algo y no quiere.

acordeón. m. Notas (papel doblado en forma de acordeón) utilizadas para hacer trampas en un examen.

acosijar. tr. Acosar, perseguir.

acostadote, acostadota. adj. Indolente, que no desea actividad alguna.

actopanense. (De *Actopan*, municipio del estado de Hidalgo, del náhuatl *atoctli* 'agua enterrada; tierra húmeda' + *-pan* 'encima de'; la población fue fundada en el siglo xvi.) 1. adj. Perteneciente o relativo a Actopan. ‖ 2. com. Nativo o habitante de Actopan.

actopeño, actopeña. (De *Actopan*, municipio del estado de Veracruz, del náhuatl *atoctli* 'agua enterrada; tierra húmeda' [de *atl* 'agua' + *toca* 'enterrar'] + -*pan* 'encima de'.) 1. adj. Perteneciente o relativo a Actopan. ‖ 2. m. y f. Nativo o habitante de Actopan.

acuache. (Del náhuatl *acoatzin*, literalmente = 'culebrita del agua' de *atl* 'agua' + *coatzintli*, de *coatl* 'culebra, serpiente' + -*tzintli*, diminutivo.) m. Amigo íntimo, compañero de aventuras.

acuerdo: **más vale un mal acuerdo que un buen pleito.** ref. de sentido claro, pues los pleitos cuestan mucho aun al que gana.

aculqueño, aculqueña, o aculquense. (De *Aculco*, municipio del Estado de México, del náhuatl *Acolco*, literalmente = 'en el agua torcida' [idea implícita: 'donde tuerce o da vuelta el agua'], de *atl* 'agua' + *coltic* 'torcido [raíz: *col*- 'doblar; curva'; -*tic*, formativo de adjetivo, 'semejante a'] + -co 'en'.) 1. adj. Perteneciente o relativo a Aculco. ‖ 2. m. y f. y com. Nativo o habitante de Aculco.

acultzingueño, acultzingueña. (De *Acultzingo*, municipio del estado de Veracruz, del náhuatl *Acoltzinco*, de *Acoltzin*, Señor de Colhuacán [de *Acolli* + -*tzin*, sufijo honorífico], + -co 'lugar'.) 1. adj. Perteneciente o relativo a Acultzingo. ‖ 2. m. y f. Nativo o habitante de Acultzingo.

acuñense. (De *Acuña*, municipio del estado de Coahuila.) 1. adj. Perteneciente o relativo a Acuña. ‖ 2. com. Nativo o habitante de Acuña.

acurrucado, acurrucada. adj. Encogido con las rodillas dobladas.

acuyo. m. Cierta planta (género: *Piper*) cuyas hojas se usan como condimento. También llamada *hoja santa, hierba santa*.

-ada, sufijo que comúnmente se añade a verbos para formar sustantivos femeninos que significan 'acción de'. En español general también se utiliza (por ejemplo, *llamada, llegada*), pero en México es mucho más común (por ejemplo, *andada, bailada, cansada, paseada, platicada*).

adelita. (De *[La] Adelita*, canción de hacia 1910, que la División del Norte hizo popular en 1914-1915, durante la Revolución Constitucionalista.) f. Cada una de las mujeres que acompañaban en campaña a los revolucionarios de la División del Norte.

adentro. interj. Se usa cuando alguien recibió un golpe.

adeveras, véase **veras.**

adiosito: **¡adiosito!** interj. ¡Adiós!; se emplea para despedirse.

adobe: **descansar haciendo adobes.** loc. Trabajar durante el tiempo destinado al descanso.

adobera. f. Molde para hacer quesos en forma de adobes (ladrillos de barro).

aduanal. adj. Perteneciente o relativo a la aduana, aduanero.

advertencia: **sobre advertencia no hay engaño.** loc. Si se llamó la atención sobre dificultades, que los que lo oyeron no se quejen luego.

aeromoza. f. La encargada de atender a los pasajeros a bordo de un avión, azafata de aviación. Nota: es un femenino de *sobrecargo*.

afanador, afanadora. (De *afanador* 'que trabaja corporalmente'.) m. y f. Persona que en establecimientos públicos se emplea en faenas de limpieza.

afectar. tr. Destinar algo o a alguien a cierto uso o a cierta tarea.

afinación. f. Acción o resultado de afinar (ajustar un motor).

afinar. tr. Ajustar un motor.

afocar. tr. Mejorar el foco de un proyector.

afore. (De *Administradora de Fondos para el Retiro*.) f. Banco que administra las cuentas individuales de ahorro para el retiro, de los trabajadores.

aforo. (De *aforar* 'calcular la capacidad de un recipiente'.) m. Capacidad de barriles y otros recipientes.

a fortiori. (Del latín *a fortiori* 'con mayor razón'.) loc. fest. Por la fuerza.

afrontilar. (Del español *frontil* 'pieza acolchada que se pone a los bueyes entre la frente y la coyunda'.) tr. Atar por los cuernos a un poste una res vacuna.

afuereño, afuereña. m. y f. Que es de afuera, forastero.

afuerita. adv. Afuera, pero cerca.

agachado, agachada. adj. Encogido, con las piernas dobladas.

agachona. f. Cierta ave acuática *(Gallinago gallinago)* que habita, entre otros lugares, la región de los lagos del Valle de México.

agalla: tener alguien **(muchas) agallas.** loc. Ser valiente.

agapando. (De *agapanto*, del griego, literalmente = 'flor de amor', de *agápē* 'amor' + *ánthos* 'flor'). Cierta planta de origen sudafricano (género: *Agapanthus*).

agarrar. tr. Coger, asir, tomar (no necesariamente con garras, ni con fuerza).

agarrón. m. Pendencia, riña, golpes. | **darse un agarrón.** loc. Pelearse a golpes.

agente viajero. Representante de una agencia comercial, que viaja solicitando pedidos dentro del territorio que se le asigna.

agiotista. (De *agiotista* 'quien obtiene beneficio en el cambio de moneda', de *agio* 'beneficio que se obtiene del cambio de moneda'.) com. Usurero.

agringado, agringada. (De *gringo* 'estadounidense'.) adj. Que ha adquirido características (aspecto, costumbres) estadounidenses.

agringarse. Adquirir características (aspecto, costumbres) estadounidenses.

agripado, agripada. adj. Que tiene gripa (enfermedad contagiosa aguda).

agriparse. Contagiarse de gripa (enfermedad contagiosa aguda).

agroindustria. f. Industria basada en productos agrícolas.

agroindustrial. adj. Relativo a la producción con propósitos tanto industriales como agrícolas (por ejemplo, fuerza motriz para la industria y agua para riego).

agrura. f. Estado en que el estómago contiene más que la cantidad normal de ácido. || **agruras.** f. pl. Indisposición debida a que el estómago contiene más que la cantidad normal de ácido [DRAE: acedía].

agua: agua de burbujas. f. Agua gaseosa (con bióxido de carbono). || **agua de chía.** f. Bebida hecha de agua, semillas de chía (género *Salvia)* y jugo de limón. || **agua de jamaica.** (Probablemente de *Jamaica,* país e isla de las Antillas.) f. Bebida hecha de agua y pétalos de flor de jamaica *(Hibiscus sabdariffa).* || **agua de tlachichinole.** (Del náhuatl *tlachichinolli,* literalmente = 'hierba para encender fogatas', de *tlacotl* 'vara' + *chichinoa* 'tostar, quemar'.) Infusión de hojas de *tlachichinole* (nombre de varias plantas o hierbas) que se utiliza medicinalmente. || **agua fresca,** véase **aguas frescas** (se usa generalmente en plural). || **agua blanda en piedra dura, a la larga, cavadura.** ref. La constancia acaba por lograr sus propósitos. || **agua de las verdes matas.** loc. El pulque. || **agua de las verdes matas, tú me tumbas, tú me matas, tú me haces andar a gatas.** ref. El pulque emborracha. || **agua que no has de beber, déjala correr.** ref. 1. Deja que otro aproveche lo que tú no necesitas. || 2. No hay que pretender algo que no se puede obtener. || **¡aguas!** loc. ¡Cuidado! || **aguas frescas.** f. pl. Bebidas hechas de agua, jugo de fruta (o semilla de chía o pétalos de jamaica) y azúcar. Entre las frutas que se utilizan están: coco, fresa, guanábana, guayaba, limón, mango, melón, naranja, papaya, plátano, sandía, tamarindo, tuna. | **¡al agua, patos!** loc. Hay que ejecutar las resoluciones tomadas. || **buena es el agua, que cuesta poco y nunca embriaga.** ref. de sentido claro. || **cambiar el agua a las aceitunas.** loc. fest. (De un hombre) orinar. || **como agua para chocolate** [o sea, hirviendo]. loc. Estar muy enojado, airado, agitado. || **convertirse** algo **en agua de borraja,** véase: **hacerse** algo **agua de borraja** [DRAE: ...en agua de cerrajas]. || **cuando se revuelve el agua, cualquier ajolote es bagre.** ref. Al alterarse el orden social, una persona de clase baja puede subir. || **cuídate del agua mansa.** ref. Ten cuidado con los que parecen tranquilos, que pueden ser hipócritas. || **echar agua(s).** loc. Dar aviso de que hay peligro. || **hacerle** a alguien **agua**

la canoa. Ser invertido u homosexual. || **hacerse** algo **agua de borraja.** loc. Desvanecerse o frustrarse lo que se pretendía o esperaba [DRAE: ...agua de cerrajas]. || **llegar el agua al pescuezo.** Estar en peligro o en grandes dificultades. || **llegarle** a alguien **el agua a los aparejos.** Encontrarse en apuros, en dificultades. || **lo del agua, al agua.** ref. Lo robado no aprovecha y se pierde pronto. Dice la leyenda que un peón que llevaba a vender pulque a la ciudad lo vendía por el camino y reponía lo faltante con agua; con lo que había robado se compró un sombrero elegante. Cuando regresaba a la hacienda el viento echó el sombrero al agua del río, que se lo llevó. || **más claro, el agua,** o **más claro que el agua.** loc. Lo dicho (o lo visto) está claro. || **ninguno debe decir "de esta agua no he de beber",** véase **nunca digas "de esta agua no he de beber".** || **no se puede chiflar y beber agua.** ref. Es difícil hacer dos cosas a la vez. Compárese **pinole.** || **no tiene agua la gallina para beber y convida al pato a nadar.** loc. Quien no tiene ni lo indispensable no debe hacer invitaciones. || **nunca digas "de esta agua no he de beber".** loc. Nadie puede estar seguro de que no hará algo, por mucho que le repugne, o que no cometerá un error que censura en otro [DRAE 1956: nadie diga de esta agua no beberé]. || **pedir** alguien **para sus aguas.** loc. Pedir propina. || **poco a poco se le saca el agua al coco.** ref. Con paciencia y perseverancia se obtiene lo que se quiere. || **quedarse** algo **en agua de borraja,** véase, en este mismo artículo, **hacerse** algo **agua de borraja.** || **solitas bajan al agua, sin que nadie las arree.** ref. No es necesario tratar de conseguir lo que se desea pues sucede de todos modos. || **volverse** algo **agua de borraja,** véase, en este mismo artículo, **hacerse** algo **agua de borraja** [DRAE: volverse una cosa agua de cerrajas].

aguacate. (Del náhuatl *ahuacatl* 'aguacate; testículo', de *ahuatl* 'encino, roble', o de *ahuacacuahuitl,* literalmente = 'árbol de los testículos', debido a que se usaba como afrodisíaco.) 1. Fruta comestible de varios árboles del género *Persea.* || 2. Cualquiera de estos árboles. || **aguacate pagua,** véase **pagua.**

aguacatero, aguacatera. adj. Relativo al aguacate.

aguachile. m. Caldo aguado de chile.

aguado, aguada. adj. 1. Flojo, débil. || 2. Sin consistencia, poco denso, más fluido que lo normal.

aguaje. m. Lugar adonde va a beber el ganado.

agualegüense. (De *Agualeguas,* municipio del estado de Nuevo León.) 1. adj. Perteneciente o relativo a Agualeguas. || 2. com. Nativo o habitante de Agualeguas.

aguamiel. m. (En el DRAE, esta palabra es femenina.) Jugo sin fermentar del maguey (género: *Agave),* que, fermentado, es el pulque.

aguamielero, aguamielera. m. y f. Quien extrae aguamiel para la elaboración del pulque.

aguantón, aguantona. adj., y m. y f. Quien soporta o tolera mucho.

aguaprietense. (De *Agua Prieta,* municipio del estado de Sonora, del río *Agua Prieta;* la población fue fundada en 1905.) 1. adj. Perteneciente o relativo a Agua Prieta. || 2. Nativo o habitante de Agua Prieta.

aguas frescas, véase *agua.*

aguascalentense (De *Aguascalientes,* capital del estado de Aguascalientes [ciudad fundada en 1575]; la ciudad se encuentra en una zona de manantiales de aguas termales) o **hidrocálido.** 1. adj. Perteneciente o relativo a Aguascalientes (estado o su capital). || 2. m. y f. Nativo o habitante de Aguascalientes (estado o su capital).

aguasol o **aguazol.** (Del náhuatl *ohuazolli,* literalmente = 'basura de caña', de *ohuatl* 'caña tierna del maíz' + *zolli* 'viejo, gastado'.) m. Caña del rastrojo de una milpa, que, seca, se usa como pastura.

aguatado, aguatada. (De *aguate.)* adj. Espinado con aguates.

aguatarse o ahuatarse. (De *aguate.*) Espinarse con aguates.

aguate o ahuate. (Del náhuatl *ahuatl* 'espina'.) m. Espina muy fina de cualquiera de varias cactáceas.

aguaucle o aguautle, véase ahuautle.

aguayo, aguaya. (Del náhuatl *ahuayotl* 'cosa espinosa', de *ahuatl* 'espina' + -*yotl* 'cosa caracterizada por'.) adj. Espinoso, áspero.

aguayón. m. Carne de la cadera de la res vacuna.

águila: **águila arpía.** f. Cierta águila grande, de plumaje blanco y negro *(Harpia harpyja).* || **águila descalza.** loc. adj. 1. Muy vivo, muy listo. || 2. Muy diestro, muy ducho. || **águila o sol.** Locución que se emplea al echar una moneda al aire para que el azar determine el ganador. Las monedas tienen el escudo nacional (con un águila) por un lado y tenían un sol por el otro [DRAE: echar a cara o cruz]. Compárese **volado. | ponerse** alguien (**muy**) **águila.** loc. Ponerse vivo o listo. Compárese **chango.** || **uno del águila.** m. Un peso.

aguililla. (Del español *águila* + -*illa* 'pequeña'.) f. Cualquiera de varias aves (familia: Accipitridae).

agüilote, véase ahuilote.

agüita: **¿no quieres tu agüita de limón?** loc. que se usa con quien parece pedir demasiado.

agüitado, agüitada. adj. Triste, abatido.

agüitarse. Entristecerse, abatirse.

agüizote, véase ahuizote.

agujero: **hacer agujeros donde hay tuzas.** loc. Hacer algo inútil.

agujeta. (Del español *agujeta* 'correa con un herrete en cada punta, que servía para sujetar algunas prendas de vestir', de *aguja* 'barrita puntiaguda'.) f. Cordón de los zapatos.

ahí: **por ahí de.** loc. adv. Aproximadamente.

ahijado: **muerto el ahijado, se acabó el compadrazgo.** loc. Cuando desaparece la causa por la que se hacían favores ya no se hacen, o cuando deja de ser provechoso algo, que se hacía por interés, ya no se hace [DRAE 1956: muerto el perro, se acabó la rabia].

ahora: **ahora es cuando.** loc. Éste es un buen momento para ejecutar (algo especificado).

ahorita u horita u orita. adv. Aún antes que ahora. | **ahorita mismo.** adv. Aún antes que ahora. || **hasta ahorita.** loc. adv. Hasta pronto.

ahoritita u horitita. adv. Aún antes que ahorita.

ahuatarse, véase aguatarse.

ahuate, véase aguate.

ahuautle o aguautle o aguaucle. (Del náhuatl *ahuautli*, literalmente = 'bledos del agua', de *atl* 'agua' + *huautli* 'bledo'.) Especie de caviar hecho de huevecillos comestibles (secos y hechos pasta) de ciertos moscos (insectos acuáticos).

ahuehuete. (Del náhuatl *ahuehuetl*, probablemente = 'el anciano del agua', de *atl* 'agua' + *huehuetl* 'viejo', o 'el tambor del agua', de *atl* 'agua' + *huehuetl* 'tambor (instrumento musical)'.) m. Cierta conífera, un tipo de ciprés *(Taxodium mucronatum)* ancho.

ahuejote. (Del náhuatl *ahuexotl*, literalmente = 'sauce del agua', de *atl* 'agua' + *huexotl* 'sauce'.) m. Cualquiera de varios árboles del género *salix.*

ahuilote o agüilote. (Del náhuatl *ahuilotl.*) Cierta planta *(Vitex mollis).*

ahuizotada. (De *ahuizote.*) f. Acción molesta.

ahuizotar. (De *ahuizote.*) tr. Molestar, acosar.

ahuizote o agüizote. (De *Ahuizote,* nombre del octavo rey del México antiguo, célebre por su crueldad, del náhuatl *Ahuitzotl,* de *ahuitzotl,* literalmente = 'espinoso del agua; nutria', de *atl* 'agua' + *huitzotl* 'espinos', de *huitzli* 'espina, púa'.) m. Persona que molesta, malvado.

ahulado o ahulada. adj. Impermeabilizado con hule o goma elástica.

a'i, ai. (De *ahí.*) Pronunc. /ay/. adv. Ahí. || **por a'i.** loc. 1. Por lugares indeterminados. || 2. Poco más o menos. Compárese *ir:* **al a'i se va.**

aigre (De *aire.*): **agarrar** alguien **un aigre.** loc. Enfermarse (generalmente de algo que paraliza alguna parte del cuerpo).

aile. (Del náhuatl *ailitl*, literalmente = 'aliso de agua', de *atl* 'agua' + *ilitl* 'aliso'.) Nombre de varias plantas del género *Alnus*.

aire: darle a alguien **un aire.** loc. Enfermarse (generalmente de algo que paraliza alguna parte del cuerpo). || (hacer a alguien) **lo que el aire a Juárez.** loc. adv. Nada. || **pescarlas en el aire.** loc. Ser muy vivo, listo.

aironazo. (De *aire*.) m. Viento fuerte.

ajeno: el que de (o: **quien con lo) ajeno se viste, en la calle lo desvisten.** loc. Los que roban se exponen a que los denuncien en público [DRAE 1956: al que de ajeno se viste, en la calle le desnudan]. || **quien anda tras de lo ajeno, nunca espere nada bueno.** loc. de significado claro.

ajiaco. (De *ají*, del taíno *axí* 'chile, pimiento picante'.) m. Guiso, especialmente de panza de res vacuna (mondongo) con caldo colorado.

ajigolón. m. Apuro, aflicción, aprieto.

ajo: ajos y cebollas. *[Ajo*, eufemismo por *carajo*.]* loc. Palabrotas || **hasta arrancar un ajo cuesta trabajo.** ref. Todo cuesta trabajo, es obra del esfuerzo.

ajolote¹. (Del náhuatl *axolotl*, literalmente = 'monstruo del agua', de *atl* 'agua' + *xolotl* 'monstruo'.) Cierto anfibio, cada una de varias salamandras larvales del género *Ambystoma;* se encuentra en los lagos de montaña. | **feo como un ajolote.** loc. de sentido claro. || **parecer** alguien **ajolote.** loc. Ser feo.

ajolote². (Del náhuatl *axolotl*, literalmente = 'monstruo del agua', de *atl* 'agua' + *xolotl* 'monstruo'.) Renacuajo.

ajonjolí: ajonjolí de todos los moles. loc. 1. Entrometido. || 2. Presente en toda ocasión. || **como el ajonjolí, que en todos los moles anda.** loc. adv. [Ser] entrometido, [estar] presente en todas las fiestas.

ajustar. tr. (De golpes) asestar.

akalché. (De origen maya.) m. 1. Terreno bajo, bajío. || 2. Pantano.

ala: traer a alguien **de un ala.** loc. 1. Tenerlo dominado (por temor o por amor). || 2. Acosar, perseguir sin tregua. Compárese *encargo*, **cochinito, puerquito.**

alacate. (Del náhuatl *allacatl*, literalmente = 'caña de agua', de *atl* 'agua' + *acatl* 'caña'.) Cierta cucurbitácea *(Lagenaria vulgaris)* y su fruto.

alagartarse. (De *lagarto*.) prnl. (De un caballo) apartar los cuatro remos para disminuir de altura y facilitar al jinete montarlo.

alamar. (De *alamar* 'presilla y botón en la orilla de la capa', por parecido de forma.) m. Clase de pan dulce.

alambrada. f. Red de alambre que se coloca para proteger un terreno o un jardín.

alambre. m. Trozo de carne u otro alimento ensartados en una varilla de metal y asados al fuego. || **alambre de púas.** m. Alambre armado de puntas agudas [DRAE: espino artificial].

alámbrico, alámbrica. adj. Que utiliza alambres para la transmisión (como el teléfono).

álamo. m. Cualquiera de varios árboles del género *Populus*.

alardeo. m. Alarde, ostentación.

alba: al alba. loc. Al amanecer, a primera hora.

albañil: cuando todos albañiles, ¿quién da mezcla? loc. Si todos son profesionales no hay ayudantes.

albarda: albarda sobre aparejo. loc. Albarda sobre albarda, algo sobrepuesto o repetido innecesariamente.

albazo: dar un albazo. loc. Caer de sorpresa sobre el enemigo al alba, al amanecer.

alberca. (Del español *alberca* 'depósito de agua para riego', del árabe *al-birka*' el-estanque'.) f. Piscina deportiva.

albur. m. Juego de palabras de doble sentido, calambur, retruécano.

albur: el albur del matrimonio sólo los tontos lo juegan. (En esta oración, *albur* significa 'contingencia, azar'.) ref. de significado claro.

albureador, albureadora. m. y f. Persona que gusta de emplear palabras de doble sentido.

alburear. intr. Decir albures o palabras de doble sentido.

alburero, alburera. m. y f. Quien gusta

de emplear albures o juegos de palabras.

alcalde: **como el alcalde de Lagos.** loc. Tonto (dice la leyenda que un alcalde de Lagos [municipio del estado de Jalisco] mandó construir un puente y colocó un letrero que decía: "Este puente se hizo en Lagos y se pasa por arriba"). || **todavía** (o: **aún**) **no es alcalde, y ya quiere comer de balde.** loc. Algunos candidatos a puestos políticos abusan, se declaran intocables aun antes de ser elegidos.

alcance. m. Choque o colisión de vehículos.

alcancía: **hacer alcancía.** loc. Ahorrar, guardar dinero. || **tener alcancía.** loc. Haber ahorrado.

alcatraz. (De *alcatraz* 'cucurucho', de *alcartaz*, del árabe *al-qartâs* 'el cucurucho'. [Nota: no es del mismo origen que *alcatraz* 'pelícano']). m. Planta de la familia de las aráceas, de pequeñísimas flores amarillas envueltas en una bráctea (hoja) blanca.

alcíbar. m. Acíbar, áloe.

alcoba: **ten ventilada tu alcoba, que aire impuro salud roba.** ref. de significado claro.

alcofaina. f. Aljofaina, jofaina, vasija, escudilla.

alcohol: **subírsele** a alguien **el alcohol.** loc. Emborracharse. || **todo lo conserva el alcohol, menos los empleos.** ref. con juego de palabras, de significado claro.

alcohólico, alcohólica. m. y f. Quien toma bebidas alcohólicas frecuentemente y excesivamente.

alebrestado, alebrestada. adj. Alborotado, agitado.

alebrestar. (Del español *alebrestarse* 'acobardarse', de *alebrarse* 'echarse en el suelo pegándose contra él como las liebres', de *lebr-*, base de liebre.) tr. Alborotar, agitar.

alebrije. m. Figura de barro, pintada de colores vivos, que representa un animal imaginario.

alegador, alegadora. adj., y m. y f. Discutidor.

alegar. intr. Discutir, disputar.

alegría. (Del español *alegría* 'ajonjolí'.) f. 1. Cierta planta (género: *Amaranthus)* y su semilla. || 2. Dulce hecho de las semillas de esta planta tostadas (y reventadas por el calor) y piloncillo hervido.

alfajor. (Del español *alfajor* 'alajú (pasta de almendras, y dulce hecho con esta pasta)'.) m. Dulce hecho de coco, leche y azúcar.

alfiler de seguridad. m. Alfiler que se abrocha quedando su punta dentro de un gancho para que no pueda abrirse fácilmente [DRAE: imperdible].

alfombrilla. (Por último del árabe *al-jumra* 'el-sarampión; la-rojez', por el color rojizo de las flores de *ajmar* 'rojo'.) f. Nombre de varias hierbas de la familia de las verbenáceas.

alfonsino, alfonsina. (Del nombre del escritor *Alfonso* Reyes, 1889-1959.) adj. Perteneciente o relativo a Alfonso Reyes.

algo: **algo es algo, dijo el diablo, y se llevó a Judas** (o **algo es algo, dijo el diablo, y se llevó un obispo**). loc. fest. Hay que conformarse con lo que se tiene o con lo que se consiguió. || **ser** alguien **algo serio.** loc. 1. Ser travieso. || 2. Ser malo.

algodón[1]: **algodón, mi ñeris.** loc. fest. Algo. Compárese **ñero.**

algodón[2] de azúcar. m. Dulce hecho de azúcar al que se ha aplicado una fuerza centrípeta y que tiene aspecto de algodón.

algodoncillo. m. Nombre de varias plantas malváceas, especialmente *Hibiscus tiliaceus.* Son diferentes del algodoncillo europeo.

alhajero. m. Cajita para guardar alhajas.

alhajita. f. Bueno. Se usa en sentido irónico, por *malo.*

alicante. m. Cierta víbora, llamada también *cencuate.* No es la misma que el alicante europeo.

alipús. m. Bebida alcohólica.

aliviarse. Dar a luz.

allacito. (De *allá* + *-cito.*) adv. Más cerca que allá.

allendense. (De *Allende,* municipio del estado de Guanajuato, del apellido de Ignacio *Allende,* 1769-1811, patriota nacido allí.) 1. adj. Perteneciente o relativo a Allende; 2. m. y f. Nativo o habitante de Allende.

alma: **con el alma en un hilo.** loc. adj. Temeroso, que recela un daño. || **solo y su alma.** loc. Solo, aislado, separado de los demás, sin otra persona. || **tener** alguien **el alma muy negra.** loc. Ser muy malo.

almatroste. m. Armatoste, objeto grande de poca utilidad.

almorzar: **almuerza bien, come más, cena poco y vivirás.** ref. Comer demasiado en la cena es perjudicial.

alpinista: **andar de alpinista.** loc. (De un objeto empeñado) estar en el Monte... de Piedad.

alrevesado, alrevesada. (De *al revés.*) adj. Revesado, oscuro, difícil de entender.

alta: **dar de alta.** tr. (De un médico) declarar oficialmente curado a un enfermo.

alteño, alteña. 1. adj. Perteneciente o relativo a las tierras altas. || 2. m. y f. Nativo o habitante de las tierras altas.

altero. (De *alto* 'elevado'.) m. Montón, hacinamiento, pila.

altiro: **de altiro.** loc., véase **tiro.**

altote, altota. adj. Muy alto.

alucine. (De *alucinar* 'engañar'.) m. Ilusión.

alvaradeño, alvaradeña. (De *Alvarado,* municipio del estado de Veracruz, del apellido de Pedro de *Alvarado,* 1485-1541, conquistador español que desde allí remontó el río Papaloapan en 1518, durante la expedición de Juan de Grijalva.) 1. adj. Perteneciente o relativo a Alvarado. || 2. m. y f. Nativo o habitante de Alvarado.

alverja. (Del español *alverja* 'arveja, algarroba', de *arveja,* del latín *ervilia.*) f. Guisante.

amá. (De *mamá.*) f. Mamá. Compárese **apá**[1].

amacharse. (De *macho* 'mulo; hombre necio', de *macho* 'animal del sexo masculino'.) Resistirse, negarse a hacer algo.

amacizar. tr. 1. Macizar, rellenar un hueco con material apretado. || 2. Fortalecer.

amansador, amansadora. m. y f. Domador de potros.

amapa. (Del náhuatl *atl* 'agua' + *mapaitl* 'mano'.) f. Cada uno de dos árboles *(Tabebuia chrysantha* y *T. palmeri).*

amarchantarse. (De *marchante* 'cliente'.) Volverse cliente de un comerciante.

amarillo: **la que de amarillo se viste, en su belleza confía.** ref. El color amarillo atrae la mirada, y si hay encantos la gente los nota. También se usa con un agregado al final: **la que de amarillo se viste, en su hermosura confía o de sinvergüenza se pasa.**

amarrado, amarrada. (De *amarrar* 'asegurar, sujetar'.) adj. Tacaño.

amarrar, amarrarse. tr. Fascinar, conseguir novia o novio.

amarrete. (De *amarrado.*) com. Tacaño.

amasia. (Del latín *amasia* 'enamorada', de *amare* 'amar'.) f. Mujer que hace vida marital con un hombre sin que estén casados.

amasiato. m. Concubinato, vida marital sin estar casados.

amatal. (De *amate.*) m. Terreno sembrado de amates.

amate. (Del náhuatl *amatl,* nombre del árbol y del papel que se hacía con su corteza.) m. Cierto árbol *(Ficus glabrata)* de hojas brillosas y fruto comestible. || 2. Pintura hecha sobre la albura (corteza interior) de este árbol.

amateco, amateca. (De *Amatán,* municipio del estado de Chiapas, del náhuatl *Amatlan,* literalmente = 'lugar de amates', de *amatl* 'amate' + *-tan,* variante de *-tlan* 'lugar de muchos...') 1. adj. Perteneciente o relativo a Amatán. || 2. m. y f. Nativo o habitante de Amatán.

amatera. (De *amate.*) f. Bosque de amates.

amatlaneco, amatlaneca. (De *Amatlán,* nombre de varios municipios de la República Mexicana, del náhuatl *Amatlan,* literalmente = 'lugar de amates', de *amatl* 'amate' + *-tlan* 'lugar de muchos...') 1. adj. Perteneciente o relativo a Amatlán. || 2. m. y f. Nativo o habitante de Amatlán.

ambición: **la ambición rompe el saco.**

ref. Si se llena demasiado un saco o bolsa (por ambición, por deseo de poseer mucho), se rompe; por querer demasiado dignidades o poder, se pierden.

ambigú. (Del francés antiguo *ambigu* 'mezcla de cosas de naturaleza diferente', de *ambigu* 'ambiguo'.) m. Comida compuesta de muchos platos con que se cubre la mesa desde el principio, bufé.

amelcochar. tr. Dar a un dulce la consistencia espesa de la melcocha. ‖ **amelcocharse.** Mostrarse muy meloso o dulzón.

ameritado, ameritada. adj. Merecedor, lleno de méritos.

ameritar. tr. Merecer.

amigo: (ser) amigo(s) del camino, pero no del itacate. ref. No estar dispuesto a compartir la comida. Compárese **compañero.** ‖ **amigo en la adversidad, amigo de realidad.** ref. de significado claro. ‖ **el amigo lo escojo yo, el pariente no.** loc. de significado claro. ‖ **no hace perder amigos el prestar sino el cobrar.** ref. de significado claro. ‖ **no hay más** (o: **mejor**) **amigo que un peso en la bolsa.** ref. El dinero es el único amigo.

amiguero, amiguera. adj., y m. y f. Quien tiene muchos amigos y entabla amistad fácilmente.

amistad: amistad que siempre dice "dame", más que amistad parece hambre. ref. Algunos fingen amistad para sacar frecuentemente provecho de ella. ‖ **la amistad y el amor, dos bellas mentiras son.** ref. de significado claro.

amo: el que a dos amos sirve, con alguno (o: **con los dos**) **queda mal.** ref. No se puede servir bien a la vez a distintas personas [DRAE 1956: quien a muchos amos sirve, a alguno (o: a unos y otros) ha de hacer falta].

amol, véase **amole.**

amolada. f. Acción o resultado de causar grave perjuicio o pérdida.

amolado, amolada. adj. Que ha sufrido una desgracia, una pérdida, un perjuicio grave.

amoladón, amoladona. adj. Que su-

fre enfermedad, pena o falta de recursos.

amolar. (Del español *amolar* 'sacar corte a un instrumento en la muela; adelgazar; molestar', de *mol-*, base de *muela* 'piedra para moles o afilar'.) tr. Causar grave perjuicio o pérdida, perjudicar, dañar. ‖ **dial tiro** (o **diatiro**) **la amuelas.** loc. Molestas mucho. ‖ **¡ya la amolamos!** loc. Nos salió mal, resultó mal. ‖ **¡ya ni la amuelas!** loc. de reproche, de censura. Estás molestando. Compárese *fregar, hacer.*

amolarse. Resultar mal, haber fracasado.

amole o **amol.** (Del náhuatl *amolli* 'jabón', literalmente = 'guisado de agua', de *atl* 'agua' + *molli* 'guisado'.) Producto vegetal de plantas de los géneros *Manfreda, Agave* y *Prochnyanthes* que se empleaba para lavar ropa. La raíz aplastada de estas plantas produce espuma si se humedece.

amor: amor con celos, causa desvelos. ref. de significado claro. ‖ **amor de lejos es de pendejos,** o, en forma festiva y eufemística, **amor de lejos es de pen... sarse.** ref. Si alguien está lejos, hay que dejar de amarlo/amarla (pues hay riesgo de infidelidad). ‖ **donde el amor no puede, llega el dinero y vence.** ref. La mujer elige al marido por interés. ‖ **el amor y el interés salieron al campo un día; pudo más el interés que el amor que te tenía.** Dicho malicioso (verso popular). El interés puede más que el amor.

amoyote. (Del náhuatl *amoyotl*, literalmente = 'mosco del agua', de *atl* 'agua' + *moyotl* 'mosquito'.) m. Mosco comestible que vive en la superficie de los lagos del Valle de México.

Amozoque (Por *Amozoc*, municipio del estado de Puebla; véase **amozoqueño.**): **lo que sobra en Amozoque: guitarras** (o: **jaranas** 'guitarras pequeñas') **y quien las toque.** loc. de sentido claro.

amozoqueño, amozoqueña. (De *Amozoc*, municipio del estado de Puebla, del náhuatl, literalmente = 'donde no hay lodo', de *amo* 'no' + *zoquitl* 'lodo, barro'.) 1. adj. Perteneciente o relativo a Amozoc. || 2. m. y f. Nativo o habitante de Amozoc.

amparar. tr. Proteger mediante amparo. || **ampararse.** Presentar el recurso de amparo.

amparo, o **recurso de amparo.** Recurso instituido por la Constitución, procedimiento judicial seguido ante los tribunales de la Federación para evitar abusos de autoridad; da la posibilidad de obtener la suspensión de un acto antes de que se ejecute.

ampáyer. (Del inglés *umpire* 'árbitro', que se pronuncia más o menos /ámpair/.) m. Árbitro.

ampolleta. (De *ampolla* 'vasija de vidrio'.) f. Recipiente de vidrio con un líquido por lo común inyectable.

ámpula. (Del latín *ampulla*, diminutivo de *amphora* 'vasija con dos asas', del griego *amphi-* 'a los dos lados' + *phoreus* 'portador'.) f. Ampolla, hinchazón anatómica en forma de vejiga (formada por la elevación de la epidermis). | **levantar ámpula.** loc. fig. Tener consecuencias malas; dar de qué hablar.

amuinar. (De *muina* 'enojo'.) tr. Enojar, incomodar, hacer que alguien se moleste.

amuzgo[1] o **amusgo.** (Del náhuatl *amox-co*, literalmente = 'lugar de libros', de *amoxtli* 'libro; amate' [de *amatl* 'amate'] + *-co* 'lugar'.) m. Miembro de un grupo indígena que habitó la Mixteca y hoy el estado de Guerrero.

amuzgo[2]. m. Lengua de la familia oaxaqueña hablada por los amuzgos.

anacahuite. (Del náhuatl *amacuahuitl*, de *amatl* 'amate; papel' + *cuahuitl* 'árbol'.) m. Cierto árbol *(Cordia boissieri)* pequeño y aromático.

anahuaca o **anahuacense.** (Del náhuatl *Anahuac* 'región de los lagos del Valle de México; territorio del Imperio Azteca', literalmente = 'cerca del agua', de *atl* 'agua' + *nahuac* 'cerca de'.) m. y f. 1. De Anáhuac. || 2. poét. De la República Mexicana.

analco. (Del náhuatl *analco*, literalmente = 'al otro lado del río', de *atl* 'agua' + *nalli* 'al otro lado' + *-co* lugar.) m. Barrio de una población dividida por un río.

anales. m. pl. 1. Documentos de origen prehispánico, de escritura figurativa. || 2. Documentos del siglo XVI escritos en náhuatl, con caracteres alfabéticos latinos.

anca: en ancas. loc. Cabalgando en las ancas de la caballería que monta otra persona [DRAE: a ancas].

ancheta. (Del español *ancheta* 'pacotilla de venta que se llevaba de España a América'.) f. Algo estorboso o inútil.

ancho: a lo ancho. loc. En el sentido del ancho, de la anchura. || **dar** (o no dar) alguien **el ancho.** loc. Tener (o no tener) las cualidades necesarias. || **no hay que fijarse en lo ancho de la puntada sino en lo fuerte de la costura.** ref. Lo importante es el conjunto, el resultado, más que los detalles.

anchoa. f. Boquerón (no sólo el curado en salmuera).

anchoveta. f. Cierta variedad pequeña *(Cetengraulis mysticetus)* de boquerón.

ancón. (Del español *ancón* 'ensenada pequeña', del latín *ancon* 'recodo', del griego *ankón* 'codo; recodo'.) m. Rincón (de paredes).

andadera. f. Carrito pequeño de cuatro ruedas para enseñar a andar a un niño [DRAE: andadores].

andador. m. Pasillo entre edificios.

andar: ¡ándale! (De *anda* + *-le.*) 1. loc. Anímate a hacerlo (véase ¡ándele!). || 2. adv. Sí. || **andar** alguien **busque y busque.** loc. Estar buscando con ahínco. || **andar** alguien **deatiro.** Estar triste o pobre (compárese **tiro**). || **andar** alguien **volando bajo.** Estar triste. || **¡ándele!** (De *anda* + *-le.*) 1. loc. Anímese a hacerlo. || 2. adv. Sí. Para el primer sentido, véase esta octavilla de José Sánchez Somoano: "Para animar allí a alguno / que no peque de atrevido, / lo mismo para negocios / que para pegarse un tiro, / como palabra suprema, / en uno y otro sentido, / para decirle 'Pronto' / le dicen 'Ándele amigo'". | **poco a poco se anda lejos.** Con paciencia y constancia se logra lo que se pretende. || **ya me (le) anda**. loc. Tengo (tiene) prisa.

andovas o **andobas.** (Del caló español *andoba, andóbal* 'persona cualquiera que *no se nombra'.)* com. Persona no especificada explícitamente (muchas veces presente) pero que el interlocutor entiende quién es. Compárese **molcas,** ojo: **mis ojos.**

ángel: ángel patudo, que quiso volar y no pudo. loc. Muchacho alto que conserva costumbres de niño y todavía no logra hacer lo que un adulto.

angelito y **¡angelito!** m. irón. Persona que comete maldades.

angelopolitano, angelopolitana. (De *ángel* + el griego *polit-*, tema de *pólis* 'ciudad', porque la ciudad de Puebla se llamó originalmente [hacia 1532] *la Puebla de los Ángeles.)* 1. adj. Perteneciente o relativo a la ciudad de Puebla (capital del estado de Puebla). || 2. m. y f. Nativo o habitante de la ciudad de Puebla.

angina. (Del español *angina* 'inflamación de las amígdalas'.) f. Amígdala. | **enseñar hasta las anginas.** loc. Tener el escote muy abierto y muy bajo. Compárese *apellido.*

angú. m. Quingombó, quimbombó, cierta planta malvácea *(Hibiscus esculentus).*

angurria. f. Propensión a orinar con demasiada frecuencia, poliuria.

angurriento, angurrienta. adj., y m. y f. Que orina con demasiada frecuencia.

anillo de compromiso. m. Anillo que un hombre da a su novia cuando se comprometen a casarse.

animal: **a animal que no conozcas, no le tientes las orejas.** ref. Si tienes un jefe nuevo no lo adules. || **al animal que se encuarta, no le llegues con la cuarta.** ref. Si alguien está enredado, está en un lío, no lo reprendas o corrijas. || **tener** alguien **animales en las tripas.** loc. Tener parásitos en el conducto gastrointestinal.

animalero. m. Conjunto de animales.

anisillo. m. Nombre de varias plantas de los géneros *Tagetes* y *Schkuhria.*

anolar. (Del maya *nol* 'roer'.) tr. Roer, chupar.

anquera. (De *ancas* 'parte posterior de una caballería'.) f. Pedazo de cuero, sujeto a la silla de montar, que cubre las ancas.

ansia: **comer ansias.** loc. Impacientarse.

ansina. (Del español anticuado *ansina,* del también anticuado *ansí* 'así'.) adv. Así.

ante. m. Postre de bizcocho mezclado con dulce de huevo, coco, almendra, etc.

antecomedor. m. Cuarto pequeño contiguo a la cocina o al comedor, con mesa y sillas, que se usa para las comidas informales de la familia.

antellevar. tr. Atropellar.

antellevón. m. Acción o resultado de antellevar.

antes. adv. Afortunadamente. || **antes como antes, y ahora como ahora.** ref. No hay que seguir hoy reglas del pasado que ya no se aplican. || **antes no.** Afortunadamente no.

antillanismo. (De *antillano,* de *Antillas* 'islas de las Indias Occidentales (Cuba, Jamaica, Puerto Rico, etc.)'.) m. Rasgo lingüístico (fonético, morfológico, sintáctico o semántico) característico del español hablado en las Antillas.

antinazi. adj. Contrario al nazismo o nacismo, doctrina totalitaria y racista del gobierno de Alemania de 1933 a 1945.

antipatizar. intr. Sentir antipatía contra.

antirreeleccionismo. m. Doctrina contraria a que haya reelección en los cargos de gobierno.

antirreeleccionista. com. Quien se opone a que haya reelección en los cargos de gobierno.

antiviperino, antiviperina. adj. Que se emplea contra la acción del veneno de las víboras en el organismo.

antojitos. (Del español *antojo* 'deseo vivo', del latín *ante oculum* 'delante del ojo'.) m. pl. Comida típica popular (por ejemplo, tacos) [DRAE: aperitivos, tapas].

antojo: estar de antojo. loc. Tener (una mujer) caprichos o deseos durante el embarazo.

anualizado, anualizada. adj. Calculado para períodos de menos de un año sobre una base que corresponde a la que sería aplicable a todo un año.

año: **año con año.** loc. Todos los años, frecuentemente. | **del año de la canica,** o **del año del caldo.** loc. Antiguo. || **durante años.** loc. adv. Por muchos años. || **echarle años** a alguien. loc. Tratar de adivinar su edad. || **el año del caldo.** loc. Antiguamente, en época remota. || **nunca juzgues mal de un año, mientras no pase diciembre.** ref. Mientras no llegue el final no se puede estar seguro del resultado [DRAE 1956: no digáis mal del año hasta que sea pasado].

apa: **¡apa!** interj. ¡Qué extraño, qué raro!

apá¹. (De *papá.*) m. Papá. Compárese **amá.**

apá²: **¡apá!** Interjección que se usa para estimular al caballo.

apache. com. Miembro de un pueblo indígena del norte de la República Mexicana y del sur de Estados Unidos. Compárese **chihuahua.**

apachurrado, apachurrada. (De *apachurrar.*) adj. Aplastado.

apachurramiento. (De *apachurrar.*) m. Aplastamiento, acción o resultado de apachurrar.

apachurrar. (Posiblemente del náhuatl *pachoa* [también *patzoa*] 'apretar' o del español *despachurrar* 'aplastar'.) tr. Aplastar.

apachurrón. (De *apachurrar.*) m. Aplastamiento, acción o resultado de apachurrar.

apagador. m. Interruptor de la corriente eléctrica.

ápale: **¡ápale!** (De *¡apa!* + *-le.*) interj. 1. ¡Qué extraño, qué raro! || 2. ¡Cuidado!

-apan, -apa. (Del náhuatl *-apan* 'en el río, en agua' [de *atl* 'agua, río' + *-pan* 'en, sobre'] o de *apantli* 'río', literalmente = 'agua-fila' o 'agua-pared', de *atl* + *pantli* 'pared; fila'.) Terminación de nombres de lugar, como en Coapa, Jalapa; Papaloapan.

apancle, véase **apantle.**

apaneca o apaneco. (De *Apan,* hoy municipio del estado de Hidalgo, del náhuatl *Apan,* literalmente = 'lugar cerca del agua', de *atl* 'agua' + *-pan* 'lugar'.) m. Miembro de un grupo indígena que habita el este de Jalisco.

apantallado, apantallada. adj. Que considera a alguien sobresaliente y extraordinario.

apantallar. tr. Hacerse admirar, hacer que consideren a alguien sobresaliente y extraordinario.

apantle o apancle. (Del náhuatl *apantli,* literalmente = 'hilera de agua', de *atl* 'agua' + *pantli* 'hilera, fila'). m. Acequia para regar.

apapachar. (De *apapacho.*) tr. Acariciar, hacer apapachos.

apapacho (De *a-* + *papacho.*) o **papacho.** (Del verbo nahua *papatzoa,* de *patzoa, pachoa* 'apretar'.) m. Caricia.

aparadorista. com. Persona encargada de disponer artísticamente los objetos que se muestran en los aparadores (de tiendas) o escaparates [DRAE: escaparatista].

apariencia: **las apariencias engañan.** ref. de significado claro. || **no hay que juzgar por apariencias.** ref. de significado claro.

apasote, variante de **epazote.**

apaste. (Del náhuatl *apaztli.*) m. Tipo de vasija o cántaro de barro.

apatzinguense, o apatzingueño, apatzingueña. (De *Apatzingán,* municipio del estado de Michoacán, del náhuatl *Apantzincan,* literalmente = 'lugar de riachuelos', de *apan* 'río' [de *atl* 'agua' + *-pan* 'lugar'] + *-tzin,* diminutivo, + *-can* 'lugar'.) 1. adj. Perteneciente o relativo a Apatzingán. || 2. com., y m. y f. Nativo o habitante de Apatzingán.

apazote, variante de **epazote.**

apellido: **enseñar hasta el apellido.** loc. Tener el escote muy abierto y muy bajo. Compárese **angina.**

apenado, apenada. (De *pena.*) adj. Avergonzado.

apenarse. Sentir vergüenza.

apendejado, apendejada. adj. Tonto, bobo.

apendejamiento. m. Acción o resultado de apendejarse.

apendejarse. (De *pendejo.*) Hacerse bobo, estúpido.

apenitas. adv. 1. Más difícilmente que *apenas.* || 2. Menos que escasamente.

apergollar. (De *apercollar* 'asir por el cuello', del latín *per collum* 'por el cuello'.) tr. Asir, coger con fuerza.

apersogar. (De *soga.*) tr. Atar un animal a un poste para que no huya.

apipizca o **apipisca.** (Del náhuatl *apipixca.*) f. Ave acuática migratoria *(Larus pipixcan)* poco mayor que una paloma, blanca y de cabeza negra, de ojos pequeños, que emite gritos estridentes. | **chillar** alguien **más que una apipizca.** loc. Dar gritos estridentes. || **ojos de apipizca,** véase **ojos.**

apizaquense. (De *Apizaco*, municipio del estado de Tlaxcala, del náhuatl *Apitzacco*, literalmente = 'lugar de agua delgada' [idea implícita: 'donde corre un hilo de agua'], de *atl* 'agua' + *pitzahuac* 'delgado, estrecho' + *-co* 'lugar'.) 1. adj. Perteneciente o relativo a Apizaco. || 2. com. Nativo o habitante de Apizaco.

aplanado. m. Acción o resultado de aplanar o pulir la superficie de una pared para que no tenga irregularidades.

aplanadora. f. Máquina automóvil que con sus rodillos allana caminos [DRAE: apisonadora].

apochado, apochada. adj. Que tiene características de pocho.

apocharse. Volverse pocho, adquirir rasgos culturales de pocho.

apodacense. (De *Apodaca*, municipio del estado de Nuevo León.) 1. adj. Perteneciente o relativo a Apodaca. || 2. com. Nativo o habitante de Apodaca.

aporreado. (De *aporrear* 'dar golpes con porra o con otra cosa'.) m. Guisado de carne (golpeada con piedra) aderezado con especias.

apóstol: apóstol trece, come y desaparece, o **como el apóstol trece, que come y desaparece.** locs. que se refieren a invitados que se van muy pronto después de comer.

apozolarse. (De *pozole.*) Tomar (por ejemplo, el maíz o la masa) la consistencia viscosa del pozole.

aprender: es muy caro aprender, pero es más caro no saber. ref. de significado claro. || **nunca es tarde para aprender.** ref. de significado claro.

aprendiz: aprendiz de todo y oficial de nada. loc. que se refiere a personas que no son buenas en su ocupación o profesión.

apretado, apretada. adj., y m. y f. Que tiene aires de superioridad, altanero, presuntuoso.

apurar (De *apurar* 'apremiar, dar prisa'.): **no se (te) apure(s), pa' que dure(s).** ref. No hay que apresurarse, hay que tomar la vida con calma, no afanarse más de lo necesario. || **apurarse.** Apresurarse, darse prisa.

aque: ¡aque! (De frases que empiezan por ¡Ah qué...!, por ejemplo ¡Ah qué cosa!) interj. que indica sorpresa o admiración.

araña: araña capulina, véase **capulina.** || **araña peluda.** f. Cierta araña grande y negruzca, del género *Mygale.* | **cada araña por su hebra y cada lobo por su sierra.** ref. Cada persona debe atenerse a su territorio. || **cuando veas arañas en el suelo, habrá nubes en el cielo.** ref. de significado meteorológico claro.

árbol: árbol de las manitas. (Por sus flores en forma de manitas. La flor se ha llamado *mapasúchil*, del náhuatl *macpalxochitl*, de *macpalli* 'palma de la mano' + *xochitl* 'flor'.) m. Cierto árbol *(Chiranthodendron pentadactylon)* de flores en forma de mano. | **del árbol caído todos quieren hacer leña.** ref. La gente habla mal de quien ha bajado de posición [DRAE 1956: del árbol caído todos hacen leña]. || **los árboles se conocen por sus frutos.** ref. Se puede juzgar a las personas por lo que producen, por lo que crean. || **no hay árbol de tortillas.** ref. Para comer hay que trabajar. || **todo árbol es madera, pero el ocote no es caoba.** ref. De todo hay diferentes calidades.

arbolito: voy a mi arbolito. (Por *voy a miar* [mear].) loc. fest. Voy a orinar. || **ya se cayó el arbolito en que dormía el pavo real.** Pulla para los que, engreídos por el favor de un poderoso, se ensoberbecen y humillan a los demás (cuando estos engreídos han perdido el apoyo, se regocijan los antes menospreciados). Nota: en la canción se agrega: Ahora dormirá en el suelo como cualquier animal.

arbotante. (Del español *arbotante* 'palo

que sobresale del casco del buque', del francés *arc-boutant* 'arco arquitectónico apoyado', de *arc* 'arco' + *boutant*, de *bouter* 'empujar'.) m. Farol de la calle.

archivero. m. Archivador, mueble destinado a guardar papeles.

arcial. m. Acial, instrumento para que las bestias estén quietas.

arcina. f. Hacina, montón de haces o de gavillas.

arcinar. tr. Hacinar, formar hacinas.

arción. m. Correa de que pende el estribo en la silla de montar, ación (que es de género femenino).

arcionar. tr. Pasar la cola del toro debajo del arción (de la ación) para colear la res.

arco maya. m. Arco hecho de piedras que hacia arriba están cada una más saliente hacia dentro hasta que se tocan las de los dos lados.

arder: y a ti ¿qué te arde? loc. ¿qué te pasa, por qué estás enojado?

ardido, ardida. adj. Enojado, ofendido, indignado.

ardilla voladora. f. Ardilla *(Glaucomys volans)* con pliegues de la piel que conectan las patas de delante con las de atrás, lo que le permite hacer saltos muy largos, planeando.

arenero. m. Cierta ave zancuda que habita praderas cenagosas.

arepa. (Del cumanagoto *erepa* 'maíz'.) f. Pan de maíz.

arepita. (De *arepa*.) f. Tortita de masa de maíz (con azúcar sin refinar y queso).

arequipa. (De *Arequipa*, ciudad del Perú.) f. Dulce de leche de origen peruano; es más común llamarlo **cajeta.**

aretillo. (Porque tiene flores colgantes como aretes.) m. Cierta planta del género *Fuchsia*.

árganas. (Del español *árganas* 'angarillas formadas por dos cestos'.) f. pl. Dos bolsas que unidas se colocan en la grupa del caballo para transportar objetos.

argolla. f. Anillo de matrimonio que es simplemente un aro.

argüende. (De *argüir* 'alegar, disputar'.) m. Chisme.

argüendear. intr. Chismosear.

argüendera. f. Lengua (órgano situado en la boca).

argüendero, argüendera. adj. Chismoso.

arma: armas de fuego, alejarlas, que el diablo suele cargarlas. ref. Las armas de fuego son peligrosas. **| las armas las carga el diablo.** ref. Cuidado con las armas de fuego.

armadillo: ¡quién fuera armadillo para acostarse con concha [Concha]! loc. fest. debida a que el armadillo tiene concha y a que Concha es nombre de mujer, originalmente hipocorístico de *Concepción*.

armatroste. m. Objeto grande y de poca utilidad, armatoste.

armón. (Del español *armón* 'ruedas delanteras de un carro de cuatro ruedas'.) m. Carruaje pequeño de cuatro ruedas que corre por los rieles de ferrocarril.

arnero. m. Criba, cedazo, harnero.

arnés. m. Algo que se parece al arnés (guarniciones de las caballerías), como las correas y cuerdas de un paracaídas.

aro: entrar al aro. loc. Obedecer, imponerse disciplina.

arpa. Caballo flaco.

arpero: me admira que siendo arpero no sepas la chirimía. ref. Quien es bueno en un arte debería conocer otro parecido más sencillo. Compárese *galgo*.

arrachera. f. Diafragma de la res.

arrancar. Intr. Salir de prisa o corriendo. || **arrancársele** a alguien. loc. Desafiar a un combate, empezar a pelear.

arrancón. m. 1. Salida violenta, arrancada. || 2. Comienzo de una pelea. | **dar el arrancón.** loc. Salir violentamente.

arranque. m. Acción o resultado de arrancar (salir rápidamente). || **no servir** alguien o algo **ni para el arranque.** loc. (De parte de alguien que alardea de superior) ser inútil, inepto. Compárese *mandado*.

arrayán. (De *arrayán*, arbusto europeo, del árabe *ar-raiḥān* 'el-aromático; el-mirto'.) m. Cada uno de varios árboles de los géneros *Psidium*, *Myrtus*, *Gaultheria*, *Pernettya* y *Rapanea*.

arreador: **al mejor arreador se le desbarajusta** (o: **desperdiga**) **la manada.** ref. Aun los mejores especialistas pueden cometer errores. Compárese **arriero.**

arrebiatar. (De *rabiatar* 'atar por el rabo'.) tr. Adherirse automáticamente a la opinión de alguien.

arreglada. f. Acción o resultado de arreglar o arreglarse.

arreglista. com. Quien adapta una obra musical para poder interpretarla con voces o instrumentos distintos a los originales.

arreglo: **más vale un mal arreglo que un mal pleito.** ref. de significado claro.

arrejuntados, arrejuntadas. adj. Que viven juntos sin estar casados.

arrejuntarse. Empezar a vivir juntos sin estar casados [DRAE: amancebarse].

arreo. m. Acción o resultado de arrear (estimular a las bestias para que caminen).

arribeño, arribeña. (De *arriba.*) 1. adj. Perteneciente o relativo a las tierras altas. ‖ 2. m. y f. Nativo o habitante de las tierras altas.

arribismo. (Del francés *arrivisme*, de *arriviste* 'persona que quiere tener éxito por cualquier medio', de *arriver* 'llegar'.) m. La práctica o conducta de un arribista (persona que busca progresar con medios rápidos y sin escrúpulos).

arriero: **al mejor arriero se le desbarajusta la manada.** ref. Aun los mejores especialistas pueden cometer errores. Compárese **arreador.**

arriesgar: **el que no arriesga no gana.** ref. de significado claro.

arrimado, arrimada. (De *arrimarse* 'acercarse, apoyarse'.) m. y f. 1. Persona que vive en casa ajena a costa de su dueño. ‖ 2. Persona que se acoge al amparo de otra. **| el arrimado y el muerto a los tres días apestan.** ref. de significado claro.

arroba. f. Signo compuesto de una *a* en un círculo (@), que se usa en las direcciones (señas) de correo electrónico.

arroz: **¡arroz!** loc. Salió bien. ‖ **arroz a la tumbada.** m. Arroz con camarones chicos pelados, pulpa de jaiba, jitomate, cebolla, ajo. ‖ **arroz con frijoles negros.** m. Plato descrito por su nombre. ‖ **arroz con leche.** m. Dulce descrito por su nombre.

artículo de muerte. m. Tiempo o momento próximo a la muerte [DRAE: artículo de la muerte].

arvejón. (De *arveja.*) m. Cierta planta papilionácea y su fruto [DRAE: almorta].

asadera. f. Queso fresco, blando, también llamado *queso asadero.*

asaltar. tr. Atacar físicamente.

asalto. m. Ataque con el propósito de robar.

asco: **poner** a alguien **del asco.** loc. Regañar larga y violentamente.

ascua: **agarrarse de un ascua ardiendo.** loc. Tratar de salvarse por medios muy peligrosos.

asegún. adv. Según las circunstancias. ‖ **asegunes.** m. pl. Condiciones, estipulaciones. **| con sus asegunes.** loc. Con sus condiciones.

aseguro. m. Acción o resultado de embargar judicialmente.

aserruchar. tr. Dividir con serrucho la madera, aserrar con serrucho.

así: **así de.** loc. adv. Mucho, gran cantidad de; muy. ‖ **así nada más,** o **así nomás.** loc. adv. Así, así; medianamente (contestando a "¿cómo está(s)?").

asimilado, asimilada. adj., y m. y f. Abogado, ingeniero o médico que ejerce su profesión dentro del ámbito militar y a quien se atribuye un grado.

astabandera. f. Palo en que se pone una bandera.

atacado, atacada. adj. Enojado y sorprendido a la vez.

atacarse. Estar sorprendido y enojado a la vez.

ate. (De *-ate².*) m. Pasta dulce de frutas como membrillo (*membrillate*), guayaba (*guayabate*), durazno (*duraznate*).

-ate¹. Terminación de muchas palabras que en náhuatl tienen *-atl*, como *chocolate, tomate.*

-ate². (Del español *-ate* '-ado, que tiene...', como en *avenate* 'bebida de avena cocida y molida'.) Pasta dulce de fruta (véase **ate**).

atepocate. (Del náhuatl *atelpocatl*, literalmente = 'hijo del agua', de *atl* 'agua' + *telpocatl* 'hijo, joven' [raíz: *po*- 'amigo'].) o **tepocate.** m. Especie de renacuajo.

atingencia. (De *atinente* 'tocante, que atañe', del latín *attingere* 'atañer', de *ad*- + -*tingere*, de *tangere* 'tocar'.) f. Relación, conexión.

atizapeño, atizapeña. (De *Atizapán [de Zaragoza]*, municipio del Estado de México.) 1. adj. Perteneciente o relativo a Atizapán. || 2. m. y f. Nativo o habitante de Atizapán.

atlacomulca. (De *Atlacomulco*, municipio del Estado de México, del náhuatl, literalmente = 'lugar de pozos', de *atlacomolli* 'pozo' [de *atl* 'agua' + *tlacomolli* 'hoyo grande'] + -*co* 'lugar'.) 1. adj. Perteneciente o relativo a Atlacomulco. || 2. com. Nativo o habitante de Atlacomulco.

atlixqueño, atlixqueña. (De *Atlixco*, municipio del estado de Puebla, del náhuatl *Atlixco*, literalmente = 'en la superficie del agua' [idea implícita: 'a la vista del agua'], de *atl* 'agua' + *ixtli*, 'cara, superficie' + -*co* 'en'.) 1. adj. Perteneciente o relativo a Atlixco. || 2. m. y f. Nativo o habitante de Atlixco.

atole. (Del náhuatl *atolli* [idea implícita: 'aguado'], de *atl* 'agua' + -*tol*, diminutivo despectivo.) m. Bebida que se prepara con masa de maíz (o con harina de maíz) disuelta en agua y hervida hasta que adquiere cierta consistencia [DRAE: gachas de maíz]. || **atole de leche.** m. Atole hecho con harina disuelta en leche. || **atole de maíz.** m. Atole. || **atole de pinole.** Atole hecho con harina de maíz tostado. | **¿a qué atole?** loc. ¿Por qué, por qué razón? || **circularle** (o: **correrle**) a alguien **atole por las venas.** (Porque el atole es un líquido espeso.) loc. Ser flemático o irresoluto, poco sensible a las emociones. Compárense: **tener** alguien **atole en las venas,** en este mismo artículo, **sangre de atole.** || **como atole de enfermo.** loc. Frecuenta tanto un lugar hasta aburrir. || **dar atole con el dedo** a alguien. (Por ser poca la cantidad de atole que se puede dar con un dedo.) fr. fig. Engañar, embaucar. || **hacerse atole.** loc. Quedar aplastado. || **más viejo que el atole**. (Por considerar que este alimento es de origen muy antiguo.) loc. Muy viejo. || **no se puede chiflar y beber atole.** ref. Hay cosas que no se pueden hacer al mismo tiempo. || **pasa** (o **pase, o pasen**) **a tomar atole.** loc. Se usa para invitar a entrar en la casa. Compárese *pasar*. || **tener** alguien **atole en las venas.** loc. Ser flemático o irresoluto, poco sensible a las emociones. Compárese, en este mismo artículo: **circularle** a alguien **atole por las venas.**

atolito (De *atole.*): **¿con atolito vamos sanando?, pues atole vámosle dando, o si con atolito el enfermo va sanando, atolito vámosle dando,** o **si con atolito se va curando, sigámosle dando.** ref. Si un procedimiento (o tratamiento) funciona o es más o menos aceptable, no lo cambiemos.

atómica, o **pluma atómica.** f. Pluma que tiene una bolita de metal en el punto en que escribe y que toma la tinta de un recipiente interior.

atopil o **atopile.** (Del náhuatl *atopilli* 'bordón [o bastón] de caña; autoridad', de *atl* 'agua' + *topilli* 'bastón'.) m. Mayordomo de hacienda cañera.

atorarse. (Del español *atorar* 'atascar', del latín *obturare* 'cerrar, obstruir'.) Atascarse; (de un mecanismo) no funcionar.

atorón. m. Acción de atascarse.

atotonilquense. (De *Atotonilco*, nombre de municipios en los estados de Hidalgo y Jalisco, del náhuatl *Atotonilco*, literalmente = 'lugar de agua caliente', de *atl* 'agua' + *totonil*- 'caliente' + -*co* 'lugar'.) 1. adj. Perteneciente o relativo a Atotonilco. || 2. com. Nativo o habitante de Atotonilco.

atoyaqueño, atoyaqueña. (De *Atoyac*, municipio del estado de Veracruz, del náhuatl *atoyatl* 'río' + -*c* 'lugar'.) 1. adj. Perteneciente o relativo a Atoyac. || 2. m. y f. Nativo o habitante de Atoyac.

atrabancado, atrabancada. (Del español *atrabancar* 'pasar de prisa'.) adj. Que obra con precipitación, sin premeditación.

atrincar. (Del español *trincar* 'sujetar'.) tr. 1. Apretar. ‖ 2. Asegurar con cuerdas.

audífono(s). (De *audi-*, del latín *audire* 'oír', + *-fono*, del griego *-phonos* 'que suena', de *phōnḗ* 'sonido'.) m. (En un aparato que se emplea para percibir sonidos) pieza que convierte energía eléctrica en ondas sonoras y que se aplica a los oídos, auricular.

aumento. m. Acrecentamiento del sueldo.

aunque: **no le aunque.** (Transformación festiva de "no le hace".) loc. No importa, acepto el riesgo.

autlense, o **autleco, autleca.** (De *Autlán*, municipio del estado de Jalisco, del náhuatl, literalmente = 'lugar de canales, o de arroyos', de *atl* 'agua' + *otli* 'camino' + *-tlan* 'lugar de muchos...') 1. adj. Perteneciente o relativo a Autlán. ‖ 2. com., y m. y f. Nativo o habitante de Autlán.

autobaño. m. Terreno y estructura equipada con instalaciones para lavar automóviles.

autoestéreo. m. Sistema de sonido estereofónico para automóviles.

automóvil de sitio. m. Taxi que tiene un sitio fijo cuando está libre.

autopartes. f. pl. Piezas para reparar automóviles.

autotransporte. m. Transporte automóvil.

ave de mal agüero. f. Persona que pronostica desgracias.

avena: **su avena con su arroz.** (De *suave* 'bueno; bonito'.) loc. fest. Bueno, excelente, bonito. Compárese **suavena.**

aventado, aventada. adj., y m. y f. Arrojado, audaz. ‖ **de aventado.** loc. adv. De manera atrevida, sin conocimiento de causa.

aventar. (De *aventar* 'impeler (el viento) algo.') tr. Arrojar, impeler, echar. ‖ **aventarse.** Arrojarse, lanzarse sobre; atreverse. ‖ **hasta pa' aventar pa' arriba.** loc. adv. Muchos.

aventón. m. Transporte gratuito. ‖ **al aventón.** loc. adv. De manera atrevida, sin conocimiento de causa. ‖ **dar un aventón.** loc. Transportar gratuitamente, llevar sin costo (en un vehículo).

aviador, aviadora. m. y f. Persona que figura en una nómina y percibe sueldo, pero no se presenta a trabajar.

aviso. m. Anuncio (de propaganda comercial), generalmente publicado en la prensa, radio o televisión. ‖ **sobre aviso no hay engaño.** ref. Cuando alguien avisó de posibles dificultades, si las hay no se puede uno quejar.

avispa: **ponerse** alguien (**muy**) **avispa.** loc. Ponerse listo, vivo, abrir los ojos.

avorazado, avorazada. adj. Codicioso, que todo lo quiere para sí.

avorazamiento. m. Acción de tratar de conseguir mucho.

avorazarse. (De *voraz.*) Tratar de conseguir mucho.

áxcale: ¡áxcale! (Del náhuatl *axcan* 'ahora' + el español *-le.*) o **¡ázcale!** PRONUNC. Esta *x* se pronuncia /sh/. interj. Eso es.

axiote, véase **achiote.**

ayacahuite. (Del náhuatl *ayacuahuitl*, de *ayatl* 'tela delgada' + *cuahuitl* 'árbol'.) m. Cierto pino *(Pinus ayacahuite).*

ayate. (Del náhuatl *ayatl.*) m. Tela delgada hecha de fibra de maguey.

ayocote o **ayacote.** (Del náhuatl *ayacotli, ayecotli* 'frijol gordo'.) m. Cierto frijol, más grueso que el común.

ayote. (Del náhuatl *ayotli*, cierta calabaza, de *ayotl* 'tortuga' [por redonda].) m. Cierta calabaza *(Cucurbita maxima).*

ayudar: **más** (o: **harto**) **ayuda el que no estorba.** ref. de significado claro.

ayuna: **en ayunas.** loc. adv. Sin saber, sin estar enterado.

azadón: **parecerse uno al azadón: todo para acá.** loc. Ser codicioso, querer todo para sí.

azálea (Del griego *azaléa* 'seca' [masculino *azaléos*], de *ázein* 'secar'.): f. Arbusto del subgénero *Azalea* de los rododendros (género *Rhododendron),* y su flor [DRAE: azalea].

azcale: **¡ázcale!** (De *áxcale.*) Véase **áxcale.**

azolve. (Del español *azolvar* 'cegar un conducto'.) m. Lodo o basura que obstruye un conducto de agua.

azonzado, azonzada. adj. Zonzo.

azonzarse. Atontarse.

azoro. (De *azorar* 'asustar el azor a las aves'.) m. Acción o resultado de azorar (sobresaltar) o azorarse.

azotada. f. Acción o resultado de azotar [DRAE: azotamiento].

azotador. (Porque cuando esta oruga cae de un árbol sobre la piel de una persona deja huella y ardor como de azote.) m. Cierta oruga (familias: Geometridae y Noctúidae).

azotar. 1. tr. Pagar. || 2. intr. Caer. || azotarse. Exagerar al hablar. || azotarse alguien gacho. loc. Decir o hacer algo indebido y desagradable.

azotehuela. f. Azotea pequeña.

azotón. m. Caída. | dar alguien el azotón. loc. Caer.

azteca. (De *Aztlán*, del náhuatl *Aztlan* [de *Aztatlan*, literalmente = 'lugar de garzas', de donde procedían los aztecas, de *aztatl* 'garza' + *-tlan* 'lugar de'], + *-ecatl* 'morador de'.) Miembro de un grupo de habla nahua que en el siglo XIV fundó el imperio mexicano, que Cortés conquistó en 1519.

azul. (Por el color de su uniforme.) m. Policía. | entre azul y buenas noches. loc. adj. Indefinido. || usted de azul y yo "a su lado" [azulado, que se pronuncia igual]. Piropo o requiebro dirigido a una persona vestida de azul.

azurumbado, azurumbada. (De la misma familia que *zurumbático* 'lelo, pasmado, aturdido', por último de *sombra* 'oscuridad'.) adj. Atolondrado, aturdido.

babá. (Del francés *baba*, que se pronuncia /babá/, del polaco *baba*, este pastel, literalmente = 'vieja'.) m. Cierto pastel bañado en un jarabe hecho de ron y azúcar.

babosada. (De *baboso* 'bobo, tonto, simple'.) f. Bobería, simpleza.

babosear. intr. Estar distraído.

bacanora. (Del cahíta *vaki* 'comida cocida' + *onora*, cierto cacto y su fruto.) m. Bebida alcohólica obtenida de la fermentación de cierta clase de tuna.

bacinica. (De *bacín* 'recipiente'.) f. Recipiente que se usa principalmente en el dormitorio para que reciba los excrementos del cuerpo humano. Compárese **borcelana.**

bafle. (Del inglés *baffle* 'regular el flujo del sonido'.) m. Clase de bocina que regula el flujo del sonido.

baile: baile de cuota. m. Baile en que los que desean entrar contribuyen a los gastos. ‖ **baile de disfraces.** Baile en que los asistentes van vestidos según el estilo de otra época, de otro país o de alguna ocupación, o disfrazados de un personaje histórico o literario, o de un animal [DRAE: baile de trajes]. ‖ **baile y cochino, el del vecino.** ref. No conviene tener fiestas en la casa propia; que las organicen otros y ellos tengan las molestias que ocasiona tener invitados.

bajacaliforniano, bajacaliforniana. (De *Baja California*, estado de la República Mexicana.) 1. adj. Perteneciente o relativo a Baja California. ‖ 2. m. y f. Nativo o habitante de Baja California. La palabra *California* es el nombre de una isla imaginaria en la novela de caballerías *Las Sergas* (= hazañas) *de Esplandián* (hacia 1510) del escritor español Garci Ordóñez de Montalvo; cuando inventó el nombre, quizá lo haya inspirado el de la región ficticia *Califerne* mencionada en la epopeya francesa del siglo xi *La chanson de Roland*. El nombre *California* fue dado hacia 1533 a la actual Baja California por navegantes españoles que pensaron que la península era una isla, quizá la isla de *Las Sergas*. La Baja California, península en que está situado el estado, se llamó así para distinguirla de la región situada al norte de ella, llamada Alta California hasta 1850, cuando se volvió estado de los Estados Unidos.

bajío. m. Terreno bajo, llanura. El Bajío es una región que se extiende principalmente en el estado de Guanajuato.

bala. f. Persona muy capaz, que vence dificultades (sobre todo si lo hace rápidamente [porque las balas son rápidas]). **| ¡ábranla, que lleva bala!** loc. ¡Apártense! ‖ **ser** alguien **una bala (perdida).** loc. Ser parrandero.

balacear. tr. Tirotear, disparar repetidamente armas de fuego portátiles.

balanzón. m. Recogedor para granos a manera de pala o de cuchara, cogedor de la balanza con el que se recogen los granos que se van a pesar.

balata. f. Elemento que causa la fricción necesaria en los frenos de los automóviles.

balazo: ni a balazos. loc. adv. De ninguna manera.

balché. (Del maya *balché*.) 1. Cierto árbol del sureste de la República Mexicana, del género *Lonchocarpus*. ‖ 2. Bebida de fruta fermentada con la cáscara de este árbol.

balear. tr. Tirotear, disparar balas.

balero. m. Juguete de madera formado por un palito terminado en punta por un extremo, en que se debe meter una bola (o barrilito) perforada que le está ligada por un cordoncito [DRAE: boliche].

balsón. m. Terreno fangoso.

bamba. f. Baile de parejas, en que se golpea rítmicamente el piso con los pies.

-bampo. Terminación de nombres de lugar en los estados de Sinaloa (Topolobampo) y Sonora (Huatabampo, Agiobampo).

bancada. (De *bancada* 'banco grande', porque se sientan en la misma zona del Palacio Legislativo.) f. Conjunto de los legisladores de un mismo partido.

banda. f. Correa del ventilador del coche.

banderazo. m. 1. Puesta en marcha del taxímetro (contador) de un taxi. || 2. Tarifa inicial fija de un taxi [DRAE: bajada de bandera].

banderilla. (Por parecido de forma con la banderilla de los toreros.) Cierto pan dulce de forma de barra aplanada.

bando: del otro bando. loc. adj. Invertido, homosexual.

banqueta. (De *banqueta* 'asiento largo' porque recuerda su forma.) f. Paso para peatones en una calle a lo largo de la fachada de las casas [DRAE: acera].

bañar: ¡vete a bañar! loc. Vete a paseo (compárese **bolívar**).

baño: baño de regadera. m. Acción o resultado de bañarse bajo la ducha, la regadera. || **baño de temascal.** m. Acción o resultado de bañarse con vapor en un temascal. || **baño de tina.** m. Acción o resultado de bañarse en bañera, en tina. || **baño ruso,** o **baño turco.** Baño de vapor seguido de fricción, masaje y un baño en agua fría. || **medio baño.** m. Cuarto de baño con sólo lavabo y taza de escusado. | **darse** alguien **baños de pureza.** loc. Aparentar inocencia. || **hacer del baño.** loc. Defecar. || **ir al baño.** loc. Ir a defecar, al retrete. || **ir** uno **muy seguido al baño.** loc. Tener diarrea.

barajar: barajársela a alguien **despacio.** loc. Dar más detalles o repetir lo dicho.

barajear. tr. Mezclar los naipes antes de repartirlos, barajar. || **barajeársela** a

alguien **más despacio.** Dar más detalles o repetir lo dicho.

barata. f. Venta a precios bajos.

baratero, baratera. m. y f. Quien vende barato.

barato: lo barato sale (o **cuesta**) **caro.** ref. Lo que se compra a bajo precio dura poco o tiene defectos.

baratón, baratona. adj. (De un argumento) de poco valor.

barba: barbas tienes. loc. Eso crees. | **con toda la barba.** loc. adj. Bien hecho. || **hace la barba el barbero casi siempre por dinero.** ref. Quien adula tiene fines interesados.

barbacoa. (De *barbacoa* 'conjunto de palos puestos sobre un hueco a manera de parrilla, para asar carne', probablemente del taíno.) f. Carne de un animal (generalmente cordero o chivo) asada en un hoyo. | **en barbacoa.** (De carne) asada en un hoyo.

barbaridad: ¡qué barbaridad! loc. ¡Qué lástima!

barbasco. (Quizá del español *varbasco, verbasco* 'gordolobo (planta)' [en Nebrija, 1495, *barvasco*], del latín *verbascum.*) m. Nombre de cualquiera de varias plantas del género *Paullinia.*

barbero, barbera. adj., y m. y f. Adulador.

barcina. f. 1. Saco o bolsa de mallas anchas [DRAE: herpil]. || 2. Carga de paja. **barcino, barcina.** adj. (De un animal o de una planta) que tiene rayas o manchas.

barco: agarrar a alguien **de barco.** loc. Aprovecharse de esa persona.

barda (Del español *barda* 'cubierta de espinos que se pone sobre las tapias'.): f. Cerca, vallado, tapia, muro puesto alrededor de un terreno. | **volarse** (o **brincarse,** o **saltarse**) alguien **la barda.** (En beisbol quien hace que la pelota pase al otro lado de la barda, gana para su equipo a lo menos una carrera.) Tener éxito inesperado, tener muy buen resultado.

bardado, bardada. adj. Protegido por un vallado o tapia.

bardar. tr. Colocar un vallado o tapia.

barillero o **varillero.** m. Buhonero, quien vende chucherías y baratijas.

barra de abogados. (De *barra* 'barandilla en un tribunal'.) f. Organización o asamblea de abogados.

barrenador. m. Larva de cierta mosca *(Cochliomyia hominivorax)*, que se desarrolla en las llagas o heridas de los mamíferos.

barrera del sonido. f. Aumento súbito de la resistencia al avance, que ocurre cuando la velocidad de una aeronave se acerca a la velocidad del sonido.

barrerse. Moverse la caballería hacia un lado súbitamente al asustarse.

barriga: **(tener) barriga de músico.** loc. Comer mucho. || **barriga de pulquero.** loc. adj. Gordo, obeso. || **barriga (o: a panza) llena, corazón contento.** ref. No se puede estar contento ni tranquilo si se tiene hambre, si no se tiene lo necesario para la subsistencia; por otra parte, comer bien fortalece y da seguridad. | **malo de la barriga.** loc. adj. Enfermo del intestino. || **rascarse** alguien **la barriga.** loc. No trabajar, holgazanear.

barrigón: **al que ha de ser barrigón, aunque lo cinche un arriero** (o: **aunque lo fajen**). ref. Hay cosas que lo predisponen a uno sin remedio, las características físicas no suelen mudar con los años [DRAE: genio y figura, hasta la sepultura]. Compárese **centavo**.

base (Del inglés *base* 'cada una de las cuatro "estaciones" en un campo de beisbol'.): **no llegar a primera base.** loc. No haber alcanzado siquiera el objetivo inicial.

basquet. (Del inglés *basket [ball]*, literalmente = 'pelota canasta'.) m. Basquetbol.

basquetbol. (Del inglés *basketball*, que se pronuncia /básquetbol/, literalmente = 'pelota canasta'.) m. Juego entre dos equipos de cinco jugadores cada uno, que consiste en introducir el balón en el cesto o canasta del contrario [DRAE: baloncesto].

bastonero, bastonera. m. y f. 1. Persona que con un bastón en la mano dirige una banda de música que marcha. || 2. Persona que con un bastón en la mano forma parte de un grupo de par-

tidarios que en un encuentro deportivo apoyan ruidosamente a los suyos.

bat. (Del inglés *bat* 'palo; palo con el que se pega a la pelota en el juego de beisbol'.) m. Palo con el que se pega a la pelota en el juego de beisbol [DRAE: bate].

bataclán. (Del francés *bataclan* [1761] 'conjunto de objetos para cierto uso; equipo complicado o ridículo', de origen onomatopéyico.) m. Fiesta u orgía con desorden y tumulto.

bataclana. (De *bataclán*.) f. Mujer frívola que actúa en espectáculos públicos.

batallar. intr. Trabajar mucho para resolver un problema difícil.

batea: **salir alguien con su batea de baba(s).** loc. Salir con una necedad.

batidillo. (De *batir* 'golpear, mover con ímpetu, revolver'.) m. Mezcla desordenada de ingredientes suaves y húmedos.

bay. (Del inglés *bye*, que se pronuncia /bay/, parte de *bye-bye* o de *good-bye*, interjecciones que se usan al despedirse.) interj. Adiós.

beba. (De *bebé*, del francés *bébé* 'niño de pecho', del inglés *baby* 'niño de pecho', probablemente de origen onomatopéyico.) f. Niña pequeñita, nena.

bebedero. m. Fuente para beber agua potable en parques, escuelas y edificios públicos.

beber: **beber y comer, despacio ha de ser.** ref. de significado claro.

becerrada. f. Conjunto de becerros.

beisbol. (Del inglés *baseball*, que se pronuncia /béisbol/, literalmente = 'pelota base'.) Juego con dos equipos de nueve jugadores, con bat y pelota, en un campo con cuatro bases.

beisbolista. (De *beisbol*.) m. y f. Jugador de beisbol.

belduque. (De *Bolduque*, nombre que los españoles daban a la ciudad neerlandesa de *Bois-le-Duc* [en francés, literalmente = 'Bosque [d]el Duque'; hoy *'s Hertogenbosch*], donde se fabrican estos cuchillos.) m. Cuchillo grande de hoja puntiaguda.

belén. m. Cierta planta balsaminácea *(Impatiens balsamina)* y su flor.

bellaco, bellaca. (De *bellaco* 'malo,

pícaro'.) adj. (De una caballería) difícil de gobernar.

bellísima. f. Cierta planta trepadora *(Antigonon leptopus)* y su flor.

bemba. f. Boca de labios gruesos.

bembo, bemba. adj. De labios gruesos.

bembudo, bembuda. adj. De labios gruesos.

beneficio. m. Ingenio o hacienda donde se procesan productos agrícolas.

berengo, berenga. adj. Bobo, cándido.

bermudeño, bermudeña. (De *[las] Bermudas,* islas británicas del oeste del Océano Atlántico.) 1. adj. Perteneciente o relativo a las Bermudas. || 2. m. y f. Nativo o habitante de las Bermudas.

beso: **besos vendidos, ni dados ni recibidos.** ref. de significado claro.

betabel. m. Cierta planta *(Beta vulgaris)* y su raíz bulbosa comestible, remolacha.

bibeló. (Del francés *bibelot,* que se pronuncia /bibló/.) m. Objeto pequeño de adorno.

bici. (De *bicicleta.)* f. Bicicleta.

bien: **haz el bien sin mirar a quién.** ref. de significado claro. || **nadie sabe el bien que tiene hasta que lo ve perdido.** ref. Sólo cuando perdemos lo que nos ha causado algún deleite, nos damos cuenta de su valor; o: Hay que apreciar lo bueno que se tiene, darle la debida importancia [DRAE 1956: el bien no es conocido hasta que es perdido].

bienteveo o **luis bienteveo.** Cierta ave *(Pitangus sulphuratus).*

bigotes de aguacero. m. pl. Bigotes caídos por los lados de los labios.

bilateralismo. m. La práctica de hacer progresar el comercio entre dos países concluyendo tratados o acuerdos entre sólo las dos naciones. Contrasta con *multilateralismo.*

bilé. m. Preparado grasoso en forma de barra, con el que se pueden pintar los labios, lápiz de labios [DRAE: pintalabios].

bilimbique. m. Billete monetario emitido durante la revolución constitucionalista de 1913.

bilioso, biliosa. (Del latín *biliosus,* de *bilis* 'bilis'.) adj. 1. Que tiene ictericia. || 2. Colérico, irritable.

bilis derramada. f. Estado o condición debida a un exceso de secreción de bilis. || **hacer bilis.** loc. Enojarse, irritarse.

billarda. f. Trampa para coger lagartos.

billete: **más falso que un billete de dos pesos.** loc. Falso (no hay billetes de banco de dos pesos).

billetero, billetera. m. y f. Persona que se dedica a vender billetes de lotería.

bilmar. (Del español *bilma* 'bizma', del antiguo *bidma* 'bizma', del latín *epithema,* del griego *epíthema* 'algo puesto encima', de *epitithénai* 'poner encima, agregar', de *epi-* 'sobre, encima' + *tithénai* 'poner, colocar'.) tr. Poner bizmas o emplastos, bizmar.

bimbalete. m. Palo o estaca para sostener tejados.

bingarrote. m. Aguardiente destilado del binguí.

binguí. m. Bebida extraída de las cabezas de maguey, asadas y fermentadas.

birlo. (Del español *birlo* 'trozo de palo labrado, bolo'.) m. Tornillo sin cabeza.

birolo. (Del español *virolo.)* adj. Virolo, bizco, bisojo, que padece de estrabismo.

birote, véase **virote.**

birria. f. Carne de borrego o de chivo preparada como la barbacoa.

birriondo, birrionda. adj. Callejero, enamoradizo.

bisbirindo, bisbirinda, o **bizbirindo, bizbirinda.** adj. Vivaracho, alegre.

biscorneto, biscorneta. adj., y m. y f. Bizco, que tiene ojos cuyos ejes visuales no se dirigen a la vez a un mismo objeto.

bisnes. (Del inglés *business,* que se pronuncia /bisnes/.) m. Negocios, actividad comercial.

bísquet. (Del inglés *biscuit,* que se pronuncia /bísquet/, 'cierto pan dulce', del francés *biscuit* 'galleta', literalmente = 'cocido dos veces', de *bis-* + *cuit.)* Cierto pan dulce, diferente del que en inglés se llama *biscuit.*

bitoque. (Del español *bitoque* 'tarugo de madera con que se cierra el agujero de los toneles'.) m. 1. Llave de cañería o de depósito de líquidos, grifo. || 2. Cánula de jeringa.

bizbirindo, bizbirinda, véase **bisbirindo.**

bizcochera. f. Cierta hormiga pequeña.

biznaga. (Del náhuatl *huitznahuac*, literalmente = 'rodeada de espinas', de *huitzli* 'espina' + *nahuac* 'alrededor' [influido por el español *biznaga*, planta umbelífera].) f. Cualquiera de varios cactos espinosos de los géneros *Ferocactus* y *Echinocactus*. ‖ **biznaga confitada.** f. Tallo de la biznaga, descortezado y confitado, llamado también *acitrón*.

blablá. (Del francés *blablabla* o del inglés *blah-blah*, onomatopéyicos.) m. Oraciones o discursos largos con tonterías o desatinos.

blanquillo. (Del español *blanco* + *-illo* 'pequeño'.) m. Huevo.

boca: **boca de verdulero.** f. Boca (o persona) que pronuncia muchas palabrotas o dichos groseros, malhablado. | **a boca de borracho, oídos de cantinero.** ref. No vale la pena hacer caso de lo que diga alguien que está borracho. ‖ **callarse la boca.** Callar. ‖ **¿con esa boca comes?** expr. que se usa con alguien que ha empleado palabrotas. ‖ **con la boca abierta.** loc. Con sorpresa, asombro, estupor. ‖ **de boca.** loc. Con la cara hacia abajo. ‖ **hacerse** alguien **de la boca chiquita.** loc. Rehusar con desdén. ‖ **que la boca se te haga chicharrón.** expr. que se usa con alguien que ha hablado de posibles males. ‖ **saberle** a alguien **la boca a medalla.** loc. 1. Haber estado mucho tiempo sin hablar. ‖ 2. Tener cruda o resaca (malestar que siente al despertar quien bebió en exceso o usó drogas el día anterior).

bocabajear. tr. 1. Humillar, poner en ridículo. ‖ 2. Derrotar, vencer.

boda: **bodas de Camacho.** (Por alusión a sucesos del capítulo xx de la segunda parte del *Quijote.*) f. pl. Comida abundante, ostentosa, ruidosa. ‖ **bodas de cobre.** f. pl. Aniversario de doce años y medio de una boda o de otro acontecimiento solemne. ‖ **bodas de diamante.** f. pl. Aniversario de 75 años [DRAE: 60 años] de una boda o de otro acontecimiento solemne.

bodega. f. 1. Almacén, tienda. ‖ 2. Almacén, depósito.

bodoque. (Del español *bodoque* 'bola de barro o de lana'.) m. Chichón, hinchazón redonda.

bodorrio. (Del español *bodorrio* 'bodijo, boda desigual', de *boda.*) m. Fiesta desordenada y ruidosa.

bóiler. (Del inglés *boiler*, literalmente = 'hervidor', de *boil* 'hervir'.) m. Caldera para calentar el agua de un edificio.

bóitelas, véase **ir.**

bola. f. Reunión bulliciosa de gente en desorden. ‖ **bola de... (años,** etc.) f. Muchos. ‖ **bola de Berlín.** f. Pan dulce suave relleno de crema pastelera, que no se hornea sino se fríe. | **andar en la bola.** loc. Participar en un tumulto o revolución. ‖ **darle a la bola.** loc. Atinar, acertar. ‖ **en bola.** loc. En montón. ‖ **hacerse** alguien **bolas.** loc. Confundirse, hacerse un lío. ‖ **irse** alguien **a la bola.** loc. Ir a participar en un tumulto o revolución. ‖ **meterse** alguien **a la bola.** Participar en un tumulto o revolución. ‖ **no darle a la bola, o no dar pie con bola.** loc. No atinar, no acertar.

bolea. f. Puñetazo.

boleada. f. Acción o resultado de dar bola (betún) al calzado.

bolear. (De *bolear* 'arrojar la bola, en un juego'.) tr. Dar bola (betún) al calzado, limpiarlo y darle lustre.

bolero. m. Limpiabotas.

boleta. f. Cédula o papeleta para dar el voto en una elección. ‖ **boleta de empeño.** f. Contraseña a cambio de la cual puede alguien volver a llevarse algo que empeñó.

boletería. f. Taquilla o tienda donde se vende boletos o billetes.

boletinar. tr. Insertar (una nota) en un boletín.

boliche. (Del español *boliche* 'bola pequeña', de *bola.*) m. Juego de bolos y lugar [DRAE: bolera] donde se juega.

bolillo. (De *bolo* 'trozo de palo labrado'.) m. Cierto tipo de pan blanco de mesa. | **¡puro bolillo!** loc. Nada. ‖ **valer bolillo** (o **sorbete,** o **sombrilla**). loc. Valer muy poco o nada.

bolita: **¿dónde quedó la bolita?** Pregunta que se hace irónicamente a alguien que fue engañado o que busca inútilmente algo. Viene de que hay un juego de escamoteo en que el espectador incauto apuesta a que la bolita quedó bajo este o aquel cubilete.

bolívar: ¡**a bolívar!** (De *a volar.*) loc. A paseo (expresión que se emplea para despedir a alguien con desprecio o disgusto). Compárese *volar.* ‖ **mandar a alguien a bolívar.** loc. Mandar a paseo, despedir con desprecio o disgusto. ‖ ¡**vete a bolívar!** loc. Vete a paseo (compárese **bañar**).

bollo. m. 1. Pan en forma de cubilete. ‖ 2. Pasta hecha de cacao molido y pinole.

bolo[1]. m. 1. Participación de un bautizo. ‖ 2. Monedas que el padrino de un bautizo regala a los chiquillos presentes.

bolo[2], bola. adj. Ebrio, borracho.

bolón. m. Gran reunión de gente. ‖ **un bolón de.** loc. Mucho.

bolsa. f. Bolsillo de las prendas de vestir.

bolseada. f. Acción o resultado de bolsear.

bolseador. m. Ladrón.

bolsear. tr. Quitar a alguien furtivamente lo que tenga de valor.

bolsista. com. Ladrón de bolsillos, carterista.

bolsón. m. Valle plano en el desierto, depresión geológica (como en *Bolsón de Mapimí* [estados de Coahuila y Chihuahua]).

boludo, boluda. adj. Que tiene protuberancias.

bomba[1]. f. Globito de aire en agua jabonosa, pompa de jabón.

bomba[2]. f. Versos festivos que en el Sureste se improvisan durante las fiestas populares. Con frecuencia tienen doble sentido. He aquí una muestra: "Si tienes hijas bonitas / de costumbres disolutas, / eres pobre porque quieres: pon una casa de… modas".

bomba[3] (De *bomba* 'proyectil'.): **caer como bomba.** loc. Ser objeto de antipatía.

bonche. (Del inglés *bunch.)* m. Manojo, montón, grupo.

bonete: **valer puro bonete.** loc. Valer muy poco.

bonetería. (Del francés *bonneterie.)* f. Tienda en que se venden medias, calcetines, camisas y otros artículos hechos de tejido de punto.

bonhomía. (Del francés *bonhomie* 'sencillez, llaneza', de *bonhomme* 'bonachón', de *bon* 'bueno' + *homme* 'hombre'.) f. Afabilidad.

boquiflojo, boquifloja. adj., y m. y f. Chismoso, indiscreto.

borcelana o **porcelana.** f. Recipiente que se usa principalmente en el dormitorio para que reciba los excrementos del cuerpo humano. Compárese **bacinica.**

bordo: **a bordo.** loc. En la aeronave.

borlote. m. Tumulto, desorden, escándalo.

borlotero, borlotera. adj., y m. y f. Que causa borlotes o gusta de ellos.

borrachales. com. Borracho, borrachín.

borrego: **borrego cimarrón.** m. Carnero silvestre *(Ovis canadensis)* de las partes montañosas del noroeste. ‖ **soltar un borrego.** loc. Esparcir una noticia falsa.

borreguismo. m. Tendencia a seguir a los demás, a copiar lo que hacen otros.

boruquiento, boruquienta. (De *boruca* 'bulla, algazara'.) adj. Que causa broncas, bullas, algazaras o gusta de ellas.

boshito, boshita, o **boxito, boxita.** (Del maya *box* 'negro'.) Pronunc. La *x* se pronuncia en este caso /sh/. m. y f. 1. Tratamiento familiar cariñoso usado entre yucatecos. ‖ 2. Yucateco. ‖ **boshito lindo, boshita linda.** loc. Tratamiento familiar cariñoso usado entre yucatecos.

bota: **ponerse** alguien **las botas.** loc. Imponer su voluntad.

botadero. (De *botar* 'arrojar, tirar'.) m. 1. Desorden. ‖ 2. Basurero.

botador, botadora. (De *botar* 'arrojar, tirar'.) m. y f. Derrochador, manirroto, malgastador de dinero.

botana. f. Comida ligera que se sirve como acompañamiento de bebidas [DRAE: aperitivo, piscolabis, tapa].

botanear. intr. Comer botanas.

botarate. (De *botar* 'arrojar, tirar'.) com.

Derrochador, manirroto, malgastador de dinero.

bote. (De *bote* 'recipiente'.) m. Cárcel. | **meter** a alguien **al bote.** Recluir en la cárcel.

botellita: **botellita de jerez, todo lo que (me) digas será al revés.** loc. que usa un niño al que han insultado, contestando así a las agresiones verbales.

botellón. m. Damajuana, botella muy grande.

botijón, botijona. (De *botija* 'vasija', del latín tardío *butticula*, diminutivo de *buttis* 'tonel'.) adj., y m. y f. Muy gordo, barrigudo, barrigón.

bóveda. (De *bóveda* 'techo curvo'.) f. (En un banco) pieza para guardar dinero y objetos y papeles valiosos.

box. (Del inglés *box* 'golpear con la mano'.) m. Boxeo, pugilato, deporte que consiste en golpearse con las manos (con los puños), que se enfundan en guantes especiales.

boxito, boxita, véase **boshito.**

boyante. adj. Que ha recobrado la salud o la fortuna.

boycot o **boicot.** (Del inglés *boycott*, que se pronuncia /boicot/, del apellido de Charles C. Boycott, 1832-1897, agente inglés en Irlanda, a quien se aplicó el boicoteo [en 1880] por rehusar reducir los alquileres.) m. Boicoteo, acción de rehusar tener relación con alguien (o con una entidad) para obligarlo a aceptar ciertas condiciones.

boycotear. (De *boycot*.) tr. Rehusar tener relación con alguien (o con una entidad) para obligarlo a aceptar ciertas condiciones [DRAE: boicotear].

bozal. m. Cuerda anudada al cuello y al hocico de una caballería.

bozalear. tr. Anudar el bozal a una caballería.

bozalillo. m. Cordel que se pone a una caballería debajo de la cabezada (correaje que ciñe la cabeza).

bracero. (Del español *bracero* 'peón', de *brazo*.) m. Trabajador, jornalero no especializado, que emigra (a veces temporalmente) a otro país.

braguero. (Del español *braguero* 'vendaje destinado a contener las hernias'.)

m. Cuerda con que se rodea el cuerpo del toro y de la cual se ase el que lo monta en pelo.

brasero. (Del español *brasero* 'pieza de metal en que se hace lumbre para calentarse', de *brasa* 'leña o carbón encendidos'.) m. Hogar o fogón portátil para cocinar.

brasier o **brassière.** (Del francés *brassière*, f., originalmente = 'protector del brazo', de *bras* 'brazo'.) m. Ropa interior de mujer, que cubre los senos [DRAE: sostén].

brava: **a la brava.** loc. Por la fuerza.

brazo. m. Pan suave, alargado, relleno de mermelada. | **caérsele** a alguien **los brazos.** loc. Desalentarse. || **del brazo.** (De dos personas) asida una al brazo de la otra.

briago, briaga. (Del latín *ebriacus* 'borracho, ebrio', de *ebrius* 'ebrio'.) adj., y m. y f. Borracho, ebrio.

brigadier, o **general brigadier.** (Del francés *brigadier*, originalmente = '(al mando) de una brigada'.) m. Oficial del ejército, de categoría inmediatamente superior a la de coronel e inmediatamente inferior a la de general de brigada.

brilloso, brillosa. adj. Que brilla, que refleja o emite luz.

brincacharcos. En frases como "pantalones de brincacharcos" significa 'demasiado cortos'.

brincadero. m. Lugar (en los potreros) donde los animales acostumbran brincar sobre un obstáculo para pasar.

brinco: **al brinco.** loc. Como queriendo pelear. || **brincos dieras.** loc. Ya quisieras. || **dar** alguien **el brinco.** loc. Tomar una resolución importante. || **dejarse** alguien **de brincos.** loc. Dejar de jactarse. || **de un brinco.** loc. En una sola etapa. || **echar brincos.** loc. 1. Dar brincos o saltos. || 2. Estar muy contento. || **echar un brinco.** loc. Brincar, dar un brinco o salto. || **¿para qué son tantos brincos, estando el suelo (tan) parejo?** o **¿para qué tanto brinco, estando el suelo parejo?** loc. No hace falta jactarse del propio valor o blasonar de valiente. || **pegar**

alguien **el brinco.** loc. Tomar una resolución importante.

brocha: **brocha de pintor.** f. Cierta planta herbácea silvestre (*Castilleja californica*). || **colgado de la brocha.** loc. En situación peligrosa o precaria.

bromoso, bromosa. (De *broma* 'persona o cosa molesta', de *broma* 'molusco que carcome los buques', del griego *brôma* 'caries', de *bibróskein* 'devorar'.) adj. Que molesta o fastidia mucho.

bronca. (De *bronca* 'riña ruidosa'.) f. Dificultad. || **armar bronca.** loc. Causar una riña o pendencia. || **hacer bronca.** loc. 1. Regañar. || 2. Causar una riña. || **¿qué bronca?** loc. ¿Qué dificultad?

bronco, bronca. (De *bronco* 'tosco, áspero'.) adj. (De un caballo) sin domar, reacio a la rienda.

broquel. (De *broquel* 'escudo pequeño'.) m. Clase de arete o zarcillo.

bruja. m. Pobre, sin dinero ni bienes materiales. || **estar** alguien **bruja.** loc. Estar sin dinero, empobrecido. || **quedarse** alguien **bruja.** loc. Quedarse sin dinero.

brujez. f. Falta de dinero, arranquez.

brujo, bruja. 1. adj. De brujos, relativo a brujos. | 2. **meterse a brujo sin conocer las hierbas.** loc. Quien se dedique a cierta profesión debe tener estudios y experiencia en ella.

brutal. adj. Magnífico, excelente.

bruto, bruta. adj., y m. y f. Tonto, estúpido. | **a lo bruto.** loc. Sin pensarlo, tontamente. || **de bruto.** loc. Sería tonto. || **¡qué bruto!** loc. Extraordinario, sobresaliente.

buchaca. (Del español *buchaca* 'bolsa, bolsillo'.) Bolsa de la tronera de la mesa de billar.

buchón, buchona. (De *buchón* '(de un palomo) que infla el buche'.) adj., y m. y f. Que tiene bocio.

budín. (Del francés *boudin* 'morcilla', por parecido en la consistencia.) m. Postre suave, esponjoso o cremoso, hecho de pan, leche, azúcar y fruta seca [DRAE: pudín]. || **budín azteca.** m. Plato compuesto de varias capas alternadas de mole (o salsa verde o roja), tortillas de maíz, pollo cocido deshebrado, queso, crema; estas capas se repiten una o varias veces, y se termina con salsa, crema y queso.

buena. f. Partido que se juega para desempatar. | **agarrar** alguien **una buena.** loc. Recibir una golpiza. || **¡buenas!** loc. Abreviación de ¡buenas tardes! o de ¡buenas noches!

buenazo, buenaza. m. y f. Muy bueno en su género, excelente en su profesión u oficio.

bueno: **¿bueno?** Interjección que se usa para contestar al teléfono (al descolgar). || **¡buenos!** loc. Abreviación de ¡buenos días! | **¡ah, bueno!** loc. que indica conformidad.

buey: **¡buey!** o **¡güey!** m. Tonto. | **¡álzalas, buey!** (*álzalas* se refiere a "las patas") o **¡álzalas, güey!** loc. Ten más precaución. expr. que se dirige a alguien que se tropezó. || **junto al buey viejo, aprende a arar el nuevo.** loc. Se aprende trabajando con alguien que tiene experiencia. || **sacar al buey de la barranca.** loc. Lograr un trabajo arduo, ejecutar algo difícil. || **si le aprieta al buey el yugo, aflójale las correas.** ref. No hay que ser demasiado estricto o severo. || **tanto le pican al buey hasta que embiste.** ref. A cualquiera se le puede acabar la paciencia, por mucha que ésta sea; o: la paciencia tiene sus límites.

bufet o **bufete.** (Del francés *buffet* 'comida colocada sobre mesas para que los comensales se sirvan de ella solos', de *buffet* 'mostrador'.) m. Comida colocada sobre mesas para que los comensales se sirvan de ella solos.

bugambilia. (Del apellido de Louis Antoine de *Bougainville*, 1729-1811, navegante francés que llevó la planta a Europa.) f. Arbusto trepador del género *Bougainvillaea* (familia: Nyctaginaceaea) [DRAE: buganvilla].

buldog. (Del inglés *bulldog*, que se pronuncia /búldog/, literalmente = 'perro para toros', cierto perro que desarrollaron en Inglaterra para que luchara contra toros.) m. Cierto perro muscular, de pelo corto y patas delanteras muy separadas.

bule. (De origen cahíta.) m. 1. Cierta calabaza o guaje (*Lagenaria lucantha*).

‖ 2. Vasija hecha del fruto de esta calabaza, ya seco.

bulto: **sacar el bulto**, o **sacarle al bulto.** loc. Evitar algo desagradable o peligroso.

búngalo. (Del inglés *bungalow* 'casa de un solo piso', del indo *baṅglā* '(casa de estilo) bengalí'.) m. Casa de un solo piso, de techo inclinado.

buñuelera. f. Recipiente para hacer buñuelos en él.

buñuelero, buñuelera. m. y f. Persona que por oficio hace o vende buñuelos [DRAE: buñolero].

bura. (Probablemente de origen tarahumara.) m. Cierto venado *(Odocoileus hemionus)* del norte de la República Mexicana.

burlón. m. Cenzontle.

buró. (Del francés *bureau* 'escritorio', que se pronuncia aproximadamente /buró/.) m. Cómoda pequeña que se coloca junto a una cama [DRAE: mesa de noche, mesita de noche].

burocracia. (Del francés *bureaucratie* 'burocracia', de *bureau* 'oficina, oficina de gobierno' [de *bureau* 'escritorio'] + -*cratie* 'forma de gobierno', del griego *krátos* 'fuerza, poder'.) f. 1. Conjunto de los empleados de gobierno. ‖ 2. Sistema de administración caracterizado por trámites frecuentemente excesivos y lentos.

burra: **la burra no era arisca** (o: **mañosa**), **a palos la hicieron,** o **la burra no era arisca, pero los golpes la hicieron,** o **la burra no nació arisca, así la hicieron los palos.** loc. 1. Los malos tratos empeoran a las personas y a los animales. ‖ 2. La experiencia lo vuelve a uno desconfiado o huraño. ‖ **Otra vez la burra al trigo,** véase *vez.* **¡Y vuelta la burra al trigo!** loc. 1. Se repitió un error, alguien reincide en algo que está prohibido. ‖ 2. Ya lo hemos oído, no hace falta repetir.

burrito. m. Tortilla de harina de trigo enrollada alrededor de comida como carne, frijoles o queso.

burro, burra. adj., y m. y f. Tonto. ‖ **burro.** m. Juego de muchachos en que uno se agacha y los demás saltan sobre él apoyando las manos sobre su espalda. ‖ **burro.** m. Escalera de tijera. ‖ **burro,** o **burro de planchar.** m. Superficie plana y acolchonada, con patas, sobre la que se plancha la ropa. | **como burro de aguador: cargado de agua y muerto de sed.** loc. No poder disponer de algo aunque se tenga casi al alcance. ‖ **antes encontrarás burro con cuernos que amigo perfecto.** ref. No existe la perfección. ‖ **buscando el burro y andando en él.** loc. Distraído que no encuentra algo que tiene cerca. ‖ **(andar) como burro sin mecate.** loc. Desenfrenado o libremente. Compárese *perro.* ‖ **como el burro que tocó la flauta.** loc. Por casualidad. ‖ **el burro hablando de orejas.** loc. Alguien critica en otros defectos que él posee. ‖ **el burro por delante.** loc. irón. Se dice a alguien que ha nombrado a varias personas poniéndose él en primer término. ‖ **entre** (o **mientras**) **menos burros, más olotes.** ref. Cuando se reparte algo, si concurren pocos cada uno obtiene más provecho. ‖ **más vale arrear el burro, y no llevar (cargar) la carga.** ref. Es bueno tener quien lo ayude a uno aunque sea en parte. ‖ **montado en el burro y preguntando por él.** loc. Distraído que no encuentra algo que tiene cerca. ‖ **no hay burro flojo para el pesebre.** ref. Cuando algo lo atrae a uno, está dispuesto a acelerar.

buruquiento, buruquienta. Que gusta de hacer buruca (boruca, bulla).

buscabulla o **buscabullas.** com. Pendenciero, picapleitos.

buscapleitos. com. Picapleitos, pendenciero [DRAE: pleitista].

buscar. tr. (En Yucatán) encontrar, hallar. Se oyen oraciones como "Lo busco y no lo busco [encuentro]".

buscón, buscona. m. y f. Pendenciero, picapleitos.

buzo, buza. (De *abuzado, abusado,* de *aguzado.*) adj. Vivo, listo, sagaz, despierto. | **ponerse** alguien **buzo.** loc. Ponerse vivo, listo.

bye. (Del inglés *bye,* que se pronuncia /bay/, abreviación de *goodbye* 'adiós'.) Pronunc. /bay/. Adiós, interj. que se usa para despedirse.

-c (Del náhuatl *-c* 'lugar', de *-co* 'lugar; en'.) Lugar, terminación de topónimos, como en Anáhuac, Chiconcuac, Coatepec. Este sufijo locativo se usa con temas que terminan en vocal; con otros, se usa *-co*.

caballazo. m. Encontrón o golpe que da un jinete a alguien (montado o no) o que da alguno de a pie a otro.

caballerango. m. Mozo que cuida y ensilla caballos [DRAE: mozo de espuela].

caballito: caballito de batalla. m. Tema al que alguien vuelve frecuentemente u objeto que alguien usa frecuentemente. || **caballitos.** m. pl. Recreo de feria que consiste en varios asientos (a veces con forma de caballos u otros animales) colocados en un círculo que gira alrededor de un centro fijo [DRAE: tiovivo].

caballo: a caballo dado no se le mira el colmillo. ref. Si algo no cuesta nada (si se nos obsequia) se puede aceptar aunque tenga algún defecto [DRAE 1967: a caballo regalado no hay que mirarle el diente]. || **arriba ya del caballo hay que aguantar los reparos.** loc. Si uno ya empezó algo debe soportar las dificultades que se presenten. || **pararle** a alguien **el caballo.** loc. Contenerlo, moderarlo [DRAE: parar el carro].

cabañuelas. f. pl. Los doce primeros días del año, cuando se utilizan las variaciones atmosféricas en ellos para pronosticar el tiempo que ha de hacer durante cada uno de los meses de ese año. Compárese **pinta**[1].

cabaret. (Del francés *cabaret*, que se pronuncia /cabaré/, 'restorán que sirve licor y en que hay espectáculo de cantantes o bailarines'.) m. Restorán que sirve licor y en que hay espectáculo de cantantes o bailarines.

cabecita blanca. com. Persona de edad (especialmente la propia madre).

cabellitos: cabellitos de ángel. m. pl. Dulce de almíbar que se hace con la parte fibrosa de la cidra cayote [DRAE: cabello(s) de ángel]. || **cabellitos de elote**, o **cabellos de elote.** m. pl. Filamentos o barbas de la mazorca del maíz.

cabellos de elote, véase **cabellitos.**

cabeño, cabeña. (De *[Los] Cabos*, municipio del estado de Baja California Sur, nombre debido a que es una zona de varios cabos [que incluye el Cabo San Lucas].) 1. adj. Perteneciente o relativo a Los Cabos. || 2. m. y f. Nativo o habitante de Los Cabos.

cabeza: cabeza de cerillo. com. Pelirrojo. || **cabeza de indio.** f. Tela fuerte de algodón. || **cabeza dura.** com. Testarudo, terco. | **andar** alguien **mal de la cabeza.** loc. Estar loco. || **cada cabeza es un mundo.** ref. Hay muchas maneras de considerar la misma situación o el mismo objeto. || **echar** a alguien **de cabeza.** loc. Delatar. || **irse de cabeza.** loc. Caer con la cabeza hacia delante. || **quebrarse** alguien **la cabeza.** loc. Pensar mucho. || **sacar la cabeza.** loc. Arriesgarse. || **soy tonto, pero nomás de la cabeza.** loc. irón. Soy tonto, entiendo despacio.

cabezadura. com. Testarudo, terco.

cabezal. m. Listón, madero, cabio, travesaño.

cabezón, cabezona. adj. Tonto.

cabina. (De *cabina* 'cuarto pequeño', del francés *cabine*, del inglés *cabin*, del francés antiguo *cabane* 'cabaña', del provenzal antiguo *cabana* 'choza'.) f. En cines y salas de conferencias, recinto aislado donde están los aparatos de proyección y de sonido y los intérpretes simultáneos.

cabra: más loco que una cabra. loc. Muy loco.

cabresto. m. Cabestro, cuerda que se ata a la cabeza o al cuello de una caballería.

cabrito: cabrito, o **cabrito al horno.** m. Cabrito (cría de la cabra) de uno a dos meses de edad asado en un horno. ‖ **cabrito al pastor.** m. Cabrito (cría de la cabra) de uno a dos meses de edad asado a las brasas.

cabronazo. m. Golpe fuerte. Es voz malsonante. Compárese **chingadazo.**

cabrón, cabrona. adj., y m. y f. Malo, malévolo, de mal carácter, que realiza acciones malintencionadas. Son voces malsonantes.

cabuche. (Del francés *caboche* 'cabeza'.) m. Brote comestible de cierta planta cactácea.

cabús. (Del inglés *caboose*, que se pronuncia /cabús/.) m. Vagón de un tren de carga, enganchado atrás, para uso de los tripulantes [DRAE: furgón de cola].

cacahuacintle o **cacahuacentli.** (Del náhuatl *cacahuacentli* 'mazorca o piña de cacao, maíz como cacao', de *cacahuatl* 'cacao' + *centli* o *cintli* 'maíz en mazorca'.) m. Variedad de maíz de grano más redondo, blanco y suave que la común, que es parte esencial del pozole y de cuya harina se hacen tamales, bizcochos, pinole, alfajor.

cacahuananche o **cacahuanance.** (Del náhuatl *cacahuanantzin*, literalmente = 'madre del cacao', de *cacahuatl* 'cacao' + *nantli* 'madre' + *-tzin*, diminutivo.) Cierta planta (*Licania arborea*) y su fruto comestible.

cacahuatal. (De *cacahuate.*) m. Lugar en que abundan las plantas de cacahuate.

cacahuate. (Del náhuatl *[tlal]cacahuatl* 'cacahuate', literalmente = 'cacao (de la tierra)', de *tlalli* 'tierra, suelo' [porque la vaina de sus semillas está bajo tierra] + *cacahuatl* 'granos de cacao'.) m. Cierta planta (*Arachis hypogaea*), así como su vaina y su semilla [DRAE: cacahuete]. **| importarle** algo a alguien **un cacahuate.** loc. Importarle muy poco. ‖ **valer cacahuate** alguien o algo. loc. Valer muy poco. ‖ **valer** (o **no valer**) alguien o algo **un cacahuate.** loc. Valer muy poco o nada, ser inútil o inservible.

cacahuatero, cacahuatera. (De *cacahuate.*) 1. adj. Relativo al cacahuate. ‖ 2. m. y f. Persona que cultiva o vende cacahuates.

cacalosúchil o **cacalasúchil** o **jacalasúchil** o **jacalosúchil** o **sacalosúchil.** (Del náhuatl *cacaloxochitl*, literalmente = 'flor de cuervo', de *cacalotl* 'cuervo' [onomatopeya de su grito] + *xochitl* 'flor'.) m. Cierta planta del género *Plumeria*, y su flor.

cacalote. (Del náhuatl *cacalotl* 'cuervo' [onomatopeya de su grito].) m. Cuervo (*Corvus corax*).

cacao. (Del náhuatl *cacahuatl* 'cacao'.) Cierta planta (*Theobroma cacao*), y sus semillas que se usan para hacer chocolate.

cacaotero. m. El árbol del cacao.

cacaraquear. intr. Cacarear.

cacarizo, cacariza. adj. Con muchos hoyos o señales en el rostro (frecuentemente causados por la viruela) [DRAE: cacarañado].

cácaro. (De *cácaro* 'cacarizo', apodo de un operador conocido.) m. Operador de proyector de cine.

cacaxtle o **cacastle.** (Del náhuatl *cacaxtli* 'armazón de tiras'.) Armazón de tiras de madera que se usa para cargar a cuestas cosas frágiles.

cacchiquel, véase **cakchiquel.**

cachar. (Del inglés *catch.*) tr. 1. Asir, recibir, agarrar. ‖ 2. Sorprender (en un delito), descubrir.

cacharro. (Del español *cacharro* 'vasija'.) m. Trasto, utensilio, trebejo.

cachazo. m. Cornada.

cácher, véase **catcher.**

cachetada: de la cachetada. loc. adv. y adj. Mal.

cachetear. tr. Dar cachetadas, golpear la cara con la mano abierta.

cachetiza. f. Serie de cachetadas o bofetadas.

cachetón, cachetona. adj., y m. y f. Cachetudo, carrilludo, que tiene abultados los carrillos o cachetes.

cachimba. f. Cabo o resto del puro.

cachirul. m. 1. Peineta pequeña. ‖ 2. Hijo ilegítimo.

cachirulo. m. 1. Refuerzo o remiendo de los pantalones. ‖ 2. Trampa, engaño. ‖ 3. (En dominó) ficha que no empalma correctamente con la inmediata.

cachirulear. tr. 1. (De un sastre) poner refuerzos (embonos) equivocados o cachirulos. ‖ 2. Arreglar pacientemente la presentación personal.

cachito. (De *cacho* 'pedazo'.) m. Pedacito, y especialmente décimo o vigésimo de un billete de lotería.

cachondear. (De *cachondo* 'dominado por el apetito venéreo'.) tr. Acariciar amorosamente (a una mujer).

cachureco, cachureca. adj. Torcido, deformado.

cacle. (Del náhuatl *cactli* 'zapato'.) m. despect. o fest. Zapato. | **darle al cacle.** loc. Bailar.

cacomistle o **cacomiscle** o **cacomiztle.** (Del náhuatl *tlacomiztli*, literalmente = 'medio león' o 'medio gato', de *tlaco-* 'medio' + *miztli* 'león, puma *(Felis concolor)*; gato'.) m. Cierto mamífero carnicero *(Bassariscus astutus)*, parecido al coatí y al mapache.

cacomite. (Del náhuatl *cacomitl.)* Cierta planta *(Tigridia pavonia)* y su tubérculo comestible.

cada: cada quien. loc. Cada cual, cada uno.

cadáver: caerse alguien **cadáver.** loc. Pagar. Compárese *muerto.* ‖ **¡cáete cadáver!** loc. 1. ¡Págame! ‖ 2. Cumple tus compromisos.

cadereytense. (De *Cadereyta [Jiménez]*, municipio del estado de Nuevo León, y de *Cadereyta [de Montes]*, municipio del estado de Querétaro.) 1. adj. Perteneciente o relativo a Cadereyta. ‖ 2. com. Nativo o habitante de Cadereyta.

caer: me cae. loc. Lo aseguro enfáticamente. ‖ **te cae.** loc. malsonante. Te va a ir mal si no haces lo que prometes (compárese también **madre**).

café. adj. De color marrón, castaño, como café (bebida) con leche. | **café americano.** m. Café (bebida) aguado. ‖ **café con piquete.** m. Café (bebida) con la adición de una bebida alcohó-

lica (frecuentemente aguardiente o ron). ‖ **café de olla.** m. Café (bebida) preparado en olla de barro, con canela y piloncillo.

cafetería. f. Restaurante modesto, que no es de lujo.

cafre del volante. (De *cafre* 'bárbaro', de *cafre*, miembro de un grupo de pueblos de Sudáfrica, de habla bantú, del árabe *kāfir* 'incrédulo'.) m. Persona irresponsable que conduce un automóvil a toda velocidad y sin consideración de los demás.

cagar: cagarla. loc. malsonante. Cometer un error grave.

caguama o **cahuama.** (De origen caribe.) f. Cierta tortuga marina *(Chelonia mydas)* muy grande.

cahíta. (Del cahíta *cahíta*, literalmente = 'nada'.) 1. com. Miembro de un pueblo indígena de los estados de Sonora y Sinaloa. ‖ 2. adj. Perteneciente o relativo a este pueblo. ‖ 3. m. Lengua del grupo tarahumareño, de la familia yutoazteca. También llamada *yaqui* y *mayo.*

cahuama, véase **caguama.**

cahuite. (Del náhuatl *cuahuitl* 'árbol'.) m. Nombre de cada una de varias coníferas.

caída. f. Acción o resultado de caer el animal que se colea. ‖ **caída de agua.** f. Cascada, catarata.

caifán. m. Sujeto preeminente en un barrio de ciudad.

caifás (De *caer*, festivo, inspirado por Caifás, nombre de un sacerdote mencionado en el Nuevo Testamento [San Mateo 26.57-68, San Juan 11.47-54].): **¡caifás!,** o **¡caifás con la mosca!** loc. 1. ¡Paga! Compárese *cadáver.* ‖ 2. ¡Cumple lo prometido!

caimito, véase **jaimito.**

cairel. (De *cairel* 'fleco en el borde de la ropa; cerco de cabellera postiza', del provenzal *cairel* 'adorno en el borde de un traje', de *caire* 'esquina, borde'.) m. Rizo de cabello en forma de espiral.

caja: caja de muerto. f. Ataúd. ‖ **caja que tuvo alcanfor, algo le queda de olor.** ref. A quien hizo algo (bueno o malo) se le quedan las huellas.

cajeta. (De *cajeta*, diminutivo de *caja*, porque el dulce se ponía en cajas redondas [de madera].) f. Dulce espeso de leche de cabra. | **de cajeta.** loc. adj. Excelente, de primera calidad. || **eso es cajeta.** loc. Es muy bueno. || **pura cajeta.** loc. Muy bueno. || **saber** alguien **lo que es cajeta.** loc. Saber distinguir lo excelente.

cajete. (Del náhuatl *caxitl* 'recipiente, escudilla'.) m. 1. Cazuela honda de barro [DRAE: barreño]. || 2. Hoyo en la tierra, que se utiliza para plantar.

cajetear. tr. Hacer hoyos en la tierra, para plantar.

cajeteo. m. Operación de hacer hoyos en la tierra, para plantar.

cajón. m. 1. Ataúd. || 2. Tienda de ropa. | (sólo) **el que carga el cajón sabe lo que pesa el muerto.** ref. Sólo los que ejecutan ciertos trabajos saben lo difíciles que son. Compárese *morral*.

cajonear. intr. Ir de cajón en cajón (tienda de ropa) para mirar y quizá comprar.

cajuela. (De *caja*.) f. Compartimiento (generalmente posterior) del automóvil, destinado al equipaje [DRAE: maletero].

cakchiquel o **cacchiquel.** (De origen quiché.) 1. adj., y com. Miembro de un pueblo indígena del sur de Guatemala. || 2. m. Lengua (de la familia maya) de los cakchiqueles.

cal: **una(s) de cal por las que van de arena.** ref. Finalmente sucedió algo bueno después de varias desventuras, o: Hay que mantener cierto equilibrio en los convenios [DRAE: una de cal y otra de arena 'alternar cosas diversas o contrarias para contemporizar'].

calabacita. f. Calabaza pequeña, alargada, de corteza verde [DRAE: calabacín]. || **calabacitas a la mexicana.** f. pl. Calabacitas cortadas en cubos guisadas con jitomate, carne de puerco y condimentos. || **calabacitas rellenas de queso.** f. pl. Calabacitas vaciadas, rellenas de un queso que se funda un poco, guisadas en salsa de jitomate. || **calabacitas tiernas.** Parte de un piropo (que se usa a veces por sí sola) que termina "ay, qué bonitas piernas".

calabaza: **calabaza en tacha.** (De *tacha* 'tacho, recipiente que se usa en la fabricación del azúcar'.) f. Calabaza que se confitaba en las calderas en que se estaba fabricando el azúcar; hoy se hacen hoyos a la calabaza y se cuece con melaza en una olla. | **estar** alguien **que se le queman las calabazas.** loc. Estar en una crisis, en situación apurada, que requiere acción inmediata. Compárese *haba*.

calabazo. m. Vasija tosca hecha de una calabaza seca y hueca [DRAE: calabacino].

calaca. f. 1. Calavera (huesos de la cabeza). || 2. La muerte.

calandria. (De *calandria*, ave europea, *Melancocorypha calandra*, del griego tardío *kálandros*.) f. Cada una de varias aves del género *Icterus*.

calavera. f. Luz roja colocada en la parte trasera de un vehículo.

calce. (Del latín *calc-*, base de *calx* 'talón'.) m. Pie de un documento. | **al calce.** loc. Al pie (de un documento).

caldillo. m. Picadillo de carne con caldo de jugo de tomate o de jitomate y especias.

caldo: **caldo de Indianilla.** (De *Indianilla*, zona de la ciudad de México en que estaba hacia 1940 la terminal de los tranvías.) m. Caldo de pollo con cebolla y ajo. || **caldo michi**, o simplemente **michi.** (Del náhuatl *michin* 'pescado'.) m. Guiso de pescado cocido en su jugo. Se usa sobre todo en los estados de Jalisco y Michoacán. || **caldo tlalpeño.** (De *Tlalpan*, delegación del Distrito Federal; véase **tlalpeño.**) m. Caldo de pollo con verduras, chipotle y aguacate. | **no hay caldo que no se enfríe.** ref. Todo puede tener desventajas o presentar dificultades. || **salir más caro el caldo que las albóndigas.** loc. Requerir lo menos importante más esfuerzo o más dinero.

caleidoscópico, caleidoscópica. (De *caleidoscopio*, *calidoscopio* 'tubo en que se ven imágenes multiplicadas', del griego *kalós* 'bello' + *eídos* 'forma, imagen' + *skopeín* 'observar, mirar'.) adj. De distintos colores, de gran variedad, de muchas facetas.

calendario: **como el calendario de Galván, promete pero no cumple.** (Del *Calendario del más antiguo Galván,* que se ha publicado todos los años desde 1826, y que hace pronósticos meteorológicos para el año, que no siempre se cumplen.) loc. No cumple sus promesas.

calle. f. Tramo, en una vía urbana, comprendido entre dos esquinas, distancia a lo largo de un lado de una manzana (espacio urbano). || **calle cerrada.** f. Calle sin salida en uno de sus extremos. | **estar** alguien **en la calle.** loc. Estar sin recursos.

callejonear. Intr. Pasearse a pie por callejones.

callo de hacha. m. Músculo adductor comestible de cada uno de varios moluscos marinos bivalvos (familia: Pectinidae).

calmantes montes. loc. ¡Cálmate!, ¡No seas impaciente!, ¡Espera! Se usa a veces con una prolongación; la variante más frecuente es **calmantes montes, pájaros cantantes, alicantes pintos.**

calmécac. (Del náhuatl *calmecac,* literalmente = 'lugar de reclusos', de *calli* 'casa' + *mecatl* 'morador' + -*c* 'lugar'.) m. Escuela azteca en que se preparaban los hijos de los nobles para ser sacerdotes o jefes.

cálmex. (Inspirado por *Calmex,* marca comercial de alimentos enlatados, que a su vez viene de *California* + *México.)* loc. ¡Cálmate!, ¡No seas impaciente!, ¡Espera!

calorón. m. Gran calor.

calpulli. (Del náhuatl *calpolli* o *calpulli* 'casa comunal', literalmente = 'casa grande', de *calli* 'casa' + -*pol,* aumentativo.) m. Clan o división que constituía la unidad fundamental de la sociedad azteca.

calzoneras. f. pl. Pantalón abotonado de arriba abajo por ambos costados.

calzones. m. pl. Calzoncillos (prenda de ropa interior masculina y femenina).

cama: tender la cama. loc. Hacer la cama, prepararla para poder acostarse en ella. || **a cama corta, encoger las piernas.** ref. Hay que adaptarse a las circunstancias.

camalote. m. Nombre de varias plantas, especialmente la gramínea *Echinochloa cruz-galli,* o una planta acuática de la familia Nymphaeaceae.

cámara: robar alguien **cámara.** (De *cámara [de cine].)* loc. Situarse en el centro de la atención, destacarse (un actor) sobre sus compañeros.

camaronear. tr. Pescar camarones.

camaronero, camaronera. adj. Relativo al camarón.

cambiador o **cambiavía.** m. Empleado que en los cambios de vía de los ferrocarriles hace los cambios para que cada tren siga la vía que le corresponde [DRAE: guardagujas].

cambiazo: dar el cambiazo. loc. Cambiar de opinión o de partido político.

camellón. (Del español *caballón* 'lomo entre surco y surco', influido por *camello,* que tiene más jorobas que el caballo.) m. Lomo o barrera que divide los carriles de una calle.

camichín. (Posiblemente del náhuatl *coatl* 'serpiente, culebra' + *michin* 'pescado'.) m. Cierto árbol del género *Ficus.*

camión. (De *camión* 'carro automóvil de carga', de *camión* 'carreta de carga', del francés *camion* [en el siglo XIV *chamion*].) m. Autobús de pasajeros. || **camión de pasajeros.** m. Autobús. || **camión de redilas.** m. Camión con caja cercada con estacas y listones. || **camión urbano.** m. Autobús de ciudad. | **como los camiones: escandalosos, apestosos y correlones.** loc. fest. (Hablando de ciertas personas) como autobuses, ruidosos, que tienen mal olor y que corren (que huyen).

camioneta. (De *camión.)* f. Vehículo de pasajeros más largo que un automóvil común con una o dos hileras más de asientos transversales.

camisa: quedarse en camisa. loc. Haber perdido casi todo.

camotal. m. Terreno plantado de camotes.

camote. (Del náhuatl *camotli* 'camote', de *camatl* 'boca'.) m. Cierta planta *(Ipomoea batatas)* y su tubérculo comestible [DRAE: batata]. || **camote de Puebla,** o **camote poblano.** m. Barrita de pasta dulce de camote (el tubér-culo). | **estar** alguien **tragando camo-te.** loc. Expresarse con dificultad temiendo que cierta explicación será recibida con desagrado. || **poner** a alguien **como camote.** loc. Repren-derlo, regañarlo. || **tragar** alguien **ca-mote.** loc. Expresarse con dificultad temiendo que cierta explicación será recibida con desagrado.

camotero, camotera. m. y f. 1. Persona que cultiva camotes. || 2. Persona que vende camotes. || 3. Persona a quien gustan mucho los camotes.

campamocha. (Quizá de origen nahua.) f. Cierto insecto *(Mantis religiosa)* que se alimenta de otros insectos [DRAE: mantis o santateresa].

campana: salvar a alguien **la campana.** loc. Salvarse en el último instante de-bido a una interrupción inesperada.

campechana. f. 1. Pan dulce hojaldrado ovalado. || 2. Mezcla de mariscos dife-rentes con una salsa generalmente picante [DRAE: cóctel de mariscos].

campechanería. f. Franqueza, sencillez, buen humor [DRAE: campechanía].

campechano, campechana. (De *Cam-peche,* capital del estado de Campe-che, del maya *Canpech,* literalmente = '(lugar de) víboras y garrapatas', de *can* 'víbora, culebra' + *pech* 'garrapa-ta'.) 1. adj. Perteneciente o relativo a Campeche (estado o su capital); 2. m. y f. Nativo o habitante de Campeche (el estado o su capital).

campeón: poner a alguien **como cam-peón.** loc. Reprenderlo, regañarlo.

campeona de natación. (Porque "nada por detrás y nada por delante".) f. Flaca.

cámper. (Del inglés *camper,* que se pro-nuncia /cámper/, 'vehículo automóvil en que se puede residir', de *camp* 'vivir al aire libre'.) m. Vehículo automóvil en que se puede residir.

campirano, campirana. (De *campo.)* adj., y m. y f. Diestro en la equitación y en las faenas del campo.

campito: hacer un campito. loc. Hacer lugar, dejar lugar.

-cán. (Del náhuatl *-can* 'en, lugar'.) Lugar, sufijo de topónimos, como en Coyoacán, Culiacán, Michoacán, Te-huacán. Compárese **-huacán**.

cana: sacarle a alguien **canas verdes.** loc. Exasperar, impacientar.

cananense. (De *Cananea,* municipio del estado de Sonora, nombre documen-tado ya en 1760.) 1. adj. Perteneciente o relativo a Cananea. || 2. com. Nativo o habitante de Cananea.

canario. m. (De cierto color) amarillo, del color del canario (pájaro, *Serinus canarius).*

cancel. m. Puerta o reja que separa del zaguán el patio o el vestíbulo [DRAE: cancela].

cancha (De *cancha* 'local deportivo'.): **abran cancha.** loc. Apártense.

canción: canción ranchera. f. Compo-sición en verso y música con que se canta, de origen o de estilo popular campesino. | **¡ah** (u **¡oh) que la can-ción!** (eufemismo por ¡ah, que la ca-nija!; véase *canija),* o **que si la can-ción.** (Modificación de la locución anterior.) locs. que se dirigen a alguien que ha hablado demasiado o que ha dicho tonterías.

cancunense. (De *Cancún,* población del estado de Quintana Roo.) 1. adj. Per-teneciente o relativo a Cancún. || 2. com. Nativo o habitante de Cancún.

candil. (Del español *candil* 'lamparita de aceite'.) m. Lámpara o candelabro eléctrico decorativo, sin pie y con varios brazos que se cuelga del techo [DRAE: araña]. || **candil de la calle y oscuridad de su casa.** loc. Quien es amable con extraños pero trata dura-mente a los de su familia o no se preo-cupa por ellos.

canevá. (Del francés *canevas,* que se pronuncia /canvá/ 'tela de cáñamo', del latín *cannabis* 'cáñamo'.) m. Tela que se usa como superficie para bor-dar tapicería, forros de muebles, cua-dros.

cangrejo, véase *inmortalidad.* || **cangrejo moro.** m. Cierto crustáceo marino *(Menippe mercenaria).*

canica: botársele a alguien **la canica.** loc. Volverse loco.

canija: ¡ah que la canija! loc. que se dirige a alguien que ha hablado demasiado o que ha dicho tonterías. Es voz malsonante. Compárese *canción*.

canijo, canija. (Del español *canijo* 'débil', de *canija* 'débil y enfermiza', probablemente del latín *canícula* 'perrita', de *canis* 'perro, perra'.) m. y f. Mala persona. Es voz malsonante.

canoa trajinera. (Del arahuaco *canoa* + el español *trajinar* 'llevar de un lugar a otro'.) f. Embarcación utilizada en los lagos del Valle de México para transportar carga. Compárese **trajinera**.

cansadón, cansadona. adj. 1. Algo cansado. || 2. Que produce cansancio o aburrimiento.

cansar: ¡**me cansó!** loc. Por supuesto que puedo.

cansón, cansona. m. y f. Fastidioso, que causa cansancio o hastío, cargante.

cantaleta. (Del español *cantaleta* 'canción burlesca', de *cantar* 'producir con la voz sonidos melodiosos'.) f. Estribillo, cantilena, repetición enfadosa.

cantaletear. intr. Repetir algo hasta causar fastidio.

cantar: **canta y no llores.** loc. Resígnate ante las desventuras, no te dejes abatir (receta contra la tristeza).

cántaro: **tanto va el cántaro al agua, que por fin se rompe.** ref. La repetición frecuente de un acto es peligrosa [DRAE 1956: tanto va el cántaro a la fuente hasta que deja allá el asa o la frente]. Compárese *fuerza*.

cantina. (Del español *cantina* 'sótano donde se guarda el vino'.) f. 1. Establecimiento público donde se sirven bebidas [DRAE: taberna]. || 2. Mueble para guardar bebidas y copas.

cantinero, cantinera. m. y f. Empleado de una cantina donde se sirven bebidas, encargado de preparar las bebidas [DRAE: camarero].

cantón. (De *cantón* 'esquina de edificio'.) m. El territorio o barrio que una persona considera suyo. | **irse** (o **tirarse**) **a su cantón.** loc. Irse a casa.

cañonazo. m. Dádiva para cohechar, soborno. || **cañonazo de cincuenta mil pesos.** Dádiva de esta cantidad, para cohechar. Si se dice "No hay general que resista un cañonazo de cincuenta mil pesos" se quiere decir "con

dinero todo se consigue; cada persona tiene su precio".

capear. tr. Poner a la comida una capa de harina y huevo, para luego freírla.

capi. (De *capitán [de meseros]*.) m. Capitán de meseros.

capilla: **capilla abierta** o **capilla de indios.** f. (En los conventos mexicanos del siglo XVI) espacio abierto hacia el atrio para oficiar ante grupos de aborígenes sin que penetraran al interior de la iglesia. || **capilla posa.** f. Edificación pequeña situada en un ángulo del atrio de un conjunto conventual del siglo XVI, como remate de un tramo del camino procesional.

capirotada. f. Postre de pan, queso, piloncillo y cacahuates.

capital: **capitales golondrinas** (Por el pájaro llamado *golondrina*, conocido por su vuelo rápido y sus migraciones.) m. pl. Fondos que van y vienen de un país a otro para aprovechar los cambios en las tasas de interés, para tratar de que obtengan rendimientos máximos.

capitalino, capitalina. 1. adj. De la ciudad de México. || 2. m. y f. Nativo o habitante de la ciudad de México.

capitán, o **capitán de meseros.** m. Jefe de meseros (= camareros). | **donde manda capitán, no gobierna marinero.** ref. Donde hay un jefe, los subalternos tienen que obedecer.

caporal. m. Capataz de una estancia de ganado.

capote. (De *capote* 'capa de abrigo'.) m. Último tendido de paja que cubre el caballete de las hacinas o almiares.

captación. f. Acción o resultado de captar, de conseguir (por ejemplo, ahorros, de parte de un banco).

captar. tr. Conseguir, obtener, atraer (por ejemplo, ahorros, de parte de un banco).

capulín. (Del náhuatl *capolin*.) m. Cierta planta (*Prunus capuli*), y su fruto parecido a una cereza.

capulina (De *capulín*, por parecido de forma [del abdomen] y color con el fruto), o **araña capulina.** f. Cierta araña negra muy venenosa (*Latrodectus mactas*).

capultamal. (De *capulín* + *tamal.*) m. Tamal dulce hecho a base de pulpa de capulín.

cara: caras vemos, corazones no sabemos. ref. Hay diferencia entre el aspecto del rostro y los sentimientos verdaderos, se puede aparentar tranquilidad sin tenerla. | **caerse la cara de vergüenza.** loc. Estar avergonzado. || **dar en cara.** loc. (De algo que se come en demasía) asquearse de, fastidiarse. || **echar en cara** algo a alguien. loc. Culparlo de algo [DRAE: dar en cara]. || **verle** a alguien **la cara** (o **la cara de pendejo**, o **la cara de guaje**, o **la cara de tarugo**). loc. tratar de engañarlo.

caracara. (Del portugués *caracará*, del tupí *caracará.*) Cada uno de varios halcones grandes.

carácter fuerte. m. Fuerza de ánimo, firmeza, energía.

carajada. (De *carajo.*) f. Maldad, acción mala, trastada. Es voz malsonante.

carajazo. (De *carajo.*) m. Golpe brutal. Compárese **chingadazo**.

¡carajo! (De *carajo* 'pene, miembro viril', que es la fuente de varias exclamaciones eufemísticas como *caramba*, *caray*, *caracoles.*) interj. que denota gran enfado o disgusto. | **del carajo.** 1. loc. adj. Malo, difícil, complicado. || 2. loc. adv. Mal. Compárese (**de la**) **chingada.** || **llevárselo** a alguien el **carajo.** loc. Enojarse. Compárese (**llevárselo** a alguien **la**) **chingada.** || **¡me lleva el carajo!** exclam. de protesta o sorpresa. Compárese (**¡me lleva la**) **chingada!** Son expresiones malsonantes.

carambazo. m. Golpe. Compárese **chingadazo**.

¡carambola! (Eufemismo por *caramba*, que a su vez lo es de *carajo.*) Interjección que denota enfado o disgusto.

carátula. (Del español *carátula* 'máscara; cara', del español antiguo *carátura* 'brujería', del latín *carácter* 'signo mágico; hierro de marcar ganado', del griego *kharaktēr* 'instrumento grabador; marca', de *kharássein* 'hacer una incisión, marcar'.) f. Esfera o cara exterior del reloj. || **carátula falsa.** f. Hoja que precede a la portada de un libro, anteportada.

caravana. (De *caravana* 'grupo de personas que viajan juntas', del persa *kārwān* 'caravana; recua de caballerías'.) f. Reverencia, inclinación del cuerpo, en señal de respeto o cortesía, a veces fingidos [DRAE: zalema]. | **hacer caravana con sombrero ajeno.** loc. Jactarse de algo que hizo otro, haciendo creer que uno lo hizo. Compárese *columpio* (**poner columpio para que otro se meza**) y *sombrero*.

caravanero, caravanera. adj., y m. y f. Quien hace muchas o exageradas caravanas.

caray (Eufemismo por *caramba*, que a su vez lo es de *carajo.*)**:** **¡ah, caray!** o **¡qué caray!** exclam. de sorpresa o protesta.

carbón: carbón que ha sido lumbre, con facilidad se prende; o **el carbón que ha sido brasa, fácilmente vuelve a arder.** refs. Es fácil que reviva una pasión que parecía apagada.

carcacha. (De *carcasa* 'esqueleto óseo', del francés *carcasse* 'esqueleto óseo'.) f. Vehículo, y especialmente automóvil, destartalado.

carcamán, carcamana. (Del español *carcamal.*) m. y f. Viejo torpe. | **ser** alguien **un carcamán.** loc. Ser viejo y torpe.

cardillo. m. Reflejo del sol producido por un cuerpo brillante [DRAE: escardillo]. | **echar cardillo.** loc. 1. Arrojar sobre alguien la luz del sol reflejada en un espejo. || 2. Tratar de causar admiración.

cardón. (De *cardo.*) m. Planta cactácea de la que existen varias especies.

cargador. m. Mozo de cordel, hombre que puede ser contratado para llevar cosas de carga.

caricaturas. (De *caricatura* 'dibujo satírico', del italiano *caricatura*, de *caricare* 'cargar, exagerar'.) f. pl. 1. Serie de dibujos en secuencia narrativa, también llamada *tiras cómicas*. || 2. Película de cine hecha de series de dibujos que simulan el movimiento.

cariño: ¿no le tienes cariño a tu dinero?, métete a minero. ref. La minería es un negocio arriesgado.

cariñoso, cariñosa. (De *caro* 'costoso'.) adj. fest. Caro, costoso.

carnal. (De *carne.*) m. y f. Pariente carnal, frecuentemente = 'primo carnal' o sea primo hermano.

carne: carne de res. f. Carne de vaca o de buey. || **carne seca.** f. Carne salada secada al sol, cecina.

carnear. (De *carne.*) tr. Matar con arma blanca.

carnitas, o carnitas de puerco. f. pl. Carne de puerco frita que se come en tacos.

carpacho. (De *Vittore Carpaccio* [que se pronuncia /carpacho/], ¿1460-1525?, pintor italiano, porque usaba mucho el color rojo en sus cuadros.) m. Carne o pescado crudos servidos en rebanadas delgadas.

carrera: a la carrera. loc. Rápidamente. || **a las carreras.** loc. Sin reflexión.

carrereado, carrereada. adj. Con prisa.

carrerear. tr. Dar prisa.

carretero, carretera. adj. Relativo a las carreteras.

carretilla. f. Carrete, cilindro de madera que sirve para mantener enrollados hilos, alambres, cables. || **carretilla de hilo.** f. Carrete con hilo enrollado.

carretonero. m. Carretero, que conduce carros y carretas.

carriola. (Del italiano *carriola*, de *carro.*) f. Vehículo pequeño de cuatro ruedas que se emplea para llevar a un niño chico [DRAE: coche de niño].

carrito. (Del español *carro.*) m. Vehículo pequeño de cuatro ruedas que se emplea para transportar productos en un supermercado.

carro. (De *carro* 'carruaje'.) m. Automóvil, coche || **carro guayín,** véase **guayín.**

carta: a la carta. loc. adv. Según una lista de precios para cada plato o bebida en un restaurante. La *comida a la carta* contrasta con **comida corrida.** || **carta poder.** Carta o instrumento jurídico en que consta el poder o facultad que alguien da a otro para que en su lugar y representándolo pueda ejecutar ciertas transacciones.

casa: casa chica. f. Casa de la amante por contraposición a la casa de la esposa y los hijos. || **casa de asisten-** cia. f. Casa de huéspedes; establecimiento en que, mediante cierto precio, se da estancia y comida, o sólo alojamiento, a algunas personas. || **casa de cuna.** f. Casa cuna, inclusa, casa en que se recoge y cría a los niños abandonados. || **casa de maternidad.** f. Casa en que se suministran cuidados a las mujeres que van a dar a luz o que acaban de dar a luz. | **aquí tiene usted su casa.** loc. Mi casa es su casa. || **cuida tu casa y deja la ajena.** ref. No te entremetas, no te metas donde no te llaman, en lo que no te importa. || **en casa del diablo** o **en casa de los mil demonios.** locs. Lejos. || **es preferible una casa vacía que con un mal inquilino.** ref. de sentido claro. || **ésta su casa.** loc. Mi casa es su casa. || **la casa de usted.** loc. Mi casa es su casa.

cascabel. (Del provenzal *cascabel.*) m. Órgano (estructura córnea articulada) de la cola de ciertas serpientes que produce un sonido parecido al de un cascabel (recipiente metálico con un pedacito de metal dentro). Compárese **víbora de cascabel.**

cascalote. (De origen nahua, quizá del náhuatl *nacazcolotl,* literalmente = 'torcido como oreja' [por la forma de las vainas], de *nacaztli* 'oreja' + *colotl* 'torcedura; alacrán', de *coloa* 'torcer, doblar'.) m. 1. Cierto árbol del género *Caesalpinia.* || 2. Sustancia obtenida de este árbol, que se usa para curtir y teñir.

caseta. (De *casa.*) f. Casilla o casita para un vigilante. || **caseta telefónica.** f. Casilla o casita en que hay un teléfono público, para que esté en privado quien habla por teléfono.

caso: tener caso. loc. Venir al caso, venir al propósito, ser útil, ser pertinente, tener objeto.

casual. (Del inglés *casual.*) adj. Sin ceremonia, sin formalidad.

catarinita. (De *Catarina,* variante de *Catalina,* nombre individual femenino.) f. Cierto insecto del género *Coccinella,* comúnmente de color rojo [DRAE: mariquita].

catarriento, catarrienta. adj. Que padece catarro.

catatumba. f. Voltereta.

cátcher, o **cácher.** (Del inglés *catcher* 'recibidor' [en el beisbol], literalmente = 'el que coge o agarra', de *catch* 'coger, agarrar'.) m. y f. Jugador de beisbol colocado detrás de jom, receptor.

cateador. m. Quien catea o allana una casa.

catear. tr. Allanar (una casa).

catemaqueño, catemaqueña. (De *Catemaco*, municipio del estado de Veracruz, del náhuatl, literalmente = 'donde las casas están esparcidas', de *calli* 'casa' + *tema* 'esparcir' + *-co* 'en'.) 1. adj. Perteneciente o relativo a Catemaco. ‖ 2. m. y f. Nativo o habitante de Catemaco.

cateo. m. Acción o resultado de allanar una casa.

catorrazo. (Del español *cate* 'golpe'.) m. Golpe.

catre: dado al catre. loc. 1. Descompuesto, roto. ‖ 2. Enfermo. ‖ 3. Pobre.

catrín, catrina. (Quizá del francés *catherinette, catherine* 'muchacha que celebra el día de *Sainte-Catherine*' ["Santa Catalina"], que festejaban tradicionalmente las costureras que a los 25 años de edad aún no se habían casado, de *coiffer Sainte-Catherine* 'poner un tocado (o: peinar) a Santa Catalina'. En francés el nombre Catherine se pronuncia /catrín/.) adj., y m. y f. Petimetre, elegante, lechuguino, persona que se preocupa mucho de su compostura y de seguir las modas.

causa: quitada la causa, cesa el efecto. ref de sentido claro.

causante. (De *causar* 'ser causa'.) com. Persona que tiene la obligación de pagar un impuesto.

cayagual o **cayahual.** (Del náhuatl *cuayahualli*, literalmente = 'redondo para la cabeza', de *cuaitl* 'cabeza' + *yahualli* 'redondo'.) m. Rodete o rosca de trapo que se coloca en la cabeza para cargar algo. Compárese **yagual.**

cebar: cebarse. loc. No dar resultado. ‖ **cebársele** a alguien. loc. No darle resultado.

cebiche (Probablemente de *cebo* 'pedazos de pescado que el pescador ofrece a los peces para atraerlos'; posiblemente del mismo origen que *cebique*, palabra que en Salamanca significa 'cebo que dan las aves a sus hijuelos'.) o **ceviche** o **seviche.** m. Pedacitos de pescado o marisco crudo preparado con jugo de limón, cebolla picada y chile.

cebollín. m. Variedad de cebolla pequeña y muy delgada.

cedral. m. Plantío de cedros.

celayense. (De *Celaya*, municipio del estado de Guanajuato; la villa de *Zelalla* fue fundada en 1571.) 1. adj. Perteneciente o relativo a Celaya. ‖ 2. com. Nativo o habitante de Celaya.

cello. (Abreviación del italiano *violoncello*.) PRONUNC. /chelo/. m. El miembro bajo de la familia de los violines.

cema o **sema.** (Derivado regresivo de *cemita*.) f. Pan de acemite. ‖ **cema de ajonjolí.** f. Cema con semillas de ajonjolí.

cemita o **semita.** (Del español *acemita*, pan hecho de *acemite*.) f. Pan de acemite parecido al chimisclán. **| como las cemitas de Puebla: con la ganancia adentro.** (Por una costumbre antigua poblana de colocar un obsequio dentro de las cemitas.) loc. 1. Con alguna cualidad oculta. ‖ 2. (De una soltera) que concibió un hijo que aún no ha nacido.

cempasúchil o **sempasúchil.** (Del náhuatl *cempoalxochitl*, literalmente = 'veinte flores, muchas flores' [cada planta da muchas flores], de *cempohualli* 'veinte; muchos' [de *pohua* 'contar'], literalmente = 'una cuenta' [de *cem* 'uno' + *pohualli* 'cuenta'], + *xochitl* 'flor'.) m. Planta del género *Tagetes*, de flores amarillas.

cempoal o **zempoal.** (Abreviación del náhuatl *cempoalxochitl*; véase **cempasúchil.**) m. Cempasúchil.

cempoalteca. (De *Cempoala* o *Zempoala*, nombre de varios accidentes geográficos [ríos, lagunas] y de una zona arqueológica del estado de Veracruz, del náhuatl, literalmente = 'lugar de la cuenta', de *cempohualli* 'veinte; cuenta' + *-lan* 'lugar'.) com. De Cempoala.

Las lagunas de Zempoala están en el Estado de México.

cena: **cena de negros.** f. Desorden, confusión [DRAE: boda de negros; merienda de negros]. **| la cena es para el despierto, para el dormido no hay cena.** ref. Hay que ponerse listo para conseguir lo que se quiere.

cenada. f. Acción o resultado de cenar.

cenaduría. (De *cenar.)* f. Lugar en que se sirve comida por la noche.

cencuate o **cincuate** o **sincuate** o **zincuate.** (Del náhuatl *cencoatl,* literalmente = 'serpiente del maíz', de *centli, cintli* 'mazorca de maíz' + *coatl* 'serpiente'.) m. Cierta culebra del género *Pituophis.*

cendal, véase **zendal.**

cenote. (Del maya *ts'onot, tzonot, dzonot.)* m. Hoyo profundo en piedra caliza con agua (que viene del manto freático) en el fondo. Se encuentra sobre todo en Yucatán.

centavo. (De *cent-* base de *ciento.)* m. Moneda que vale la centésima parte de un peso. **| al centavo.** loc. Con exactitud o puntualidad. **|| el que ha de ser centavo, aunque ande entre los pesos.** ref. Es difícil para los humildes salir de su condición, o es difícil cambiar de modo de ser [DRAE 1956: el que nace para ochavo, no puede llegar a cuarto]. Compárese, además, *barrigón.*

centenario. Moneda de oro creada en 1916, aproximadamente en el centenario de la guerra de independencia (1810-1821).

centro nocturno. m. Lugar de diversión abierto por la noche, en que se sirve comida y licor, en que hay espectáculo de variedades, y en que hay música y espacio para bailar.

cenzontle o **sensontle** o **sinsonte** o **zinzontle.** (Del náhuatl *centzontli* 'cuatrocientos' [idea implícita: 'ave de 400 voces, de muchas voces'], literalmente = 'todo cabello', de *cen-* 'uno; todo' + *tzontli* 'cabello'.) m. Cierta ave canora *(Mimus polyglottos).*

cera de Campeche. (De *Campeche,* estado del sudeste de México, y su capital.) f. Cera producida por una abeja del estado de Campeche.

cerdo de monte. m. Jabalí.

cerebrito. m. Muy inteligente.

cerebro: **lavarle** a alguien **el cerebro.** loc. Convencerlo, persuadirlo. **|| patinarle** a alguien **el cerebro.** loc. Dar muestras de locura o excentricidad.

cerillo. (De *cera,* porque se hacían de esta sustancia.) Fósforo, pedazo corto y delgado de materia inflamable (por ejemplo, madera), que tiene en la punta una mezcla combustible que se enciende si se calienta mediante fricción [DRAE: cerilla].

cernidor. (De *cernir, cerner.)* m. Tamiz para cerner harina u otra materia.

cero y van dos. loc. que se utiliza cuando alguien repite alguna acción.

cerrada. f. Calle sin salida en uno de sus extremos.

cerrarse. (De un automóvil) cerrar bruscamente el paso a otro.

cerro: **viejos, los cerros,** o **viejos, los cerros y reverdecen.** loc. que se usa para contestar a alguien que ha tildado de vieja a alguna persona.

cerrón. m. Movimiento de un automóvil que ha cerrado bruscamente el paso a otro.

César: **al César lo que es del César.** (De la referencia en San Mateo 22.21: "Dad ... a César lo que es de César, y a Dios lo que es de Dios".) loc. Debe darse a cada uno lo que le corresponde, hay que ser justo.

ceviche, véase **cebiche.**

chabacano. (Probablemente del español antiguo *chabacano* 'desabrido'.) m. Cierto árbol *(Prunus armeniaca)* y su fruto [DRAE: albaricoquero (árbol) y albaricoque (fruto)].

chachalaca. (Del náhuatl *chachalacatl* [raíz: *chalatl* 'recio al hablar'].) f. Ave del género *Ortalis.*

chachalaquear. (De *chachalaca,* porque el ave es vocinglera.) intr. Hablar con exceso.

chacharear. tr. Vender o comprar chácharas, baratijas.

chacharero, chacharera. adj., y m. y f. Vendedor de chácharas.

chacmol o **chac-mool.** (Del maya *chac mool* 'jaguar', literalmente = 'garra roja, garra poderosa', de *chac* 'rojo' [*chac bolay* 'jaguar bermejo'] + *mo'l* 'huella de los animales, garra'.) m. Nombre dado en 1874 a un tipo de escultura de un dios reclinado, con las rodillas dobladas, y una vasija sobre el vientre.

chacuaco. (Del tarasco *chakuákua* 'ventanilla en el techo de una cocina, por donde se escapa el humo'.) m. 1. Horno para fundir minerales. || 2. Chimenea de ese horno. | **fumar** alguien **como chacuaco.** loc. Fumar mucho.

chacualear. intr. Chapotear, chapalear en el agua.

chafa. (Quizá de *chafar* 'estropear, echar a perder'.) adj. Malo, de mala calidad, falso.

chafirete, chafireta. [De *chofer*] m. y f. despect. Mal chofer, mal conductor de vehículo automóvil.

chahuistle. (Del náhuatl *chahuiztli*, posiblemente de *chiahuitl* 'humedad', del mismo origen que *quiahuitl* 'lluvia'.) m. Cierta enfermedad de las gramíneas. | **caerle** a alguien **el chahuistle.** loc. Sobrevenirle desgracias.

chalca. (Del náhuatl *chalcatl*, de *Chalco*, hoy municipio del Estado de México.) 1. adj. Perteneciente o relativo a Chalco. || 2. com. Nativo o habitante de Chalco.

chalchicomulano, chalchicomulana. (De *Chalchicomula [de Sesma]*, municipio del estado de Puebla, probablemente del náhuatl *chalchihuitl* 'chalchihuite' + *tlacomulli* 'barranca' [raíz: *comoloa* 'cavar'].) 1. adj. Perteneciente o relativo a Chalchicomula. || 2. m. y f. Nativo o habitante de Chalchicomula.

chalchihuite o **chalchigüite.** (Del náhuatl *chalchihuitl* 'piedra preciosa; especie de jade verde' [raíz *chihui*, *chihua*].) m. 1. Piedra preciosa. || 2. Especie de jade verde.

chale. com. Inmigrante chino.

chaleco: a chaleco. loc. Por la fuerza. Festivamente se dice también *ad chalécum*. Compárese *huevo*.

Chalma: ni yendo a bailar a Chalma. (De *Chalma*, población del municipio de Malinalco, Estado de México, y centro ceremonial precortesiano en que se hacían danzas sagradas.) loc.

La situación es desesperada, no tiene remedio, la solución es muy difícil, ni haciendo una peregrinación a Chalma se puede lograr.

chalmeca, o **chalmeño, chalmeña.** (De *Chalma*, población del municipio de Malinalco, Estado de México, de origen nahua.) 1. adj. Perteneciente o relativo a Chalma. || 2. m. y f. Nativo o habitante de Chalma.

chalquense, com., **chalqueño, chalqueña,** m. y f. (De *Chalco*, municipio del Estado de México, de origen nahua.) 1. adj. Perteneciente o relativo a Chalco. || 2. com., y m. y f. Nativo o habitante de Chalco.

chalupa. (De *chalupa* 'embarcación pequeña'.) f. 1. Canoa. || 2. Bocadillo a base de masa de maíz, pequeño y ovalado, con frijol, carne picada, queso, lechuga y salsa de chile. || **chalupa poblana.** f. Chalupa (segunda acepción) sin frijol ni lechuga.

chamaco, chamaca. (Del náhuatl *chamahua* 'engordar, crecer'.) m. y f. Niño, muchacho.

chamacona: ser una chamacona. (De *chamaca* 'muchacha'.) loc. Ser muy guapa.

chamarra. (Del español *zamarra*.) f. Prenda de vestir para la parte alta del cuerpo, chaqueta, abierta al frente, con cierre relámpago.

chamba. f. Empleo, trabajo.

chambarete. (Por último del portugués antiguo *chamba* 'pierna, muslo', del francés *jambe* 'pierna'.) m. Pedazo de carne de muslo de res.

chambeador, chambeadora. adj. Trabajador.

chambear. (De *chamba*.) intr. Trabajar.

chambelán. (Del español *chambelán* 'gentilhombre de cámara'.) m. Cada uno de los muchachos que acompañan a una quinceañera en su fiesta, como cortesía.

chambón: los chambones siempre están de malas. ref. Los que hacen mal su trabajo dicen que lo que pasa es que hoy no están en forma.

chambrita. (Del español *chambra* 'blusa'.) f. Saco tejido de estambre, para niño.

chamois. m. pl. Fruta seca muy salada.

chamorro. m. Pantorrilla de animal, como artículo de comida.

champotense. (De *Champotón*, municipio del estado de Campeche.) 1. adj. Perteneciente o relativo a Champotón. || 2. com. Nativo o habitante de Champotón.

champurrado. (Del español *champurrar* 'mezclar dos líquidos'.) m. Atole de chocolate.

chamuco. m. Diablo.

chamula. com. Miembro de un grupo indígena del estado de Chiapas, de habla tzotzil.

Chana: **lo mismo da Chana que Juana.** (De *Chana*, hipocorístico de *Juana.*) ref. Hay cosas (o soluciones) que gustan (o disgustan) por igual; tomemos la que se tiene más a mano. Compárese *chicha.*

chance. (Del inglés *chance* 'suerte; oportunidad'.) 1. m. Oportunidad. || 2. loc. Puede ser. | **dar chance.** loc. Dar oportunidad.

chancho, chancha. (Del español regional *sancho* [Aragón, Mancha] 'puerco, cerdo'.) m. y f. Cerdo, puerco *(Sus scrofa).*

chanchullar o chanchullear. (Del español *chanchullo* 'manejo ilícito'.) tr. Engañar.

chanchullo: **hacer chanchullo.** loc. Engañar.

chanclear. (De *chancla* 'zapatilla, chancleta'.) intr. Caminar haciendo el ruido [DRAE: chancleteo] de chanclas o chancletas.

changarro. m. Tendejón.

changazo (De *chango.*)*:* **dar el changazo.** loc. 1. Caer. || 2. Morir.

chango, changa. (Posiblemente del vasco *txangu, txanko* 'cojo' y éste del español *zanca.)* m. y f. Mono, simio. | **azotar como chango** (o **como chango viejo**). loc. Caer. || **cada chango a su mecate.** ref. Que cada uno se ocupe de lo que le incumbe, cada uno debe estar en el lugar que le corresponde. Compárese *palo, perico.* || **ponerse** alguien (**muy**) **chango.** loc. Ponerse alerta, listo, aguzar los sentidos y la inteligencia. Compárese *águila, ponerse.*

changüí o changüís. m. Ventaja, oportunidad (en un juego). | **darle** a alguien **changüí.** loc. Darle ventaja en un juego (por ser menos hábil).

changuita. (De *changa* 'mona, simia'.) f. fest. Muchacha.

changuitos: **hacer changuitos.** loc. Cruzar los dedos, poner el dedo medio sobre el índice, con la intención de que eso traiga buena suerte.

chapa. f. Cerradura, mecanismo para cerrar (por ejemplo, una puerta).

chapaleño, chapaleña, o chapalteco, chapalteca. (De *Chapala*, municipio y lago del estado de Jalisco, del náhuatl *chapana* 'mojarse mucho' [idea implícita: lago grande].) 1. adj. Perteneciente o relativo a Chapala. || 2. m. y f. Nativo o habitante de Chapala.

chaparreras. f. pl. Especie de calzones largos o zahones con perniles abiertos, que se sujetan a la cintura con correas. Se ponen sobre el pantalón.

chaparro, chaparra. (Del español *chaparro* 'grueso y de poca altura, rechoncho', de *chaparro* 'mata de encina o roble, de poca altura'.) adj., y m. y f. De baja estatura.

chapeado, chapeada. (De *chapa* 'mancha roja en las mejillas'.) adj. De mejillas sonrosadas.

chaperón, chaperona. (Del francés *chaperon*, literalmente = 'caperuza'.) m. y f. Persona que acompaña a jóvenes en público para asegurar buen comportamiento o para proteger.

chaperonear. (De *chaperón.*) tr. Acompañar a jóvenes para asegurar buen comportamiento.

chapete. (De *chapeta* 'mancha roja en las mejillas', de *chapa.*) m. Color rojo natural en la mejilla.

chapeteado, chapeteada. adj. Que tiene color rojo natural en las mejillas.

chapín, chapina. adj., y m. y f. Guatemalteco.

chapo, chapa. (De *chaparro.*) m. y f. Persona de baja estatura.

chapopote. (Del náhuatl *chapopotli.*) m. Especie de asfalto; alquitrán.

chapoteadero. (De *chapotear* 'batir el agua con los pies de modo que suene'.) m. Piscina de poca profundidad para niños pequeños.

chapulín. (Del náhuatl *chapolin.)* m. Saltamontes, langosta (insecto ortóptero).

chapuza. (Del español *chapuza* 'obra hecha sin arte ni esmero'.) f. Trampa, embuste. | **hacer chapuza.** loc. Hacer trampas.

charal. (Del tarasco *charare.)* m. Cierto pez pequeño (género: *Chirostoma)* de los lagos de los estados de Jalisco y Michoacán. || **charales en pasilla.** m. pl. Plato michoacano de charales, chile pasilla, chile ancho y nopales tiernos.

charamusca. f. Dulce en forma de tirabuzón, de espiral. | **como las charamuscas, derechas pero torcidas.** loc. adj. 1. Cambiante, paradójico. || 2. Indeciso.

charanda. f. (En el estado de Michoacán) aguardiente de caña.

charola. (Del español *charol* 'barniz', del portugués *charão.)* f. Bandeja, recipiente abierto de borde bajo que se usa para transportar copas.

charrasca. (De *charrasca* 'navaja'.) f. Cuchillo, arma blanca.

charrasqueado, charrasqueada. adj. Que presenta cicatriz de herida con arma blanca.

charrasquear. tr. Herir con charrasca.

charreada. f. Fiesta en que se ejecutan ejercicios propios de charros.

charrear. intr. Ejecutar ejercicios propios de charros.

charrería. f. 1. Conjunto de charros. || 2. Arte de los ejercicios propios de charros.

charro, charra. (Del español *charro* 'aldeano de la región de Salamanca; adj. [de algo] recargado de adornos'.) 1. adj. Propio de charro. || 2. m. y f. Jinete o caballista, diestro en la doma y el manejo del caballo y otros animales, que viste traje especial compuesto de camisa blanca, chaqueta corta y sombrero de ala ancha (si es hombre, pantalón ajustado, si mujer falda ancha y larga). || **¡charros!** loc. Basta, esto repugna. || **charro de agua dulce.** loc. Que no se ocupa mucho de sus animales. | **el que quiera ser buen charro, poco plato y menos jarro.** ref. Para ser buen jinete (y en general deportista) no hay que abusar de la comida ni de bebidas alcohólicas.

chas: al chas chas. loc. 1. Al contado. || 2. Dando y dando, inmediatamente.

chasís. (Del francés *chassis,* que se pronuncia /shasí/.) m. Armazón o marco en que está montada la carrocería de un automóvil [DRAE: chasis].

chasquearse. Llevarse un chasco, frustrarse las esperanzas.

chatarra. (En aposición) de poca utilidad: comida chatarra (traducción del inglés *junk food)* = 'comida alta en calorías y baja en contenido nutritivo'.

chatino, chatina. 1. m. y f. Miembro de un pueblo indígena del estado de Oaxaca. || 2. m. Lengua de la familia oaxaqueña hablada por los chatinos.

chato, chata. (De *chato* 'de nariz poco prominente', del latín vulgar *plattus* 'plano', del griego *platýs* 'ancho; plano'.) m. y f. Voz de cariño usada entre ciertas personas que se quieren bien.

chaviza. (De *chavo.)* f. Conjunto de muchachos.

chavo, chava. (Posiblemente del español *chaval, chavó* 'niño, joven'.) m. y f. Muchacho, niño, joven.

chaya. f. Cierta planta del Sureste, del género *Cnidoscolus,* cuyas hojas se cuecen y comen como verdura.

chayotal. m. Sembradío de chayotes.

chayote. (Del náhuatl *chayotli.)* m. Cierta planta *(Sechium edule),* y su fruto (espinoso por fuera) que se come como verdura. || **chayotes rellenos.** m. pl. Plato de origen guanajuatense de chayotes rellenos de pan blanco y duro, pasas, mantequilla, pan molido y canela. | **parir chayotes.** loc. Realizar una tarea con gran esfuerzo y lentitud.

checada. f. Acción o resultado de checar.

checador, m., o **checadora,** f. Aparato para checar, reloj marcador.

checar. (Del inglés *check* 'comprobar', que se pronuncia /chec/.) tr. Comprobar, cotejar, verificar, examinar. || **checar tarjeta.** Meterla a un reloj marcador un empleado para que se pueda verificar a qué horas entró y salió del trabajo.

chef. (Del francés *chef*, de *chef de cuisine*, literalmente = 'jefe de cocina'.) com. Cocinero experimentado que dirige la cocina de un restaurante o de un servicio de banquetes.

chel. m. Cierto pájaro azul (una clase de urraca), *Cyanocorax yucatanicus*.

chela. f. fest. Cerveza. || **chela bien elodia** (o: **helodia**). f. fest. Cerveza bien helada.

chelo, chela. adj. (En el Sureste) rubio de ojos claros.

chemise. (Del francés *chemise* 'camisa'.) Vestido de mujer recto, largo y suelto.

Chencha: **¡a lo que te truje, Chencha!** (De *truje*, forma antigua del pretérito del verbo *traer*; *Chencha*, hipocorístico de *Crescencia* y de *Inocencia*.) loc. Haz aquello para lo cual te traje, no perdamos tiempo.

chequera. (De *cheque*.) f. Talonario de cheques.

ches long. (Del francés *chaise longue*, f., literalmente = 'silla larga', que se pronuncia /shes long/.) m. Silla larga que se puede inclinar hacia atrás para recostarse.

chetumalense, o **chetumaleño, chetumaleña.** (De *Chetumal*, capital del estado de Quintana Roo, probablemente del maya *Che'temaal*, literalmente = 'lugar de maderos muy pesados' [el estado de Quintana Roo produce maderas preciosas y otras], de *che'* 'palo, madero; madera' + *tem* 'muy' + *aal* 'pesado'.) 1. adj. Perteneciente o relativo a Chetumal. || 2. m. y f. Nativo o habitante de Chetumal.

cheve. (De *cerveza*, pronunciado festivamente /cheveza/.) f. fest. Cerveza.

chévere. adj. Elegante, bonito, agradable.

chía. (Del náhuatl *chia, chian*.) f. Planta del género *Salvia*, de cuyas semillas se prepara el refresco llamado *agua de chía* (agregándoles jugo de limón y azúcar).

chiapaneco, chiapaneca. (De *Chiapas*, estado de la República Mexicana, que se llamó *Provincia de las Chiapas* y *Departamento de Las Chiapas*, o de *Chiapa [de Corzo]*, municipio del estado de Chiapas, probablemente del náhuatl *Chiapan* 'río de la chía', de *chia* 'chía' + *apan* 'canal; río'.) 1. adj. Perteneciente o relativo a Chiapas. || 2. Nativo o habitante de Chiapas. || 3. m. Lengua de la familia chiapaneco-mangue.

chicanería. (De *chicana* 'artimaña', del francés *chicane* 'artimaña (de un abogado, en un proceso)'.) f. Chicana, artimaña, subterfugio.

chicano, chicana. (Modificación de *mexicano*.) adj., y m. y f. Estadounidense de origen mexicano.

chicha (De *chicha* 'bebida fermentada'.): **lo mismo es chicha que limonada.** loc. Lo mismo da. Compárese *Chana*.

chícharo. (Del latín *cicer* 'garbanzo'.) m. 1. Guisante *(Pisum sativum)* y su semilla comestible. || 2. Aprendiz. || 3. Muchacho que empaca las compras de los clientes en un supermercado.

chicharra: **¡ah, chicharra!** Eufemismo por "ah, chingao" (véase **chingado**). || **¡me lleva la chicharra!** Eufemismo por "¡me lleva la chingada!" (véase **chingada**).

chicharrón. m. Piel (con algo de carne) del cerdo joven, oreada y frita. || **chicharrón de puerco y puerca.** Grito festivo de los que venden chicharrones. || **chicharrón en salsa roja.** m. Guiso de chicharrones con jitomate y chile serrano. || **chicharrón en salsa verde.** m. Guiso de chicharrones con tomate verde y chile serrano. | (aquí) **nomás mis chicharrones truenan.** Aquí mando yo (locución que expresa como fanfarronada quien comete abusos).

chicharronero, chicharronera. adj. Relativo al chicharrón.

chiche o **chichi.** (Del náhuatl *chichi* 'mamar'.) f. Pecho, teta, ubre. Es voz malsonante. | **como chiches de gallina.** loc. Absurdo, increíble. || **jalan más dos chiches de mujer que una yunta de bueyes.** ref. Las mujeres ejercen gran atracción. Compárese *rebozo*. || **valer** alguien o algo **como chiches de gallina.** loc. Nada.

chichi, véase **chiche.**

chichicuilote. (Del náhuatl *tzitzicuilotl*, de *tzitzicuiltic, cicicuiltic* [raíz: *cicui]* 'muy flaco' + *huilotl* 'paloma'.) m. Cierta ave acuática zancuda. | **como el chichicuilote: pico largo, pero tonto.** loc. de sentido claro.

chichigua o **chichihua.** (Del náhuatl *chichihua*, de *chichi* 'mamar'.) f. 1. Nodriza. || 2. Animal hembra que está criando.

chichimeca. (Del náhuatl *chichimecatl.)* 1. com. Miembro de un grupo indígena del norte de la República Mexicana. || 2. m. Lengua de la familia otopame.

chicho, chicha. adj. Bueno, agradable, bonito.

chichona. (De *chiche.)* adj. y s. Mujer de senos grandes. Es voz malsonante.

chicle. (Del náhuatl *tzictli, chictli*, de *tzicoa* 'pegar'.) m. 1. Goma que se obtiene del látex de un árbol (chicozapote, *Achras zapota).* || 2. Dulce que se prepara con esta sustancia, agregándole azúcar y un sabor.

chiclear. tr. Explotar el chicle (primera acepción).

chiclero, chiclera. 1. adj. Relativo al chicle (primera acepción). || 2. m. y f. Trabajador que se ocupa en la explotación del chicle (primera acepción).

chicloso, chiclosa. adj. De la consistencia del chicle, pegajoso. || m. Dulce de leche de la consistencia del chicle.

chico. (De *chicozapote.)* m. Chicozapote (fruta). || **chico zapote,** véase **chicozapote.**

chicomucelteco. m. Lengua de la familia maya.

chiconcuaqueño, chiconcuaqueña. (De *Chiconcuac*, municipio del Estado de México, del náhuatl, probablemente = 'lugar de Siete-serpiente', nombre de una diosa, de *chicome* 'siete' [de *chic-*, elemento relacionado con *chicoa* 'amontonar', que aparece en náhuatl en los números del 6 al 9, + *ome* 'dos'] + *coatl* 'serpiente'.) 1. adj. Perteneciente o relativo a Chiconcuac. || 2. m. y f. Nativo o habitante de Chiconcuac.

chicosapote, véase **chicozapote.**

chicotazo. m. Latigazo.

chicote. (Del náhuatl *xicotli*, clase de avispa.) m. Látigo.

chicotear. tr. Dar repetidos latigazos con un chicote.

chicozapote o **chicosapote** o **chico zapote.** (Del náhuatl *tzicotzapotl*, de *tzico* 'chicloso' + *tzapotl* 'zapote, chicozapote', o de *xicotzapotl*, de *xico* 'abeja' + *tzapotl* 'zapote, chicozapote'.) Árbol *(Achras zapota)* tropical de cuyo látex se obtiene cierta goma (chicle), y su fruto.

chido, chida, o **chiro, chira,** o **shido, shida.** adj. 1. Bueno, de lo mejor. || 2. Bonito.

chiffonnier. (Del francés *chiffonnier*, de *chiffon* 'ropa de mujer; trapo'.) m. Cómoda alta.

chifladera. (De *chiflado* 'loco'.) f. Manía, locura.

chiflar: no la chifles, que es cantada. loc. Eufemismo por "no la chingues" = 'no molestes'.

chifleta. f. Cuchufleta, palabras de chanza.

chiflido: en un chiflido. loc. En un instante.

chiflis. (Del español *chiflado* 'loco'.) adj. Loco.

chiflón. (De *chiflar* 'silbar'.) m. Corriente de aire, viento.

chiflonazo. (De *chiflón.)* m. Corriente fuerte de aire. || **de chiflonazo.** loc. Rápidamente.

¡chihuahua! Eufemismo por exclamaciones de sorpresa o desagrado que empiezan por *ching-* (compárese también **achi, achis, chingado**). Pronunc. /chí-huahua/. Se usa a veces con adiciones como "¡Ay chihuahua, cuánto apache!" y aun "¡Ay chihuahua, cuánto apache, y cuánto indio sin huarache!", inspiradas por *Chihuahua*, estado de la República Mexicana.

chihuahuense. (De *Chihuahua* [nombre documentado ya en 1652], capital del estado de Chihuahua.) 1. adj. Perteneciente o relativo a Chihuahua (el estado o su capital). || 2. com. Nativo o habitante de Chihuahua (el estado o su capital).

chihuahueño, véase **perro chihuahueño.**

chilacayote. (Del náhuatl *tzilacayotli*, probablemente de *tzilac* 'liso' + *ayotli* 'calabaza'.) m. Fruto de cierta calabaza.

chilacayotera. f. Planta que produce el chilacayote (algunas variedades son: *Echinocystis fabacea, E. marah, Cucurbita ficifolia, C. foetidissima*).

chilango, chilanga. (Para una posible etimología, véase *shilango.*) m. y f. coloq. De la ciudad de México o del Distrito Federal.

chilaquiles. (Del náhuatl *chilaquilli* 'metido en salsa de chile', de *chilli* 'chile'+ *atl* 'agua'.) m. pl. Guiso compuesto de tortillas de maíz, despedazadas, fritas, y luego cocidas en salsa de chile (con tomate o jitomate y epazote).

chilatole o **chileatole.** (Del náhuatl *chilatolli* 'atole con chile', de *chilli* 'chile' + *atolli* 'atole'.) m. Bebida de atole, chile y epazote. La variante verde se hace con sal y chile verde; la roja, con azúcar, leche y chile ancho.

chile¹. (Del náhuatl *chilli.*) m. Cierta planta del género *Capsicum* (de la que hay muchas variedades) y sus frutos picantes [DRAE: ají]. ‖ **chile ancho.** m. Variedad de chile, *Capsicum cordiforme*, cuyo fruto es rojo oscuro, bastante grande y en cocina se usa seco. ‖ **chile cascabel.** m. Variedad de chile, *Capsicum ceraciforme*, cuyo fruto es rojo oscuro. ‖ **chile casero.** m. Especie de chile cuyo fruto es de forma alargada y delgado, y puede ser amarillo o rojo. ‖ **chile chilaca.** m. Nombre de distintas variedades de chile, cuyo fruto es largo y verde oscuro (cuando seco se conoce como **chile pasilla**). ‖ **chile chilpocle** o **chile chilpotle** o **chile chipocle** o **chile chipotle,** véase **chipotle.** ‖ **chile con carne.** m. Plato del suroeste de Estados Unidos (territorio mexicano hasta 1845-1848), hecho de carne de res molida, chile picado y especias, que se sirve con frijoles. ‖ **chile costeño.** m. Chile seco, rojo, más grande que el chile de árbol. ‖ **chile criollo.** m. Nombre de distintas variedades híbridas de chile. ‖ **chile cuaresmeño,** o simplemente **cuaresmeño.** (Porque se cosecha en Cuaresma [marzo, abril], época en que no llueve.) m. Variedad de chile cuyo fruto es verde y en cocina se usa fresco. ‖ **chile de árbol.** (Traducción del náhuatl *cuauchilli* [de *cuahuitl* 'árbol' + *chilli* 'chile'].) m. Variedad de chile cuyo fruto es amarillo que pasa a verde rojizo cuando madura. ‖ **chile en escabeche.** m. Chile tostado y pelado, frito con aceite, ajo y cebolla; se le agrega vinagre, hierbas y sal y se guarda varios días antes de comerlo. ‖ **chile en nogada.** m. Chile verde poblano (tostado y sin piel, venas ni semillas) relleno de lomo de puerco picado (con ajo, cebolla, puré de jitomate, pasas, almendras y acitrón), y cubierto con una salsa de nueces de Castilla frescas sin cáscara, molidas con almendras sin piel y con queso y leche. Se adorna con granos de granada y perejil picado. ‖ **chile guajillo.** m. Variedad de chile, *Capsicum annum longum*, cuyo fruto es moreno rojizo, largo y estrecho. ‖ **chile güero.** (De *güero* 'rubio'.) m. Variedad de chile cuyo fruto es amarillo y en cocina se usa fresco. ‖ **chile habanero,** o simplemente **habanero.** (De *[La] Habana*, capital de Cuba.) m. Chile fresco en forma de pera *(Capsicum chinensis)*, de color naranja; es la variedad más picante que se conozca. ‖ **chile jalapeño,** o simplemente **jalapeño.** (De *jalapeño* 'relativo a Jalapa'; véase **jalapeño.**) m. Variedad de chile cuyo fruto es pequeño, grueso y verde oscuro. ‖ **chile largo.** m. Variedad de chile cuyo fruto es largo y picante. ‖ **chile manzano.** m. Chile fresco esférico, muy carnoso. Se pica, sin semillas, para preparar una salsa con cebolla. ‖ **chile morita.** m. Variedad de chile, *Capsicum annum abbreviatum*, cuyo fruto es rojizo, y más pequeño y más oscuro que el chipotle. ‖ **chile mulato.** m. Variedad de chile, *Capsicum annum grossum*, cuyo fruto maduro es de color café (moreno oscuro), más largo que el chile ancho y en cocina se usa seco. ‖ **chile pasilla.** m. Variedad de chile cuyo fruto es largo, y moreno casi negro cuando seco *(Capsicum longum)*. Cuando verde, se lo llama **chile chilaca**. Se usa en la salsa llamada *borracha* y en moles. || **chile pimiento**. m. Variedad de chile cuyo fruto es largo y grueso, de punta redondeada, y no es picante. || **chile piquín**, o simplemente **piquín**. (De *picar* 'enardecer la lengua y el paladar'.) m. Variedad de chile, *Capsicum frutescens*, cuyo fruto es verde (que pasa al rojo cuando madura), muy pequeño y muy picante y en cocina se usa fresco. || **chile poblano**. (De *poblano* 'relativo a Puebla'; véase **poblano**.) m. Chile mulato que ha llegado a su madurez. || **chile relleno**. m. Chile cocido sin venas ni semillas, relleno de queso, o de picadillo de carne de res y de puerco, con pasas y almendras; se presenta en la mesa con una salsa de aceite, cebolla, ajo y jitomates. || **chile seco**. m. Chipotle. || **chile serrano**, véase **chile verde**. || **chile Tabasco**. (De *Tabasco*, estado de la República Mexicana, véase **tabasqueño**.) m. Cierto chile muy picante con el que se hace una infusión, en vinagre, cuanto está maduro. Es una variedad del chile piquín. Compárese **salsa Tabasco**. || **chile verde**, o **chile serrano**. m. Variedad de chile, *Capsicum annum acuminatum*, cuyo fruto es pequeño, verde, muy picante y en cocina se usa fresco. | **a medios chiles**. loc. Medio borracho (estado en que aún se conserva algo de entendimiento y de locomoción). || **como el chile piquín: chiquito, pero picoso**. loc. A pesar del tamaño pequeño (o de su aparente insignificancia) vale mucho. || **de chile, de dulce y de manteca**. Frase que se usa para describir categorías de tamales, pero que en general significa 'de varias clases' o 'revoltura'. || **hecho un chile**. loc. Encolerizado. || **lo mismo es chile que agujas: todo pica**. expr. que se refiere a dos cosas aparentemente disímiles. || **más bravo que un chile piquín**. loc. Muy bravo.

chile². (De *chile¹*.) m. Pene. Es voz malsonante.

chileajo. (De *chile* + *ajo*.) m. Guisado de chile con ajo y carne de puerco.

chileatole, véase **chilatole**.

chilero, chilera. m. y f. Quien vende chiles.

chili (Del inglés *chili*, abreviación de *chili con carne*, del español *chile con carne*.), véase **chile con carne**.

chilillo. m. Cada una de varias plantas de fruto semejante al chile.

chilindrina. (Del español *chilindrina* 'cosa de poca importancia'.) f. Cierto pan.

chilla: (estar) **en la quinta chilla**. loc. En la miseria.

chilladera. f. Acción reiterada de chillar.

chilladora. f. Morcilla.

chillar. (Del español *chillar* 'dar chillidos'.) intr. Llorar.

chilletas. (De *chillar* 'llorar'.) com. Quien llora frecuentemente.

chillido: **a chillidos de marrano, oídos de matancero**. ref. A palabras o lamentaciones inútiles o ilógicas, oído sordo, no hacer caso. Compárese *palabra*.

chilmole o **chimole**. (Del náhuatl *chilmolli* 'salsa de chile', de *chilli* 'chile' + *molli* 'salsa'.) m. Mole.

chilmolero, chilmolera (De *chilmole*.) o **chimolero, chimolera**. (De *chimole*.) m. y f. Quien se dedica a hacer chilmole.

chilorio. (De *chile*.) m. Carne de puerco en trozos, con chile, fritos en seco.

chilote o **chilocle**. (Del náhuatl *chilli* 'chile' + *octli* 'vino, licor, pulque'.) m. Bebida alcohólica (generalmente pulque o tepache) con chile, epazote y ajo.

chilpachole. (Del náhuatl *chilli* 'chile' + *patzolli* 'cosa revuelta o enmarañada', de *patzoa* 'apretar, aplastar'.) m. Guiso veracruzano que se hace con jaiba.

chilpancingueño, chilpancingueña. (De *Chilpancingo*, capital del estado de Guerrero, del náhuatl *Chilpantzinco*, probablemente = 'lugar de los pequeños *chilpan* [cierta planta], de *chilpan*, planta del género *Pentstemon* [literalmente = 'bandera de chile', de *chilli* 'chile' + *pantli* 'bandera' (las flores parecen banderas rojas, color de chile)], + -*tzin*, diminutivo, + -*co* 'lugar'.) 1. adj. Perteneciente o relativo a Chilpancingo. || 2. m. y f. Nativo o habitante de Chilpancingo.

chilpayate, chilpayata. (Del náhuatl *chilpayatl.*) m. y f. Niño de corta edad.

chilpocle o **chilpotle,** véase **chipotle.**

chiltomate. (Del náhuatl *chilli* 'chile' + *tomatl* 'tomate'.) m. Salsa de tomate y chile.

chiluca. (De algún lugar llamado en náhuatl *Chilocan* [literalmente = 'lugar de chiles'] o *Chilhuacan* [literalmente = 'lugar de los que tienen chiles'] conocido por sus piedras.) f. Cierta piedra de color gris oscuro (es una traquita) que se emplea en construcción.

chimalhuacano, chimalhuacana. (De *Chimalhuacán*, municipio del Estado de México, literalmente = 'lugar de escudos', de *chimalli* 'escudo' [de *chi-* 'caña'] + *hua*, posesivo, + *-can* 'lugar'.) 1. adj. Perteneciente o relativo a Chimalhuacán. || 2. m. y f. Nativo o habitante de Chimalhuacán.

chimisclán. (De origen nahua.) m. Cierto pan romboide. Compárese **cocol.**

chimiscolero, chimiscolera. (De *chimiscol* 'trago, cucharada', del náhuatl *cem ixcolli* 'una cucharada, un trago', de *cem-* 'uno' [de *ce* 'uno'] + *ixcolli* 'trago'.) m. y f. Quien es afecto a comadrear.

chimole, véase **chilmole.**

chimolero, chimolera, véase **chilmolero.**

chimuelo, chimuela. (Quizá del náhuatl *chichitl* 'saliva' + el español *muela.*) m. y f. Persona a quien le faltan dientes o muelas.

chin: **¡chin!** (De la primera sílaba de *chingar.*) exclam. de sorpresa o protesta.

china. f. 1. Muchacha, sobre todo si lleva traje típico. || 2. Tratamiento de cariño. || **china poblana.** f. Muchacha que lleva traje típico (véase **traje de china poblana**).

China: **mandar** a alguien **a la China.** (De *China*, eufemismo por *chingada.*) loc. Mandarlo al diablo.

chinaca. (De *chinaco.*) f. Gente desarrapada, guerrilleros.

chinaco, chinaca. (Del náhuatl *tzinna-*

catl, literalmente = 'carne del trasero', de *tzintli* 'trasero' + *nacatl* 'carne', aludiendo a lo desharrapado de estas personas, lo que recuerda el francés *les sans-culottes* 'revolucionarios, los descamisados', de *un sans-culotte*, literalmente = 'un sin calzón'.) m. y f. Miembro de la chinaca.

chinampa. (Del náhuatl, literalmente = 'lugar de cercas (de cañas)', de *chinamitl* 'huerto; una cerca de cañas' [de *chi-* 'caña'] + *-pan* 'lugar; sobre, encima'.) f. Huerto en un islote, terreno cultivado cerca del lago de Xochimilco y otros lagos del Distrito Federal.

chinampero, chinampera. 1. adj. De chinampa. || 2. m. y f. Que cultiva en chinampa.

chinampina. f. Buscapiés, cohete tronador.

chinanteco, chinanteca. (De *Chinantla*, municipio del estado de Puebla, del náhuatl *Chinantla*, literalmente = 'lugar de huertos' [de *chinamitl* 'huerto; una cerca de cañas' + *-tla* 'lugar de'], + *-tecatl* 'gente'.) 1. adj. Perteneciente o relativo a un grupo indígena que habita en el Norte del estado de Oaxaca. || 2. m. y f. Nativo o habitante de Chinantla. || 3. Lengua de los chinantecos, de la familia chinanteca.

chinchayote. (Del náhuatl *tzinchayotli*, de *tzintli* 'parte trasera, parte de abajo' + *chayotli* 'chayote'.) m. Raíz comestible del chayote.

chinche: **para que acaben las chinches, hay que quemar el petate.** ref. Ciertos problemas requieren soluciones drásticas.

chinchero. m. Lugar en que hay muchas chinches.

chinchorro. (Quizá de *chinche.*) m. 1. Recua pequeña. || 2. Rebaño pequeño.

chincual. (Del náhuatl *tzincualli*, de *tzintli* 'ano' + *cualli* 'bueno; caliente'.) m. Sarpullido alrededor del ano en los recién nacidos.

chinerío. m. Conjunto de chinos.

[Todas las palabras siguientes que empiezan por *ching-* son malsonantes, son groseras.]

chinga. f. 1. Golpiza. || 2. Daño.

chingada. f. Prostituta; mujer promiscua. | **dado a la chingada.** loc. Arruinado. || **(estar) de la chingada** (o **de la retostada**). 1. loc. adj. Malo, difícil, complicado. || loc. adv. Mal. Compárese (**del**) **carajo.** || **hecho la chingada.** loc. adj. Enojado. || **ir a la chingada.** loc. Irse disgustado. || **irse** algo **a la chingada.** loc. Dañarse, romperse. || **llevárselo** a alguien **la chingada.** loc. Enojarse. Compárese (**llevárselo el**) **carajo** a alguien, (**llevárselo** a alguien **la**) **tostada.** || **mandar** a alguien **a la chingada.** Despedir con desprecio o disgusto a quien importuna [DRAE: mandar a paseo]. || **¡me lleva la chingada!** exclam. de protesta, que se usa para dar salida al enojo, cuando se sufren adversidades, o de sorpresa. Existe en varias formas eufemísticas: **¡me lleva...la fregada, la tía de las muchachas, la tiznada, la tostada, la trampa, el tren, la tristeza, la trompada.** Compárese (**¡me lleva el**) **carajo!** y **chicharra.**

chingadazo. m. Golpe fuerte. Es voz malsonante. Sinónimos: cabronazo, carajazo, carambazo, fregadazo.

chingadera. f. 1. Acción baja. || 2. Objeto no especificado.

chingado, chingada. adj. Dañado. | **¡ah, chingado!** o, más frecuente, **¡ah, chingao!** exclam. de sorpresa o de protesta. Compárense **achi, chicharra, chihuahua.**

chingar. (Del español chingar 'importunar, molestar'.) tr. Hacer daño, ocasionar perjuicio, dañar, romper, descomponer. Es voz malsonante. || **chinga a tu madre.** expr. que es una injuria muy grave. || **chingarse.** loc. Resultar mal, haber fracasado. || **chingárselo.** loc. Hacerle daño, herirlo.

chingo. m. Cantidad numerosa.

chingón, chingona. m. y f. Excelente en alguna actividad o rama del saber.

chínguere. m. Aguardiente.

chinguero: **un chinguero.** Mucho, una multitud, una cantidad numerosa.

chino[1]. m. Rizo de pelo. || **chino, china.** adj., y m. y f. De pelo rizado [DRAE: rizoso].

chino[2]. (De chino 'de China'.) **¡chino**

libre! m. Quien no tiene obligaciones, ni superior a quien obedecer. || **cobrarse a lo chino.** loc. Deducir, antes de pagar una deuda, cierta cantidad debida por el acreedor.

Chinta: **muerta Chinta, que mueran los guajolotes.** (De Chinta por Jacinta.) ref. Si se acabó lo principal, lo secundario no tiene importancia.

chipichipi. (Del náhuatl chipini 'gotear'.) m. Llovizna menuda y sostenida.

chípil. (Del náhuatl tzipitl 'niño enfermo y desganado por estar embarazada su madre'.) adj. (De un niño) que padece malestar por hallarse embarazada la mujer que lo cría, o por la dentición.

chipilín. m. 1. Cierta planta leguminosa herbácea (Crotalaria vitellina). || 2. Hoja de esta planta, que se emplea como condimento en la masa de ciertos tamales. || 3. Tamal de éstos, también llamado tamal de chipilín.

chipocle, véase **chipotle.**

chipote. (Del náhuatl xipotl.) m. Chichón, hinchazón causada por un golpe.

chipotle o **chipocle** o **chilpotle** o **chilpocle.** (Del náhuatl chilpoctli [idea implícita: 'chile ahumado' (de chilli 'chile' + poctli 'humo'), porque se ahumaba el chile para secarlo].) m. Variedad de chile cuyo fruto es más pequeño que el chile mulato, de color rojo ladrillo y en cocina se usa seco.

chipotón. m. Chipote grande, chichón.

chipotudo, chipotuda. (De chipote.) adj., y m. y f. Que tiene chipotes.

chiqueado, chiqueada. adj. (De un niño) 1. Mimado. || 2. Malcriado.

chiqueadores. m. pl. Rodajas de papel untadas de sebo que se pegan en las sienes como remedio para el dolor de cabeza.

chiquear. (De chico.) tr. Mimar con exceso, consentir.

chiqueo. m. Acción o resultado de chiquear.

chiquigüite, véase **chiquihuite.**

chiquigüitero, véase **chiquihuitero.**

chiquihuite o **chiquigüite.** (Del náhuatl chiquihuitl.) m. Cesto, canasta.

chiquihuitero, chiquihuitera. m. y f. Quien hace o vende chiquihuites.

chiripa: de (pura) chiripa. (De *chiripa* 'casualidad favorable'.) loc. Por casualidad.

chiripada. f. Casualidad favorable.

chiro, véase **chido.**

chirrión[1]. (De *chirriar* 'hacer un sonido agudo'.) m. Látigo.

chirrión[2]: **¡ah, chirrión!** (Eufemismo por ¡ah, chingao!) exclam. de sorpresa o de protesta. Compárese **achi, chingado.**

chirrionazo. m. Golpe dado con un chirrión[1].

chirrionera. f. Cierta culebra *(Masticophis flagellum).*

chirrisco, chirrisca. adj. Amigo de galanteos.

chisme: el chisme agrada, pero el chismoso enfada. ref. de sentido claro.

chismosear. intr. Contar chismes.

chispa: ¡ah, chispas! (Eufemismo por ¡ah chingao!) exclam. de sorpresa o de protesta. Compárense **achi, chingado.** || **ponerse chispas.** loc. Ponerse listo.

chispado, chispada. (Del español *chispa* 'borrachera, embriaguez'.) adj. Ebrio, borracho.

chisparse. Zafarse.

chiste: chiste alemán. m. Chiste o cuento en que los personajes principales se llaman *Hans* y *Fritz* y en que cuando menos uno de ellos aparece como tonto. Ejemplo: Hans le cuenta a Fritz que estaba enfermo y que el médico le pidió que se pusiera el termómetro cada cuatro horas; y que a pesar de habérselo puesto cada hora, "para activar la curación", se sentía peor. | **el chiste no es comer mucho, sino hacer la digestión.** ref. de significado claro.

chistosada. f. Chiste insulso.

chito. m. Carne de chivo frita.

chiva: el que no es chiva, es güey. loc. Quien no es seguidor del equipo de futbol de Guadalajara ("Las Chivas") es tonto.

chivas. f. pl. Cosas, enseres. Ejemplos: **alzar** alguien **sus chivas; con todo y chivas; recoger** alguien **sus chivas.**

chiveado, chiveada. adj. Avergonzado.

chivearse. (De *chivo*, con la idea de 'cobarde'.) 1. Asustarse y huir. || 2. Avergonzarse.

chivo: apestar a chivo. loc. Oler feo. || **hacerle** a alguien **de chivo los tamales.** (Porque no se pone carne de chivo en los tamales.) loc. Engañarlo, defraudarlo [DRAE: dar gato por liebre]. || **oler a chivo.** loc. Oler mal.

choapeño, choapeña. (De *[Santiago] Choapam*, municipio del estado de Oaxaca, del náhuatl *Tzoapan*, literalmente = 'encima del lodazal', de *tzoatl* 'agua sucia' [de *tzotl* 'mugre' + *atl* 'agua'] + *-pan* 'encima'.) 1. adj. Perteneciente o relativo a Choapam. || 2. m. y f. Nativo o habitante de Choapam.

chocante. (De *chocar* 'encontrarse violentamente'.) adj. Antipático.

chocantería. (De *chocante*.) f. Acto desagradable.

chochera: ser una cosa **la chochera** de alguien (de *chocho* 'lelo de cariño'). loc. Ser su predilección, su debilidad.

chochito. m. Píldora, sobre todo homeopática [DRAE: gránulo].

chocho[1] (De *chocho* 'dulce pequeño; píldora'.): m. Píldora, sobre todo homeopática [DRAE: gránulo]. | **ni con chochos.** loc. Ni con píldoras.

chocho[2], **chocha.** 1. m. y f. Miembro de un grupo indígena de los estados de Oaxaca y Puebla. || 2. m. Lengua (también llamada "la popoloca") de la subfamilia mazatecana de la familia oaxaqueña.

chocolatada. f. Merienda en que se sirve chocolate.

chocolate. (Del náhuatl *chocolatl*, quizá relacionado con *xococ* 'agrio'.) m. 1. Bebida de chocolate (segunda acepción) cocida en agua o en leche. || 2. Pasta comestible hecha de semilla de cacao molida. | **sacar** a alguien **el chocolate.** loc. Hacerle salir sangre, por un golpe. Compárese **mole.**

chocolomo. (Del maya *choco* 'caliente' + el español *lomo*.) m. Cocido yucateco de carne de res (con tomate), que se come caliente, acabado de hacer.

chocón, chocona. adj., y m. y f. Chocante.

chofer. (Del francés *chauffeur* 'conductor de automóvil', de *chauffeur* 'fogonero de locomotora', de *chauffer* 'calentar', del latín vulgar *calfare*, del latín *calefacere*, de *calere* 'estar caliente' + *facere* 'hacer'.) m. Persona que por oficio conduce un automóvil [DRAE: chófer].

chol. com. 1. Miembro de un pueblo indígena del estado de Chiapas. ‖ 2. m. Lengua de los choles, que es de la familia maya.

chole[1]**: ya chole.** (De *ya* + *choca* 'causa enfado', con *Chole*, hipocorístico de *Soledad.)* loc. Basta, esto repugna o fastidia.

chole[2]. (Del náhuatl *zolin.)* f. Cierta codorniz *(Lophortyx gambelli)*.

cholla, véase **choya.**

cholulteca, com., o **cholulteco, cholulteca.** (De *[San Andrés] Cholula*, municipio del estado de Puebla, del náhuatl *Cholollan,* posiblemente = 'lugar de los fugitivos', de *choloa* 'huir; saltar' + *-llan* 'lugar' [véase *-tlan].)* 1. adj. Perteneciente o relativo a Cholula. ‖ 2. com. Nativo o habitante de Cholula.

chomite. (Del náhuatl *tzomitl,* de *tzoma* 'coser.') m. Adorno bordado en la ropa.

chompipe o **chumpipe.** m. Pavo.

chones. (De *calchones,* pronunciación infantil de *calzones.)* m. pl. Calzones, prenda interior masculina y femenina.

chongo[1]. (Posiblemente del náhuatl *tzontli* 'cabello'.) m. Moño de pelo. **| agarrarse del chongo.** loc. (De mujeres) pelearse. ‖ **soltarse** alguien **el chongo.** loc. Lucirse.

chongo[2]**: chongos zamoranos.** m. pl. Dulce de leche cuajada en almíbar, con canela. **| mandar** a alguien **a freír chongos.** loc. que se usa para despedir a alguien con enfado.

chontal. (Del náhuatl *chontalli* 'forastero'.) adj., y com. 1. Miembro de un grupo indígena del estado de Tabasco. ‖ 2. Miembro de un grupo indígena del estado de Oaxaca, también llamado tequistlateca. ‖ **chontal de Oaxaca.** m. Lengua del grupo tequistlateca de la familia hokana. ‖ **chontal de Tabasco.** m. Lengua del grupo choltzeltalano, de la familia maya.

chontalpaneco, chontalpaneca, o **chontalpeño, chontalpeña.** (De *Chontalpa,* región del estado de Tabasco habitada por chontales.) 1. adj. De La Chontalpa, región del estado de Tabasco. ‖ 2. m. y f. Nativo o habitante de La Chontalpa.

chorcha. (Quizá del inglés *church* 'iglesia'.) f. Reunión de amigos que se juntan para charlar. **| hacer chorcha.** loc. Charlar.

chorchero, chorchera. m. y f. Persona a quien le gustan las chorchas.

choricera. (De *chorizo* 'tripa llena de carne', por parecido de forma.) f. Sucesión de cosas alineadas (por ejemplo, automóviles).

chorote. m. Bebida de maíz cocido y cacao tostado y molido.

chorreado, chorreada. adj. Sucio.

chorrearse. (De *chorrear* 'caer un líquido formando chorro'.) Ensuciarse.

chorrera. (De *chorro* 'líquido que sale'.) f. Diarrea.

chorrillo. (De *chorro* 'líquido que sale'.) m. Diarrea.

chorro: un chorro. loc. Mucho.

chorrocientos. (De *[un] chorro* + *cientos,* como en *doscientos,* etc.) Muchos.

chorros. m. pl. Flores del arequillo *(Fuchsia arborescens).*

choteada. f. Acción o resultado de chotear.

choteado, choteada. adj. (De un asunto) tratado repetidamente.

chotear. (Del español *choto* 'cabrito que mama'.) tr. 1. No tratar en serio. ‖ 2. Tratar repetidamente. ‖ **chotearse.** Vulgarizarse demasiado, desacreditarse.

choteo. (Del español *chotear* 'pitorrearse'.) m. Burla.

choux. (Del francés *choux,* plural de *chou* 'pastelito en forma de col', de *chou [à la crème],* de *chou* 'col'.) m. Pastelito relleno de crema.

choya o **cholla.** (Del español *cholla* 'cabeza'.) f. 1. Cabeza. ‖ 2. Cierta cactácea (género: *Opuntia).*

chueco, chueca. adj. 1. Torcido, inclinado, que no es recto. ‖ 2. Que no obra con rectitud.

chulada. (De *chulo* 'bonito'.) f. Cosa bonita, preciosidad.

chulear. (De *chulo* 'bonito'.) tr. Requebrar, decir que algo es bonito.

chulo, chula. (De *chulo* 'individuo del pueblo de Madrid', del italiano *fanciullo* 'muchacho'.) adj. Bonito, lindo.

chumpipe, véase **chompipe.**

chunco, chunca. (En la región de Tehuantepec y en Chiapas.) adj. Querido.

chupado, chupada. adj. De cara delgada.

chupaflor, o **chupamiel,** o **chupamirto,** o **chuparrosa.** m. Colibrí (familia: Trochilidae).

chupar: **chupa tu mango.** loc. 1. Sopórtalo. ‖ 2. Consuélate.

chupete. m. Acción o efecto de chupar con fuerza [DRAE: chupetón].

chupicuarense, o **chupicuareño, chupicuareña.** (De *Chupícuaro*, nombre de poblaciones de los estados de Guanajuato y Michoacán, del tarasco *chupicua*, planta del género *Ipomoea*, que se usa para teñir de azul, de *chupicua* 'azul' + *-ro* 'lugar'.) 1. adj. Perteneciente o relativo a Chupícuaro. ‖ 2. m. y f. Nativo o habitante de Chupícuaro.

chupón. m. Objeto de hule que se da a los niños pequeños para que chupen [DRAE: chupador].

chutazo. (De *chutar* 'patear el balón fuertemente', del inglés *shoot* 'disparar, disparar hacia una meta'.) m. (En futbol) acción o resultado de chutar, de lanzar fuertemente el balón con el pie.

chuza. f. Lance en el juego del boliche que consiste en derribar todos los pinos (palos) de una vez. ‖ **hacer chuza.** loc. 1. En el juego del boliche, derribar todos los pinos de una vez y con sólo una bola. ‖ 2. Destruir completamente.

ciego: **no hay peor ciego que el que no quiere ver,** véase *haber.*

cien por ciento. loc. adv. Totalmente [DRAE: cien por cien].

cienegaflorense. (De *Ciénega de Flores*, municipio del estado de Nuevo León.) 1. adj. Perteneciente o relativo a Ciénega de Flores. ‖ 2. com. Nativo o habitante de Ciénega de Flores.

cierre relámpago. m. Cremallera de prendas de vestir, bolsos, etc.

cigarro. m. Rollo delgado de tabaco cortado encerrado en papel y destinado a ser fumado [DRAE: cigarrillo].

ciguatera. (De *cigua* 'caracol de mar', del taíno *cigua* [y no del náhuatl *cihuatl* 'mujer'].) f. 1. Enfermedad de peces y crustáceos. ‖ 2. Intoxicación producida por haber comido pescado o mariscos.

cigüeña (Del cuento de que es la cigüeña la que trae a los niños al mundo.): **llegar a alguna la cigüeña.** loc. Dar a luz. Compárese *cita.*

cihuateco, cihuateca, o **cihuatleco, cihuatleca.** (De *Cihuatlán*, municipio del estado de Jalisco, del náhuatl *Cihuatlan, Cihuacoatlan*, literalmente = 'junto a(l templo de) la Cihuacoatl', de *Cihuacoatl*, nombre de una diosa, literalmente = 'culebra-hembra', de *cihuatl* 'mujer' + *coatl* 'culebra, serpiente'.) 1. adj. Perteneciente o relativo a Cihuatlán. ‖ 2. m. y f. Nativo o habitante de Cihuatlán.

cilantro: **es bueno el cilantro, pero no tanto.** ref. El abuso, de lo que sea, es malo.

cilindrero, cilindrera. m. y f. Quien toca el cilindro u organillo.

cilindro. (Del cilindro con púas que hace sonar el organillo.) m. Organillo.

cimarrón, cimarrona. (De *cima* 'cumbre', lugar hacia donde huyen muchos animales silvestres.) adj. Silvestre, (de un animal) montaraz.

cinco: **(quedarse) de a cinco.** loc. Confuso, sorprendido. Compárese *cuatro.*

cincuate, véase **cencuate.**

cinero, cinera. m. y f. Aficionado al cine.

-cingo, -tzingo. (Del náhuatl *-tzinco*, de *-tzin* 'pequeño' + *-co* 'lugar'.) Lugar de pequeños..., terminación de topónimos, como en *Huejotzingo, Tulancingo.*

cinta: **cinta adhesiva.** (Traducción del inglés *adhesive tape*.) f. Cinta con una capa de mezcla adhesiva en uno de sus lados. **| jalan más las cintas de unas enaguas que una yunta de bueyes.** ref. Las mujeres son muy atractivas. Compárese *rebozo.*

cintareada. f. Acción o resultado de dar cintarazos.

cinturita. m. Hombre que vive a expensas de una mujer pública.

cinturonazo. m. Golpe dado con un cinturón.

cinzontle, véase **cenzontle.**

cío. (Quizá del náhuatl *ciyahua* 'remojar'.) m. Recipiente con agua caliente que se trae a la mesa para enjuagarse los dedos [DRAE: lavafrutas]. Compárese *lavadedos.*

circo: hacer circo. loc. Hacer lo imposible por conseguir algo.

circunstancias. f. pl. Posición social elevada.

ciriquisiaca, véase **siriquisiaca.**

cirio. (De *cirio* 'vela de cera'.) m. Planta *(Fouquieria columnaris)* de tallos altos parecidos a columnas.

cirquero, cirquera. m. y f. Persona que trabaja en un circo.

ciscar. (Del español *ciscar* 'ensuciar', de *cisco* 'detrito, basura'.) tr. Hacer perder la concentración, hacer que se equivoque, inhibir. ‖ **ciscarse.** Avergonzarse.

ciscón, ciscona. adj. Que se avergüenza fácilmente.

cita: haber concertado cita con la cigüeña. (Del cuento de que es la cigüeña la que trae a los niños al mundo.) loc. Estar embarazada. Compárese *cigüeña.*

citadino, citadina. (Del italiano *cittadino,* de *città* 'ciudad', del latín *civitat-,* base de *civitas* 'conjunto de los ciudadanos de un estado o de una ciudad', de *civis* 'ciudadano'.) adj. De la ciudad.

citlaltepecano, citlaltepecana. (De *Citlaltépetl,* la montaña más alta de México [5,700 m], del náhuatl *Citlaltepetl,* literalmente = 'cerro de las estrellas', de *citlalin* 'estrella' + *tepetl* 'cerro'.) adj. Del Citlaltépetl.

ciudadhidalguense. (De *Ciudad Hidalgo,* nombre de poblaciones de los estados de Chiapas y Michoacán; *Hidalgo,* por Miguel *Hidalgo* y Costilla, 1753-1811, caudillo del movimiento de la Independencia.) 1. adj. Perteneciente o relativo a Ciudad Hidalgo. ‖

2. com. Nativo o habitante de Ciudad Hidalgo.

ciudad perdida. f. Asentamiento de chozas poco resistentes en los alrededores de una ciudad.

civilismo. m. Doctrina que favorece al gobierno de civiles y no de militares.

civilista. com. Partidario del gobierno civil y contrario al militarismo (preponderancia de los militares en el gobierno).

cizañista. (Del español *cizaña* 'disensión'.) com. Que tiene el hábito de sembrar disensión [DRAE: cizañero].

clachar o **tlachar.** (Del náhuatl *tlachia* 'mirar' + el español *-ar.*) tr. Vigilar, observar. ‖ **estar clachando** a alguien. loc. Estar vigilando.

clacoyo, véase **tlacoyo.**

claridad: **claridad de la calle y oscuridad de su casa.** loc. Quien es amable con extraños pero trata duramente a los de su familia o no se preocupa por ellos. Compárese **candil.**

claridoso, claridosa. adj. Que acostumbra decir claridades sin atenuarlas.

clarín: **¡clarín!** loc. adv. fest. ¡Claro!, ¡claro está! ‖ **clarines.** loc. adv. fest. ¡Claro!

clausura. (Del latín *clausura* 'acto de cerrar', de *clausus* 'cerrado', participio pasivo de *claudere* 'cerrar'.) f. Acción y resultado de cerrar la autoridad un establecimiento.

clavadismo. m. Deporte de zambullirse (en natación).

clavadista. m. Especialista en zambullirse (en natación).

clavado. m. (En natación) zambullida.

clavarse. (De *clavar* 'introducir una cosa puntiaguda'.) 1. (En natación) zambullirse. ‖ 2. Embolsarse, robarse.

clavería. (Del español *clavero* 'llavero, persona que guarda las llaves'.) f. Oficina que en las catedrales se encarga de recaudar rentas.

clavo. m. Patilla corta en la cara. ‖ **clavo de especia.** m. Clavo de olor, capullo seco de la flor del clavero *(Syzygium aromaticum).* ‖ **pegarle al clavo.** loc. Atinar. ‖ **por un clavo se pierde una herradura; por una herradura, un caballo.** ref. Descuidos pequeños pueden causar males grandes [DRAE 1992: por un clavo se pierde una herradura].

clayuda, véase **tlayuda.**

clinchar. (Del inglés *clinch.*) tr. Detener muy cerca al oponente (en boxeo o en lucha) trabándolo con un brazo o con los dos.

cloch, véase **clutch.**

cloroformar. tr. Aplicar cloroformo u otra sustancia para producir anestesia [DRAE: cloroformizar].

clóset. (Del inglés *closet,* del francés *clos* 'cercado, cerrado'.) m. Ropero empotrado (en la pared).

clubero, clubera. adj., y m. y f. Persona que gusta de concurrir a clubes.

clutch o **cloch.** (Del inglés *clutch* 'sistema para conectar o desconectar un mecanismo', que se pronuncia aproximadamente /cloch/, de *clutch* 'garra'.) 1. Sistema para conectar o desconectar un mecanismo. || 2. Pedal que acciona ese sistema [DRAE: embrague].

-co. (Del náhuatl *-co* 'lugar, en'.) Lugar, terminación de topónimos, como en *Acapulco, Jalisco, México.* Compárese *-c.*

coa¹. (Quizá de origen taíno.) f. Especie de azadón usado para la labranza.

coa². (Quizá de origen nahua.) f. Cualquiera de varias aves del género *Trogon.*

coahuilense. (De *Coahuila,* estado de la República Mexicana, del náhuatl *Coacuillan,* posiblemente = 'lugar de serpientes jaspeadas', de *coatl* 'serpiente' + *cuicuiltic* 'jaspeado' + *-llan* 'lugar abundante en'.) 1. adj. Perteneciente o relativo a Coahuila. || 2. com. Nativo o habitante de Coahuila.

coahuilteca. com. Miembro de un pueblo indígena del noreste de la República Mexicana y de Texas.

coapaneco, coapaneca. (De *Coapan,* nombre de poblaciones en los estados de Nayarit y Puebla, del náhuatl *Coapan,* literalmente = 'En agua de culebras', de *coatl* 'serpiente, culebra' + *atl* 'agua' + *-pan* 'sobre, en' [véase *-apan*].) 1. adj. Perteneciente o relativo a Coapan. || 2. m. y f. Nativo o habitante de Coapan.

coatepecano, coatepecana. (De *Coatepec,* municipio del estado de Veracruz, del náhuatl *Coatepec,* literalmente = 'lugar en el cerro de la culebra', de *coatl* 'serpiente, culebra' + *tepetl* 'cerro' + *-c* 'lugar; en'.) 1. adj. Perteneciente o relativo a Coatepec. || 2. m. y f. Nativo o habitante de Coatepec.

cobija. (Del español *cobija* 'cubierta, cubierta de cama', del latín *cubilia* 'lecho', plural de *cubile* 'lecho', de *cubare* 'acostarse'.) f. Frazada, manta para la cama. || **la cobija y la mujer, suavecitas han de ser.** ref. La mujer debe ser amable, cortés. || **pegársele** a alguien **las cobijas.** loc. Haber dormido más de lo que quería.

cobre: enseñar (o **mostrar**) alguien **el cobre.** loc. Dar a conocer alguien su verdadera manera de ser.

coca¹. com. 1. Miembro de un pueblo indígena del estado de Jalisco, cuyo centro era Cocula (náhuatl *Cocollan*). Compárese **coculense.** || 2. Lengua (hoy desaparecida, del grupo tarahumareño de la familia yutoazteca) de los cocas.

coca². (De *Coca Cola,* marca registrada.) f. Refresco, no necesariamente de la marca mencionada en la etimología.

coche: coche de ruleteo. m. Taxi que transita por las calles para conseguir cliente. || **coche de sitio.** m. Taxi que espera clientes en un lugar fijo.

cochimí. m. Lengua de Baja California, del grupo yumano, de la familia hokana.

cochinita pibil. f. Guiso de lechón horneado, aderezado con achiote y jugo de naranja agria, y cubierto de hojas de plátano. Compárese *pibil.*

cochinito: coger (o **agarrar**) a alguien **de cochinito.** loc. Hacerlo objeto frecuente de burlas y de malos tratos, acosarlo, atosigarlo. Compárese **puerquito, encargo,** *ala.*

cocimiento: cocimiento de anís. m. Agua en que se han cocido frutos (que comúnmente se toman por semillas) de anís *(Pimpinella anisum)* y a la que se atribuyen virtudes curativas de los cólicos producidos por gases gastrointestinales. || **cocimiento de gordo-**

lobo. m. Agua en que se han cocido flores de gordolobo (género *Gnaphalium;* el gordolobo europeo es *Verbascum thapsus)* y a la que se atribuyen virtudes curativas de la tos. ‖ **cocimiento de ruda.** m. Agua en que se ha cocido ruda *(Ruta graveolens)* y que tiene virtudes antiespasmódicas. ‖ **cocimiento de toloache.** m. Agua en que se ha cocido toloache *(Datura stramonium)* y que se ha usado como "filtro de amor"; es sumamente tóxica.

cocinarse. Cocerse.

cocinera: **a la mejor cocinera se le queman los frijoles.** ref. En cualquier oficio aun el más hábil puede equivocarse [DRAE: al mejor cazador se le va la liebre]. Compárese *guisandera, mono.* ‖ **cuando la cocinera es mala le echa la culpa al mole.** ref. Las personas buscan pretextos para disculpar sus equivocaciones [DRAE 1956: la culpa del asno echarla a la albarda]. ‖ **entre dos cocineras sale aguado el mole.** ref. Hay cosas que se hacen mejor solos, sin ayuda. Compárese *cocinero, meneador.*

cocinero: **demasiados cocineros estropean el caldo.** ref. Hay cosas que se hacen mejor solos, sin ayuda. Compárese *cocinera* (**entre dos cocineras sale aguado el mole**).

coco. (De *coco* 'cabeza'.) m. Coscorrón, golpe en la cabeza. ‖ **coco de agua.** m. Coco (fruto) fresco, que tiene mucho líquido en la cavidad central. ‖ **coco wash.** (De *coco* 'cabeza' + el inglés *wash* 'lavar'.) m. fest. Acción o resultado de persuadir mediante propaganda. | **patinarle** a alguien **el coco.** (De *coco* 'cabeza'.) loc. Estar algo loco. ‖ **poner el coco y después asustarse.** (De *coco* 'fantasma [persona imaginaria monstruosa] con el que se trata de meter miedo'.) loc. Haber provocado algo malo y asustarse de los resultados perjudiciales.

cocoa. (Del inglés *cocoa,* modificación del español *cacao.)* f. Polvo de cacao, semilla de cacao asada y molida.

cocodrilo: **el cocodrilo que desea comer no enturbia el agua.** ref. Quien desee obtener algo no coloque obstáculos.

cocol. (Probablemente de origen nahua.) m. 1. Rombo. ‖ 2. Panecillo en forma de rombo. ‖ **cocol de anís.** m. Cocol (pan) con anís. | **ay cocol, ¿ya no te acuerdas cuando eras chimisclán?** (Por considerarse el cocol [pan] más lujoso o elegante que el chimisclán pues aquél tiene encima semillas de ajonjolí.) expr. que se usa con personas que se jactan de su importancia (después de mejorar su situación). Compárese *melón.* ‖ **del cocol.** loc. adv. Mal, difícil.

cocolazo. (De *coco* 'coscorrón'.) m. Tiro (en combate), golpe. | **entrarle** alguien **a los cocolazos.** loc. Pelear.

cócono, cócona. (Del náhuatl *coconen,* pl. de *conetl* 'niño'.) m. y f. Pavo joven, pavipollo.

cocotazo. (De *coco* 'cabeza'.) m. Golpe en la cabeza.

coculense. (De *Cocula,* municipio del estado de Guerrero, del náhuatl *Cocollan,* literalmente = 'entre el cocolin', de *cocolin* 'cieno o limo comestible' + *-lan,* variante de *-tlan* 'lugar de, lugar abundante en'.) 1. adj. Perteneciente o relativo a Cocula. ‖ 2. m. y f. Nativo o habitante de Cocula.

codez. (De *codo* 'tacaño'.) f. Avaricia.

codo, coda. (Del latín *cupidus* 'deseoso, que desea excesivamente'.) adj. Tacaño, avariento.

codomontano, codomontana. (De *codo* 'avaro' + *-montano,* como en *regiomontano* 'de Monterrey'.) adj. coloq. desp. Regiomontano, de Monterrey.

codzito o **cotzito** o **kots'ito.** (Del maya *codz* 'enrollar'.) m. Bocado yucateco enrollado.

cofre. (De *cofre* 'caja, baúl'.) m. Parte del automóvil que contiene el motor [DRAE: capó].

coger. tr. vulg. Verificar el coito, realizar el acto sexual.

cojolite. (Del náhuatl *coxolitli.)* Clase de faisán (género: *Penelope).*

cojón (De *cojón* 'testículo', del latín vulgar *coleon-,* tema de *coleo,* del latín *coleus* 'testículo'.): **tener** alguien **cojones.** loc. Ser valiente, atrevido.

cola: **el que tenga la cola de zacate, que no se acerque a la lumbre.** ref.

Quien haya cometido acciones malas, que no se ponga en la luz, que no se exponga al público, que mantenga un perfil bajo, que no censure defectos en los demás. || **llevar cola** algo. loc. Poder traer consecuencias graves [DRAE: tener o traer cola]. || **pisar** a alguien **la cola**. loc. Estorbarlo, impedirle la acción. || **salirle cola** a algo. loc. Aparecer una desventaja, una consecuencia mala. || **tener** (o **no tener**) alguien **cola que le pisen**. loc. Haber o no haber cometido delitos u otros actos malos.

colación. (De *colación* 'comida, banquete', del latín tardío *collation*-, tema de *collatio* 'conferencia, reunión, comida en una reunión', del latín *collatio* 'reunión, encuentro', de *collatus*, que se usaba como participio pasivo de *conferre* 'reunir'.) f. Almendra (o dulce) recubierta de azúcar.

coladera. (De *colar* 'pasar un líquido por cedazo'.) f. 1. Cedazo, criba. || 2. Sumidero con tapa perforada.

colazo. m. Golpe dado con la cola [DRAE: coleada]. || 2. Movimiento lateral rápido de la parte trasera (de algo alargado, como un tren).

cold cream. (Del inglés *cold cream*, literalmente = 'crema fría', de *cold* 'frío' + *cream* 'crema'.) amb. Cosmético suavizante y limpiador del cutis.

coleada. f. Acción de derribar una res jalándola de la cola.

coleadero. m. Lugar en que se colea.

coleador, coleadora. m. y f. Quien colea toros (frecuentemente a caballo).

colear. tr. Tirar de la cola de una res para derribarla en la carrera.

colegiatura. (De *colegio* 'establecimiento de enseñanza'.) f. Precio o cantidad que se paga para obtener instrucción en una escuela de pago.

colgadero. m. 1. Cuerda de la que se cuelga ropa. || 2. Lugar en que hay varias de estas cuerdas.

colgarse. Retrasarse en un trabajo.

colhua, véase **acolhua**.

cólico menstrual. m. Dolor menstrual, dolor de regla, dolor que presentan algunas mujeres en el bajo vientre y en la cintura durante su período menstrual.

colimense, o **colimeño, colimeña**, o **colimote, colimota.** (De *Colima*, capital del estado de Colima.) 1. adj. Perteneciente o relativo a Colima (estado o su capital). || 2. m. y f. Nativo o habitante de Colima (estado o su capital).

colita: sana, sana, colita de rana. Conjuro, fórmula "mágica" que se dice a un niño que se ha lastimado, al mismo tiempo que se le da masaje en la parte golpeada.

collar: valer más el collar que el perro. loc. Cuesta más (o: es mejor) lo accesorio que lo principal.

collón: con collones no se llenan los panteones. ref. Los que huyen no mueren; los valientes, que corren riesgos, sí. Compárese *correr, miedo, valiente*.

colmillo. (Del español *tener el colmillo retorcido* 'ser sagaz por la edad'.) m. Sagacidad. || **tener (mucho) colmillo.** loc. Ser sagaz, tener experiencia.

colmilludo, colmilluda. adj. Sagaz, astuto, difícil de engañar.

Colón: yo Colón (de *conozco*) [y, con un agregado o parergon, **yo Colón, y mis hijos Cristobalitos**]. Expresión de triunfo o de jactancia.

colonche. (Del coca *colonchi*.) m. Bebida alcohólica que se hace con jugo de tuna colorada y azúcar.

colonia. f. Zona de una ciudad, barrio urbano. || **colonia popis.** f. Barrio de gente privilegiada, que se cree elegante. Compárese **popis**.

color: (estar o **ponerse** algo) **color de hormiga.** loc. Siniestro, triste, desastroso, funesto o infausto. || **todo es según el** (o: **todo depende del**) **color del cristal con que se mira.** ref. Cada persona opina según su sentir.

colorado, colorada. (De *colorado* 'que tiene color'.) adj. Rojo.

colorín. (Del español *colorín* 'color vivo y sobresaliente'.) m. Cierto árbol (*Erythrina americana*) espinoso, de flores y semillas rojas.

colote. (Del náhuatl *colotli*.) m. Troje cilíndrica para conservar maíz.

coludo, coluda. adj. De cola larga [DRAE: rabudo]. | (o) **todos coludos o todos rabones.** loc. Hay que tratar a todos por igual, con equidad, sin establecer preferencias.

columpio: poner columpio para que otro se meza. loc. Trabajar en beneficio de otro [DRAE: sacar las castañas del fuego]. Compárese **caravana** (hacer caravana con sombrero ajeno).

comal. (Del náhuatl *comalli*, de *com-*, *comitl* 'olla'. Compárese **tecomate**.) m. Disco casi plano, de barro cocido o de metal, que se coloca sobre el fuego y sirve para, encima de él, cocer tortillas de maíz, tostar habas, etc. | **el comal le dijo a la olla: ¡(mira) qué tiznada estás!** [DRAE 1956: dijo la sartén al cazo: quítate olla que me tiznas]. ref. que se usa con quienes reprenden a otro por un defecto que ellos tienen en grado mayor.

comalcalqueño, comalcalqueña. (De *Comalcalco*, municipio del estado de Tabasco, del náhuatl *Comalcalco*, literalmente = 'en la casa de los comales', de *comalli* 'comal' + *calli* 'casa' + *-co* 'en, lugar de'.) 1. adj. Perteneciente o relativo a Comalcalco. || 2. m. y f. Nativo o habitante de Comalcalco.

comalense, o **comalteco, comalteca.** (De *Comala*, municipio del estado de Colima.) 1. adj. Perteneciente o relativo a Comala. || 2. com., y m. y f. Nativo o habitante de Comala.

combi. f. Camioneta alta y cerrada.

comechile. m. Nombre de varias aves, que también se llaman *luis*; véase **luis**.

comecuras. m. y f. Persona que siente animosidad contra la Iglesia católica o sus sacerdotes, anticlerical.

comején. (Probablemente del arahuaco de las Antillas *comixén*, pero posiblemente del maya *co* 'diente' + *mehen* 'pequeño'.) m. Cierto insecto parecido a los termes (= termitas).

comelón, comelona. adj. Que come mucho [DRAE: comilón].

comer: come para vivir y no vivas para comer. ref. de sentido claro. || **comerse** a alguien **vivo.** loc. Tener gran enojo contra alguien [DRAE: comer vivo]. || **donde come uno comen dos.** ref. de sentido claro, usado como invitación a comer. || **el comer y el hablar poco, nunca debe de dañar.** ref. de sentido claro. || **hasta lo que no come le hace daño.** loc. fest. Es delicado del estómago. || **más feo que no comer.** loc. adj. Feo. || **¿qué comes que adivinas?** loc. fest. Adivinaste. || **unos comen lo que deben, y otros deben lo que comen.** ref. fest. Hay quienes no pagan su comida.

comercial. m. Anuncio publicitario en radio o televisión.

comida: comida a la carta. f. Comida que se sirve en un restaurante según una lista de precios para cada plato o bebida. Contrasta con **comida corrida.** || **comida corrida.** f. Comida completa ofrecida por un precio fijo. Contrasta con **comida a la carta.** | **al que masca poco o mal, ni le sabe la comida ni la digiere cabal.** ref. de sentido claro. || **más vale una comida en paz que dos entre disputas.** ref. de sentido claro. || **pedirle comida a las ganas de comer.** loc. fest. Pedir algo a quien no lo tiene y por lo tanto no lo puede dar.

comisariado, o **comisariado ejidal.** m. Cuerpo colegiado que administra una comunidad ejidal.

comisión. f. Porcentaje del total recibido, que se paga al agente encargado de hacer el negocio. || **comisión permanente.** f. Grupo formado por senadores y diputados que cuando el Congreso no está sesionando examina las cuestiones urgentes.

comiteco, comiteca. (De *Comitán [de Domínguez]*, municipio del estado de Chiapas, del náhuatl *Comitlan*, literalmente = 'lugar de muchas ollas', de *comitl* 'olla' + *-tlan* 'lugar abundante en'.) 1. adj. Perteneciente o relativo a Comitán. || 2. m. y f. Nativo o habitante de Comitán.

comodín, comodina, o **comodino, comodina.** adj. Muy amigo de la propia comodidad [DRAE: comodón].

cómodo. m. Recipiente para excretar en la cama [DRAE: silleta].

comosellama. 1. m. Algo difícil de clasificar o cuyo nombre no se conoce o se ha olvidado. ‖ 2. Es también una voz o frase inútil (estribillo, muletilla) que se repite mucho por hábito, como en: "Mi casa nueva tiene este... comosellama... tres baños". Compárese **este.**

compa. (De *compadre.*) m. Compadre.

compadre. (De *compadre* 'padrino de bautizo', del latín *compater.*) m. Tratamiento usado con algunos amigos y conocidos (aunque no sean padrinos). | **no me defiendas, compadre.** loc. que se dirige a alguien que, tratando de ayudar, empeora la situación.

compañero: (**ser**) **compañeros del camino, pero del itacate no.** loc. No estar dispuesto a compartir la comida. Compárese **amigo.**

comparente. com. Persona que comparece ante un juez o ante un notario, compareciente.

compás (De *compás* 'ritmo, cadencia'.): **al compás.** loc. De acuerdo, concertadamente.

compenetrado, compenetrada. adj. Convencido.

compenetrarse. Entender completamente.

cómper. (De *con permiso.*) loc. Con permiso.

competencia. f. Competición deportiva.

compinche. (Del español *compinche* 'amigo; amigote', de *cómplice* + *pinche* 'aprendiz de cocinero'.) com. Compañero en tratos irregulares, cómplice.

compita. (De *compa.*) m. Compadre.

componedor de huesos, componehuesos. m. Quien dice que puede volver a su lugar los huesos dislocados.

componer. tr. Restituir a su lugar (los huesos dislocados).

compra: **hacer compras.** loc. Comprar productos.

comprador de chueco. m. Quien está dispuesto a comprar objetos robados.

comprar: **si no compra, no magulle** [vulgar: mallugue]. A veces se agrega: **retírese del huacal.** (De una expresión de comerciantes que no desean que se manosee su mercancía.) loc. No estorbe, no quite el tiempo.

comprometerse. (De *comprometerse* 'contraer un compromiso'.) Prometer casarse.

compromiso. (De *compromiso* 'obligación contraída'.) m. Promesa de matrimonio.

concentrado. m. Comida reducida en su volumen por eliminación de líquido.

concesionar. tr. Otorgar una concesión.

concha. (De *concha* 'cubierta que protege el cuerpo de los moluscos'.) f. Desvergüenza, descaro, atrevimiento, audacia, osadía, descoco, caradura. | **tener** alguien (**mucha**) **concha.** Ser un caradura, tener demasiada libertad y osadía en palabras y acciones.

conchabarse. (Del español *conchabar* 'unir, juntar', del latín *conclavari* 'acomodarse en una habitación', de *conclave* 'habitación íntima y reservada, que se puede cerrar con llave', de *con-* 'con, juntos' + *clavis* 'llave'.) Conseguir entenderse con alguien.

concheros. m. pl. *Los Concheros* es el nombre de una danza popular que se baila al son de un instrumento como guitarra hecho de *concha* de armadillo.

conchudo, conchuda. (De *concha* 'desvergüenza'.) adj., y m. y f. Que no tiene empacho, desvergonzado, fresco, caradura.

concientización. f. Acción o resultado de concienciar, concienciación.

concientizar. tr. Hacer que alguien sea consciente de algo, concienciar.

concreto. (De *concreto* 'sólido, compacto'.) m. Hormigón, material de construcción duro y fuerte, que es una mezcla de cemento y arena y grava, con agua.

concuño, concuña. Marido de la hermana del cónyuge o esposa del hermano del cónyuge, concuñado.

condenado, condenada. (De la idea de que los malos se condenan a "la pena eterna".) adj. Malvado, perverso.

conduit. (Del francés *conduit* 'conducto, tubo', de *conduire* 'llevar, conducir'.) m. Tubo que protege alambres o cables eléctricos.

conejo. m. Bíceps braquial, músculo grande del frente del brazo, que va del hombro al codo y al contraerse dobla el antebrazo (que va del codo a la muñeca) sobre el brazo. | **después de conejo ido, pedradas al matorral.** loc. Es inútil hacer esfuerzos fuera de tiempo.

conferencista. com. Persona que habla ante el público o ante una clase, especialmente para instruir [DRAE: conferenciante].

confort. (Del francés *confort*, del francés antiguo *conforter* 'fortificar' [hoy *réconforter*], del latín tardío *confortare* 'fortalecer, dar fuerza o vigor', de *com-* 'con' + el latín *fortis* 'fuerte'.) m. Comodidad, bienestar.

conga. (Probablemente de *conga* 'baile cubano de origen africano', porque estas frutas también son de regiones tropicales.) f. Mezcla de jugos de varias frutas.

congestionamiento. m. Congestión, acción o resultado de congestionar.

congreso. (De *congreso* 'reunión, junta'.) m. Órgano legislativo supremo de la nación, asamblea nacional.

conmutador. m. Centralita telefónica.

connotado, connotada. m. y f. Distinguido, notable.

conscripto. (Del latín *conscriptus*, participio pasivo de *conscribere* 'alistarse', literalmente = 'inscribirse o escribirse con', de *com-* 'con' + *scribere* 'escribir'.) m. Soldado del servicio militar obligatorio.

consentidor, consentidora. (De *consentir* 'mimar'.) m. y f. Que es demasiado indulgente o mima con exceso.

conservatismo. m. Tendencia de preservar lo establecido, de preferir al cambio la situación existente o tradicional [DRAE: conservadurismo].

consignación[1]**.** (De *consignar* 'poner a disposición de la autoridad'.) f. Acción o resultado de poner (a alguien) a disposición de la autoridad judicial. || **consignación penal.** f. Acusación formal que hace el Ministerio Público.

consignación[2] (De *consignar* 'poner en depósito'.): **en consignación.** (De un artículo de comercio) dejado con un comerciante para que lo venda, que pagará sólo si lo vende, y que lo puede devolver si no lo ha vendido.

consignar. tr. Poner a alguien a disposición de la autoridad judicial.

contentillo: **de contentillo.** loc. adj. Difícil de contentar, caprichoso, descontentadizo.

conteo. m. Cuenta, acción o resultado de contar.

contestación: **contestación sin pregunta, señal de culpa.** ref. Quien se excusa sin que se lo pidan se acusa.

contlapacharse. (Del náhuatl *con* 'acción del verbo' + *tlapachoa* 'cubrir el ave los huevos'.) Ponerse de acuerdo para encubrir alguna acción.

contlapache. m. y f. Encubridor.

contlapachear. tr. Encubrir a alguien, ser su cómplice.

contra, véase **contras.**

contralor, contralora. (Del francés *contrôleur*, de *contrôle* 'verificación', de *contre-rôle* 'copia de un registro', de *contre* 'contra' + *rôle* 'registro', del latín medieval *rotulus* 'pergamino enrollado', del latín *rotulus*, diminutivo de *rota* 'rueda'.) m. y f. Funcionario encargado de examinar las cuentas y la legalidad de los gastos oficiales.

contraloría. f. Servicio encargado de examinar las cuentas y la legalidad de los gastos oficiales.

contraparte. f. Que tiene la misma función o características que otro.

contrariedad. f. Desagrado o disgusto producido por un contratiempo.

contrarrecibo. m. Recibo provisional o documento que será devuelto por el pagador a quien cobre, que entonces entregará un recibo definitivo.

contras. (De *contrarrevolucionarios*.) m. pl. Guerrilleros que se opusieron (1980-1990) al gobierno sandinista en Nicaragua.

convencionista. adj., y m. y f. Perteneciente o relativo a la Convención Revolucionaria, de Aguascalientes (octubre de 1914; asamblea convocada por Venustiano Carranza).

conversación: **conversación de visita, gusto da, pero tiempo quita.** loc. Contestación de un visitante a quien insiste que se quede.

conversacionista. amb. Quien sabe hacer amena la conversación.

convertible. m. Automóvil cuyo techo puede ser bajado o quitado [DRAE: descapotable].

convidado: **convidado y con ollita.** loc. Que pide con descaro algo a quien ya le había dado mucho.

convivialidad. (Del latín tardío *convivialis* 'relativo al convite o convivio', del latín *convivium* 'banquete', de *com-* 'con' + *-vivium*, de *vivere* 'vivir'.) 1. Camaradería. || 2. Convite, banquete.

convoy. (De *convoy* 'conjunto de buques escoltados', del francés *convoi*, de *convoyer* 'escoltar, acompañar', del latín vulgar *conviare* 'conducir' [idea implícita: 'ir en camino con'], de *con-* 'con' + *-viare*, de *via* 'vía, camino'.) m. Grupo de vehículos organizado para que éstos viajen juntos.

coñaquear. intr. Beber mucho coñac.

cooperacha. f. Cooperación generalmente voluntaria para un fin determinado.

copa: **copa de oro.** f. Cierta planta trepadora de flores amarillas en forma de copa (sin pie). | **treparse las copas.** loc. Disminuir las facultades mentales de alguien por haber tomado bebidas alcohólicas.

copal. (Del náhuatl *copalli* 'resina, incienso'.) m. Resina aromática.

copearse. Tomar demasiadas copas, emborracharse.

copete: **estar hasta el copete.** loc. Estar harto.

copetear. tr. Llenar mucho.

copetín. (De *copa.*) m. Copita llena de una bebida alcohólica.

copetón, copetona. (De *copete.*) adj. De copete grande.

copiosa (De *copa.*): **copiosas.** f. pl. Las copas de bebidas alcohólicas. | **entrarle** alguien **a las copiosas.** loc. fest. Tomar mucha bebida alcohólica.

copropiedad. f. Propiedad común a dos o más personas.

coquero, coquera. m. y f. Que cultiva o vende cocos.

coquita. (Del náhuatl *cocotli*, clase de tórtola.) f. Tórtola del género *Columbina*.

coquito. (De *coco.*) m. Fruto de una especie de palma.

cora. 1. adj. De un pueblo de los estados de Nayarit y Jalisco. || 2. com. Miembro de ese pueblo. || 3. m. Lengua del grupo huicholeño de la familia yutoazteca.

coraje: **dar coraje.** loc. Irritar, dar ira.

corazón: **corazón de alcachofa.** m. Parte central de la cabezuela de la alcachofa *(Cynara scolymus)*, que se come cocida, y aderezada como ensalada. | **no tentarse** alguien **el corazón.** loc. No titubear, obrar con resolución. || **tocar el corazón.** Conmover.

corbata: **corbata de moño.** f. Corbata corta anudada como moño [DRAE: pajarita]. | **llevarse** a alguien **de corbata.** loc. Atropellar al desplazarse rápidamente.

corcholata. f. Tapa de hojalata con revestimiento interior de corcho, que se pone por presión y sirve para proteger o cubrir el extremo abierto de una botella.

cordero de leche. m. Cordero desde que nace hasta el destete (4 a 6 meses) [DRAE: cordero recental].

cordobés, cordobesa. (De *Córdoba*, municipio del estado de Veracruz; la ciudad de Córdoba fue fundada en 1618, por orden del virrey Diego Fernández de *Córdoba.*) 1. adj. Perteneciente o relativo a Córdoba. || 2. m. y f. Nativo o habitante de Córdoba.

corifeo. (Del griego *koryphaíos* 'que dirige; que dirige el coro', de *koryphḗ* 'cumbre; cabeza'.) m. Adulador.

cornar. tr. Dar cornadas [DRAE: acornear, cornear].

corn flakes. (Del inglés *corn flakes*, literalmente = 'escamas de maíz', de *corn* 'maíz' + *flakes* 'escamas'.) m. pl. Hojuelas de maíz tostadas para usarlas como cereal en el desayuno.

cornisa. (De *cornisa*, ciertas partes superiores en arquitectura.) f. Palabras que se repiten en lo alto de las páginas de un libro y contienen el título o, en un diccionario, las palabras definidas en esa página.

corona: **cada quien se pone la corona que se labra.** ref. Uno recoge el fruto de sus obras.

Corpus: **cada Corpus y San Juan.** (Por ser raro que estas fiestas religiosas católicas coincidan en un mismo día.) loc. adv. Muy de tarde en tarde.

corralón. (De *corral* 'sitio cercado y descubierto'.) m. Terreno en que la policía guarda vehículos retirados de lugares de estacionamiento prohibido.

correa: **salir todo de las mismas correas.** loc. Pagar por los regalos que le hacen.

correcaminos. m. sing. Cada una de dos aves veloces *(Geococcyx californianus* y *G. velox).*

correlón, correlona. (De *correr.*) adj., y m. y f. Cobarde, que huye fácilmente.

correr. tr. Despedir, echar fuera (de un trabajo o de un lugar). || **correr es vergonzoso, pero saludable.** ref. Los que huyen no mueren, los valientes, que corren riesgos, sí. Compárese *collón.* | **no corras, que te tropiezas.** ref. Las cosas hechas despacio salen mejor.

correteada. f. Acción o resultado de perseguir corriendo a quien huye.

corretear. (De *correr.*) tr. Perseguir a quien huye.

corretiza. (De *corretear* 'perseguir'.) f. Acción de correr detrás (de alguien) para alcanzarlo. | **no le saco a la corretiza, le saco a la alcanzada.** loc. No temo esto, sino sus consecuencias.

corrido. (Del español *corrido* 'romance cantado'.) m. Poema narrativo popular que se canta o recita.

cortar. tr. Separar, segregar de un grupo. || **cortarla.** loc. Dejar de ser amigo. || **cortarse.** loc. Separarse, apartarse.

cortesiano, cortesiana. (Del apellido de Hernán *Cortés,* 1485-1547, conquistador español.) Perteneciente o relativo a Hernán Cortés.

cortina, o **cortina metálica.** (De *cortina* 'tela que cuelga'.) f. Barrera metálica para que no entren a las tiendas cuando están cerradas.

cortinero. (De *cortina* 'tela que cuelga'.) m. Varilla para cortina.

cortón. (De *cortar* 'separar de un grupo'.) 1. Frase cortante para callar a alguien. || 2. Separación, rompimiento.

coruco. m. Piojillo parasítico de la gallina *(Dermanyssus gallinae).*

corunda. f. Cierto tamal típico del estado de Michoacán, que se sirve con crema y salsa verde o roja.

cosa: **cosa hueca, mucho suena.** ref. 1. Algo que parece importante puede ser insignificante. || 2. Quien habla mucho no dice gran cosa. || **cosa o persona sin pero, no la hay en el mundo entero.** ref. Todos tenemos defectos. | **creerse** alguien **la gran cosa.** Estar envanecido, tener un concepto elevado de sí. Expresión que se usa cuando alguien habla mucho sin decir nada. || **no es cosa de "enchílame otra".** (Porque enchilar una tortilla se puede hacer rápidamente.) loc. No es fácil o rápido de hacer [DRAE: no es buñuelo]. || **quedarse como si tal cosa.** loc. Quedarse muy fresco, como si nada hubiera pasado. || **tres cosas come el poblano: cerdo, cochino y marrano.** loc. fest. En Puebla se come mucho cerdo.

cosalteco, cosalteca. (De *Cosalá,* municipio del estado de Sinaloa.) 1. adj. Perteneciente o relativo a Cosalá. || 2. m. y f. Nativo o habitante de Cosalá.

cosamaloapeño, cosamaloapeña. (De *Cosamaloapan,* municipio del estado de Veracruz, del náhuatl *Cozamaloapan,* literalmente = 'en el río del arco iris', *cozamalotl* 'arco iris' [de *coztli* 'oro' + *amatl* 'papel; amate' + *lotl,* sufijo] + *atl* 'agua' + *-pan* 'lugar'.) 1. adj. Perteneciente o relativo a Cosamaloapan. || 2. m. y f. Nativo o habitante de Cosamaloapan.

coscolino, coscolina. adj., y m. y f. Enamoradizo.

coscomate o **cuescomate** o **cuezcomate.** (Del náhuatl *cuezcomatl.*) m. Troj para guardar maíz.

coscomatepecano, coscomatepecana. (De *Coscomatepec,* municipio del estado de Veracruz, literalmente = 'en el cerro del coscomate', de *coscomate* 'troj' + el náhuatl *tepetl* 'cerro' + *-c* 'lugar'.) 1. adj. Perteneciente o relativo a Coscomatepec. || 2. m. y f. Nativo o habitante de Coscomatepec.

cosijo, cosija. m. y f. Quien ha sido criado como hijo sin serlo.

cosquilludo, cosquilluda. adj. Que siente mucho las cosquillas [DRAE: cosquilloso].

costal: sólo el que carga el costal sabe lo que lleva adentro. ref. Sólo quien obra de cierta manera sabe por qué lo hizo, o sólo la persona afligida sabe cuán grande es su dolor. Compárese *morral*.

costear. intr. Convenir, ser conveniente.

costilla (De *a costa de* 'a expensas de'.): **a costillas de.** loc. A costa de, a expensas de, por cuenta de.

cotinga. (De origen tupí.) f. Cierta ave tropical *(Cotinga amabilis)*.

cotorrear. (De *cotorra* 'papagayo'.) tr. 1. Engañar hablando. || 2. Hablar prolijamente.

cotorreo. (De *cotorrear.)* m. Noticia falsa, mentira.

cotorro, cotorra. (De *cotorra* 'papagayo'.) adj. Bonito, interesante.

cotzito, véase **codzito.**

coyoacanense, o **coyoacano, coyoacana.** (De *Coyoacán*, delegación del Distrito Federal, del náhuatl *Coyoacan*, literalmente = 'lugar de coyotes', de *coyotl* 'coyote' + *-can* 'lugar'.) 1. adj. Perteneciente o relativo a Coyoacán. || 2. com., y m. y f. Nativo o habitante de Coyoacán.

coyol. (Del náhuatl *coyoli*, literalmente = 'cascabel', por la forma del fruto y por la matraca o cascabel que se hace del fruto seco si se sacude.) m. Cierta palmera tropical del género *Acrocomia*, especialmente la *A. vinifera*.

coyota. f. La hembra del **coyote**[1].

coyotaje. m. Ocupación y actividad del **coyote**[2].

coyote[1], **coyota.** (Del náhuatl *coyotl* 'adive, zorra', de *coyonia* 'agujerar'.) m. y f. Lobo pequeño *(Canis latrans)* del oeste de América del Norte.

coyote[2], **coyota.** m. y f. Intermediario ilegítimo de trámites burocráticos.

coyotear. Ejercer la ocupación del **coyote**[2].

coyoteo. m. Acción de coyotear.

coyotería. f. Actividad del **coyote**[2].

coyuqueño, coyuqueña. (De *Coyuca [de Benítez]*, o de *Coyuca [de Catalán]*, municipios del estado de Guerrero.) 1. adj. Perteneciente o relativo a Coyuca. || 2. m. y f. Nativo o habitante de Coyuca.

cozumeleño, cozumeleña. (De *Cozumel*, municipio del estado de Quintana Roo, del maya *Cuzamil*, literalmente = 'lugar de golondrinas', de *cuzam* 'golondrina' + *-il*, sufijo abstractivo.) 1. adj. Perteneciente o relativo a Cozumel. || 2. m. y f. Nativo o habitante de Cozumel.

crayola. (De una marca comercial, inspirado por último por el francés *crayon* 'lápiz', de *craie* 'gis, tiza', del latín *creta* 'gis, tiza'.) f. Barrita o palito de gis o de cera de color que se usa para escribir o dibujar.

credencial. (Del adjetivo *credencial* 'que acredita'.) f. Tarjeta con datos que identifican a la persona cuyo nombre aparece en ella.

creer: **creerse** alguien **mucho,** o simplemente **creerse.** loc. Considerarse muy bueno en algo. || **hay quien cree que ha madrugado, y sale al oscurecer.** Algunos piensan que han hecho cuanto debían hacer, pero han hecho poco. || **no creas.** loc. No creas que no (en expresiones como "Estoy cansado, no creas").

crema: **echarle** alguien **mucha crema a sus tacos.** loc. Hablar muy bien de sí; jactarse, presumir. || **la crema y nata.** loc. Lo mejor, lo más distinguido en sociedad [DRAE: la crema].

cremar. (Derivado regresivo de *crematorio* 'lugar donde queman los cadáveres'.) tr. Incinerar.

crepa. (Del francés *crêpe* 'tarta delgada', de *crêpe* 'tela delgada', del francés antiguo *crespe* 'crespo, rizado', del latín *crispus.)* f. Tarta delgada de masa [DRAE: filloa, crepe].

cresón. (Del francés *cresson.)* m. Cualquiera de varias plantas de los géneros *Lepidium* y *Nasturtium* con hojas algo picantes que se usan en ensaladas.

criada. (De *criado* 'sirviente', de *criar* 'educar (en casa de un rico)'.) f. Mujer empleada en el servicio doméstico.

criatura. (Del español *criatura* 'niño recién nacido'.) f. Niño.

crinolina. (Del francés *crinoline*, del italiano *crinolino*, literalmente = 'crinlino'.) f. Falda rígida y amplia interior hecha de tela de crines de caballo.

cristalazo. m. Acción o resultado de romper un vidrio o cristal (de un automóvil o una tienda) para robar.

cristero, cristera. (De "Viva *Cristo Rey*", uno de los gritos de guerra de los cristeros.) m. y f. Miembro de una insurrección o levantamiento (llamado *la Cristiada)* contra el gobierno, que duró de 1926 a 1929 (principalmente) y en el que participó el clero. El levantamiento se debió a que el gobierno trataba de hacer cumplir ciertos artículos (por ejemplo, 3°, 130) de la Constitución que limitaban el poder del clero.

cristofué. (Porque su canto parece decir *Cristo fue.)* m. Cierta ave mosquera *(Pitangus sulphuratus).*

cruda. (De *cruda suerte* 'suerte cruel o despiadada'.) f. Malestar (dolor de cabeza, náuseas) que siente al despertar quien ingirió en exceso bebidas alcohólicas o usó drogas el día anterior [DRAE: resaca].

crudo, cruda. adj. Que sufre malestar al día siguiente de una borrachera.

cruz de mayo. f. Cierta planta *(Befaria laevis).*

cruza. f. Acción o resultado de cruzar animales para mejorar la especie [DRAE: cruce, cruzamiento].

cu. (Del maya *ku'* 'dios; templo'.) m. Adoratorio de los antiguos mexicanos, en forma de montículo o de pirámide.

¡cuáchala! interj. de asco.

cuaco. m. Caballo.

cuadra. (Del adjetivo femenino *cuadra* 'cuadrada', del latín *quadra* o *quadrum* 'un cuadrado', de la misma familia que *quattuor* 'cuatro'.) f. Distancia que hay de calle a calle a un lado de una manzana de casas.

cuadrado, cuadrada. adj. Fuerte, de vigor muscular, y de aspecto físico fuerte.

cuadradote. m. Muy fuerte.

cuadrangular. (Del adjetivo *cuadrangu-lar·*'que tiene cuatro ángulos', del latín *quadrangulus* 'que tiene cuatro ángulos', de *quadri-* 'cuatro' [de la misma familia que *quattuor* 'cuatro'] + *angulus* 'ángulo'.) m. En beisbol, golpe dado por el bateador, que le permite hacer un circuito completo de las bases y apuntar una carrera.

cuadrilla. (Del adjetivo femenino *cuadra* 'cuadrada', del latín *quadra* [véase **cuadra**].) f. Cierto baile, generalmente de cuatro parejas.

cuadritos: **hacer** a alguien **la vida de cuadritos** o **hacérsela** a alguien **de cuadritos.** loc. Hacerle la vida difícil o complicada.

cuajimalpeño, cuajimalpeña. (De *Cuajimalpa*, población del estado de Tabasco, y otras, del náhuatl *Cuauhximalpa*, literalmente = 'en el astillero (lugar en que se corta leña)', de *cuauhximalli* 'astillas de madera' [de *cuahuitl* 'madera' + *ximalli* 'astillas'] + *-pa* 'lugar'.) 1. adj. Perteneciente o relativo a Cuajimalpa. || 2. m. y f. Nativo o habitante de Cuajimalpa.

cuajinicuil. (Del náhuatl *cuauhxonecuilli*, de *cuahuitl* 'árbol' + *xonecuilli* 'pie torcido', de *xotl* [también *icxitl*] 'pie' + *cuil-, col-* 'doblar'.) m. Cierto árbol del género *Inga*, y su vaina (también llamada *jinicuil* o *jaquinicuil)* que contiene semillas envueltas en una pulpa comestible.

cuamil. (De origen nahua; en esta palabra *-mil* es 'terreno, milpa'.) m. Tierra sembrada, sementera.

cuamúchil, véase **guamúchil.**

cuanacaste, véase **guanacaste.**

cuarenta y uno. (Porque al principio del siglo xx fueron sorprendidos cuarenta y un supuestos homosexuales por la policía de la ciudad de México, y enviados a una colonia penal en Yucatán.) m. Afeminado.

cuaresmeño, véase **chile cuaresmeño.**

cuarta. f. Látigo corto para las caballerías.

cuartazo. m. 1. Golpe dado con la cuarta o látigo. || 2. Caída violenta.

cuarteadura. f. Acción o resultado de cuartearse [DRAE: cuarteamiento].

cuarto: **qué...** [algo] **ni qué ocho cuar-**

tos. exclam. de incredulidad o de rechazo. Compárese *ojo*: ¡ni qué ojo de hacha!

cuatacho, cuatacha. (De *cuate.*) m. y f. Gran amigo.

cuate, cuata. (Del náhuatl *coatl* 'serpiente, culebra; gemelo'.) 1. Amigo. || 2. Gemelo, mellizo.

cuatrapeado, cuatrapeada. (Inspirado por el español *cuatropea* 'bestia de cuatro pies', del latín *[animalia] quadrupedia.*) adj. Mal acomodado, no colocado en orden.

cuatrapear. tr. Colocar mal. || cuatrapearse. 1. Estropearse, deteriorarse. || 2. Confundirse, enredarse.

cuatro: (quedarse) de a cuatro. loc. Confuso, sorprendido, asombrado, maravillado. Compárese *cinco, ocho, seis.* || hacer un cuatro. loc. Hacer un engaño, una trampa. || meter las cuatro. loc. Cometer un error grave.

cuatrojos. (De *cuatro ojos.*) m. sing. Quien usa anteojos.

cuatromilpas. (Transformación festiva de cuatrojos.) m. sing. Quien usa anteojos.

cuatronarices. (Traducción del náhuatl *nauyaca;* véase.) f. sing. Nauyaca.

cuauhnahuacense. (Del náhuatl *Cuauhnahuac*, literalmente = 'cerca de los árboles' o 'junto al bosque', de *cuahuitl* 'árbol' + *nahuac* 'cerca de'.) com. Cuernavaquense, de Cuernavaca.

cuauhtemoqueño, cuauhtemoqueña. (De *[Ciudad] Cuauhtémoc*, población del estado de Chiapas, de *Cuauhtémoc*, rey de Tenochtitlán (siglo XVI), del náhuatl *Cuauhtemoc*, literalmente = 'águila que cae', de *cuautli* 'águila' + *temo* 'bajar, caer' + *-c*, adjetivo.) 1. adj. Perteneciente o relativo a Ciudad Cuauhtémoc. || 2. m. y f. Nativo o habitante de Ciudad Cuauhtémoc.

cuautepecano, cuatepecana. (De *Cuautepec*, nombre de municipios de los estados de Guerrero y de Hidalgo, del náhuatl *Cuauhtepec*, literalmente = 'en el cerro de árboles', de *cuahuitl* 'árbol' + *tepetl* 'cerro' + *-c* 'en'.) 1. adj. Perteneciente o relativo a Cuautepec. || 2. m. y f. Nativo o habitante de Cuautepec.

cuautitlense, com., o cuautitleño, cuautitleña, o cuautiteco, cuautiteca, o cuautitleco, cuautitleca. (De *Cuautitlán*, nombre de municipios de los estados de Jalisco y México, del náhuatl *Cuauhtitlan*, literalmente = 'entre árboles', de *cuahuitl* 'árbol' + *-titlan* 'entre'.) 1. adj. Perteneciente o relativo a Cuautitlán. || 2. com., y m. y f. Nativo o habitante de Cuautitlán.

cuauzontle, véase huauzontle.

cuaxinicuil, véase cuajinicuil.

cuba. (De *cubalibre* o *Cuba libre*, que originalmente era una bebida de agua con azúcar o con miel, que tomaban los insurgentes durante la Guerra de la Independencia cubana, hacia 1895-1898.) f. Bebida de ron, jugo de limón y un refresco de cola (semilla de cierto árbol del género *Cola*).

cubeta. (De *cuba* 'recipiente', del latín *cupa* 'barril'.) f. Cubo, balde, recipiente de figura de cono truncado, con asa y fondo.

cubetada. f. La cantidad que una cubeta contiene.

cubetazo. m. La cantidad que se echa con una cubeta.

cubo: como los cubos de noria: unos suben y otros bajan. ref. En la vida, lo bueno y lo malo (las venturas y las desventuras) se alternan.

cubo del zaguán. (De *cubo*, figura geométrica 'sólido limitado por seis cuadrados iguales', del latín *cubus*, del griego *kýbos* 'dado, cubo'.) m. Parte techada del zaguán.

cuchara, o cuchara de albañil. f. Llana de los albañiles, herramienta compuesta de una plancha de metal y una manija que usan los albañiles para allanar el yeso. | despacharse (o servirse) alguien con la cuchara grande. loc. Adjudicarse la mejor parte en una distribución [DRAE: despacharse con el cucharón].

cucharada: pasársele a alguien las cucharadas. loc. Beber con exceso hasta emborracharse.

cucharita. f. Cuchara pequeña [DRAE: cucharilla].

cuchillero, cuchillera. m. y f. Persona cuya arma predilecta es el cuchillo.

cuchillito: **cuchillito de palo.** m. Quien molesta mucho, con impertinencia, latoso. || **cuchillito de palo no corta, pero incomoda.** ref. Quien molesta no hiere pero da lata. | **estar** alguien **con su cuchillito de palo.** loc. Molestar, dar lata.

cuchito. m. (En Yucatán) berenjena.

cucho, cucha. m. y f. Persona nacida con malformaciones nasobucales o en las extremidades.

cucú. (Del francés *coucou*, del latín *cuculus*, basado en la onomatopeya de su canto.) m. Cuclillo, cualquier ave del orden Cuculiformes.

cuelga. (Del español *cuelga* 'regalo de cumpleaños'.) f. Regalo que se da en alguna ocasión feliz.

cuello: **con el agua al cuello.** loc. En dificultades (principalmente económicas).

cuenta: **¿a cuenta de qué?** loc. ¿Por qué razón? || **ajustarle a alguien las cuentas.** loc. Reprenderlo o castigarlo. || **cuentas claras, amistades largas.** ref. De cuentas mal hechas vienen pleitos [DRAE 1956: cuenta y razón conserva amistad]. || **las cuentas claras y el chocolate espeso** (o **las cuentas claras, el chocolate espeso**). refs. en que se comparan las cuentas mal hechas con un mal chocolate. También se pueden interpretar así: hay que hablar con sinceridad y sin rodeos, ser diáfano en ideas, expresión y acciones.

cuentachiles. m. sing. Persona que se ocupa de pequeñeces, de asuntos insignificantes, que vigila mezquinamente la administración del dinero.

cuento: **hacerle al cuento.** loc. entretener con dilaciones por querer ocultar cierta realidad. || **ir(le)** a alguien **con el cuento.** loc. Llevarle chismes.

cueras. f. pl. Pantalones de cuero.

cuerazo. (De *cuero* 'hermoso'.) m. Mujer hermosa. | **ser** alguien **un cuerazo.** loc. Ser hermoso.

cuerda, o **cuerda de leña.** f. Medida de espesor para leña, de tres pies de largo por tres de altura.

cuereada. (De *cuerear*.) f. Zurra de azotes.

cuerear. tr. Azotar.

cuerito[1]. m. Ate de fruta, prensado y enrollado.

cuerito[2] (De *cuero* 'mujer hermosa'.): **ser un cuerito.** loc. Ser hermoso.

cueriza. f. Zurra de azotes.

cuernavaquense. (De *Cuernavaca*, capital del estado de Morelos, del náhuatl *Cuauhnahuac*, literalmente = 'cerca de los árboles' o 'junto al bosque', de *cuahuitl* 'árbol' + *nahuac* 'cerca de'.) 1. adj. Perteneciente o relativo a Cuernavaca. || 2. com. Nativo o habitante de Cuernavaca.

cuernito, o **cuerno,** o **cuerno de mantequilla.** (De *cuernos* [de animal], por parecido de forma.) m. Cierto pan dulce en forma de media luna.

cuerno: **¡cuernos!** loc. Manera intensiva de decir que no. | **poner (los) cuernos.** loc. Ser infiel.

cuero[1]. m. Mujer hermosa; sinónimo: mango. || **ser** alguien **un cuero.** loc. Ser hermoso.

cuero[2] (De *cuero* 'piel, pellejo'.): **arriesgar el cuero.** loc. Arriesgar la vida.

cuerpazo. m. Cuerpo hermoso.

cuerpo: **enchinarse el cuerpo.** loc. Ponerse carne de gallina, acobardarse. || **sacarle el cuerpo** a algo. loc. Evadirlo, huir.

cuescomate, véase **coscomate.**

cuete. (Posiblemente de *cohete*.) 1. m. Borrachera. || 2. adj. Borracho. | **medio cuete.** adj. Medio borracho. || **ponerse un cuete.** loc. Emborracharse. || **traer** alguien **un gran cuete.** loc. Estar muy borracho.

cuetero, cuetera. (De *cohetero*.) Fabricante de cohetes.

cuezcomate, véase **coscomate.**

cuica. f. Canica.

cuicacoche o **cuitlacoche.** (El primer elemento es el náhuatl *cuicatl* 'canto, canción', de *cuica* 'cantar'.) m. Cierta ave del género *Toxostoma*.

cuicateco, cuicateca. (De *[San Juan Bautista] Cuicatlán*, municipio del estado de Oaxaca, del náhuatl, literalmente = 'lugar de canto', de *cuica* 'cantar' + *-tlan* 'lugar'.) 1. adj. Perteneciente o relativo a Cuicatlán. || 2. m. y f. Nativo o habitante de Cuicatlán.

cuico. (Del náhuatl *cuica* 'cantar' porque los guardas nocturnos anunciaban gritando las horas de la noche y el estado del tiempo.) m. Agente de policía.

cuidador, cuidadora. m. y f. Voluntario que cuida los automóviles estacionados.

cuija. (Quizá del náhuatl *cohuixin.*) f. Cierta lagartija pequeña.

cuije. (Del náhuatl *cuixin.*) m. Aguililla del género *Asturina.*

cuilapeño, cuilapeña. (De *Cuilapan [de Guerrero]*, municipio del estado de Oaxaca.) 1. adj. Perteneciente o relativo a Cuilapan. || 2. m. y f. Nativo o habitante de Cuilapan.

cuilote o **huilote.** (Del náhuatl *cuilotl* 'palo, vara'.) m. Vara seca que se emplea como armazón para techar chozas.

cuina. (Del inglés *queen* 'reina', que se pronuncia /cuiin/.) f. Reina de la baraja francesa e inglesa.

cuino, cuina. m. y f. Cerdo.

cuiri. (Del tarasco *kuirísi.*) m. Pato.

cuitlacoche¹ (hongo), véase **huitlacoche.**

cuitlacoche² (ave), véase **cuicacoche.**

cuitlateca, com., o **cuitlateco, cuitlateca.** m. y f. Miembro de un grupo indígena de los estados de Guerrero y Michoacán.

cuitzeño, cuitzeña. (De *Cuitzeo*, municipio del estado de Michoacán, probablemente de origen tarasco.) 1. adj. Perteneciente o relativo a Cuitzeo. || 2. m. y f. Nativo o habitante de Cuitzeo.

cuja. (Del español *cuja* 'bolsa de cuero asida a la silla del caballo'.) f. Abrigo de un fardo.

culebra de agua. f. Manga, tromba, columna de agua que se eleva desde el mar o desde un lago, por efecto de un torbellino de viento.

culero, culera. adj. Miedoso, cobarde. Es voz malsonante.

culhua, véase **acolhua.**

culiacanense. (De *Culiacán*, capital del estado de Sinaloa, del náhuatl *Culuacan*, quizá = 'lugar de los que tienen a Coltzin', de *Col-*, el dios *Coltzin* [literalmente = 'torcido' (de *col-* 'doblar; curva') + *-tzin*, reverencial] + *hua* 'que

tienen' + *-can* 'lugar'; la villa de San Miguel de Culiacán fue fundada en 1533.) 1. adj. Perteneciente o relativo a Culiacán. || 2. m. y f. Nativo o habitante de Culiacán.

culichi. adj., y m. y f. coloq. De Culiacán.

culpa: no tiene la culpa el pulque, sino el briago que lo bebe. ref. de sentido claro. Compárese *cocinera* (cuando...).

cumbancha. f. Juerga, parranda, diversión bulliciosa.

cupo. m. Capacidad o posibilidad de contener [DRAE: cabida].

curado. m. Pulque curado (o sea preparado con azúcar y jugo de alguna fruta o verdura). Por ejemplo: **curado de alfalfa, almendra, apio, cacao, fresa, guayaba, limón, naranja, piña, plátano, tuna.**

curar. tr. (De pulque) preparar con azúcar y jugo de alguna fruta o verdura.

curso (Del latín *cursus* 'carrera', de *cursus*, participio pasivo de *currere* 'correr'.) **en curso.** loc. (De una semana, un mes, un año) que está transcurriendo.

curul. (De *silla curul*, silla de marfil en donde se sentaban los ediles romanos, del latín *sella curulis.*) f. Silla de senador o de diputado.

curva: agarrar a alguien **en curva.** (Del hecho de que es más difícil conducir un vehículo automóvil en las curvas que en las rectas.) loc. Sorprenderlo cuando estaba descuidado, en un mal momento.

cuscús. m. Miedo. Se usa en oraciones como "se te hace cuscús" = 'te da miedo', "se le hizo cuscús" = 'tuvo miedo'.

cutis de colegiala. (De una frase publicitaria para un jabón.) m. fest. irón. Cacarañado, lleno de hoyos en el rostro.

cuyo. m. Conejillo de Indias, cobayo. (género: *Cavia*).

cuyuteco, cuyuteca. (De *Cuyutlán*, nombre de poblaciones en los estados de Colima y Jalisco.) 1. adj. Perteneciente o relativo a Cuyutlán. || 2. m. y f. Nativo o habitante de Cuyutlán.

dado: **bien dado.** loc. adj. Vigoroso, fuerte.

daguerreotipo. (Del francés *daguerréotype*, de *[L. J. M.] Daguerre*, 1789-1851, pintor e inventor francés.) m. Fotografía producida sobre una placa plateada [DRAE: daguerrotipo].

damasquina. f. Cierta planta *(Tagetes patula)*, y su flor.

damiana. f. Planta *(Turnera diffusa)* cuyas hojas se usaban como tónico y afrodisíaco.

danza: **danza de los huehuenches** o **danza de los güegüenches.** (Para la etimología, véase **huehuenche.**) f. Baile en que los danzantes usan máscara de animal o de viejo. || **danza de los viejitos.** f. Baile en que los danzantes usan máscara de viejos, bastón, y adoptan una posición como si estuvieran encorvados, doblados por la edad. || **danza del venado.** f. Baile yaqui (estado de Sonora) en que uno de los danzantes lleva sobre la cabeza una cornamenta o cabeza disecada de venado. || **danza del volador.** f. Baile en que se levanta en una plaza un árbol desnudo de ramas poniéndole arriba un marco giratorio de madera del que penden cuatro cuerdas. Los danzantes, vestidos de caballeros águila trepan hasta lo más alto, se atan los pies (o el pie derecho) cada uno en la extremidad de una cuerda, y van bajando, de cabeza, mientras las cuerdas se desenrollan hasta haber dado cada danzante 13 vueltas (13 porque 4 x 13 = 52, y de 52 años consistía el período cíclico o "siglo" de los mexicanos antiguos).

dar: **darse.** loc. Darse por vencido, rendirse, reconocer estar derrotado. || **darse** alguien **por bien servido.** loc. Recibir algo sin considerarse obligado a corresponder. || **dársela de.** loc. Echárselas de, presumir de (alguna cualidad). | **a todo dar.** loc. adj. y adv. Muy bueno; muy bien. Compárese *madre.* || **dale y dale.** loc. que se usa cuando alguien se obstina en repetir algo que dijo o que hizo. || **dando y dando.** loc. Dar y recibir simultáneamente. || **¡qué más da!** loc. No importa. || **dar duro.** loc. 1. Pegar recio. || 2. Acometer con brío.

dealtiro, deatiro, véase **tiro.**

deberla. loc. Tener culpa pendiente de castigo.

debido, debida. adj. Justo, razonable.

debilucho, debilucha. adj., y m. y f. Algo débil.

debis: **de a debis,** véase **devis.**

debitar. tr. Cargar en el debe (en una cuenta), inscribir como débito.

decembrino, decembrina. (Del latín *decembr-*, tema de *decembris* 'diciembre', literalmente = '[el] décimo [mes]', de *decem* 'diez', porque el año romano antiguo, hasta 153 a.C. aproximadamente, empezaba en marzo.) adj. Relativo a diciembre.

decena. (Del latín *decena*, neutro de *deceni* 'de diez en diez', de *decem* 'diez'.) f. Conjunto de 10 días (La *Decena Trágica* es un período de combates en las calles de la ciudad de México, del 10 al 20 de febrero de 1913).

decididor, decididora. adj., y m. y f. Que toma las decisiones.

decir: **di tú plimelo.** loc. fest. Emite tu opinión antes. Se dice que durante la Revolución mexicana un chino usó esta expresión, porque dos veces antes al cruzar las líneas se equivocó sobre cuál era el bando o facción que lo interrogaba. || **fácil es decir, lo difícil**

es hacer. ref. de significado claro. ‖
no digo. loc. 1. Ciertamente. ‖ 2. Lo
que niegas sí sucedió. ‖ **¿no te digo?**
loc. (Yo) lo sospechaba, lo preveía. ‖
que diga. loc. Es decir, esto es, co-
rrección.

declaratoria. f. Declaración pública.

dedazo. (De *dedo.*) m. Designación de
un candidato a un puesto público,
de parte del poder ejecutivo, sin las
formalidades de rigor.

dedo: no quitar el dedo del renglón.
loc. Insistir en un propósito.

defeccionar. intr. Cometer defección,
separarse de la causa a que perte-
necía.

defensa. (De *defensa* 'instrumento para
defenderse'.) f. Tope o barra saliente
que los automóviles tienen atrás y
adelante para evitar daño en los cho-
ques [DRAE: parachoques].

defeño, defeña. (De *de efe*, pronunciación de *D. F.*, abreviatura de *Distrito
Federal.*) 1. adj. coloquial. Perteneciente o relativo al Distrito Federal. ‖
2. m. y f. Nativo o habitante del Distrito Federal.

degenere. (De *degenerar* 'decaer'.) m.
Deterioro, decaimiento.

degollado. m. Cierta ave *(Pheucticus
ludovicianus).*

dejada. f. Viaje en vehículo, especialmente taxi.

dejar: dejar a alguien **colgado.** loc.
Dejar plantado, abandonar. ‖ **dejar** a
alguien **con los ojos cuadrados,** o
dejar a alguien **cuadrado.** locs. Im-
presionarlo. ‖ **dejar** a alguien **encampanado.** loc. Abandonarlo, dejándolo
comprometido en un peligro o un mal
negocio [DRAE: dejar a uno en la es-
tacada]. ‖ **dejarse.** loc. Dejarse dominar, someterse. ‖ **dejarse querer.**
loc. Dejarse consentir o mimar. | **no
dejarse.** loc. No dejarse dominar, no
someterse. ‖ **no dejes para mañana
lo que puedas hacer hoy.** ref. de sentido claro. ‖ **por no dejar.** loc. Por
cortesía.

delegación. f. 1. Circunscripción política y administrativa dentro de una ciudad. ‖ 2. Edificio que ocupan las auto-
ridades de dicha circunscripción.

delegado, delegada. m. y f. Funcionario que administra una delegación
(primera acepción).

demasiado. (Del español *demasiado*
'más de lo debido, más de lo deseado,
excesivamente, tanto que es lamenta-
ble'.) adv. Mucho. ‖ **demasiado, demasiada.** adj. Mucho.

demeritar. (Del español *demérito*
'acción por la cual se desmerece'.) tr.
Empañar, quitar mérito.

demonial: un demonial. m. Gran cantidad, mucho.

demonio (De *demonio* 'diablo'.): **el que
demonios da, diablos recibe.** ref.
Quien hace sufrir, sufrirá. ‖ **mandar** a
alguien **al demonio.** loc. Maldecirlo.

demontres. interj. ¡Demonios!

deoquis, véase **oquis.**

departamento. m. Apartamento, cada
una de las partes (de uno o varios
cuartos, con cocina y baño) en que se
divide un edificio.

derechismo. (De *la derecha* 'los conservadores', porque en ciertos países los
miembros más conservadores de una
cámara legislativa ocupan asientos
situados a la derecha de quien la pre-
side.) m. Principios y doctrinas de los
derechistas, de los conservadores.

derecho: no hay derecho. loc. Es un
abuso, se excedieron. Se usa para que-
jarse de lo que se considera una injus-
ticia o un desmán.

derrame de bilis. m. 1. Ictericia (acumulación de pigmentos biliares en la
sangre). ‖ 2. Angiocolitis (inflamación
de los conductos biliares). ‖ 3. Colecisti-
tis (inflamación de la vesícula biliar).

derrengado, derrengada. (De *derren-
gar* 'descaderar', del latín vulgar *dere-
nicare* 'lesionar los riñones', del latín
renes 'riñones'.) adj. (De un cuadrúpe-
do) paralizado de las extremidades
posteriores.

derrumbar. (De *derrumbar* 'despeñar',
del latín vulgar *derupare* 'despeñar',
del latín *rupes* 'roca, precipicio'.) tr.
Echar abajo un edificio.

derrumbe. m. Acción o resultado de
venirse al suelo un edificio.

desacomedido, desacomedida. adj.
Poco servicial.

69

desacomodar. tr. Desarreglar, poner en desorden.

desafío. (De *desafiar* 'retar a un combate', de *des-* + el antiguo *afiar* 'dar palabra de no hacer daño', de *a-* + *fiar* 'asegurar que se cumplirá', del latín vulgar *fidare*, del latín *fidere* 'confiar'.) m. Tarea o problema que estimula por difícil, reto.

desarmador. m. Instrumento que sirve para hacer girar tornillos, destornillador.

desatorar. tr. Desatascar, desobstruir.

desayunador. m. Pieza con mesa y sillas, cercana a la cocina, en que se toman comidas ligeras.

desazolvar. tr. Quitar lo que azolva o ciega un conducto.

desazolve. m. Acción o resultado de desazolvar.

desbalagado, desbalagada. adj. Disperso.

desbalagar. (De *des-* + *bálago* 'paja de los cereales'.) tr. Dispersar, esparcir.

desbarrancadero. m. Despeñadero, precipicio.

desbarrancar. tr. Arrojar a un barranco. || **desbarrancarse.** Caer en un barranco.

descamisado, descamisada. (De *des-* 'sin; no' + *camisa.)* m. y f. Republicano ardiente en la época de la Revolución francesa (1789-1799).

descarapelado, descarapelada. adj. Descascarado, resquebrajado.

descarapelar. tr. Descascarar, resquebrajar. || **descarapelarse.** Descascararse, resquebrajarse.

descarrilarse. prnl. (De un tren) salir del carril.

deschavetado, deschavetada. adj. Que ha perdido la chaveta, que ha perdido el juicio, que está loco.

deschavetar. tr. Hacer perder el juicio. || **deschavetarse.** Perder el juicio.

desclochar. tr. Estropear el clutch o embrague, de modo que ya no conecta el motor con las ruedas.

descomponer. tr. Averiar, estropear, deteriorar.

descompostura. f. Acción o resultado de descomponer (estropear) [DRAE: avería].

descompuesto, descompuesta. adj. Averiado, estropeado, deteriorado.

desconchabado, desconchabada, o **desconchavado, desconchavada.** adj. Descompuesto, descoyuntado.

desconchabar. (De *des-* 'hacer lo contrario de' + *conchabar* 'unir', del latín *conclavari* 'acomodarse en una habitación', de *conclave* 'habitación reservada, que se puede cerrar con llave', de *con-* + *clavis* 'llave'.) tr. Descomponer, descoyuntar. || **desconchabarse.** Descomponerse, descoyuntarse.

desconchinflado, desconchinflada. adj. Estropeado, averiado, deteriorado.

desconchinflar. tr. Estropear, averiar, deteriorar. || **desconchinflarse.** Estropearse, averiarse, deteriorarse.

desconfianza: bajo la desconfianza, vive la seguridad. ref. Quien desconfía puede sentirse seguro.

descuacharrangado, descuacharrangada. adj. Desvencijado, desunido [DRAE: descuajaringado].

descuido: en un descuido. loc. Es de temerse (que suceda).

desdén olímpico. (De *Olimpo*, montaña de Tesalia donde se consideraba que residían los dioses principales de la Grecia antigua.) m. Gran indiferencia.

dese, desa. (De *de* + *ése, ésa.)* m. y f. Algo cuyo nombre se desconoce o se ha olvidado.

desechar. tr. Tirar, deshacerse de.

desembarcar. intr. Salir de una aeronave.

desembarque. m. Acción o resultado de salir de una aeronave.

desempacar. tr. Sacar de una maleta la ropa y otros objetos.

desenchilarse. Tomar alguna medida (por ejemplo echarse sal a la lengua) para reducir el picor o escozor debido al chile.

desengrapar. tr. Quitar las grapas.

desenraizar. tr. Arrancar de raíz (un árbol o una planta), desarraigar.

desfanatizar. tr. Combatir el fanatismo (perspectiva o actitud apasionada de quien defiende ciegamente ideas políticas o religiosas, sin considerarlas críticamente).

desfiguro. m. Algo ridículo.

desgarriate o desgarreate. m. Desorden, revoltijo.

desgracia: caer en desgracia. loc. Perder el favor. || de que la desgracia llega, se trae a sus cuatitas (= 'gemelas, mellizas; amigas'). ref. Una desgracia no viene sola, trae consigo otras desdichas.

desgraciadez. f. Acción propia de alguien perverso.

desgraciado, desgraciada. adj., y m. y f. Perverso, infeliz. Se usa como insulto.

desguanzado, desguanzada. (Del español desguazado 'desbaratado'.) adj. Sin fuerza ni vigor.

desgusanar. tr. Quitar al ganado los gusanos, destruirlos.

deshierbar o desyerbar. tr. Quitar las hierbas perjudiciales [DRAE: desherbar].

deshierbe o desyerbe. m. Acción o resultado de quitar las hierbas perjudiciales [DRAE: desyerba, escarda].

deshilachado, deshilachada. adj. Raído.

desinfestar. tr. Librar de animalitos (insectos o roedores).

desinflamatorio, desinflamatoria. adj. Que quita la inflamación.

desinterés. m. Indiferencia, apatía, falta de interés.

deslavar. tr. Desmoronarse la tierra de un cerro debido a la lluvia.

deslave. m. Tierra que cae de un cerro debido a la lluvia, desmoronamiento.

desmadrar. tr. Lastimar físicamente. || desmadrarse. Lastimarse. Son voces malsonantes.

desmadre. m. Desorden, desorganización, lío. Es voz malsonante.

desmañanado, desmañanada. adj. Molesto por haber madrugado mucho.

desmañanarse. Madrugar mucho.

desmuelado, desmuelada. adj. Que ha perdido las muelas [DRAE: desmolado].

desobligado, desobligada. adj. Irresponsable con sus obligaciones familiares.

desocupado, desocupada. adj. Desempleado, sin trabajo.

despapaye. m. Desorden, confusión.

desparramar. (De desparramar 'esparcir', de un cruce entre derramar y esparcir.) tr. Divulgar (una noticia).

despedida: decirle a alguien hasta la despedida. loc. Insultarlo copiosamente, injuriarlo hasta no encontrar ya palabras para ofender.

despellejada. f. Acción o resultado de despellejarse o perder parte de la piel por haber estado expuesto demasiado tiempo a la luz del sol.

despelucar. tr. Desplumar, dejar sin dinero.

despepitadora. f. Máquina para quitar las pepitas (por ejemplo, del algodón).

despistada. f. Desorientación, distracción, despiste.

despistolización. f. Acción del gobierno para que nadie posea pistolas ni otras armas de fuego.

desplumadero. m. Casa de juego u otro lugar donde despluman o dejan sin dinero.

despostillar. tr. Quitar parte del canto de un objeto [DRAE: desportillar]. || despostillarse. Perder parte del canto o borde [DRAE: desportillarse].

desprestigiado, desprestigiada. adj. Que ha perdido el prestigio, la estimación.

despulpadora. f. (En el beneficio del café) máquina que separa la pulpa de la cáscara.

despuntado, despuntada. (De despuntar 'quitar o gastar la punta'.) adj. (De un caballo) que tiene una anca más alta que la otra [DRAE: lunanco].

desrielar. tr. 1. Descarrilar. || 2. Quitar los rieles de una vía férrea.

destanteada. f. Desorientación, despiste.

destanteado, destanteada. adj. Desorientado, despistado.

destantear. tr. Desorientar, despistar. || destantearse. Desorientarse, despistarse.

destapador. m. Utensilio que sirve para abrir botellas de tapa metálica.

destapar. tr. Dar a conocer el nombre del tapado (candidato político cuyo nombre se mantenía en secreto). || destaparse. Informar que se es candidato a un puesto público.

71

destape. m. Acción o resultado de destapar (dar a conocer un candidato).

destartalado, destartalada. (Del español *destartalado* 'desproporcionado'.) adj. Desprovisto de lo necesario.

destemplar. (De *destemplar* 'producir malestar físico; alterar la armonía', de *des-* 'hacer lo contrario de' + *templar* 'suavizar la fuerza', del latín *temperare* 'moderar'.) tr. Producir malestar físico (en los dientes). || **destemplarse.** Experimentar una sensación desagradable en los dientes al comer sustancias agrias u oír ciertos ruidos desapacibles, sentir dentera. Compárese *diente*.

destripar. (De *destripar* 'sacar las tripas'.) intr. Interrumpir los estudios.

destróyer. (Del inglés *destroyer*, literalmente = 'destructor', de *destroy* 'destruir'.) m. Buque de guerra pequeño y rápido.

desvelada. f. Acción o resultado de no haber podido dormir, de haberse quedado despierto por más tiempo que lo acostumbrado.

desvelado, desvelada. (De *desvelar* 'no dejar dormir', del latín *dis-* + *evigilare* 'despertarse'.) adj. Que no ha podido dormir, que quedó despierto por más tiempo de lo acostumbrado y se siente mal por ello.

desvenar. tr. Quitar las venas (de los chiles, para que piquen menos).

desviejadero. m. Hecho de que mueran muchos viejos. Compárese *enero*.

desviejar. tr. Matar a viejos.

desvinculación. f. Acción o resultado de desvincular (deshacer un vínculo).

desvincular. tr. Deshacer un vínculo o lazo material o moral.

desyerbe, véase **deshierbe.**

detalle: **ahí está el detalle.** loc. Ése es el punto en que se estriba la dificultad del asunto de que se trata. || **mi detalle.** loc. Mi novia.

deuda: **de las deudas, lo mejor es no tenerlas.** ref. No hay que comprar a crédito ni pedir prestado.

devanarse los sesos. (De *devanar* 'dar vueltas a un hilo alrededor de un eje', del latín vulgar *depanare*, de *panus* 'hilo, ovillo'.) loc. Hacer un esfuerzo mental por resolver un problema práctico.

deveras: **de a deveras,** véase **veras.**

devis (De *de a deveras* 'con verdad'.): **de a devis, de a debis.** loc. 1. Con verdad, en serio. || 2. (De un juego) con apuestas. Antónimo: de a mentis.

devolverse. Volverse, dar la vuelta.

día: **día de manteles largos.** m. Día en que se tienen invitados a los que se trata con esplendidez. || **día de muertos.** m. Día de la conmemoración de los difuntos (2 de noviembre). || **día de tianguis,** véase **tianguis.** | **bañarse cada día de San Juan.** loc. Bañarse poco. || **día a día.** loc. Cada día. || **ser el día de su santo.** loc. Ser el día en que se conmemora un santo del mismo nombre que la persona de que se trata, ser el día onomástico.

diablada. f. Diablura, travesura.

diablito. m. 1. Aparato usado para robar corriente de las líneas eléctricas de la calle. || 2. Carretilla de mano sin cajón.

diablo¹. m. Diablito 1 (aparato).

diablo²: **¡al diablo!** exclam. imprecatoria. || **císcalo, císcalo, diablo panzón.** loc. que se usa para tratar de que alguien pierda la concentración y se equivoque. || **el diablo metió la cola.** loc. Algo sucedió mal. || **el que da y quita, con el diablo se desquita.** ref. Si alguien quita algo que él regaló, le va a ir mal. || **estar** alguien **que se lo lleva el diablo.** loc. Estar enojado, molesto, airado. || **hecho un diablo.** loc. Enojado, molesto, airado. || **llevárselo** a alguien **el diablo.** exclam. imprecatoria. || **mandar** a alguien **al diablo.** loc. Maldecirlo. || **¡me lleva el diablo!** exclam. de alguien que está enojado. || **¿por dónde diablos...?** exclam. imprecatoria. || **¡que se lo lleve el diablo!** loc. Maldito sea. || **sepa el diablo.** loc. No sé.

dialtiro, véase **tiro.**

diamante. m. 1. Parte interior de un campo de beisbol. (Traducción del inglés *diamond*, literalmente = 'rombo', de *diamond* 'diamante (piedra preciosa)', por una de las formas en que se acostumbra labrarla.) || 2. Instrumento para cortar vidrio, cuya punta es de diamante (carbono cristalino).

diana: diana, diana, con chin chin. (De *diana* 'toque militar; toque militar del alba' [también se toca en honor de un torero o de un artista], del italiano *diana* 'toque del alba; Venus (planeta que se ve al amanecer y al anochecer)', de *dì* 'día'.) loc. Sonsonete o tonillo irónico que algunos usan con quien no ha conseguido algo que deseaba.

diantres. (De *diablo.)* interj. Diablos.

diatiro, véase **tiro.**

díceres. m. pl. Rumores, habladurías, murmuraciones.

dicho: del dicho al hecho, hay mucho trecho. ref. de significado claro.

didactismo. m. Didáctica, arte de enseñar, sistema de enseñanza.

dientazo. m. Mordedura con un diente.

diente: dientes destemplados. m. pl. Que sufren dentera, que tienen una sensación desagradable al comer sustancias agrias. | **buen diente.** m. Gran comedor. || **de buen diente.** loc. Gran comedor. || **de dientes para afuera,** o **de dientes para fuera.** loc. Con falta de sinceridad [DRAE: de dientes afuera]. || **destemplarse los dientes.** loc. Sufrir dentera, llegar a tener una sensación desagradable al comer sustancias agrias. Compárese **destemplarse.** || **pelar el diente.** loc. Sonreír mucho por coquetería o por adulación. || **pelar los dientes.** loc. 1. Encoger el labio superior enseñando los dientes ostensiblemente. || 2. Reír o sonreír por coquetería.

dientón, dientona. adj., y m. y f. Dentudo, dentón, que tiene dientes desproporcionados y salientes.

diesel. (De Rudolf *Diesel,* 1858-1913, ingeniero mecánico alemán.) Combustible para un motor (también llamado *diesel)* en que se comprime aire a una temperatura suficientemente alta para que se prenda (el combustible).

dieta: más cura la dieta que la lanceta, o **más provechosa es la dieta que la costosa receta.** refs. El régimen de vida, y especialmente de comida, ayuda a estar en buena salud.

diezmillo. m. Capa muscular que se extiende entre las costillas y el lomo, solomillo.

dilatar. (De *dilatar,* transitivo, 'retardar, hacer que algo ocupe más tiempo', de *dilatar* 'hacer que algo ocupe más lugar'.) intr. Tardar. || **dilatarse.** Tardarse.

dinamo o **dínamo.** (Abreviación de *[máquina] dinamoeléctrica,* del griego *dýnamis* 'fuerza'.) amb. Máquina que cambia la energía mecánica en energía eléctrica, generador.

dinero: con dinero baila el perro. loc. Pagando se pueden conseguir muchas cosas. || **con dinero no se olvidan los encargos.** ref. Si se paga de antemano es más probable que se cumpla un encargo. || **echarle dinero bueno al malo.** loc. Seguir invirtiendo en un negocio que produce pérdidas.

dioquis, véase **oquis.**

directorio telefónico. (Traducción del inglés *telephone directory.)* m. Guía de teléfonos, libro que da la lista de nombres, direcciones y números telefónicos de quienes tienen teléfono.

dirigencia. f. Conjunto de dirigentes políticos, gremiales, etc.

disco. (Del inglés *disco,* abreviación del francés *discothèque* 'discoteca, lugar donde se baila.) f. Club nocturno en que se baila. || **disco rayado.** m. Persona que usa repetidamente las mismas razones o que habla frecuentemente de los mismos temas. | **cambiar el disco.** loc. Cambiar el tema de la conversación cuando se repite mucho. || **parecer disco rayado.** loc. Usar repetidamente las mismas razones o hablar frecuentemente de los mismos temas.

discursero, discursera. adj., y m. y f. Que pronuncia discursos frecuentes y malos.

discurso: echar un discurso. loc. Pronunciarlo (cuando es largo o malo).

disímbolo, disímbola. (De *dis-* 'no' + *símbolo* 'signo, señal', del griego *sým-bolon* 'comparador', de *symbállein* 'comparar, hacer coincidir', literal-

73

mente = 'echar juntos', de *syn-* 'con, juntos' + *bállein* 'echar, lanzar, arrojar'.) adj. Disímil, diferente [DRAE: desemejante].

disparado, disparada. adj. y adv. Precipitadamente, rápido.

disparador, disparadora. adj., y m. y f. Dadivoso, generoso, que invita mucho.

disparar. tr. Pagar alguien algo que otro consume, invitar.

disparejo. m. Acción o resultado de echar a la suerte entre tres hasta que una moneda caiga con el lado diferente de las otras dos hacia arriba.

diurex. (Del inglés *Durex*, marca comercial de una cinta.) m. Cinta adhesiva por uno de sus lados.

divina: (creerse o **sentirse) la divina envuelta en huevo.** loc. Importante. Compárese *garza*.

divisadero. (De *divisar* 'ver, percibir'.) m. Punto elevado desde el cual se ve a mayor distancia, mirador.

divisionario. m. General de división (el grado más alto del ejército).

dizque. (Del español *diz que* 'dice que'.) adv. Dicen, parece pero es dudoso.

doble. m. (En beisbol) golpe (a la pelota) que permite al bateador llegar a segunda base.

doble u. (Inspirado en el inglés *double-u* 'w'.) f. La letra *w* [DRAE: uve doble].

doc. m. coloq. Doctor. Compárese **lic.**

doce: al cuarto para las doce. loc. A última hora. || **dar** a uno **las doce.** loc. Llegar un momento de peligro grave, estar en situación comprometida.

doctor: así me la recetó el doctor. expr. que usa un hombre al ver a una mujer hermosa.

dolarización. (De *dólar*, unidad monetaria de Estados Unidos.) f. Proceso de cambiar la unidad monetaria de un país por el dólar de Estados Unidos.

dolarizar. (De *dólar*, unidad monetaria de Estados Unidos.) tr. Adoptar el dólar de Estados Unidos en lugar de la unidad monetaria de un país.

doler feo. loc. Doler mucho.

dolor: dolor de barriga. m. Sensación de malestar en el vientre. || **dolor de caballo.** m. Dolor en la región del bazo. || **dolor de cintura,** o **dolor de**

regla. m. Dolor asociado a la menstruación.

dolorense. (De *Dolores*, nombre de muchos municipios de la República Mexicana.) 1. adj. Perteneciente o relativo a Dolores. || 2. m. y f. Nativo o habitante de Dolores.

dolorón. m. Dolor fuerte.

domada. f. Acción de domar.

domingo. m. Cantidad fija que se da a un niño semanalmente (generalmente en domingo).

dominico, o **plátano dominico.** (De *dominico* [antes: *domínico*] 'de la República Dominicana', del latín tardío *Dominicus* 'Domingo (el nombre)', de *dominicus* 'del domingo', de *dominicus (dies)* 'domingo (el día)', de *dominicus* 'del señor', de *dominus* 'señor'.) m. Cierta variedad de plátano de fruto de tamaño pequeño *(Musa regia).*

dona. (Del inglés *doughnut*, que se pronuncia aproximadamente /dónat/, de *dough* 'masa' + *nut* 'nuez; bolita'.) f. Rosquilla de masa esponjosa, recubierta con una capa de dulce o chocolate.

dorado. (Por la brillantez con que los dorados enjaezaban sus caballos de campaña.) m. Cada uno de los militares que formaron la escolta del revolucionario Doroteo Arango (1878-1923), llamado Francisco (o Pancho) Villa.

dormirse a alguien. loc. Engañarlo, embaucarlo.

dos: hacer del dos. loc. Defecar, expeler por el ano los excrementos del intestino. Compárese **uno.**

doscaras. com. Persona falsa, que procede con duplicidad o doblez.

droga. f. Deuda.

ducto. m. Conducto, canal, tubo.

duda: por aquello de las dudas, o **por las cochinas dudas,** o **por las dudas,** o **por si las dudas.** locs. Como precaución contra posibles consecuencias desfavorables, en previsión, por si acaso.

duela. (Del español *duela* 'cada una de las tablas que forman las paredes curvas de los barriles', del francés antiguo *douelle*, diminutivo de *douve* y de *doue* 'duela de barril', del latín tardío *doga* 'barril', del griego *dokhé* 'recipiente', de *dékhesthai* 'recibir'.) f. Cada una de las tablas angostas de un piso o entarimado.

duende. (De *duende* 'espíritu travieso que se cree habita en una casa', de *duen de [casa]*, de *dueño de [casa]*.) m. Encanto inefable.

dueño: más labra el dueño mirando que diez yuntas arando. ref. Hay que vigilar a los subalternos para que trabajen bien.

dulce. m. Pieza de azúcar, pequeña y dura, frecuentemente con sabor y relleno. || **dulce de calabaza.** m. Calabaza en trozos cocida con piloncillo y a veces tejocotes y caña de azúcar. || **dulce de pitaya** o **dulce de pitahaya.** m. Pitaya pelada y mezclada con azúcar, jugo de limón y raspadura de cáscara de limón. || **dulces cubiertos.** m. pl. Frutas cubiertas de una capa de azúcar.

duque de coco. m. Cierto pan dulce cuadrado hecho de masa hojaldrada, que lleva coco rallado encima.

duque (Por *dos.*) **de Veraguas** o **de beberaguas.** m. (En dominó) el dos.

duranguense, o **durangueño, durangueña.** (De *Durango* capital del estado de Durango; la villa de Durango fue fundada en 1563 y así llamada por la Durango española [Vizcaya].) 1. adj. Perteneciente o relativo a Durango (estado o su capital). || 2. com., y m. y f. Nativo o habitante de Durango (estado o su capital).

duraznal. m. Lugar poblado de duraznos (= durazneros).

duraznate. m. Ate de durazno, jalea de durazno en pasta.

durazno. m. Cierto árbol *(Prunus persica)* y su fruto comestible [DRAE: melocotón].

dureza de las arterias. f. Esclerosis, aumento de los elementos fibrosos en el tejido de las arterias con pérdida de elasticidad.

durmiente. (Traducción del inglés *sleeper.)* m. Traviesa de la vía férrea (mantiene los rieles en su lugar).

duro. adv. Con fuerza. || **duro y macizo.** loc. Con fuerza. || **duro y parejo.** loc. adv. Con fuerza y constancia. | **hacerse el duro.** loc. Fingir resistencia, para luego ceder.

dzul. Véase **tzul.**

-eca. (Del náhuatl *-ecatl* 'sobre, en' [plural *-eca*]; compárese *-teca.)* suf. adj. y nominal (com.) Persona de..., habitante de..., morador de... (como en *tlalpaneca).* Nota: los nombres nahuas de lugar que acaban en *-pan* forman su gentilicio en *-ecatl* (los que terminan en *-pa,* en *-necatl;* los en *-tlan, -tla, -llan, -lla,* en *-tecatl* [como en azteca, tolteca]).

ecatepecano, ecatepecana. (De *Ecatepec,* municipio del Estado de México, del náhuatl *Ehecatepec,* literalmente = 'en el cerro del viento', de *ecatl* o *ehecatl* 'viento' + *tepetl* 'cerro' + *-c* 'en, lugar de'.) 1. adj. Perteneciente o relativo a Ecatepec. || 2. m. y f. Nativo o habitante de Ecatepec.

echador, echadora. adj., y m. y f. Fanfarrón.

echar: echando a perder se aprende. ref. Las cosas no salen bien desde el primer momento.

echarse a alguien (**al plato**). loc. Matarlo.

echarse para atrás. loc. No cumplir una promesa [DRAE: echarse atrás].

-eco, m., **-eca,** f. [pl. *-ecos, -ecas],* como en *yucateco.* (Del náhuatl *-ecatl, -tecatl,* etc. 'morador de, habitante de, persona de', con la terminación española *-o* para el masculino; véase **-eca.**) Habitante de, morador de, persona de, sufijos que se agregan a topónimos, como en *chiapaneco, huasteco, mixteco, tamaulipeco, yucateco.* Compárese **-eca.**

¡école! (Del italiano *eccole* 'helas'.) loc. Eso es, he aquí.

¡ecolecuá! (Del italiano *eccole qua* 'helas aquí'.) loc. Eso es, he aquí.

ecónomo. m. Quien administra los fondos de un hospital u otra institución.

edad de la punzada. (De *punzada* 'sentimiento causado por algo que aflige el ánimo'.) f. Pubertad, edad en que se pasa de la niñez a la adolescencia [DRAE: edad del pavo].

edecán. (Del francés *aide de camp*, literalmente = 'ayudante de campo', que se pronuncia aproximadamente /ed de can/.) com. Persona que ayuda a los participantes en una reunión.

edificación. f. Edificio.

educación: la educación se mama con la leche. ref. Se aprende mejor si se empieza temprano.

egresado, egresada. (De *egresar* 'salir'.) m. y f. Persona que sale de un establecimiento docente después de haber terminado sus estudios.

¡éjele! interj. burlona.

ejidal. adj. Relativo al ejido.

ejidatario, ejidataria. m. y f. Poseedor o usufructuario de un ejido.

ejido. (Del español *ejido* 'campo común de un pueblo a la salida de él', del español antiguo *exir* 'salir', del latín *exire* 'salir', de *ex-* (hacia fuera) + *ire* 'ir'.) m. Terreno de propiedad comunal en un pueblo, cultivado cooperativa o individualmente.

ejote. (Del náhuatl *exotl,* literalmente = 'verdura de frijol', de *etl* 'frijol' + *xo-* 'verdura, hierba'.) m. Vaina del frijol cuando está joven y tierna y es comestible, antes de que las semillas hayan crecido [DRAE: judía (verde), habichuela (verde)].

electo, electa. adj. Que ha sido nombrado por elección para un cargo. Se usa en frases como "el presidente electo", mientras que el participio *elegido* se emplea en oraciones como "Fulano fue elegido presidente".

elegantioso, elegantiosa. adj., y m. y f.

Que trata de ser elegante pero no lo logra.

elenco. (Del italiano *elenco* 'lista, registro ordenado', del latín *elenchus* 'contenido o índice de un libro; opinión por confutar', del griego *élenkhos* 'confutación', de *elénkhein* 'avergonzar, confutar, refutar'.) m. Lista de actores de una obra de teatro o de una película.

elevador. m. Ascensor, aparato para trasladar personas o carga de un piso a otro.

elevadorista. com. Persona que maneja o maniobra un elevador [DRAE: ascensorista].

eliminarse. Ausentarse.

élite. (Del francés *élite* 'la mejor parte', del francés antiguo *élite*, literalmente = 'elegida, escogida' [francés: *élue*].) f. La mejor parte, la parte socialmente superior.

elodio, elodia, véase **chela.**

elotada. f. Merienda en que se comen elotes.

elote, o **elote tierno.** (Del náhuatl *elotl* 'mazorca tierna'.) m. 1. Mazorca tierna de maíz, cuyos granos se comen cocidos o asados. || 2. Granos de la mazorca de maíz.

elotero, elotera. m. y f. Vendedor de elotes.

embanquetar. (De *banqueta* 'acera'.) tr. Construir banquetas (aceras) en las calles.

embarque. m. 1. Acción o resultado de embarcar, embarco. || 2. Provisiones embarcadas.

embarrada. f. Acción o resultado de embarrar [DRAE: embarradura].

embonar. tr. Juntar dos tubos u otras cosas, acoplándolos, empalmar.

emborujarse. Arrebujarse, cubrirse bien el cuerpo.

empacar. (Del español *empacar* 'hacer paquetes, empaquetar'.) tr. Hacer el equipaje, meter a una maleta o un contenedor.

empachada. f. Acción o resultado de empacharse, indigestión.

empanizado, empanizada. adj. (De un alimento) revestido de pan molido y huevo.

empanizar. tr. Revestir (un alimento) de pan molido y huevo.

empantalonarse. 1. Ponerse pantalones (la mujer). || 2. Presumir de hombría, gallear.

empantanamiento, m., o **empantanada,** f. Acción o resultado de empantanarse, de meterse en un pantano.

empanzamiento. (De *panza.*) m. Acción o resultado de sentir molestia en el estómago aun sin haber comido con exceso.

empapada. (De *empapar* 'humedecer', de *papa* 'comida, sopa blanda'.) f. Acción o resultado de empaparse [DRAE: empapamiento].

empatar. (De *empatar* 'obtener el mismo número de puntos en una votación', del italiano *impattare*, de *patta* 'la misma puntuación en un juego', del latín *pacta*, plural de *pactum* 'pacto'.) intr. En un deporte o juego, obtener dos o más contrincantes el mismo número de puntos.

empelotarse. Desnudarse.

empeñosamente. adv. Con tesón y constancia.

empeñoso, empeñosa. adj. Que hace las cosas con tesón y constancia.

empericarse. (De *perico*, ave trepadora.) Encaramarse.

empinar el codo. loc. Empinar, beber mucho.

empiojarse. Llenarse de piojos.

emplazar. tr. Aplazar.

empobrecer: si quieres empobrecer, compra lo que no has menester. ref. de significado claro.

emprenderla con alguien. loc. Empezar a discutir o pelear.

empuercar. Ensuciar [DRAE: emporcar]. || **empuercarse.** Ensuciarse.

empujón: dar un empujón. loc. Ayudar, dar una ayuda material.

empulgar. tr. Llenar de pulgas. || **empulgarse.** Llenarse de pulgas.

enaguas. (De *enaguas* 'prenda interior femenina', del español antiguo *naguas*, del taíno *naguas* 'falda de algodón'.) f. pl. Prenda exterior femenina que cuelga desde la cintura. Compárese **naguas.** | **pegado a las enaguas.** loc. (De un niño) excesivamente dependiente de su madre.

encabezado. m. Titular de periódico,

título de un artículo de periódico o revista.

encabrestar. tr. Encabestrar, poner el cabestro. ‖ **encabrestarse.** Encabestrarse, enredarse en el cabestro.

encabritado, encabritada. adj. Enojado, enfadado.

encabronado, encabronada. adj. Enojado, enfadado. Es voz malsonante.

encaje legal. m. Dinero que los bancos tienen en caja [DRAE: encaje].

encajoso, encajosa. (Del español *encajar* 'hacer oír prolongadamente algo', de *encajar* 'meter', de *en-* 'dentro' + *caja*.) adj., y m. y f. Que molesta por pedigüeño o confianzudo.

encamorrar. tr. Molestar tanto a alguien que éste se siente incitado a la camorra, a la riña.

encamotado, encamotada. (De *camote*.) adj. Enojado.

encampanado, encampanada. adj. Metido a un mal negocio.

encampanar. tr. Entusiasmar a favor de una empresa dudosa. ‖ **encampanarse.** Entusiasmarse a favor de una empresa dudosa.

encanijado, encanijada. (De *canijo* 'malo'.) adj. Enojado.

encanijar. tr. Enojar.

encantados. m. pl. Juego de niños en que los que persiguen y tocan a otro lo dejan "encantado" (se tiene que quedar en ese lugar) y en que hay una base en que los perseguidos están libres de "encantamiento".

encarcelada: **nuez encarcelada,** véase **nuez encarcelada.**

encargo: **agarrar** (o: **traer**) a alguien **de encargo.** loc. Hacerlo objeto frecuente de burlas y de malos tratos, acosarlo, atosigarlo. Compárese **cochinito, puerquito,** ala. ‖ **estar** (una mujer) **de encargo.** loc. Estar embarazada.

encarpetar. tr. Dejar detenido un expediente.

encarrerado, encarrerada. adj. Encarrilado, encaminado.

encarrerar. tr. Encarrilar, encaminar. ‖ **encarrerarse.** Encarrilarse, encaminarse.

encatrinado, encatrinada. (De *catrín*.) adj. Elegante

encatrinarse. (De *catrín*.) Ponerse elegante.

encenegarse. Encenagarse, meterse en una ciénega o ciénaga, o en el cieno.

enchamarrado, enchamarrada. (De *chamarra*.) adj. Que lleva puesta una chamarra.

enchamarrar. (De *chamarra*.) tr. Poner una chamarra a alguien.

enchapopotar. (De *chapopote*.) tr. Poner chapopote sobre un camino.

enchilada[1]**.** (De *chile* 'fruto picante de cierta planta'.) f. Tortilla de maíz enrollada alrededor de carne y cubierta de salsa de jitomate con chile.

enchilada[2]**.** (De *enchilarse*.) Acción o resultado de irritarse o enojarse.

enchilado, enchilada. adj. Enojado, irritado.

enchilar[1]**.** (De *chile* porque pica.) tr. Irritar, enfurecer. ‖ **enchilarse.** Irritarse, enfurecerse.

enchilar[2]**.** tr. Untar de chile o aderezar con chile un alimento.

enchinado, enchinada. (De *chino*[1] 'rizo de pelo'.) 1. Con rizos. ‖ 2. Con "carne de gallina" (véase **enchinarse**).

enchinamiento. (De *chino*[1] 'rizo de pelo'.) m. Acción o resultado de enchinar o de enchinarse.

enchinar. (De *chino*[1] 'rizo de pelo'.) tr. Formar rizos. ‖ **enchinarse.** Ponérsele carne de gallina, pararse los vellos de la piel de miedo o de frío.

enchinchado, enchinchada. (De *chinche*.) adj. Enojado, irritado.

enchinchar. tr. Enojar, irritar. ‖ **enchincharse.** Enojarse, irritarse.

enchuecar. (De *chueco*.) tr. Torcer, encorvar. ‖ **enchuecarse.** Torcerse, encorvarse.

encierre. m. Encierro, acción o resultado de encerrar.

encimoso, encimosa. (De *encima*.) adj. Fastidioso, molesto, que está frecuentemente encima de uno.

encino: **¿qué quieres que dé el encino sino bellotas?** loc. Sólo se puede dar lo que se tiene [DRAE: pedir peras al olmo].

enclochar. (de *cloch, clutch*.) tr. Conectar (un mecanismo).

encochinar. (De *cochino*.) tr. Ensuciar. || **encochinarse.** Ensuciarse.

encohetar, véase **encuetar.** || **encohetarse,** véase **encuetarse.**

encolado, encolada. (De *cola* 'pegamento'.) adj. Demasiado acicalado.

encontentar. tr. Contentar. || **encontentarse.** Contentarse, reconciliarse.

encorajinado, encorajinada. (Del español *encorajinar* 'encolerizar, causar una corajina'.) adj. Enojado.

encuartelar. tr. Acuartelar, poner la tropa en cuarteles.

encuentro. m. Reunión de varias personas (delegados, representantes) para tratar algún tema y tomar decisiones, congreso. || **llevarse** alguien **de encuentro** a otro. loc. Atropellar.

encuerado, encuerada. adj. Desnudo.

encuerar. tr. Desnudar. || **encuerarse.** Desnudarse.

encueratriz. f. Mujer que en un escenario se quita la ropa poco a poco.

encuetar. (De *cuete* 'borrachera'.) tr. Emborrachar. || **encuetarse.** Emborracharse.

endenantes. (De *en* + *de* + el antiguo *enantes* 'antes' [de *en* + *antes*].) adv. Hace poco.

endiablado, endiablada. adj. Con especias picantes. Se dice, por ejemplo, de jamón.

endócrino, endócrina. adj. De secreción interna distribuida al cuerpo por la corriente sanguínea [DRAE: endocrino].

endrogado, endrogada. adj. Endeudado.

endrogarse. Contraer deudas.

enero: enero y febrero, desviejadero. ref. Los viejos mueren más en esos dos meses (por el frío intenso) que en otras épocas del año.

enfangar. (De *fango* 'lodo'.) tr. Manchar la reputación. || **enfangarse.** Manchar la propia reputación.

enfermada. f. Acción o resultado de enfermarse.

enfermedad: enfermedad la mía, la de mi vecino es maña. ref. Sólo creemos ciertos nuestros propios sufrimientos, los de los demás nos parecen llevaderos.

enfermo: si se alivia el enfermo, ¡bendito San Alejo!; y si se muere, ¡ah, qué médico tan pendejo! ref. Se culpa al médico de los resultados malos pero no se le agradecen los buenos.

enfrenar. tr. Moderar o parar con el freno el movimiento de una máquina o un vehículo, frenar.

enfrenón. m. Acción o resultado de frenar.

enfrijolada. f. Tortilla de maíz frita cubierta de crema de frijol, cebolla picada y queso añejo.

enganche. m. Cantidad que se paga de contado en una operación de venta a plazos.

engargolado. m. Encuadernación de libro en que se pasa una espiral de plástico o de metal al través de agujeros que están a lo largo de uno de los bordes.

engargolar. (De *engargolar* 'ajustar las piezas que tienen gárgoles o ranuras', de *gárgol* 'ranura', del gascón *gargalh*.) tr. Encuadernar un libro pasando una espiral de plástico al través de agujeros que están a lo largo de uno de los bordes.

engarrapatar. tr. Llenar de garrapatas. || **engarrapatarse.** Llenarse de garrapatas.

engentado, engentada. adj. Aturdido por el movimiento de la gente de una ciudad grande.

engentar. tr. Aturdir (el movimiento de la gente de una ciudad grande). || **engentarse.** Aturdirse con el movimiento de una ciudad grande.

engomado, engomada. (De *goma* 'cruda'.) adj. Que sufre malestar al día siguiente de una borrachera.

engorda. f. 1. Conjunto de animales que se ceban para la matanza. || 2. Acción o resultado de engordar al ganado.

engrane. m. Rueda dentada en una máquina [DRAE: engranaje].

enguarapetarse. (De *guarapeta* 'borrachera'.) Emborracharse.

engusanarse. Agusanarse, llenarse de gusanos.

enhierbado, enhierbada (De *hierba*), o **enyerbado, enyerbada.** adj. 1. Hechizado por un bebedizo. || 2. Envenenado.

enhierbar o **enyerbar.** tr. 1. Dar un bebedizo para hechizar. || 2. Envenenar.

enjabonada. f. Acción o resultado de enjabonar o jabonar [DRAE: enjabonado].

enjabonar. tr. Frotar la ropa o el cuerpo con agua y jabón, jabonar. || **enjabonarse.** Frotarse el cuerpo con agua y jabón.

enjetado, enjetada. adj. Enojado.

enjetarse. (De *jeta* 'cara; hocico'.) Enojarse.

enjitomatar. tr. Preparar o aderezar un guisado con jitomate.

enlistar. tr. 1. Alistar, inscribir a alguien en una lista. || 2. Hacer entrar en las fuerzas armadas.

enmadejar. tr. Hacer madeja el hilo [DRAE: aspar].

enmarihuanar. tr. Intoxicar con marihuana.

enmochilar. tr. Meter en la mochila.

enmorralar. tr. Meter en el morral.

enmugrar. tr. Ensuciar, llenar de mugre [DRAE: enmugrecer].

enojada. f. Acción o resultado de enojarse.

enojón, enojona. adj., y m. y f. Que se enoja con facilidad [DRAE: enojadizo].

enredo. m. Manta de lana a la que se da vuelta alrededor de la cintura para formar enaguas.

enrevesar. tr. Poner al revés.

ensalada: ensalada de nopales, o **nopalitos compuestos.** f. Hojas de nopal cortadas en pedacitos, cocidas con cebolla, ajo, cilantro, orégano, aceite y sal. || **ensalada de Nochebuena.** f. Betabeles (= remolachas) cocidos y rebanados, con lechuga picada y lo siguiente en cuadritos o tiritas: naranjas, limas, jícamas, plátanos, y cacahuates.

ensalitrar. tr. Cargar de salitre (las tierras o las paredes). || **ensalitrarse.** Cargarse de salitre (las tierras o las paredes).

ensarapado, ensarapada. adj., y m. y f. Con sarape puesto, o envuelto en un sarape.

ensartar. (Del español *ensartar* 'pasar un hilo por el agujero de cuentas o perlas'.) tr. Hacer caer en un engaño.

enseñar: el que no enseña, no vende. 1. ref. Los comerciantes deben exponer su mercancía. || 2. ref. irón. Hay mujeres que para atraer se visten de manera poco recatada. || **¿quién te enseñó a fumar, que no te enseñó a comprar?** loc. con que se contesta a quien pide que le regalen cosas.

ensillar: para ensillar, uno; para desensillar, cualquiera. ref. Hay cosas que debe hacer uno mismo, las demás puede encargarlas a otros.

ensopada. f. Empapamiento, acción o resultado de mojarse hasta empaparse.

ensopar. (Del español *ensopar* 'empapar el pan'.) tr. Empapar. || **ensoparse.** Empaparse.

ensuelar. tr. Echar suelas al calzado [DRAE: solar].

entabicado. m. Acción o resultado de entabicar.

entabicar. tr. Colocar un tabique o un muro ligero.

entablillar. tr. Formar tablillas de chocolate.

entacuchado, entacuchada. adj. irón. Elegante.

entacuchar. (De *tacuche* 'vestido, ropa', del tarasco *takúsi* 'ropa'.) tr. irón. Vestir elegantemente. || **entacucharse.** irón. Vestirse elegantemente.

entero. m. Un billete de lotería completo, sin dividir en décimos o vigésimos.

entomatada. (De *tomate* 'tomate rojo, jitomate'.) f. Tortilla de maíz grande doblada en cuatro, cubierta con una salsa de jitomates asados, sin pelar, molidos, y de cebolla, ajo, chile.

entomatado, entomatada. adj. 1. Guisado en salsa de jitomate. || 2. Guisado en salsa de tomate verde.

entrada (Traducción del inglés *inning*, de *in* 'adentro, en'.) o **inning.** División de un juego de beisbol, que consta de un turno de batear para cada uno de los dos equipos.

entrada: de entrada por salida. loc. adj. (De una criada) que no duerme en la casa en que sirve.

entrador, entradora. adj., y m. y f. Que

acomete resueltamente empresas difíciles.

entrarle (o **no entrarle**) **a algo.** loc. Acometer o no acometer una empresa. || **entrarle a alguien.** loc. Golpearlo. || **entrarle parejo.** loc. Acometer con brío. || **entrarle recio.** 1. Acometer con brío. || 2. Comer con exceso.

entre. adv. Mientras. Ejemplo: entre menos burros, más olotes. || **entre más.** adv. Mientras más. Ejemplo: entre más burros, menos olotes.

entrecostilla. f. Solomillo, carne cortada de entre las costillas.

entrecote. (Del francés *entrecôte*, f., literalmente = 'entre costilla'.) PRONUNC. /entrecot/. m. Carne cortada de entre costillas.

entresemana. adv. De lunes a viernes, durante la semana normal de trabajo.

entretención. f. Entretenimiento, diversión.

entroncar. (De *tronco*, con la idea de 'meterse a un mismo tronco'.) intr. Empalmar dos líneas de transporte.

entrón, entrona. (De *entrar* 'acometer'.) adj. Audaz, atrevido.

entronque. m. Acción o resultado de entroncar (empalmar dos líneas de transporte).

entumido, entumida. adj. Tímido.

envarillar. tr. 1. Colocar varillas en una construcción. || 2. Cerrar con varillas.

envidia... de la buena. f. Deseo de haber logrado algo que otro sí logró, pero sin sentir tristeza de que el otro lo haya logrado.

envinado, envinada. adj. (De un alimento) que se le ha agregado vino.

enyerbado, véase **enhierbado.**

enyerbar, véase **enhierbar.**

¡epa! o **¡épale!** (De *epa* + *-le.*) interjs. usadas para detener.

epazote[1] o **epasote.** (Del náhuatl *epazotl*, literalmente = 'suciedad de zorrillo', de *epatl* 'zorrillo' + *tzotl* 'mugre, suciedad, sudor'.) m. Cierta hierba comestible *(Chenopodium ambrosioides)*. Se agrega a muchos guisos.

epazote[2]: **¿qué epazotes?** o **¿qué pasotes?** (De *¿qué pasó?*) loc. ¿Qué ocurrió, qué aconteció, qué sucedió?

epigramatizar. tr. Hacer epigramas.

episodio. (De *episodio* 'incidente de la vida', del griego *epeisódion* 'intermedio de una tragedia'.) m. Cada una de las escenas o unidades breves de acción que se presentan de una vez en una telenovela. || **hacerla de episodios,** o **hacérsela** a alguien **de episodios.** locs. Complicar un relato, introduciéndole incidentes casi teatrales.

equipal. (Del náhuatl *icpalli* 'sillón, asiento'.) m. Sillón de carrizo y cuero de cerdo curtido.

equipo: **entregar el equipo.** loc. Morir.

equis: **hacer equis.** (Porque los borrachos dan pasos que se cruzan, como la letra X.) loc. Caminar cayéndose de borracho.

equivocado, equivocada. (De *equivocar* 'tomar una cosa por otra', de *equívoco* 'que puede entenderse en varios sentidos', del latín tardío *aequivocus* 'que tiene dos o más significados', de *aequi-* 'igual' [de *aequus* 'igual' + *-vocus*, de *voc-*, tema de *vox* 'voz'].) adj. Erróneo, incorrecto, que no va de acuerdo con los hechos.

erogación. f. Gasto, acción o resultado de gastar el dinero.

erogar. (Del español *erogar* 'distribuir caudales', del latín *erogare* 'dar', de *e-* [de *ex-* 'de, desde, hacia fuera'] + *rogare* 'preguntar; pedir'.) tr. Gastar el dinero.

erongaricuareño, erongaricuareña. (De *Erongarícuaro*, municipio del estado de Michoacán, del tarasco, probablemente = 'lugar de atalaya de espera', de *erókani* 'esperar, aguardar' + *-ro* 'lugar de'.) 1. adj. Perteneciente o relativo a Erongarícuaro. || 2. m. y f. Nativo o habitante de Erongarícuaro.

escabeche oriental. (Del español *escabeche* 'salsa de aceite y vinagre', del árabe *sikbāŷ* 'guiso de carne con vinagre'.) m. Guiso yucateco de pollo (o de pollo y puerco) con chile y ajo.

escala. (Del español *escala* 'lugar donde tocan las embarcaciones entre los dos extremos de su viaje'.) f. Tiempo que pasa una embarcación o una aeronave en un punto situado entre el lugar de origen y el de destino.

escamocha. (Del español *escamocho,*

m. 'sobras de la comida'.) f. Sobras de la comida humana que se dan de comer a los animales.

escamole o **escamol.** (Del náhuatl *azcatl* 'hormiga'.) m. Larva comestible de cierta hormiga.

escarabajo pelotero. m. Insecto que hace bolas de estiércol en que pone sus huevos y de las que se alimentan las larvas.

escarapelar. tr. Descascarar. || **escarapelarse.** (Del español *escarapelarse* 'reñir arañándose', del portugués *escarapelar-se*, de *carpir-se* 'arrancarse el cabello, arañarse' (con el latín *ex-* 'de, desde; hacia fuera'), del latín *carpere* 'arrancar'.) 1. Descarcararse. || 2. Ponérsele a alguien carne de gallina.

escoba: escoba nueva barre bien. ref. El empleado o funcionario nuevo trabaja mucho y con eficiencia.

escobeta. f. Escobilla de raíz de zacatón, corta y recia, que se usa para limpiar trastos.

escobetear. tr. Fregar con escobeta.

escobillón. m. Cepillo o escoba de mango largo para limpiar paredes.

escoleta. (Del italiano *scoletta*, diminutivo de *scuola* 'escuela; práctica, ejercicio, lo que da experiencia', del latín *schola* 'escuela; lección', del griego *skholé* 'escuela; estudio; tiempo libre'.) f. 1. Banda de músicos aficionados. || 2. Acción de reunirse estos músicos para practicar.

escondidillas. f. pl. Juego de muchachos en el que unos se esconden y otro busca a los escondidos [DRAE: escondite].

escotado, escotada. (De *escotar* 'cortar un cuerpo de vestido por la parte del cuello y de los hombros'.) adj. Que usa un vestido que deja muy descubiertos el cuello y los hombros.

escrepa. (Del inglés *scraper*, literalmente = 'raspador', de *scrape* 'raspar'.) Máquina que raspa una superficie hasta que se vuelva lisa.

escribiente: de que es malo el escribiente, le echa la culpa a la pluma fuente. ref. Ante una equivocación o una falla suya, muchas personas inventan disculpas, no aceptan valientemente su responsabilidad. Compárese *cocinera, culpa, partera, pretexto*.

escrituración. f. Acción de escriturar o hacer constar algo con escritura pública.

escuela preparatoria. f. Escuela en que se hacen estudios de segunda enseñanza después de la secundaria y antes de los estudios profesionales o de carrera. Se la llama comúnmente "La Prepa".

escuincle, escuincla, o **escuintle, escuintla.** (Del náhuatl *itzcuintli*, tipo de perro.) m. y f. despect. Niño.

escurrido, escurrida. (De *escurrir* 'esquivar un riesgo'.) adj. Corrido, confuso, avergonzado.

escurrir el bulto. loc. Escurrirse, salir huyendo, evitar hacer cierto trabajo.

esfuerzo: lo que se hace sin esfuerzo y con pereza, no puede durar ni tener belleza; o, **lo que sin esfuerzo se gana, nada se vuelve.** refs. Se desprende uno fácilmente de lo que no le ha costado trabajo.

esmedregal. m. Cierto pez marino del Golfo de México.

eso: ¡eso! interj. afirmativa o de aprobación. || **eso no tiene ni qué.** loc. afirmativa o de aprobación. || **¡eso sí que no!** loc. equivalente de un no enfático.

espada: la espada corta menos que la lengua. ref. Lo que se dice o escribe puede herir más que una arma.

espaldas mojadas. (Porque muchas de estas personas cruzan el río Bravo del Norte, que en los Estados Unidos llaman *Río Grande*.) m. pl. Mexicanos que emigran ilegalmente hacia Estados Unidos. Compárese **mojado**.

espantasuegras. m. Tubo enroscado de papel; si se le sopla por un extremo se desenrosca bruscamente por el otro y asusta. [DRAE: matasuegras].

esperanza: ¡qué esperanzas! loc. Es improbable que se logre o que suceda.

espich. (Del inglés *speech*.) m. fest. Discurso en público.

espina: antes de entrar a las espinas, ponte los huaraches. ref. Hay que tomar precauciones antes de meterse en una empresa difícil. || **sea grande o chica, la espina pica.** ref. La desgracia ajena que puede parecer insignificante duele a quien la sufre.

espinazo de cerdo con verdolagas. (De *espinazo* 'columna vertebral'.) m. Plato compuesto principalmente de lo que indica su nombre y, además, de chiles de varias clases, cebolla, ajo, limón y aceite.

espiritifláutico, espiritifláutica. (De *espíritu* + *flauta* + *-ico*.) adj. fest. Muy delgado, muy flaco.

espirulina. f. Producto comestible derivado de cierto musgo espeso llamado en náhuatl *tecuitlatl*.

esponja. f. Borracho consuetudinario.

esponjar. tr. Secar con esponja.

esprea. (Del inglés *spray* 'pulverizar'.) f. Alimentador de gasolina en un automóvil.

espulgar: ni qué espulgarle a la que es pelona. ref. No hay que emprender un trabajo que no va a conseguir su objetivo, que va a resultar inútil.

espumear. intr. Espumar, hacer espuma (como la que hace el caldo).

esqueleto. m. Modelo impreso en que se dejan blancos que se rellenan a mano.

esquina: ¡esquina! o ¡esquina, bajan! 1. exclams. con que los pasajeros de un autobús piden que se detenga para bajarse. || 2. Que cesen las impertinencias o necedades, ya no aguanto. | **pedir esquina.** loc. Pedir que algo se acabe, decir que ya no se aguanta, darse por vencido.

esquinera o **esquinero.** f. o m. Poste que hace esquina en algunas construcciones.

esquite o **ezquite.** (Del náhuatl *izquitl*, de *icequi* [raíz: *iz-*] 'tostar (en comal)'.) m. Grano de maíz tostado hasta que reviente (a veces se le agrega epazote).

estado crítico: en estado crítico. loc. En estado interesante, embarazada. Compárese *mujer en estado*.

estadunidense. adj., y com. De los Estados Unidos de América, estadounidense.

estafiate. (Del náhuatl *iztauyatl* 'ajenjo', de *iztatl* 'sal'.) m. Cierta planta parecida al ajenjo.

estampida. (Del español *estampida*, *estampido* 'ruido'.) f. Huida impetuosa de animales asustados. || **pegar la estampida.** loc. Huir precipitadamente.

estampilla. (De *estampilla* 'especie de sello', de *estampa* 'reproducción de un dibujo'.) f. Sello de correos.

estanquillo. (De *estanco* 'sitio donde se venden géneros estancados [de venta concedida a ciertas personas]', de *estancar* 'detener'.) m. Tienda pequeña de artículos variados. Sinónimo: miscelánea.

estar: ¿a cómo estamos? loc. ¿A cuántos estamos?, expresión que se usa para preguntar el día del mes. La contestación festiva es "a dos por cinco y ni quien nos compre". || **estar** alguien **como quiere.** loc. 1. Es hermoso. || 2. Tiene un cargo muy bueno. || **estar** algo **en veremos.** loc. Es un proyecto de muy distante realización. || **estar** alguien **hasta aquí.** loc. Estar harto, estar cansado. || **estar quedando bien.** loc. 1. portarse lo mejor posible para conquistar a una persona del otro sexo. || 2. Enamorar, decir requiebros. || **estar** alguien **que se lo lleva.** loc. Estar muy enojado. || **ni están todos lo que son ni son todos los que están.** ref. que se usa como crítica moderada de las acciones de alguien. (Hablando de un manicomio y los locos) hay muchos que cometen locuras (o hacen tonterías) y no están encerrados. Compárese *ser*. || **no estar tan peor.** loc. fest. Estar guapo. || **nos estamos viendo.** loc. Hasta luego. || **ya estar** alguien **macicito.** loc. fest. Estar viejo. || **ya estás.** loc. Sí, de acuerdo. || **ya estuvo que.** loc. Es muy probable que se consiga. || **ya estuvo suave.** (Aquí *suave* significa 'bastante, demasiado'.) loc. Basta, que cesen los abusos.

estarse haciendo. loc. Fingir.

estatal. (De *estatal* 'relativo al Estado'.) adj. Perteneciente o relativo a los estados del país.

este. Palabra inútil (estribillo, muletilla) que se repite mucho por hábito, como en "tengo este… dos hijas". Compárese **comosellama**.

esténcil. (Del inglés *stencil.*) m. Material que se puede perforar con letras o dibujos por los que se hace pasar tinta o pintura hacia una superficie en que quedarán impresos.

estética. (De *estética* 'estudio de la belleza', del griego *aisthētikós* 'de los sentidos, de la percepción'.) f. Establecimiento en que se arreglan los peinados de los clientes.

estibador. (De *estibar* 'cargar o descargar un buque', de *estibar* 'apretar materiales sueltos'.) m. Quien carga o descarga buques en un puerto.

estira y afloja. loc. 1. Falta de firmeza en una resolución. ‖ 2. Regateo, discusión del comprador o del vendedor sobre el precio o las condiciones de una compra.

esto: esto, aquello y lo de más allá. loc. Circunloquios para dar largas a un asunto, para hacer esperar una solución.

estopa. (De *estopa* 'parte basta del lino o del cáñamo', del latín *stuppa.*) f. Parte basta del lino o del cáñamo, que sirve como trapo para limpiar motores y otras partes de las máquinas.

estraik, véase **strike.**

estrategia. (De *estrategia* 'arte de dirigir las operaciones militares', del griego *stratēgía* 'aptitudes de general', de *stratēgós* 'general', de *stratós* 'ejército; campamento' + *ágein* 'conducir'.) f. Plan o método cuidadoso.

estribo: la del estribo. loc. La última copa antes de irse (idea implícita: antes de montar en un caballo).

estuche: ser alguien **un estuche de monerías.** loc. Poseer varias habilidades [DRAE: ser un estuche].

estufa. (Del español *estufa* 'aposento al que se da calor artificialmente', de *estufar* 'calentar una pieza'.) f. Aparato que da calor (quemando combustible o usando electricidad) para cocinar.

etla. m. Lengua de ciertos grupos indígenas de Oaxaca.

evangelista. (De *evangelista* 'autor de uno de los cuatro evangelios', del latín tardío *evangelista*, del griego *euangelistés* 'evangelista', de *euangelízesthai*, *euangelizein* 'enseñar el evangelio', de *euangélion* 'evangelio', literalmente = 'buen anuncio, buena nueva', de *euángelos* 'que trae una buena nueva', de *eu-* 'bueno' + *ángelos* 'mensajero'.) m. fest. Quien tiene por oficio escribir cartas en nombre de personas que no saben hacerlo.

evaporado, evaporada. (De *evaporar* 'hacer salir la humedad dejando las partes sólidas', de *evaporar* 'convertir un líquido en vapor'.) adj. (De la leche) concentrada por evaporación a presión y temperatura altas.

evento. (De *evento* 'acaecimiento imprevisto'.) m. Acaecimiento o suceso importante y programado, actividad social, concurso deportivo.

evidencia. (De *evidencia* 'certeza'.) f. Prueba, sobre todo la que se presenta a un tribunal.

evocativo, evocativa. adj. Evocador, que tiene facultad de evocar, de traer a la memoria o a la imaginación.

exceso. (De *exceso* 'parte que excede la medida'.) m. Abuso en comer o beber.

excusado. (Del español *escusado* 'inodoro, retrete', del latín *absconsus* 'escondido'.) m. Retrete, cuarto con instalaciones para orinar y defecar.

exfoliador. (Del español *exfoliar* 'dividir algo en láminas', del latín tardío *exfoliare* 'deshojar'.) m. Cuaderno de hojas pegadas por un borde para que se puedan desprender fácilmente.

exhibición. (De *exhibición* 'acción de mostrar'.) f. Exposición pública (por ejemplo de obras de arte o de habilidad atlética).

exótica. f. Bailarina de cabaré.

expeditar. (De *expedito* 'libre de estorbo'.) tr. Acelerar la solución de un asunto.

expendio. (De *expender* 'vender al menudeo'.) m. Tienda pequeña en que se venden artículos variados.

experiencia: la experiencia hace la diferencia. ref. El uso, la práctica enseñan mucho [DRAE 1956: la experiencia es la madre de la ciencia].

extensible. (De *extensible* 'que se puede extender'.) m. Pulsera de reloj.

extensión. (De *extensión* 'prolongación', de *extensión* 'acción de extender o prolongar'.) f. Alambre eléctrico con enchufe en un extremo y contacto en el otro.

externar. (De *externo* 'exterior'.) tr. Manifestar (una opinión).

extorsión. (De *extorsión* 'acción de usurpar y arrebatar algo por fuerza'.) f. Acción de obtener dinero u otra propiedad por la fuerza o por intimidación.

extorsionar. tr. Obtener dinero u otra propiedad por la fuerza o por intimidación.

extra. (De *extra* 'adicional, extraordinario'.) f. Edición adicional de un diario.

extraño: **para los extraños, la fianza, y para los de casa, la confianza.** ref. Hay que tomar precauciones para que los que no son conocidos paguen lo que deben.

extraviar. (De *extraviar* 'poner algo en un lugar que no es el que debía ocupar; hacer perder el camino', de *extra-* 'fuera de' + *vía* 'camino'.) tr. Perder.

extremoso, extremosa. (De *extremoso* 'que no se modera, sino que da en un extremo'.) adj. Que se pasa de lo común o de lo que se podría esperar.

ezquite, véase **esquite.**

F

facha. (Del español *facha* 'traza, figura, aspecto'.) f. Presencia, aspecto. ‖ **fachas.** f. pl. 1. Disfraz. ‖ 2. vestido ridículo. | **en fachas.** loc. adj. y adv. Vestido de manera extraña o desaliñada.

fachoso, fachosa. (De *fachas* 'vestido ridículo'.) adj. Que viste impropiamente.

fachudo, fachuda. (De *fachas* 'vestido ridículo'.) adj. Vestido ridículamente.

fajarse. (Del español *fajar con alguien* 'acometerlo con violencia'.) Pegarse, golpearse dos personas. ‖ **fajarse** con alguien. loc. Hacerle frente, aceptar su reto.

falla. (De *falla* 'defecto'.) f. Defecto mecánico en un motor.

fallar: fallarle a alguien. (De *fallar* 'perder algo la resistencia dejando de servir'.) loc. Estar loco.

falluca (De *falluca* 'comercio ambulante en el campo', de *falla* 'tejido con que se cubrían la cabeza las mujeres; tejido burdo', del francés *faille* 'tejido, velo de mujer'.) o **fayuca.** f. Contrabando, importación prohibida si no se pagan derechos de aduana.

falluquear o **fayuquear.** tr. Traer mercancía prohibida o sin pagar derechos de aduana.

falluquero, falluquera, o **fayuquero, fayuquera.** m. y f. Persona que trae mercancía prohibida o sin pagar derechos de aduana.

falsa. (De *falsa* 'engañosa'.) f. En un libro, hoja que tiene sólo el título.

falta: hace falta un huevo para tener un pollo. ref. Todo resultado requiere un principio.

faltante. m. La parte que falta para completar algo.

faltar: ¡eso nomás faltaba! loc. de protesta por un abuso, o de desaprobación. ‖ **¡eso nomás nos faltaba!** loc. que lamenta un contratiempo.

faltista. com. Que falta con frecuencia a la escuela o al trabajo.

familia: la familia del que juega, nunca goza ni sosiega. ref. El jugador (tahúr) casi siempre pierde.

fanático, fanática. (De *fanático* 'excesivamente entusiasta', del latín *fanaticus* 'inspirado por un dios'; relativo al templo', de *fanum* 'templo'.) m. y f. Partidario entusiasta o admirador ardiente de un equipo deportivo, comúnmente como espectador [DRAE: hincha].

fantaseo. m. Acción o resultado de dejar correr la imaginación o la fantasía.

farol. (De *farol* 'caja de vidrio en que se pone una luz'.) m. Ojo, órgano de la vista. | **apagarle** a alguien **un farol.** loc. Herirle o dañarle un ojo. Compárese **linterna.**

fatigado, fatigada. (De *fatigar* 'causar fatiga o cansancio', del latín *fatigare* 'cansar'.) adj. Cansado, sin fuerza ni energía.

faul (Del inglés *foul*, que se pronuncia /faul/.) o **foul.** m. Violación de las reglas en un deporte.

favor: ¡hágame favor! loc. que expresa extrañeza.

favor de (seguido de un verbo en infinitivo). loc. Hágame (o hazme o háganos, etc.) el favor de…

fayuca, véase **falluca.**

fayuquear, véase **falluquear.**

fayuquero, fayuquera, véase **falluquero.**

febrero: febrero loco y marzo otro poco. ref. En febrero y marzo el tiempo es muy desigual [DRAE 1956: en febrero, un día malo y otro bueno].

feria. f. Dinero menudo, cambio. || **irle a alguien como en feria.** loc. Irle muy mal.

ferrocarrilero, ferrocarrilera. 1. adj. Perteneciente o relativo a los ferrocarriles, a las vías férreas. || 2. m. y f. Empleado de ferrocarriles.

fiado: lo fiado es pariente de lo dado. ref. Es difícil que los deudores paguen, hay poca seguridad de recuperar lo que se presta.

fiar: hoy no se fía, mañana sí. Letrero festivo en una tienda, que indica que no se vende a crédito.

fiera: ser alguien una fiera. loc. Tener aptitudes notables.

fierro. m. 1. Hierro. || 2. Centavo. || 3. **fierros.** m. pl. Dinero.

fiesta: hacer fiestas. loc. Hacer zalamerías.

fiesterío. m. Serie de fiestas.

fifí. (Quizá del francés *fifille* 'muchachita', término infantil, que se pronuncia /fifí/.) m. Hombre presumido que se dedica a acicalarse y andar en busca de galanteos [DRAE: pisaverde, petimetre, lechuguino].

fijado, fijada. adj. Observador, que repara en muchas cosas, que las nota.

fijar: fijarse. Reparar, notar. || **¡fíjate!** loc. que sirve para hacer impresión en quien escucha, para pedirle que preste atención. | **no fijándose, ni se nota.** loc. tranquilizadora para disculpar errores pequeños.

fijón, fijona. adj., y m. y f. Observador, que repara en muchas cosas, que las nota.

filarmónica. (Del inglés *philharmonic* 'orquesta sinfónica', del francés *philarmonique,* adj., 'filarmónico, apasionado por la música', del italiano *filarmonico,* de *fil-* 'que ama' + *armonico* 'armónico, armonioso', del latín *harmonicus,* del griego *harmonikós* 'armónico, armonioso', de *harmonía* 'armonía; concordia, ajustamiento, combinación', de *harmós* 'articulación'.) f. Orquesta sinfónica.

filarmónico, filarmónica. m. y f. Músico de una orquesta sinfónica.

fildear. (Del inglés *to field,* de *field* 'campo'.) tr. En beisbol, coger una pelota que ha sido bateada y lanzarla a un jugador del propio equipo.

fildeo. m. Acción o resultado de fildear.

filipina. (De *filipina* 'de Filipinas (país de Asia)'.) f. Chaqueta de hombre, de dril y sin solapas.

fistol. (Posiblemente del italiano *fistolo, fistola* 'conducto, canal, fístula', del latín *fistula* 'tubo, conducto, canal'.) m. Alfiler que se prende como adorno en la corbata.

flais: por si las flais. (*Flais,* del inglés *flies* 'moscas', que se pronuncia /flais/.) loc. fest. Por si las moscas, por si acaso, por lo que pueda suceder.

flamboyán (Del francés *flamboyant,* literalmente = 'llameante', de *flamboyer* 'llamear'.) o **framboyán.** m. Árbol tropical *(Delonix regia)* de flores rojas y anaranjadas.

flash. (Del inglés *flash,* literalmente = 'relámpago, destello'.) m. Dispositivo que produce un destello brillante para tomar una fotografía [DRAE: flas].

flashback. (Del inglés *flashback,* literalmente = 'aparecer hacia atrás', de *flash* 'hacer que aparezca, aparecer súbitamente, relampaguear' + *back* 'hacia atrás'.) m. Retrospección, interpolación (en una obra de literatura o en una película de cine) de incidentes que ocurrieron antes, interrumpiendo la secuencia cronológica de los acontecimientos.

flauta. (De *flauta* 'instrumento musical en forma de tubo', por parecido de forma.) f. Taco de tortilla de maíz, largo, frito, hecho con carne deshebrada, o pollo, o barbacoa; puede bañarse con salsa picante o crema.

flecha. (De *flecha* 'arma arrojadiza de asta delgada', por parecido de forma.) f. (En un automóvil) barra cilíndrica sólida que sirve para transmitir la fuerza motriz por rotación, árbol, eje.

flejar. tr. Colocar flejes o tiras para asegurar bultos.

fletarse. (Eufemismo por *fregarse,* cruzado con el anticuado *fletar* 'frotar, restregar', del antiguo *fretar.)* Fastidiarse, aguantarse.

flete. (Del español *flete* 'precio del alquiler de una nave', del francés *fret* 'precio del transporte de mercancías por mar', del neerlandés medio *vraecht.)* m. 1. Precio del alquiler de una nave, aeronave u otro medio de transporte. || 2. Carga que se transporta por mar, tierra o aire.

flojeritis. (De *flojera* 'pereza' + *-itis* 'enfermedad, inflamación; algo comparado con enfermedad'.) f. fest. Flojera, pereza.

flojo: **el flojo y el mezquino, andan dos veces el camino.** ref. Cuando por pereza no se hacen bien las cosas, o se escatima excesivamente en el gasto (o en el esfuerzo), hay que hacerlas de nuevo con más trabajo o más gasto para conseguir el objetivo.

flor: **flor de calabaza.** f. El brote de la calabaza, del que se hacen sopas y quesadillas. || **flor de jamaica.** (Probablemente de *Jamaica*, país e isla de las Antillas.) f. Flor rojiza de cierta planta malvácea *(Hibiscus sabdariffa),* que se usa para preparar una bebida refrescante llamada *agua de jamaica.* || **flor de la Pasión.** (Los misioneros españoles del siglo XVI en los trópicos del Nuevo Mundo imaginaron ver un parecido entre partes de la flor de esta planta y algunos particulares de la *Pasión* 'sufrimientos de Jesús entre la noche de la Última Cena y su Crucifixión y muerte', de *pasión* 'acción de padecer'.) f. Planta del género *Passifora*, y su flor. || **flor de mayo.** (Porque esta planta florece en primavera.) f. Cierta planta del género *Plumeria*, y su flor. || **flor de muertos.** (Porque se usa mucho para adornar las tumbas, sobre todo en el día de la conmemoración de los difuntos [día de muertos, 2 de noviembre].) f. Maravilla (planta herbácea) y su flor. || **flor de Nochebuena.** (De *Nochebuena* 'noche de la vigilia de Navidad', época alrededor de la cual florece esta planta.) f. 1. Cierta planta *(Euphorbia pulcherrima),* y sus hojas (brácteas) rojas que parecen pétalos de flor y rodean flores amarillas pequeñas. || 2. Conjunto de brácteas de esta planta. || **flor de un día.** f. Cierta planta *(Tigridia pavoñea),* y su flor evanescente.

florear. intr. Florecer.

floridense, o **florideño, florideña.** (De *Florida*, estado del sureste de Estados Unidos, nombre dado a esa región por los españoles cuando la descubrieron, el 2 de abril de 1513.) 1. adj. Perteneciente o relativo a la Florida. || 2. com., y m. y f. Nativo o habitante de la Florida.

foco. (Del español *foco* 'lámpara eléctrica de luz potente', del latín *focus*, 'fogón, brasero, hoguera'.) m. Bombilla de alumbrado eléctrico.

fodongo, fodonga. 1. adj. Sucio, desaseado. || 2. f. Perezosa.

foja. (Del español anticuado *foja* 'hoja', del latín *folia* 'hojas', plural de *folium* 'hoja'.) f. Hoja de papel (sobre todo de un documento oficial).

fólder. (Del inglés *folder*, de *fold* 'doblar'.) m. Carpeta, cubierta doblada en que se pueden poner papeles sueltos.

fonazo. (De *telefonazo.)* m. Llamada telefónica.

fonda. (De *fonda* 'establecimiento donde se da hospedaje y sirven comidas'.) f. Puesto o establecimiento en que se sirven comidas y bebidas.

fondero, fondera. m. y f. Persona que tiene a su cargo una fonda, fondista.

fondo. (Del español *fondo* 'falda de debajo sobre la cual se arma el vestido'.) m. Falda que se lleva debajo de las enaguas. || **fondo de pensión.** (De *fondo* 'caudal'.) m. Cantidad de dinero apartado para pagar de ella regularmente cierta suma a una persona que se ha jubilado de su trabajo [DRAE: montepío]. || **donde se saca y no se mete, pronto el fondo se le halla.** (De *fondo* 'parte inferior'.) ref. Hay que ser previsor y no despilfarrar el capital.

fonducho. m. Fonda pobre en que se despachan comidas y bebidas.

foráneo, foránea. (Del español *foráneo* 'forastero, extraño'.) adj. Exterior, de afuera.

forcito. (Del inglés *Ford* 'automóvil de marca Ford' + el español *-cito*, diminutivo.) m. Automóvil viejo de marca Ford.

formador. m. Quien da formato a un libro o revista.

formar. tr. Preparar la forma de las páginas de un texto, hasta dejarlas listas para imprimir.

forrazo. m. Mujer hermosa. ‖ **ser** alguien **un forrazo.** loc. Ser hermoso.

forro (De *forro* 'cubierta de un libro'.): **ser** alguien **un forro** (o **mango** o **cuero**). loc. Ser hermoso.

fortineño, fortineña. (De *Fortín*, municipio del estado de Veracruz.) 1. adj. Perteneciente o relativo a Fortín . ‖ 2. m. y f. Nativo o habitante de Fortín.

fósil. (De *fósil* 'sustancia petrificada; viejo', del latín *fossilis* 'excavado', adj., de *fossus*, participio pasivo de *fodere* 'excavar'.) m. Estudiante rezagado.

foul. (Del inglés *foul.*) PRONUNC. /faul/. m. Véase **faul.**

fraccionamiento. (De *fraccionamiento* 'resultado de fraccionar', de *fraccionar* 'dividir en partes', de *fracción* 'división en partes', del latín tardío *fraction-*, tema de *fractio* 'acción de romper', del latín *fractus* 'roto', participio pasivo de *frangere* 'romper, quebrar'.) m. Núcleo residencial dividido en partes, urbanización.

framboyán, véase **flamboyán.**

[Todas las palabras siguientes que empiezan por *freg-* son malsonantes, son groseras.]

fregada. f. Engaño. **| de la fregada.** 1. loc. adj. Malo. ‖ 2. loc. adv. Difícil. ‖ **llevárselo** a alguien **la fregada.** loc. Enojarse. ‖ **mandar** a alguien **a la fregada.** loc. Despedir con desprecio o disgusto a quien importuna [DRAE: mandar a paseo]. ‖ **¡me lleva la fregada!** excl. que se usa para dar salida al enojo, véase **chingada.** ‖ **vete a la fregada.** loc. ¡Fuera de aquí!

fregadazo. m. Golpe fuerte.

fregadera. f. 1. Acción baja. ‖ 2. Objeto no especificado. **| ésas ya son fregaderas.** loc. Son molestias excesivas.

fregado, fregada. adj. Dañado.

fregar. (De *fregar* 'restregar, frotar', del latín *fricare.*) tr. Fastidiar, molestar. **| estar** uno **fregado.** 1. Estar en mala situación. ‖ 2. Estar muy pobre. ‖ **¡ya la fregamos!** loc. Resultó mal. ‖ **¡ya ni la friegas!** loc. de reproche. Molestas mucho. Compárese *amolar.* ‖ **fregarse.** 1. Fastidiarse, aguantarse. ‖ 2. Dañarse.

fregón, fregona. m. y f. 1. Destacado o muy competente en su especialidad. ‖ 2. Quien fastidia, produce molestias.

freír: estar uno **frito,** véase *frito.*

frenillo (De *frenillo* 'pliegue de la membrana de la lengua que sujeta ésta por la parte inferior y a veces impide hablar con soltura'.): **tener** alguien **frenillo.** loc. Usar en español la *r* uvular (como en francés) en vez de alveolar.

frentazo. (De *frentazo* 'golpe en la frente', de [la] *frente*.) m. Chasco, decepción. ‖ **darse** alguien **un frentazo.** loc. Llevarse un chasco, tropezar con un obstáculo. Compárese *quemón.*

frente (De [el] *frente*.): **segundo frente.** m. fest. Una amante.

fresnillense. (De *Fresnillo*, municipio del estado de Zacatecas.) 1. adj. Perteneciente o relativo a Fresnillo. ‖ 2. m. y f. Nativo o habitante de Fresnillo.

fría. f. Cerveza.

friega. (De *fregar.*) f. Molestia, fastidio. **| dar** a alguien **una friega** (o: **soba**) **de perro bailarín.** (Porque ciertos adiestradores de animales les dan tundas para enseñarles acrobacias.) loc. Darle una golpiza, golpearlo brutalmente.

frijol. (Del latín *phaseolus*, diminutivo de *phaselus*, del griego *pháselos* 'frijol, alubia'.) m. Planta del género *Phaseolus*, y su semilla comestible [DRAE: fréjol, judía]. ‖ **frijol bayo.** m. Variedad de frijol de semilla ancha, una de las más comunes en la República Mexicana. ‖ **frijol blanco.** m. Variedad de frijol cultivada principalmente en el sureste de la República Mexicana; su semilla es blanca. ‖ **frijol canario.** m. Variedad de frijol de semilla pequeña y amarilla. ‖ **frijol con puerco.** m. Frijoles cocidos con codos de puerco cortados en trocitos y con cebolla, chile y cilantro. ‖ **frijol negro.** m. Una de las variedades de frijol más comunes en la República Mexicana. La planta es baja y la semilla oscura. ‖ **frijol pinto.** Variedad de frijol de semilla de dos o más colores. || **frijoles.** m. pl. Comida, alimento. || **frijoles charros** o **a la charra.** loc. Frijoles de la olla y su caldo, con jitomate, cebolla, cilantro y chile picados. || **frijoles de la olla,** o **frijoles de olla.** Frijoles que han hervido en agua con cebolla y un poco de aceite (se comen con su caldo). || **frijoles refritos.** Frijoles de la olla escurridos, molidos (o machacados) y fritos con manteca y cebolla; se sirven espolvoreados con queso rallado. | **echar frijoles.** loc. 1. Reprender, regañar. || 2. Decir mentiras. || **no ganar para los frijoles.** loc. No ganar lo suficiente para el alimento.

frijolito (De *frijol.*): **entrarle a los frijolitos.** loc. Comer.

frío: **ponerse** alguien **chinito de frío.** loc. Ponérsele carne de gallina, pararse los vellos de la piel (de frío).

fritanguero, fritanguera. (Del español *fritanga* 'conjunto de cosas fritas'.) m. y f. Persona que fríe alimentos para venderlos.

frito, frita: **estar** uno **frito.** loc. Hallarse en situación difícil, en mala situación.

fronterizo, fronteriza. adj. Relativo a la frontera.

frontón. (De *frontón* 'pared contra la cual se lanza la pelota en el juego de pelota', del español antiguo *fronte* '(la) frente', del latín *front-*, tema de *frons* '(la) frente'.) m. Juego de pelota.

fruta: **fruta cristalizada.** f. Fruta cubierta de cristales de azúcar. || **fruta cubierta.** f. Fruta cubierta de azúcar o de una sustancia parecida al azúcar. || **fruta de horno.** f. colect. Pasteles, repostería, conjunto de panecillos. | **el que fruta quiere, deberá trepar al árbol.** ref. Para conseguir algo hay que hacer un esfuerzo.

frutear. intr. Dar fruto los árboles u otras plantas [DRAE: frutar, fructificar, frutecer].

fruticultor, fruticultora. m. y f. Persona que se dedica al cultivo de los árboles frutales, a la fruticultura.

¡fuchi! o **¡fúchila!** interjs. de asco, de repugnancia. | **hacerle el fuchi** a alguien o a algo. loc. No aceptar, rechazar, desdeñar.

fuego: **donde hay fuego** (o: **donde hubo lumbre**), **cenizas quedan.** ref. Por más ocultamente que se haga algo, no deja de poderse rastrear [DRAE 1956: donde fuego se hace, humo sale]. Otra interpretación: donde hubo amor, fácilmente se reanuda el romance.

fuente de sodas. (Traducción del inglés *soda fountain.*) f. Mostrador donde se preparan y sirven bebidas gaseosas (en inglés *sodas*) y helados.

fuereño, fuereña. m. y f. Provinciano, forastero.

fuerza: **a fuerza de tanto andar, nos ha de salir un callo.** ref. La repetición frecuente de un acto es peligrosa [DRAE 1956: tanto va el cántaro a la fuente hasta que deja allá el asa o la frente]. Compárese *cántaro.* || **a fuerzas, ni los zapatos entran.** ref. Con coacción no se consigue lo que se quiere; no se ejecuta lo que repugna. || **el que no se sienta con fuerzas, no se meta a cargador.** ref. No se acepte un cargo si no se siente capacitado.

fuetazo. m. Latigazo.

fuete. (Del francés *fouet.*) m. Látigo.

fulano de tal. m. Fulano, persona cuyo nombre se ignora o no se desea mencionar.

fumar: **no fumar** a alguien. loc. No soportarlo.

funda, o **funda de almohada.** (De *funda* 'cubierta', del latín tardío *funda* 'bolsa', del latín *funda* 'red de pescar, bolsa de red', de *funda* 'honda (de cazar pájaros)'.) f. cubierta de tela lavable para almohada.

fundillo. m. Trasero, asentaderas. || **fundillos.** (Del español *fondillos* 'parte trasera de los calzones', de *fondo* 'parte inferior', sust., del antiguo *fondo* 'hondo', adj., del latín *fundus* '(el) fondo'.) m. pl. Trasero, asentaderas.

fúrico, fúrica. adj. Furioso, airado, alterado violentamente.

furris. adj. Malo, mal hecho.

fushia. (Del latín moderno *Fuchsia,* cierto género de arbustos, del apellido de Leonhard *Fuchs,* botánico alemán del siglo xvi.) m. 1. Arbusto del género *Fuchsia*. || 2. Color morado rojizo.

fusilarse. Plagiar, copiar trozos o ideas de un autor [DRAE: fusilar].

fuste: **al que no le guste el fuste, que lo tire y monte en pelo.** ref. Si a alguien no le gusta lo que está haciendo (o no le gusta su situación), que se dedique a otra cosa; si alguien no está conforme con lo que le ofrecen, que no lo acepte (pero que, de aceptarlo, no le ponga reparos). Nota: El fuste es la armazón de la silla de montar.

futbol. (Del inglés *football*, que se pronuncia /fútbol/, de *foot* 'pie' + *ball* 'balón, pelota'.) m. Juego entre dos equipos de 11 jugadores, cada uno en un campo rectangular con dos porterías [DRAE prefiere *fútbol*].

futurismo. (De *futuro* 'porvenir'.) m. Actitud de un político, que él espera resulte en ser elegido o nombrado.

gacho, gacha. (Del español *gacho* 'encorvado, torcido', derivado del verbo *agachar* 'inclinar, encoger'.) adj. Malo, feo, desagradable. | **bien gacho.** loc. Muy desagradable. || **¡qué gacho!** loc. ¡Qué feo!

gachupín, gachupina. (Del americanismo *cachupín* 'español que se establece en América' o del español *cachopo* 'tronco hueco o seco', de *cacho* 'cacharro, vasija rota; pedazo'.) m. y f. despect. Español.

galantina. (Del francés *galantine.*) f. Carne fría deshuesada, que se sirve en su propia gelatina.

galeanense. (De *Galeana*, nombre de muchos municipios de la República Mexicana.) 1. adj. Perteneciente o relativo a Galeana . || 2. m. y f. Nativo o habitante de Galeana.

galera. (De *galera*, embarcación, del antiguo *galea*, embarcación, probablemente del griego *galéa*, cierto pez, de *galéē* 'comadreja'.) f. Cobertizo, tinglado.

galerón. (De *galera.*) m. Cobertizo, tinglado.

galgo: me admira que siendo galgo no sepas coger las liebres. ref. Reproche ante la ignorancia o falta de capacidad de quien se supone ser experto. Compárese *arpero, gato.*

gallera: alborotarse la gallera. (Del español *gallera* 'gallinero en que se crían los gallos de pelea'.) loc. Suscitarse un alboroto, un bullicio.

galleta de soda. (Traducción del inglés *soda cracker.*) f. Galleta fermentada (leudada) con bicarbonato de sosa (en inglés *soda)* y cremor tártaro.

gallina: gallina vieja hace buen caldo. ref. Las mujeres mayores tienen encantos secretos. | **al que te dé la gallina, no le niegues el alón.** ref. Agradezca-

mos a los bienhechores, correspondamos los favores recibidos [DRAE 1956: no es mucho que a quien te da la gallina entera, tú des una pierna de ella]. || **como gallina que ve lombriz.** loc. (De un hombre) entusiasmarse por una mujer. || **de la gallina más vieja, resulta el caldo mejor.** ref. Las mujeres mayores tienen encantos secretos. || **el que tenga gallinas, que las cuide del coyote.** ref. Quien tenga hijas casaderas las proteja de las acechanzas de los hombres. || **las gallinas de arriba ensucian a las de abajo.** ref. Quien ocupa un alto cargo, puede ocasionar perjuicios a sus inferiores jerárquicos. || **si la gallina come mal, mal pondrá.** ref. Los jefes deben tratar bien a sus empleados, para que éstos trabajen bien, y los padres a sus hijos para que éstos crezcan amables.

gallito. (Del latín *galla* 'agalla de roble'.) m. Cierta planta epífita (parásita) del género *Tillandsia.*

gallo: gallo. (Porque se acostumbra dar serenata a la hora en que cantan loa gallos.) m. Serenata en la madrugada, música en la calle, al pie de su ventana, para festejar a una persona. || **gallo de pelea.** m. Persona de experiencia, conocedora de la vida. || **gallo giro.** m. Gallo de alas y cuello muy vivos, con tonalidad amarilla. | **al primer gallo.** loc. Hacia medianoche. || **comer gallo.** loc. Mostrarse agresivo, estar de mal humor. || **¿comiste gallo?** loc. Te muestras agresivo. || **dar gallo.** (Porque se acostumbra hacerlo a la hora en que cantan los gallos.) loc. Dar serenata. || **el que es buen gallo, dondequiera (o: en cualquier gallinero) canta.** ref. Quien vale (tiene aptitudes o talento), vale donde sea. || **juega el gallo.** (De una expresión usada en las peleas de gallos.) loc. Está convenido, acepto la propuesta. || **llevar gallo.** (Porque se acostumbra hacerlo a la hora en que cantan los gallos.) loc. Llevar serenata. || **más claro no canta un gallo.** loc. Había explicado claramente. || **otro gallo me cantara.** loc. La situación sería diferente. || **parecer que come gallo.** loc. Mostrarse agresivo. || **tú me cantarás como gallo, pero no me haces madrugar.** loc. No me convencen tus razonamientos.

gallola, véase **gayola.**

gallón. (De *gallo* 'hombre fuerte o que trata de imponerse a los demás'.) m. Poderoso en política.

galopín, galopina. (Del francés *galopin*, de *galoper* 'galopar, correr de una parte a otra'.) m. y f. Quien ayuda a los cocineros en su trabajo.

galpón. (Quizá del náhuatl *calpolli* 'casa grande', de *calli* 'casa' + *-pol*, aumentativo; véase **calpulli.**) m. Cobertizo grande.

gambusino, gambusina. m. y f. Persona que busca yacimientos minerales y sobre todo oro.

gana: echarle ganas. loc. Poner gran empeño. || **el que mucho se despide, pocas ganas tiene de irse.** ref. de sentido claro. || **la regalada gana** de alguien. loc. Lo que le viene en gana, lo que quiere, lo que es su voluntad o capricho. || **morirse** alguien **de ganas.** loc. Desvivirse por algo. || **pegarle** (o **no pegarle**) a alguien **la gana.** loc. Querer (o no querer). || **pero con ganas.** loc. adj. En gran medida. || **quedarse con las ganas.** loc. No haber conseguido lo que se deseaba. || **venirle** a alguien **en gana** algo. loc. Querer hacerlo.

ganado: ganado de cría. m. Ganado que se dedica a la reproducción. || **ganado de engorde.** m. Ganado que se ceba para vender como carne. || **ganado de lana.** m. Ganado lanar (oveja, cabra).

gancho. (De *gancho* 'instrumento curvo para colgar'.) m. Objeto que se pone dentro de una prenda de vestir para colgarlo de un tubo vertical [DRAE: percha, colgadero].

ganso: ¡me canso, ganso! loc. (Respondiendo a un reto) sí puedo.

gaonera. (Del apellido del torero Rodolfo *Gaona.*) f. Cierta suerte (o lance) de capa en la lidia taurina.

garage. (Del francés *garage*, de *garer* 'estacionar'.) m. Parte de un edificio destinada a estacionar automóviles.

garambullo. m. Cierto cacto (*Myrtillocactus geometricans*), y su fruto comestible.

garantías individuales. f. pl. Derechos que la Constitución y las leyes garantizan a los ciudadanos.

garañón. (De *garañón* 'asno grande'.) Caballo semental.

garibaldi. (Porque la forma del pan recuerda la de la gorra militar que usaba Giuseppe *Garibaldi*, 1807-1882, patriota italiano.) m. Pan de forma de cono truncado, cubierto de bolitas de azúcar.

garigoleado, garigoleada. adj. Adornado profusamente, con exageración.

garigolear. tr. Adornar profusamente.

garnacha. f. Tortilla de maíz gruesa de borde levantado, con salsa (con chile) y otros ingredientes (frijoles, queso, crema, a veces carne picada o deshebrada).

garra: hecho garras. loc. Desgarrado, despedazado

garrotero. (De *garrote* 'palo que servía de freno'.) m. (En los trenes de ferrocarriles) el encargado del manejo de los frenos [DRAE: guardafrenos].

garza: garza blanca. f. Cierta ave (*Ardea alba*). || **creerse** alguien **la divina garza.** loc. Creerse importante o hermoso, presumir de talento. || **la divina garza.** loc. Presumido, vano, quien sueña ser un portento o irresistible. || **sentirse** alguien **la divina garza.** loc. Sentirse importante.

garzagarciense. (De *Garza García*, municipio del estado de Nuevo León, así llamado en honor de Genaro Garza García, ¿1842?-1904, gobernador de Nuevo León, 1871-1872 y 1876-1885, que nació allí.) 1. adj. Perteneciente o

93

relativo a Garza García. ‖ 2. com. Nativo o habitante de Garza García.

gasné. (Del francés *cachenez* 'bufanda para el cuello' [que se pronuncia /cashné/], literalmente = 'oculta nariz', de *cacher* 'ocultar' + *nez* 'nariz'.) m. Corbata o pañuelo de adorno para el cuello.

gastadera, f., o **gastadero,** m. Gasto excesivo o frecuente.

gasto: quien da el gasto tiene el mando. ref. de significado claro.

gata. f. despect. Sirvienta.

gata: ser la misma gata, nada más (o **nomás**) **que revolcada.** loc. Es el mismo asunto (u objeto) con modificaciones sólo superficiales.

gatazo (Del español *dar gatazo* 'engañar'.): **dar el gatazo.** loc. Tener el aspecto deseado (por haberse/haberlo arreglado).

gatígrafa. (De *gata* 'sirviente' y *taquígrafa.*) f. fest. Sirvienta.

gato. m. despect. Sirviente. | **a los gatos les gusta comer pescado, pero no mojarse los pies.** ref. Hay personas a las que no les gusta hacer el esfuerzo necesario para obtener lo que quieren. ‖ **me admira que siendo gato, no sepas coger ratones.** loc. que se usa con alguien que dice no saber hacer algo que tendría que saber. Compárese *galgo.*

gavillero. (De *gavilla* 'grupo de malhechores'.) m. Miembro de una gavilla (de malhechores).

gaviota: ¡a volar, gaviotas!, véase **volar.**

gayola o **gallola.** (Del español *gayola* 'jaula', del latín *caveola* 'jaulita', de *cavea* 'jaula'.) f. Galería alta de un cine.

gaznate. (Del español *gaznate* 'garguero, parte superior de la tráquea'.) m. 1. Cono de galleta relleno de merengue. ‖ 2. Dulce hecho de piña o coco.

geniudo, geniuda. adj., y m. y f. De mal genio, de mal carácter, fácilmente irritable.

gente: hablando se entiende la gente. ref. La palabra puede servir para calmar altercados o agresiones. ‖ **no trates gente viciosa, porque es muy peligrosa.** loc. de sentido claro. ‖ **ser** alguien **muy gente.** loc. Ser muy amable, atento, educado, bondadoso.

ginsén o **ginseng.** (Del inglés *ginseng,* del chino *rénshēn.*) m. Planta china *(Panax schinseng)* y su raíz aromática.

gira o **jira.** (Del español *gira* 'excursión, viaje'.) f. Viaje por varias partes de un distrito electoral para hacer campaña a favor de ser elegido.

gis. (Del latín *gypsum* 'yeso'.) m. Especie de lápiz, hecho de cierta piedra caliza, suave, que se usa para escribir en los encerados o pizarrones [DRAE: clarión, tiza].

gladiola. f. Planta del género *Gladiolus* [DRAE: gladíolo, estoque].

glamour (Del inglés *glamour.*) m. Hechizo, atracción, fascinación.

globero, globera. m. y f. Persona que vende o fabrica globos (juguete de niños).

globo: elevar globos, tirar cohetes y comprar billetes, es de zoquetes. ref. Es tonto hacer estas cosas (estos *billetes* son los de lotería).

glotonería: la glotonería mata más que la espada. ref. de sentido claro. Compárese *goloso.*

gobernador, gobernadora. m. y f. Persona elegida para que desempeñe el mando de un estado de la República Mexicana.

gobierno: ¡que te mantenga el gobierno! expr. que se usa para negar a alguien lo que pide.

goliza. f. Serie de goles.

goloso: de golosos y tragones, están llenos los panteones. ref. Comer con exceso mata. Compárese *glotonería.*

golpe. m. Lance afortunado en una cuestión peligrosa. ‖ **golpe** o **va el golpe** o **¡ahí va el golpe!** o **¡aquí va el golpe!** Voz de aviso que da el cargador para abrirse paso. | **golpe dado, ni Dios lo quita.** ref. Los hechos consumados no se pueden anular.

golpiza. f. Tunda o zurra de golpes.

goma. f. Malestar que se experimenta después de pasada la borrachera, cruda. | **a la goma.** loc. A paseo. Compárese *volar.*

góndola. (Del español *góndola* 'carruaje en que viajan juntas muchas perso-

nas), de *góndola*, embarcación vene-
ciana, del italiano *gondola*.) f. Plata-
forma de ferrocarril.

gorda. f. Tortilla de maíz más gruesa
que la común. ‖ **gorda con chile,** o
cinco chiles, o **tortilla con chile**
(onomatopeyas de su canto) o **prade-
ro.** Pájaro de una de dos especies
(*Sturnella magna* y *S. neglecta*). ‖ **gorda de cocol y ajonjolí.** f. Cierto pan
dulce de color oscuro, rociado con
semillas de ajonjolí. ‖ **gorda de piloncillo y chocolate.** f. Cierto pan dulce,
redondo, esponjado; en el centro tiene
betún de chocolate. | **no se puede so-
pear con gorda,** o **no se puede
sopear con gorda ni hacer taco con
tostada.** refs. Muchas cosas son im-
posibles (o disminuye el rendimiento)
sin los medios (o procedimientos)
adecuados, no hay que emplear lo inadecuado (las tortillas de maíz suaves
sirven para sopear [podrían suplir a
una cuchara] y hacer tacos; las gordas
son más tiesas y no sirven para eso; si
se trata de hacer un taco con una tortilla tostada [tiesa, seca] se rompe).
gordinflas. (Del español *gordinflón* [de
gordo] + *inflar*.) com. fest. Persona
gorda.
gordita. f. 1. Tortilla gruesa de maíz
más pequeña que la gorda. ‖ 2. Tortilla gruesa de harina de trigo. ‖ 3. Pan
pequeño de masa de maíz. ‖ **gordita
de anís y piloncillo.** f. Cierto pan
redondo de color oscuro. ‖ **gordita de
La Villa.** (*La Villa* es la Villa de Guadalupe, cierto distrito en el norte de la
ciudad de México.) f. Cierto pan dulce. ‖ **gordita de manteca.** f. Tortilla
gruesa de masa de maíz y manteca de
res. Se come abierta y con algún guiso
de carne, frijoles o salsa de chile. ‖
gordita de panela. f. Cierto pan
redondo de color oscuro, con granos
de piloncillo en la superficie.
gordo: caer gordo. loc. Caer mal, causar desagrado o disgusto, no ser sim-
pático. Compárese *plomo*. ‖ **pegarle
al gordo.** loc. Ganar el premio gordo,
el premio mayor de la lotería. ‖ **sacarse el gordo de la lotería.** loc. Ganar
el premio mayor.

gorgoreo. m. Gorgorito, quiebro que
se hace con la voz en la garganta, *vi-
brato*.
gorra: de gorra (como en *entrar de
gorra*). Gratis, sin pagar.
gorro: andar alguien **hasta el gorro.**
loc. Estar harto, fastidiado. ‖ **tenerlo**
a alguien **hasta el gorro.** loc. Estar
harto o fastidiado de esa persona. ‖
valerle a alguien **gorro** algo. loc. No
importarle.
**gorrón: no hay gorrón que no alabe al
anfitrión.** ref. Quien come o se divier-
te a costa ajena lo paga con halagos.
**gota: más vale gota que dure, y no
chorro que pare.** ref. Es preferible lo
poco, constante, y no lo mucho de vez
en cuando. Compárese *gotita*.
gotero. m. Cuentagotas.
**gotita: más vale gotita permanente, que
aguacero de repente.** ref. Es preferible lo poco, constante, y no lo mucho
de vez en cuando. Compárese *gota*.
**gramo: un gramo de previsión vale
más que una tonelada de curación.**
ref. Es mejor prevenir que curar.
granada china. (De *granada*, cierto árbol *[Punica granatum]* y su fruto, de
granada, la fruta, literalmente = 'la
que tiene granos (semillas)'.) f. Cierta
planta (*Passiflora quadrangularis*), y
su fruto comestible.
grasa. (De *grasa* 'lubricante graso', de
grasa 'manteca, sebo', *de grasa*, adj.,
'gorda', del latín *crassa*, femenino de
crassus 'gordo'.) f. Betún para poner
lustroso el calzado. | **dar grasa.** loc.
Dar betún al calzado.
greña: irse a las greñas. (De *greñas* 'cabellera revuelta'.) loc. Andar a là greña, reñir dos personas, a veces tirán-
dose de los cabellos.
grilla. (De *grillo*, porque el macho de
este insecto hace un ruido monótono
con sus élitros [alas anteriores].) f.
Discusiones privadas entre políticos. |
estar en la grilla. loc. Participar en la
grilla.
gringada. f. Acción (o espectáculo) con-
siderada propia de gringo.
gringo, gringa. (De *griego* 'extranjero;
lenguaje incomprensible'.) adj., y m. y
f. De los Estados Unidos de América,

estadounidense. | **en gringo.** loc. En un lenguaje ininteligible.

gripa. (Del francés *grippe.*) f. Cierta enfermedad viral aguda, febril y contagiosa [DRAE: gripe].

grisoso, grisosa. adj. Grisáceo, de color que tira a gris.

gritadera. f. Gritería.

grito: echarle a alguien un grito. loc. Llamarlo. || **un grito a tiempo saca el cimarrón del monte.** ref. Las advertencias deben ser oportunas. || **vale más un grito a tiempo que hablar a cada momento.** ref. Una advertencia oportuna es mejor que muchas.

groserías. (De *grosería* 'descortesía', de *grosero* 'descortés', de *gros-*, base de *grueso.*) f. pl. Palabras soeces.

guacal, véase **huacal.** || **salirse del guacal,** véase **huacal.**

¡guácala! interj. de asco.

guacamaya. (Del arahuaco *huacamayo.*) f. Cierta ave grande (*Ara militaris*) de cola muy larga y colores brillantes. || **hablar como guacamaya.** loc. Hablar excesivamente.

guacamole. (Del náhuatl *ahuacamolli*, literalmente = 'salsa de aguacate', de *ahuacatl* 'aguacate' + *molli* 'salsa'.) m. Especie de salsa o ensalada hecha de una mezcla molida de aguacate, jitomate y cebolla.

guacamote. (Del náhuatl, probablemente = 'camote seco', de *huacqui* 'seco' + *camotli* 'rizoma, tubérculo, camote'.) m. Cierta planta del género *Manihot*, y su rizoma comestible.

guachinango, véase **huachinango.**

guachinango, guachinanga. (Quizá significó al principio 'de la zona de Huauchinango'; véase **huachinanguense.**) adj. (En Veracruz) de las poblaciones arribeñas.

guadalajarense, o **guadalajareño, guadalajareña** (De *Guadalajara*, capital del estado de Jalisco, fundada cerca de la primera Guadalajara mexicana, villa que ya se llamaba así en 1532, en honor del conquistador Nuño Beltrán de Guzmán, que venía de la Guadalajara española.), o **tapatío.** 1. adj. Perteneciente o relativo a Guadalajara. || 2. com., y m. y f. Nativo o habitante de Guadalajara.

guadalupano, guadalupana. adj. Relativo a la Virgen de Guadalupe. Se dice que la Virgen de Guadalupe (España) apareció cuatro veces cerca de la Ciudad de México en 1531.

guadaño. m. Bote pequeño que se usa para transportar personas y mercancía entre los buques y los puertos.

guaimense, véase **guaymense.**

guaimeño, guaimeña, véase **guaymeño.**

guaje o **huaje.** (Del náhuatl *huaxin*, cierta calabaza.) m. 1. Especie de acacia. || 2. Calabaza alargada de base ancha. || 3. Tonto, bobo. | **el que (de chico) es guaje, hasta acocote no para.** ref. Quien es tonto de pequeño seguirá siéndolo de adulto, o de joven se dan indicios (deficiencias y aptitudes) de lo que se será de mayor. || **hacer guaje** a alguien. loc. Engañarlo. | **hacerse guaje.** loc. Hacerse el tonto, fingir no darse cuenta o no comprender.

guajillo o **huajillo.** (De *guaje.*) m. Nombre de varios árboles parecidos a la acacia.

guajito: más vale "guajito tengo" que no "acocote tendré". (De *guaje.*) ref. No hay que dejar algo seguro por la esperanza de algo mayor pero inseguro [DRAE 1956: más vale pájaro en mano que buitre volando].

guajolote, guajolota. (Del náhuatl *huexolotl*, literalmente = 'gran monstruo', de *hue, huei* 'grande' + *xolotl* 'monstruo'.) f. y m. Pavo (*Meleagris gallopavo*). || **guajolote silvestre** o **guajolote de monte.** m. Guajolote que no es doméstico.

guamazo. (Del inglés *wham*, onomatopeya del sonido de un golpe, + el español *-azo* 'golpe'.) m. Golpe.

guamúchil o **huamúchil** o **cuamúchil.** (Del náhuatl *cuauh-mochitl*, cuyo primer elemento viene de *cuahuitl* 'árbol'.) m. Cierto árbol (*Pithecolobium dulce*), y su fruto comestible.

guan. (Probablemente del cuna [lengua chibcha de Panamá] *kwama, cuama.*) m. Ave grande (familia: Cracidae) de los bosques densos. || **guan cornudo** o **pavón.** m. Cierto guan (*Oreophasis derbianus*) que tiene un cuerno en la coronilla.

guanábana. (Del taíno *guanábana.*) f. Fruto comestible del guanábano, grande e irregularmente ovoide.

guanábano. (De *guanábana.*) m. Árbol tropical americano *(Annona muricata)*, cuyo fruto es la guanábana.

guanacaste o **guanacastle** o **cuanacaste** o **juanacastle.** (Del náhuatl *cuauhnacaztli*, literalmente = 'árbol de orejas' [por la forma del fruto], de *cuahuitl* 'árbol' + *nacaztli* 'oreja' [raíz: *nacatl* 'carne'].) m. Cierto árbol tropical *(Enterolobium cyclocarpum)*.

guanajuatense. (De *Guanajuato*, capital del estado de Guajanuato, del tarasco, literalmente = 'cerro de la rana', de *khuanási* 'rana' + *juáta* 'cerro'.) 1. adj. Perteneciente o relativo a Guanajuato (estado o su capital). || 2. m. y f. Nativo o habitante de Guanajuato (estado o su capital).

guango, guanga. adj. Holgado. | **venir guango algo**, véase *venir*.

guangoche. m. Tejido grueso que se emplea para sacos de carga.

guante: **echarle** a alguien **el guante.** loc. Aprehender (por ejemplo, a un criminal). || **tratar** a alguien **con guante blanco.** loc. (En un asunto molesto) tratar al adversario con comedimiento y moderación.

guapetón, guapetona. adj., y m. y f. Relativamente guapo.

guaracha. (Del español antiguo *guar* 'lugar' + *hacha*, cierto baile, de *hacha*, herramienta.) f. Cierto baile popular, y la música correspondiente.

guarache, véase **huarache.**

guarachero, guarachera. m. y f. Persona que canta guarachas.

guarapearse. (De *guarapo.*) Emborracharse, especialmente con guarapo.

guarapeta o **huarapeta.** (De *guarapo.*) f. Borrachera. | **agarrar** (o: **ponerse**) **una guarapeta.** loc. Emborracharse. || **traer una buena guarapeta.** loc. Estar muy borracho.

guarapo. (Probablemente de origen africano y luego antillano.) m. 1. Jugo de la caña de azúcar exprimida. || 2. Cierta bebida fermentada hecha con este jugo.

guardadito. m. Ahorros. | **darle** a alguien **su guardadito.** loc. 1. Matarlo. || 2. Castigarlo.

guarura. (Probablemente del tarahumara *wa'rura* 'grande, importante'.) m. Guardaespaldas.

guasave o **guazave.** com. Miembro de un pueblo cahíta del estado de Sinaloa.

guasavense, o **guasaveño, guasaveña.** (De *Guasave*, municipio del estado de Sinaloa, de *guasave*, nombre de un grupo indígena que habitaba en esa región.) 1. adj. Perteneciente o relativo a Guasave. || 2. m. y f. Nativo o habitante de Guasave.

guasear. (De *guasa* 'chanza, burla'.) tr. Bromear, usar de guasa o chanzas [DRAE: guasearse].

guasontle, véase **huauzontle.**

guatemalteco, guatemalteca. (De *Guatemala*, país de Centroamérica, posiblemente del náhuatl *Cuauhtemallan*, de *cuahuitl* 'árbol'.) 1. adj. Perteneciente o relativo a Guatemala. || 2. m. y f. Nativo o habitante de Guatemala.

guáter, véase **wáter.**

guayaba. (De origen arahuaco.) f. Fruto del guayabo, de color amarillo rosado.

guayabate. m. Pasta dulce de guayaba.

guayabera. (Probablemente de *guayaba.*) f. Camisa yucateca de hombre, plisada al frente (con pliegues verticales), cuyas faldas se suelen llevar por encima del pantalón.

guayabo. m. Cierto árbol tropical *(Psidium guajava)* cuya fruta es la guayaba.

guayín, o **carro guayín.** (Posiblemente del inglés *way in*, literalmente = 'entrada', pintado en una puerta de ciertos carruajes de cuatro ruedas importados de Estados Unidos.) m. Tipo de automóvil.

guaymense, o **guaymeño, guaymeña.** (De *Guaymas*, municipio del estado de Sonora.) 1. adj. Perteneciente o relativo a Guaymas. || 2. m. y f. Nativo o habitante de Guaymas.

guayule. (Del náhuatl *cuauhuli*, literalmente = 'hule de árbol', de *cuahuitl* 'árbol' + *uli* 'hule, goma'.) m. Cierto arbusto pequeño *(Parthenium argentatum)*, de hojas plateadas, del que se saca hule.

guazave, véase **guasave.**

97

güegüenche, véase **huehuenche.**

guelaguetza. (De origen zapoteco.) f. (Entre los zapotecos) 1. Sistema de ayuda mutua en labores agrícolas y en construcción de casas. || 2. Festival folclórico, con danzantes y músicos de las siete regiones del estado de Oaxaca.

güera. (De *güera* 'rubia', véase *güero.)* f. (En el juego del dominó) la blanca. || **güera a fuerzas,** o **güera oxigenada.** f. Mujer que se tiñe el pelo de color rubio.

güerco, güerca, véase **huerco.**

güerejo, güereja. adj., y m. y f. despect. Güero.

güerito, güerita. adj., y m. y f., diminutivo cariñoso de **güero.**

güero, güera (o, por confusión, **huero, huera,** como en *huevo huero* 'huevo no fecundado'). (De *huero* 'vano, vacío, malogrado', de *huero* 'hombre enfermizo, blanco; rubio'.) adj., y m. y f. 1. De cabellos rubios (de color amarillento o dorado). || 2. De cutis claro.

guerra florida. (Traducción del náhuatl *xochiyaoyotl,* de *xochitl* 'flor' + *yaoyotl* 'guerra' [de *yaoana* 'capturar'].) f. Guerra sagrada o ceremonial de los antiguos mexicanos (mexicas, tarascos, tlaxcaltecas, cholultecas), en que los guerreros capturados eran sacrificados. Se llamó "guerra florida" porque iban al campo de batalla a recolectar "flores" ya que en la piedra de los sacrificios, al golpe del cuchillo, surgía la más preciosa de las flores —el corazón del hombre.

guerrerense. (De *Guerrero,* estado de la República Mexicana, así llamado en honor de Vicente Guerrero, 1782-1831, uno de los caudillos de la Guerra de Independencia, que era de esa zona.) 1. adj. Perteneciente o relativo a Guerrero. || 2. m. y f. Nativo o habitante de Guerrero.

guerrista. adj., y com. Niño que da guerra, que causa molestia, por travieso o inquieto.

güeva, véase **hueva.**

güevo, véase **huevo.** | **a güevo,** véase **huevo.** || **¡a güevo mijo!** loc. Sí, afirmación enfática.

güevón, güevona, véase **huevón.**

güevonada, véase **huevonada.**

güevonazo, güevonaza, véase **huevonazo.**

güey, y **¡álzalas, güey!,** véase **buey.**

güila o **huila.** (De *güilota.)* f. Pavo hembra.

güilo o **huilo, güila** o **huila.** (Del náhuatl *huila* 'tullido'.) adj., y m. y f. Tullido.

güilota o **huilota.** (Del náhuatl *huilotl* 'paloma'.) f. Paloma *(Zenaida macroura).*

güilote, véase **huilote.**

güinche, véase **winche.**

guinda. (De *guinda,* fruta del guindo [especie de cerezo], por el color del fruto.) adj. Rojo oscuro.

guineo, o **plátano guineo.** (De *guineo* 'de Guinea (región de África Occidental)'.) m. Cierta variedad de plátano de fruto pequeño y oloroso. || **guineo manzano.** m. Variedad de plátano *(Musa sapientum odorata)* cuyo fruto, amarillo, recuerda por su sabor, olor y color, los de la manzana. || **guineo morado.** m. Variedad de plátano *(Musa sapientum rubra)* cuyo fruto tiene la corteza rojiza y la carne rosada.

güirigüiri. (Onomatopeya semejante a *guirigay* 'gritería, confusión de voces' y al latín *gula* 'garganta, *gurges* 'abismo, remolino en un río', *ingurgitare* 'tragar'.) 1. m. Conversación animada, chismorreo. || 2. loc. adv. Hablando excesivamente.

güiro. (Probablemente de origen taíno.) m. 1. Cierta planta *(Crescentia cujete),* y su fruto que es como una calabaza cilíndrica. || 2. Instrumento musical que tiene como caja el fruto de esa planta (se toca raspando un palo contra esa caja).

guisandera: a la mejor guisandera se le va el tomate entero. ref. En cualquier oficio, aun el más hábil puede equivocarse [DRAE: al mejor cazador se le va la liebre]. Compárese *cocinera.*

guiso: el mejor guiso se hace a fuego lento. ref. Se llega a la meta sólo con paciencia y esfuerzo.

gusanillo o **gusanito.** m. Inquietud, desasosiego por algo que se desea saber.

gusano. m. Cubano que en 1959 o después fue a vivir fuera de Cuba. || **gusano del elote.** m. Larva que ataca al maíz y al sorgo. || **gusano de maguey** o **gusano del maguey.** m. Larva comestible de cierto lepidóptero, que se cría en los magueyes. || **gusano medidor.** (Para caminar junta las extremidades y luego se despliega, dando la impresión de que está midiendo el terreno, o la rama por la que va.) m. Larva de una polilla de la familia Geometridae. || **gusano peludo.** m. Cierto gusano que ataca la planta del algodón. || **gusano quemador.** m. Cierto gusano peludo que al contacto con la piel produce una sensación de quemadura. | **quitársele** a alguien **el gusano.** loc. Contentar un antojo, satisfacer un deseo (aunque sea sólo en parte). Compárese **gusanillo**.

gutierrense. (De *Gutiérrez Zamora*, municipio del estado de Veracruz, así llamado en honor de Manuel Gutiérrez Zamora, 1813-1861, gobernador de Veracruz desde 1856.) 1. adj. Perteneciente o relativo a Gutiérrez Zamora. || 2. m. y f. Nativo o habitante de Gutiérrez Zamora.

guzmanense. (De *[Ciudad] Guzmán*, municipio del estado de Jalisco, así llamada en honor de Gordiano *Guzmán*, compañero de Vicente Guerrero en la Guerra de Independencia [1810-1821].) 1. adj. Perteneciente o relativo a Ciudad Guzmán. || 2. m. y f. Nativo o habitante de Ciudad Guzmán.

haba: **en todas partes se tuestan habas.** ref. Muchas flaquezas humanas (y costumbres) son iguales en distintas regiones del mundo [DRAE 1956: en todas partes cuecen habas, y en mi casa, a calderadas]. || **puras habas.** loc. Cosas insignificantes. || **quemarse las habas.** loc. Estar en situación apurada, que requiere acción inmediata. Compárese *calabaza* || **yo, puras habas.** loc. No me importa.

habanero, véase **chile habanero.**

haber: **No hay que ser.** (De *no hay que ser [injusto].)* loc. Es un abuso, se excedieron, se trata de una actitud reprobable. || **no hay peor ciego que el que no quiere ver.** ref. Es inútil tratar de persuadir a quien no quiere ver la razón [DRAE 1956: no hay peor sordo que el que no quiere oír]. || **pronto y bien, no hay quien.** ref. Hay que trabajar con calma, sin prisas. || **¿qué hay?** expr. que se usa para saludar. || **¿quiubas?,** o **¿quiubo?, ¿qué hubo?, ¿quihubo?,** o **¡quiúbole!, ¡quihúbole!, ¡qué húbole!** (Todas estas expresiones vienen de *¿qué hubo?,* algunas + *-le.)* exprs. que se usan para saludar (salutación familiar).

hablada. (De *hablar.)* f. 1. Murmuración, chisme. || 2. Fanfarronada. || **echar habladas.** loc. 1. Fanfarronear. || 2. Mentir.

habladera. f. Murmuración, chisme.

hablado: **lo hablado, el viento se lo lleva; lo escrito, grabado queda.** ref. Hay que poner en documentos los tratos, no fiarse sólo en la palabra. || **mal hablado, mal hablada.** adj., y m. y f. Que utiliza muchas groserías al hablar.

hablador, habladora. (De *hablar.)* adj., y m. y f. 1. Mentiroso. || 2. Fanfarrón. |

cae más pronto un hablador que un cojo. ref. Las mentiras se descubren pronto o fácilmente; si el que miente no tiene buena memoria, al repetir su cuento quizá lo cambie y así lo descubran [DRAE 1956: más presto se coge al mentiroso que al cojo].

hablar: **al que no habla, nadie lo oye.** ref. Quien no se atreve a exponer sus deseos, pierde la ayuda que podría obtener; sólo explicando su pretensión podrá ser atendido. [DRAE 1956: a quien no habla, no le oye Dios]. || **el que poco habla, poco yerra.** ref. Es inconveniente hablar demasiado [DRAE 1956: quien mucho habla, mucho yerra]. || **ni hablar.** loc. Fuiste convincente, tienes razón, inútil discutir, está resuelto; efectivamente, en verdad.

hacer: **hacer de cuenta.** loc. Suponer, imaginar. || **hacerla.** loc. Conseguir lo que se deseaba o pretendía. || **hacerle** (o **no hacerle**) a algo. loc. Ser bueno para eso. || **hacer maje** (o: **pendejo**) a alguien. loc. Engañarlo. || **hacer perdedizo** algo. loc. Robarlo. || **hacer que se hace.** loc. Aparentar que se trabaja [DRAE: hacer que hacemos]. || **hacerse.** loc. 1. Hacerse el tonto, hacerse el que no sabía. || 2. Hacerse a un lado, quitarse. || **hacerse a.** loc. Acostumbrarse a, resignarse. || **hacerse del rogar.** loc. No acceder de inmediato a lo que se le pide, mostrarse renuente ante las súplicas [DRAE: hacerse de rogar]. || **hacerse** alguien **interesante.** loc. Adoptar cierta actitud para parecer digno de interés. || **hacérsela** a alguien **buena.** loc. Ojalá sea (o: fuera) cierto, ojalá se realice. || **hacérsele** algo a alguien. loc. Realizarse un deseo, conseguir lo que se deseaba. || **hacérsele** a alguien **que.** loc. Parecerle que. || **hacerse** alguien **maje, o pendejo, o tarugo, o tonto.** locs. 1. Engañarse solo. || 2. Hacerse el tonto, el que no sabía. || **hacerse** (o **no hacerse**) alguien **para atrás.** loc. No cumplir su palabra. || **hacer tarugo** (o: **tonto**) a alguien. loc. Engañarlo. | **el que la hace, la paga.** ref. Uno sufre las consecuencias de sus actos. || **no le hace.** loc. No importa. || **no le hagas.** 1. interj. de asombro o incredulidad. || 2. loc. No provoques, no suscites. || **no te hagas.** loc. No finjas. || **¿qué haciendo?** loc. ¿Qué estás haciendo? || **¿qué le hace?** loc. ¿Qué importa?. || **¿qué le hacemos, o qué le haremos?,** o **¿qué le hemos de hacer?** o **¿qué se le va a hacer?** locs. No tiene remedio, hay que conformarse. || **si es difícil, lo hago luego; y si es imposible, me esperan tantito.** expr. con que alguien alardea de sus capacidades. || **ya ni la haces.** expr. de censura dirigida a alguien. Compárese *amolar.*

hacha. (De *hacha* 'herramienta cortante, aguda', del francés *hache.*) m. y f. Bueno en cierta materia de estudio o en cierto trabajo. | **como hacha.** loc. adv. Bien en cierta materia de estudio o en cierto trabajo. || **hecho un hacha.** Bien preparado. || **voy con mi hacha.** Comienzo a actuar, déjenme la delantera, llegó mi turno.

hacienda: **quien tenga hacienda y no la atienda, no tiene hacienda aunque así lo crea.** ref. Quien posee un negocio debe ocuparse de él.

haikai. (Del japonés *haikai*, tipo festivo de poesía o prosa japonesa.) m. Poema de 3 versos no rimados, típicamente de 5, 7 y 5 sílabas respectivamente, y que se refieren a una estación del año (en japonés, esta forma fija de poesía se llama *haiku* o *hokku).*

hall. (Del inglés *hall.*) Pronunc. /jol/. m. Cuarto de entrada de un edificio, vestíbulo.

hambre: **a'í verás si mueres de hambre o comes lo que te dan.** ref. Hay que conformarse con lo que se consigue aunque sea poco. || **de hambre a** nadie vi morir; **de mucho comer, a cien mil.** ref. Mucha gente come demasiado para su salud. || **el que hambre tiene, en pan piensa.** ref. Quien tiene un deseo piensa en cómo satisfacerlo. || **estar ladrando de hambre.** loc. Tener mucha hambre. || **¿qué dice el hambre?** expr. fest. que se usa como saludo en un momento en que se supone que la otra persona no ha comido todavía. || **se quita el hambre comiendo; durmiendo se quita el sueño; y lo pendejo, ¿con qué?** loc. La estupidez no tiene remedio.

harinudo, harinuda. adj. Harinoso.

hashish. (Del árabe *hashīsh.*) m. Resina concentrada del cáñamo hembra, que intoxica cuando se fuma, masca o bebe [DRAE: hachís].

hasta: mexicanismo sintáctico, como en **"yo desayuno hasta las 9"** (expresión que en otros países de habla española sería "yo no desayuno hasta las 9") a lo que se podría preguntar: —**¿A qué hora comienzas?** || **hasta que hasta.** loc. Finalmente sucedió.

hebra: **romperse la hebra.** loc. Interrumpirse la amistad o la armonía.

hechizo, hechiza. (Del español *hechizo* 'artificioso, fingido', del latín *facticius.*) adj. Hecho a mano y no a máquina.

helado. (De *helado*, adj., 'congelado, muy frío'.) m. Alimento congelado que contiene crema, azúcar y algún sabor (a veces, huevos), que se fabrica meneándolo mientras se congela [DRAE: sorbete].

helodia (De *helada.*), véase **chela.**

hendir. tr. Hender.

henequén. (Probablemente de origen taíno.) m. Cierta planta tropical *(Agave fourcroydes)* de cuyas hojas se deriva una fibra fuerte con la que se fabrican cuerdas.

henequenero, henequenera. 1. adj. Relativo al henequén. || 2. m. y f. Quien se dedica a cosechar el henequén, o que trabaja o comercia con él.

heno o **pastle.** (Del náhuatl *pachtli.*) m. Planta epífita que cuelga de los árboles (género: *Tillandsia).*

hermosillense. (De *Hermosillo*, capital del estado de Sonora, nombre que se dio a la ciudad en 1828 en honor del general insurgente José María González Hermosillo, muerto en 1819.) 1. adj. Perteneciente o relativo a Hermosillo. || 2. m. y f. Nativo o habitante de Hermosillo.

hervor: **no cocerse** alguien **al primer hervor.** loc. Ser viejo.

hicaco, véase **icaco.**

hicotea, véase **jicotea.**

hidalgo. (Del apellido de Miguel *Hidalgo,* 1753-1811, que en 1810 empezó la Guerra de Independencia contra España.) m. Moneda de oro de 10 pesos (tiene la efigie de Hidalgo).

hidalguense. (De *Hidalgo,* estado de la República Mexicana, creado en 1869 y así llamado en honor de Miguel *Hidalgo,* 1753-1811, que en 1810 empezó la Guerra de Independencia contra España.) 1. adj. Perteneciente o relativo a Hidalgo. || 2. m. y f. Nativo o habitante de Hidalgo.

hidrante. (Del inglés *hydrant,* de *hydr-,* del griego *hydr-,* de *hýdōr* 'agua'.) m. Tubo con una válvula, de donde puede sacarse agua para apagar incendios.

hidrocálido (Del griego *hydro-* 'agua' [de *hýdōr* 'agua'] + el español *cálido* 'caliente'), véase **aguascalentense.**

hiedra venenosa. (Traducción del inglés *poison ivy.)* f. Planta del género *Rhus,* que produce un aceite irritante que causa sarpullido si se la toca.

hiel: tener la hiel derramada. loc. Tener ictericia (acumulación de pigmentos biliares en la sangre).

hielera. (De *hiel* 'bilis', por amarga.) f. Cierta planta del género *Gentiana.*

hielo: aplicarle a alguien **el hielo.** loc. Ningunearlo, no tomarlo en consideración.

hierba, véase, además, **yerba.** || **hierba santa** o **yerba santa.** f. Arbusto del género *Eriodictyon* cuyas hojas aromáticas se usan para aderezar ciertos guisos.

hierbería o **yerbería.** f. Tienda donde se venden hierbas.

hierbero, hierbera, o **yerbero, yerbera.** adj., y m. y f. 1. Curandero que cura con hierbas. || 2. Persona que vende hierbas.

hígado: estarle a alguien **chupando el hígado.** loc. Estar molestando, fastidiando. || **ser** alguien **un hígado.** loc. Ser antipático, molesto. | hígado picado: **tener el hígado picado.** loc. Tener cirrosis.

hija: a ti te lo digo, mi hija; entiéndelo tú, mi nuera. ref. Hay alusiones personales que se expresan indirectamente (para que otra persona entienda y se corrija) [DRAE 1956: a ti te lo digo, hijuela; entiéndelo tú, mi nuera].

hijo: hijo de gata, ratones caza, o **hijo de gato, caza ratón.** ref. Los hijos se portan como sus padres. || **hijo de gendarme.** (Entre los gendarmes había muchos con antecedentes penales.) m. Persona a la que desdeñan o menosprecian. || **hijo de la chingada** o **jijo de la chingada.** expr. grosera injuriosa o de desprecio, que equivale a malvado, malévolo, que realiza acciones malintencionadas. Existen variantes como: **hijo de la jodida, hijo de la mala vida, hijo de tu pinche madre, hijo de tu rechingada madre** y otras eufemísticas como: **hijo de la guayaba, hijo de su pelona, hijo de la tiznada, hijo de la tostada, hijo de la trompada, hijo de tal por cual.** Son expresiones malsonantes. || **hijo de maguey, magueyito,** o **hijo de tigre, nace pintito.** ref. Los hijos se parecen a sus padres (por ejemplo, en sus costumbres). || **¡híjole!** o **¡híjoles!** (De *hijo + -le.)* o **¡jíjole!** Interj. de sorpresa o desilusión. || **hijos del maíz** o **jijos del maíz.** Pronunc. /máis/. m. pl. Malvados. | **no soy hijo de gendarme.** (Entre los gendarmes había muchos con antecedentes penales.) loc. de quien se siente excluido o humillado: No hay razón para que me traten mal. || **(o) todos hijos o todos entenados.** loc. Hay que tratar a todos con equidad, por igual, sin establecer preferencias. || **ser** alguien **un hijo de su puta madre.** loc. grosera. Ser malvado.

hilacha: ¡ah, que las hilachas! loc. de enojo.

hilo: al hilo. loc. Muy bien, correctamente. || **de un hilo.** loc. Sin interrupción, continuamente. || **el hilo se revienta por lo más delgado.** ref. Una cuestión entre un poderoso y un desvalido se resuelve a favor del primero, el fuerte prevalece contra el débil, es el más débil quien sale perjudicado [DRAE 1956: siempre quiebra la soga por lo más delgado]. Compárese *reata*.

hinchahuevos. (Dice la leyenda que se inflaman los testículos de los hombres que descansan bajo la sombra de estos árboles.) m. Nombre de varias plantas, sobre todo ciertos árboles silvestres de látex venenoso, del género *Comocladia*.

hinchar. intr. Molestar.

hisopo. (De *hisopo*, cierta planta, del latín *hyssopus*, del griego *hýssōpos*, de origen semítico. Los hebreos antiguos usaban esta planta en haces para ritos de aspersión.) m. 1. Brocha. || 2. Palito con algodón en los extremos que se usa para limpiar las orejas.

hit. Pronunc. /jit/, véase **jit.**

hoatzin. (Del náhuatl *huatzin* 'faisán'.) m. Cierta ave tropical *(Opisthocamus hoazin)* con cresta, un poco menor que un faisán.

hobby. (Del inglés *hobby*.) Pronunc. /jobi/. m. Ocupación que no es el oficio normal de uno a la que uno se dedica por diversión.

hocico: irse de hocico. loc. Caer golpeándose en la cara. || **poner tamaño hocico.** loc. Mostrar en el semblante mal humor o disgusto. || **romper el hocico.** loc. Derrotar, vencer.

hoja. hoja de maíz. f. Envoltura (seca) de la mazorca (se usa para envolver tamales). Esta hoja seca se llama en náhuatl *totomochtli*. || **hoja elegante.** f. Cierta planta cuyas hojas llegan a tener hasta 1 m 50 de largo. || **hoja santa** u **hojasanta.** f. Hoja de la hierba santa. | **por las hojas se conoce el tamal que es de manteca.** ref. Ciertos indicios nos llevan a conocer algo más profundamente. || **ser más las hojas que los tamales.** loc. Ser insignificante algo que aparece como grande o de cuidado [DRAE: ser más el ruido que las nueces; mucho ruido y pocas nueces].

hojalatería. f. Oficio de quien trabaja la hojalata.

hojaldra. f. Dulce hecho de hojaldre (en México, *hojaldre* es la masa, con la que se hace la *hojaldra*).

hojasanta, véase hoja.

hojuelas de maíz. (Traducción del inglés *cornflakes*, de *corn* 'maíz' + *flakes* 'escamas, laminillas, hojuelas'.) f. pl. cereal para el desayuno hecho de harina de granos de maíz.

holán u **olán.** (Del español *holán*, cierto lienzo fino, de *Holanda*, región de donde procedía esta tela, del neerlandés *Holland*.) m. Tira de tela que se cose como adorno en la parte baja de vestidos y faldas. [DRAE: faralá, volante].

holganza: holganza no llena la panza. ref. de significado claro.

hombre: a todo se acostumbra el hombre, menos a no comer. ref. Por la necesidad uno acaba por acostumbrarse a lo que en un principio disgustaba. || **el hombre no ha de ser de dichos sino de hechos.** ref. La calidad se muestra con acciones y no palabras, es mejor hablar poco y hacer mucho. || **el hombre que sabe, pronto sobresale.** ref. Hay que superarse en el estudio.

hombro: meter el hombro. loc. Trabajar con actividad, ayudar al logro de un fin [DRAE: arrimar el hombro].

home [Pronunc. /jom/] o **jom.** (Del inglés *home*, literalmente = 'hogar'.) m. En beisbol, base de hule de cinco lados, donde se pone el jugador para batear y que debe tocar un jugador para ganar una carrera.

honduras: meterse en honduras. (De *hondura* profundidad.) loc. Meterse alguien en lo que es superior a sus fuerzas.

hongo del maíz o **huitlacoche,** véase **huitlacoche.**

hoquis: de hoquis, véase **oquis.**

hora: horas extras. (Abreviación de *horas extraordinarias*.) f. pl. 1. Tiempo en que se trabaja después de un día o semana normal. || 2. Pago por el tiempo adicional que se trabajó. | **a la hora de la hora,** o **a la mera hora.**

loc. adv. A la hora crítica, en el momento. ‖ **¡oh, si volasen las horas del pesar como las del placer suelen volar!** ref. Sería bueno que las penas duraran tan poco como los momentos de deleite [Marcial en sus *Epigramas*, de 85 d.C., dice (1.15) "gaudia non remanent, sed fugitiva volant" ('las alegrías no se quedan, sino que se van volando')]. ‖ **¿qué horas son?** loc. ¿Qué hora es? (que es la forma que se usa fuera de México). ‖ **tener** alguien **muchas horas de vuelo.** loc. Tener mucha experiencia.

horchata. (Del español *horchata* 'bebida hecha con chufas', del latín *hordeata* 'hecha con cebada', de *hordeum* 'cebada'.) f. bebida hecha con semillas de melón o con granos de arroz.

horita, véase **ahorita.**

horitita, véase **ahoritita.**

hormiga: **hormiga arriera.** (Porque viaja en caravanas como las mulas de los arrieros.) f. Cierta hormiga que viaja en largas columnas. ‖ **hormiga colorada.** f. Hormiga de tamaño mayor que la arriera, la güera y la negra. ‖ **hormiga güera.** f. Hormiga de tamaño mayor que la negra pero menor que la colorada y la arriera. ‖ **hormiga negra.** f. Hormiga de tamaño menor que la colorada, la arriera y la güera. ‖ **hormiga soldado.** f. Cierta hormiga feroz del estado de Veracruz. ‖ **estar** algo **color de hormiga.** loc. Estar peligroso, triste, infausto. ‖ **más hace una hormiga andando que un buey echado.** ref. Para producir hay que ser diligente, laborioso.

horneada. f. Acción o resultado de hornear o enhornar.

horno: **no nomás con horno se hace el pan.** ref. No se logra una empresa si se carece de los elementos necesarios.

horror: **decir horrores** de alguien. loc. Hablar muy mal de esa persona. ‖ **horrores.** adv. Mucho, en alto grado, inmensamente.

hostigar. (De *hostigar* 'azotar con vara o látigo', del latín tardío *fustigare* azotar con bastón', del latín *fustis* 'bastón, palo'.) intr. Ser empalagoso (un alimento o bebida).

hot cake, véase **jot queik.**

hot dog. (Del inglés *hot dog* 'salchicha calentada servida en un pan', literalmente = 'perro caliente', de *hot* 'caliente' + *dog* 'perro'.) Pronunc. /jot dog/ o /jat dog/. m. Salchicha calentada servida en un pan.

hotel camarena. (De *hotel* 'establecimiento que proporciona alojamiento' + *cama* + *arena*, con un juego de palabras con el apellido *Camarena*.) m. Nombre que se usa en oraciones como "dormí en el Hotel Camarena" cuando se tuvo que dormir en la playa por falta de fondos o de habitaciones disponibles.

hoy: **de hoy en.** loc. adv. (como en "de hoy en ocho".) De aquí a ocho [días].

hoyanco. m. Hoyo grande en una carretera.

huacal o **guacal.** (Del náhuatl *huacalli*.) m. Especie de jaula o caja formada de tiras de madera separadas, en que se transporta fruta, hortalizas, loza o animales pequeños. ‖ **salirse del huacal.** Ser indisciplinado, desobediente, propasarse, excederse de lo razonable.

-huacán. (Del náhuatl *-huacan* 'lugar de los que tienen…', de *-hua* 'que tienen; poseedor' + *-can* 'lugar'.) Lugar, sufijo de topónimos, como en *Acolhuacán*, *Tehuacán*. Compárese *-cán*.

huachinango o **guachinango.** (Posiblemente de origen nahua.) m. Pez de mar de color rojizo, semejante al pagro. Los hay de varios géneros (por ejemplo, *Lutjanus* y *Sebastes*). ‖ **huachinango a la veracruzana.** m. Huachinango guisado con jitomates, aceitunas, alcaparras y chiles (y cebolla, ajo, laurel).

huaje, véase **guaje.**

huajillo, véase **guajillo.**

huajuapeño, huajuapeña. (De *Huajuapan [de León]*, municipio del estado de Oaxaca, del náhuatl *Huaxapan*, literalmente igual 'en el río de guajes [calabazas]', de *huaxin* 'calabaza' + *atl* 'agua; río' + *-pan* 'en'.) 1. adj. Perteneciente o relativo a Huajuapan. ‖ 2. m. y f. Nativo o habitante de Huajuapan.

huamantleco, huamantleca. (De *Huamantla*, municipio del estado de Tlaxcala.) 1. adj. Perteneciente o relativo a Huamantla. || 2. m. y f. Nativo o habitante de Huamantla.

huamúchil, véase **guamúchil.**

huapango. (Del náhuatl *huapalli* 'tabla de madera' + *pantli* 'hilera, fila' + *-co* 'en'.) m. 1. Baile cadencioso que se ejecuta taconeado, a veces sobre una tarima de madera. || 2. Música y canto que acompaña a este baile.

huapanguero, huapanguera. adj., y m. y f. Quien toca, canta o baila huapango.

huarache o **guarache.** (Del tarasco *kwarachi.)* m. 1. Sandalia. || 2. Masa de maíz a la que se da forma alargada y que se cubre de frijol, salsa de chile y otros alimentos. **| ponte los huaraches antes de meterte en la huisachera.** (De *huisachera* 'campo de huisaches', de *huisache* 'árbol espinoso'.) ref. Hay que ir preparado física y mentalmente al encuentro de las dificultades de la vida, precaverse de las contrariedades.

huarachudo, huarachuda. adj., y m. y f. Que usa huaraches.

huarapeta, véase **guarapeta.**

huasteco. m. Lengua del grupo inik de la familia maya. || **huasteco, huasteca.** (Del náhuatl *huaxteca,* habitante de la región de *Huaxtla,* literalmente = 'donde abundan los guajes [calabazas]', de *huaxin* 'guaje' + *-tla* 'lugar abundante en'; para *-teco,* véase **-eco.)** 1. adj. Perteneciente o relativo a la comarca llamada *La Huasteca* (estados de Veracruz, Tamaulipas y San Luis Potosí). || 2. m. y f. Nativo o habitante de La Huasteca.

huatabampense. (De *Huatabampo,* municipio del estado de Sonora, del cahíta, literalmente = 'en el agua del cauce'.) 1. adj. Perteneciente o relativo a Huatabampo. || 2. m. y f. Nativo o habitante de Huatabampo.

huateque o **guateque.** (Quizá de origen antillano.) m. Baile alegre, festejo en que se baila.

huatulqueño, huatulqueña. (De *[Santa María] Huatulco,* municipio del estado de Oaxaca.) 1. adj. Perteneciente o relativo a Huatulco. || 2. m. y f. Nativo o habitante de Huatulco.

huatusqueño, huatusqueña. (De *Huatusco,* municipio del estado de Veracruz, del náhuatl *Cuauhtuchco,* literalmente = 'lugar de conejos arbóreos', de *cuauhtuchtli* 'conejo arbóreo' [de *cuauhitl* 'árbol' + *tuchtli* 'conejo'] + *-co* 'en; lugar' [el "conejo de los árboles" es una especie de ardilla].) 1. adj. Perteneciente o relativo a Huatusco. || 2. m. y f. Nativo o habitante de Huatusco.

huauchinango, véase **huachinango.**

huauchinanguense. (De *Huauchinango,* municipio del estado de Puebla, del náhuatl *Cuauhchinanco,* literalmente = 'en los cercados de maderos', de *cuahuitl* 'árbol; madero' + *chinamitl* 'seto, cerca (de caña), estacada' [de *chi-* 'caña'] + *-co* 'en, lugar de'.) 1. adj. Perteneciente o relativo a Huauchinango. || 2. m. y f. Nativo o habitante de Huauchinango.

huautli. (Del náhuatl *huautli.)* m. Bledo.

huauzontle o **guasontle** o **huazontle.** (Del náhuatl *huautzontli,* literalmente = 'bledo como cabello', de *huautli* 'bledo' + *tzontli* 'cabello'.) m. Planta *(Chenopodium bonus)* de florecillas comestibles.

huave. 1. m. y f. Miembro de un grupo indígena que vive entre las lagunas y el Golfo de Tehuantepec (estado de Oaxaca). || 2. Lengua de la familia huave.

huazontle, véase **huauzontle.**

huebo: a huebos. loc. [DRAE: uebos], véase **huevo.**

huehuenche o **güegüenche.** (Del náhuatl *huehuentzin, huehuetzin* 'viejito', de *huehue* 'viejo' [raíz: hue-, *huey* 'viejo'] + *-tzin,* diminutivo.) m. Viejo que dirige las danzas en las fiestas de pueblo (compárese **danza de los huehuenches**). **| ora sí que el mejor huehuenche se ha quedado sin bailar,** o: **el mejor danzante se quedó sin bailar.** ref. Quien tenía más derecho a alguna cosa, se quedó sin ella.

huejotzinca. (De *Huejotzingo,* municipio del estado de Puebla, del náhuatl *Huexotzinco,* literalmente = 'en los saucitos', de *huexotl* 'sauce' + *tzintli,* sufijo diminutivo, + *-co* 'en, lugar'.) 1. adj. Perteneciente o relativo a Huejotzingo. || 2. com. Nativo o habitante de Huejotzingo.

huejutlense. (De *Huejutla*, municipio del estado de Hidalgo, del náhuatl, literalmente = 'lugar de sauces', de *huexotl* 'sauce' + *-tlan* 'lugar de'.) 1. adj. Perteneciente o relativo a Huejutla. || 2. m. y f. Nativo o habitante de Huejutla.

hueledenoche. m. Cierto arbusto tropical *(Cestrum nocturnum)* cuyas flores despiden fragancia de noche [DRAE: dondiego, galán de noche].

huerco, huerca, o **güerco, güerca.** (Del español huerco 'diablo; infierno', del latín *Orcus* 'infierno; dios del mundo de los muertos'.) m. y f. (En el Norte) muchacho, niño (idea original implícita: demonio de muchacho, muchacho condenado).

huerfanito. m. Cachito o sección (décimo o vigésimo) que queda por vender de un billete "entero" de lotería.

huero, huera, véase **güero.**

huesero, huesera. m. y f. Persona que compone o acomoda los huesos rotos o dislocados, sin ser médico.

hueso. m. Trabajo, empleo. | **a hueso.** loc. A fuerza. || **de hueso colorado.** loc. adj. o adv. (De un partidario, o de un opositor) ardiente, a ultranza, resuelto, extremo, muy activo. || **dejar** a alguien o a algo **en los puros huesos.** loc. Ponerse muy flaco. || **en los puros huesos.** loc. Muy flaco. || **la sin hueso.** f. fest. La lengua. || **no tener** alguien **hueso bueno.** loc. Sentir un malestar general. || **quedarse** alguien **en los puros huesos.** loc. Ponerse muy flaco. || **ser** alguien o algo **un hueso difícil** (o **duro**) **de roer.** loc. Ser una persona o tarea o empresa difícil.

huesuda: **la huesuda.** f. La muerte. || **pelarse** alguien **con la huesuda.** loc. Morir.

huetamense o **huetameño.** (De *Huetamo*, municipio del estado de Michoacán.) 1. adj. Perteneciente o relativo a Huetamo. || 2. m. y f. Nativo o habitante de Huetamo.

hueva o **güeva.** (De *huevos* 'testículos'.) f. Pereza, flojera, calma excesiva, cachaza.

huevazo. m. Golpe dado, en las fiestas de carnaval, con un huevo, o con el cascarón de un huevo relleno de agua con colorante o de confetis.

huevear. intr. Haraganear, rehuir el trabajo.

huevero, huevera. adj. (De un animal) que come huevos.

huevo¹: **huevo de pípila.** m. Huevo de guajolote. || **huevo real.** Dulce de yema de huevo cocida a baño María, cubierta de almíbar con piñones o almendras, canela y pasas. || **huevos ahogados.** m. pl. Huevos cocidos en una salsa de jitomate, cebolla y chile, con caldo de pollo, y a veces con nopalitos. || **huevos a la mexicana.** m. pl. Huevos revueltos, suaves y cremosos, con cebolla, jitomate y chile. || **huevo sancochado.** m. Huevo escalfado, cocido en agua hirviendo sin la cáscara. || **huevos motuleños.** (De *motuleño* 'de Motul (municipio del estado de Yucatán)'.) m. pl. Huevos estrellados con jitomate picado, que se sirven con tortillas de maíz untadas con puré de frijol (refrito) y con rebanadas de plátano frito, jamón picado, queso rallado y chícharos. || **huevos rancheros.** m. pl. Huevos fritos con una tortilla de maíz abajo, y bañados en una salsa de jitomate, cebolla, ajo, chile y aceite. || **huevo tibio.** m. Huevo pasado por agua, cocido por poco tiempo en agua hirviendo. | **hay quien mucho cacarea, y no pone nunca un huevo.** ref. Algunos presumen de mucho pero no realizan nada. || **no hay que colocar todos los huevos en una sola canasta.** loc. No hay que invertir todo el capital en un solo negocio o en un solo banco. || **no sólo hay que poner el huevo, sino saberlo cacarear.** loc. Si alguien ha hecho algo bueno debe anunciarlo.

huevo² (De *huevo* 'testículo'.): **huevos.** m. pl. Testículos. Es voz malsonante. | **apostar un huevo.** (De *huevo* 'testículo'.) loc. malsonante. (De un hombre) estar seguro. || **hinchársele** (o **no hinchársele**) a alguien **los huevos.** loc. malsonante. Dársele (o no dársele) la gana.

huevo³: **a huevo** o **a huebo.** (Del español antiguo *uebos* 'necesidad', del latín *opus* 'necesidad'.) loc. Por fuerza, sin discusión. Compárese *chaleco*.

huevón, huevona, o **güevón, güevona.** (De *huevos* 'testículos'.) m. y f. Holgazán, flojo, indolente, que rehúye el trabajo. Es voz malsonante.

huevonada o **güevonada.** (De *huevón* 'holgazán'.) f. Pereza. Es voz malsonante.

huevonazo, huevonaza, o **güevonazo, güevonaza.** Es voz malsonante.

huevonear. intr. Haraganear, rehuir el trabajo. Es voz malsonante.

huichapeño, huichapeña. (De *Huichapan*, municipio del estado de Hidalgo, posiblemente del náhuatl *Huitzapan*, literalmente = 'en el río de espinas', de *huitzli* 'espina'+ *atl* 'agua; río' + *-pan* 'en'.) 1. adj. Perteneciente o relativo a Huichapan. || 2. m. y f. Nativo o habitante de Huichapan.

huichol, huichola. (Del hichol *huichol* 'pluma'.) 1. adj., y m. y f. Miembro de un grupo indígena que reside en las montañas situadas entre los estados de Zacatecas y Nayarit. || 2. m. Lengua del grupo huicholeño de la familia yutoazteca.

huiclacoche, véase **huitlacoche.**

huihuí. com. Persona encargada de conseguir clientes para un prostíbulo.

huilo, véase **güilo.**

huilota, véase **güilota.**

huilote o **güilote,** véase **cuilote.**

huimanguillense. (De *Huimanguillo*, municipio del estado de Tabasco.) 1. adj. Perteneciente o relativo a Huimanguillo. || 2. m. y f. Nativo o habitante de Huimanguillo.

huinche, véase **winche.**

huipil. (Del náhuatl *huipilli.*) m. Camisa larga de mujer, sin mangas.

huisache o **huizache.** (Del náhuatl *huixachi*, literalmente = '(árbol) muy espinoso', de *huitzli* 'espina, púa' + *ixachi* 'mucho'.) m. Cierto árbol muy espinoso *(Acacia farmesiana)*.

huisachear. (De *huisachero.*) intr. Ejer-

cer la profesión de abogado sin tener título.

huisachero, huisachera. (De *huisache*, porque con sus semillas se prepara cierta tinta, igual que el español *tinterillo* 'oficinista' viene de *tintero*, que viene de *tinta.*) m. y f. Persona que ejerce la profesión de abogado sin tener título.

huitlacoche o **cuitlacoche.** (Del náhuatl *cuitlacochi*, de *cuitla* 'trasero; excremento' + posiblemente *cochi* 'dormir'.) m. Cierto hongo negruzco comestible *(Ustilago maidis)*, que es un parásito del maíz.

huixquiluqueño, huixquiluqueña. (De *Huixquilucan*, municipio del Estado de México, del náhuatl *Huitzquilocan*, literalmente = 'lugar lleno de huisquelites (quelites espinosos)', de *huitztli* 'espina' + *quilitl* 'quelite, hierba'.) 1. adj. Perteneciente o relativo a Huixquilucan. || 2. m. y f. Nativo o habitante de Huixquilucan.

huizache, véase **huisache.**

¡hújule!, véase **¡újule!**

hule. m. (Del náhuatl *olli.*) 1. Cualquiera de varias plantas tropicales de los géneros *Hevea* y *Ficus*. || 2. Goma elástica, caucho obtenido coagulando el látex de una de estas plantas. | **¿yo soy de hule?** loc. ¿Soy insensible?

hulera, f., véase **resortera.**

hulero, hulera. 1. m. y f. Persona que trabaja en la explotación del hule. || 2. adj. Perteneciente o relativo al hule o a su industria.

humano: de humanos es errar y de sabios rectificar. ref. Todos cometemos errores pero corregirlos disminuye la culpa [DRAE 1956: de hombres es errar; de bestias, perseverar en el error].

humilde. adj. Pobre.

humo: darse humos. (De *humo* 'vanidad, altivez'.) loc. Presumir, darse tono [DRAE: vender humos].

húngaro, húngara. (Porque muchos de ellos vinieron de Hungría [aunque ahí llegaron, en los siglos XIV o XV, de la India].) m. y f. Gitano.

I

icaco o **hicaco.** (Del arahuaco *icaco.*) m. Árbol tropical pequeño *(Chrysobalanus icaco)*, y su fruto parecido a una ciruela.

ideático, ideática, o **ideoso, ideosa.** (De *idea.*) adj., y m. y f. Maniático, de ideas extravagantes, venático.

idiotizado, idiotizada. adj. Que se porta como idiota.

idiotizar. tr. Hacer que (alguien) se porte como idiota.

ido, ida. adj. Distraído, atolondrado.

iglesia: hemos visto caer iglesias (o: **palacios), cuantimás ese jacal.** ref. Todo es deleznable (aun lo sólido), se deshace fácilmente, es de poca resistencia, dura poco, es efímero. Se dirige a los engreídos o vanidosos.

iglesiero, iglesiera. adj., y m. y f. Que frecuenta mucho las iglesias.

ignorancia: aunque somos tontos, no carecemos de ignorancia. loc. irón. de quien quiere decir "lo sé" pero finge equivocarse al querer decir "...no somos ignorantes" y dice literalmente lo contrario.

igualado, igualada. adj., y m. y f. Irrespetuoso, que trata de igual a igual.

igualitito, igualitita. adj. Absolutamente igual.

igualito, igualita. adj. Enteramente igual.

igualteco, igualteca. *(De Iguala [de la Independencia],* municipio del estado de Guerrero [posiblemente del náhuatl *yoahualli, yohualli* 'noche'] + *-teco, -teca* 'persona'.) 1. adj. Perteneciente o relativo a Iguala. || 2. m. y f. Nativo o habitante de Iguala.

iguana. (Del arahuaco *iwana.*) f. Lagarto tropical grande, herbívoro, comestible (familia: Iguanidae). | **sacar** alguien **lo que la iguana: la carrera y**

el panzazo. loc. Salir frustrado en sus aspiraciones.

iguanal. m. 1. Abundancia de iguanas. || 2. Lugar donde abundan las iguanas.

iguanero, iguanera. adj. Perteneciente o relativo a la iguana. || **iguanero.** m. Lugar donde abundan las iguanas.

¡íjole!, véase **¡híjole!**

ilícito. m. Acto ilícito, delito.

iluminable. (De *iluminar* 'dar color a las figuras de un impreso'.) Que puede ser iluminado.

imbebible. adj. Que no se puede beber.

impasable. adj. Inaceptable.

importamadrismo. (De *importa madre* 'no importa' + *-ismo.)* m. Actitud de indiferencia ante lo que debería interesar o preocupar. Compárese **meimportamadrismo.**

impreparación. f. Falta de preparación.

impreparado, impreparada. adj., y m. y f. Sin preparación.

impuesto, impuesta. adj. Acostumbrado.

inactual. adj. Que no vale actualmente.

inatendible. adj. Que no es digno de atención, que no puede ser atendido.

incapaz: ser incapaz de... loc. Ser alguien que no haría tal cosa.

incautar. tr. Tomar posesión de bienes una autoridad [DRAE: incautarse].

incubar. (De *incubar* 'iniciarse el desarrollo', de *incubar* 'calentar el ave los huevos'.) tr. Elaborar calladamente una idea, un proyecto.

incuestionablemente. (De *incuestionable* 'no cuestionable, no dudoso', de *cuestionar* 'controvertir, poner en duda', de *cuestión* 'pregunta; punto dudoso', del latín *quaestion-*, tema de *quaestio* 'acción de buscar; problema', de *quaestus, quaesitus,* participio pa-

107

sivo de *quaerere* 'buscar, inquirir'.) adv. Indiscutiblemente.

indianismo. (De *indiano* 'de las Indias Occidentales, de América'.) m. Estudio o cultivo de cuestiones indígenas americanas.

indianista. (De *indiano* 'de las Indias Occidentales, de América'.) adj. y com. Que estudia lo relacionado con los indígenas americanos.

indicado, indicada. (De *indicar* 'mostrar', del latín *indicare*, de *in-* 'en, hacia' + *dicare* 'dedicar, proclamar'.) adj. Debido, que corresponde.

indígena. (Del español *indígena* 'originario del país de que se trata', del latín *indígena*, del latín antiguo *indu* 'en, dentro' + el latín *gignere* 'engendrar'.) 1. adj. y com. Originario de América, del Hemisferio Occidental. || 2. com. Descendiente de los primitivos pobladores de América.

indigenismo. m. Regionalismo lingüístico americano, palabra o frase de origen indígena utilizada en el español de algún país de América.

indio: **subírsele** a alguien **lo indio.** loc. Enojarse imprevistamente.

indoamericano, indoamericana. adj. Perteneciente o relativo a los primitivos pobladores de América o a sus descendientes.

inencontrable. adj. Que no se puede encontrar.

inescrupuloso, inescrupulosa. adj. Falto de escrúpulos.

inexplotable. adj. Que no puede explotarse.

inextirpable. adj. Que no puede ser extirpado.

infaltable. adj. Que no puede faltar.

infatuado, infatuada. (Del inglés *infatuated*, de *infatuate* 'inspirar un amor insensato', del latín *infatuatus*, participio pasivo de *infatuare* 'enloquecer', de *in-* 'en' + *fatuus* 'insensato, loco'.) adj. Enamorado de manera insensata.

infección intestinal. f. Fiebre tifoidea.

infeliz. adj., y m. y f. Perverso, desgraciado. Se usa como insulto.

infestado, infestada. (Del latín *infestare*, de *infestus* 'hostil'.) adj. Con parásitos.

infiernito. m. Petardo o cohete pequeño.

ínfula (De *ínfulas* 'presunción, vanidad', del latín *infulae* 'vendas o tiras con que se ceñían la cabeza los sacerdotes'.): **darse ínfulas.** loc. Darse importancia, presumir, vanagloriarse.

infumable. adj. Insoportable, pésimo.

infusión: **infusión de azahar.** f. Bebida que algunos toman como sedante nervioso. || **infusión de hierba santa.** f. Bebida que algunos toman como diurético. || **infusión de hojas de naranjo.** f. Bebida que algunos toman como sedante nervioso. || **infusión de toronjil.** f. Bebida que algunos toman como "buena para el estómago" y contra cólicos intestinales. Compárese **toronjil.**

inglés, inglesa. adj. Puntual. | **a la inglesa.** loc. (De una carne) poco cocida.

íngrimo, íngrima. (Del portugués *íngreme* 'escarpado, empinado; aislado'.) adj. Solo, solitario, abandonado.

injuria: **injurias de pillo, dan honra y brillo.** ref. Si una persona mala insulta a alguien da a entender que lo juzga diferente o sea bueno y virtuoso.

inmirable. adj. Sucio, asqueroso, mal hecho.

inmortalidad: **estar** alguien **pensando en la inmortalidad del cangrejo,** o: **pensar** alguien **en la inmortalidad del cangrejo.** locs. Estar distraído, estar en Babia [DRAE: pensar en las musarañas].

inning, véase **entrada.**

inobjetable. adj. No abierto a objeciones, aceptable, agradable.

inocente: **hacer inocente** a alguien. loc. Engañarlo.

inodoro. m. 1. Retrete, cuarto con instalaciones para orinar y defecar. || 2. Taza, receptáculo del retrete.

inquisición: **el que entra en la inquisición, suele salir chamuscado.** ref. Uno sufre los resultados de lo que le pasa.

instructivo. m. Notificación judicial.

instrumentar. tr. Poner los medios que se requieren para la realización de un plan.

instrumento: **instrumento de aliento.** m. Instrumento musical que se toca por medio de la boca y suena mediante el aliento. || **instrumento de arco y de cuerda.** m. Instrumento musical (como el violín) en que el tono se produce rozando con un arco unas cuerdas tensas. || **instrumento de frotación.** m. Instrumento musical que se toca rozándolo (como el güiro) con un palito. || **instrumento de movimiento.** m. Instrumento musical que se toca sacudiéndolo (como la sonaja).

insultada. f. 1. Acción de insultar. || 2. Serie o andanada de insultos.

inteligencia: **aliméntate con inteligencia y prescindirás del médico.** ref. de sentido claro.

inteligir. (Del latín *intelligere, intellegere* 'percibir, entender', de *inter-* 'entre' + *legere* 'recoger, escoger'.) tr. Entender, comprender.

intención: **de buenas intenciones está empedrado el camino del infierno.** ref. La sola intención no es suficiente para lograr mejorar, abandonar una costumbre que nos molesta, un vicio.

interinato. m. 1. Tiempo que dura el desempeño interino de un cargo [DRAE: interinidad]. || 2. Cargo o empleo interino.

interiorizado, interiorizada. adj. 1. Que conoce el ser interior o la estructura mental de una persona. || 2. Que conoce los secretos de un asunto.

interiorizar, tr., o **interiorizarse.** Averiguar lo íntimo de un asunto.

interregno. (De *interregno* 'tiempo en que un Estado no tiene soberano', del latín *interregnum*, de *inter-* 'entre' + *regnum* 'autoridad, reino', de *reg-*, tema de *rex* 'rey'.) m. Período situado entre dos regímenes ya sean de la misma forma o de distintas formas de gobierno.

intestino: **intestino recargado.** m. Estreñimiento. || **suelto del intestino.** loc. Con diarrea o con disentería.

inundable. adj. Expuesto a inundaciones.

inyectado, inyectada. adj. (De ojos) irritado, congestionado.

inyectador, inyectadora. m. y f. Persona que tiene por oficio poner inyecciones.

ir: **al a'i se va.** (De *a'i* por *ahí.*) loc. adv. De modo que deja mucho que desear, sin que reúna las condiciones requeridas. || **¡despacio, que voy de prisa!** ref. Si se obra pausadamente es más probable que se obtengan los resultados deseados. || **no se va a poder.** loc. No quiero hacerlo. || **por a'i va.** loc. Por ahí va, por ahí está la cosa, casi es así. || **¡vas a ver!** loc. Te espera un castigo. || **vete a bañar** (**a volar, a Bolívar**). loc. Vete a paseo, lárgate. Compárese *volar.* || **vóitelas** o **bóitelas** o **vóytelas.** 1. interj. de sorpresa. || 2. loc. Ahora es mi oportunidad, entro en acción. || **voy, voy.** loc. 1. No lo creo. || 2. Ahora es mi oportunidad, entro en acción. || **ya vas.** loc. De acuerdo, sí.

irapuatense. (De *Irapuato*, municipio del estado de Guanajuato.) 1. adj. Perteneciente o relativo a Irapuato. || 2. m. y f. Nativo o habitante de Irapuato.

iris. (Del latín *iris* 'arco iris', del griego *iris* 'arco iris'.) m. Cada una de cierto género de plantas (*Iris*) de flores grandes, y su flor.

irrevertible. adj. Irreversible, que no es reversible.

irrigador, irrigadora. adj. Relativo a irrigación.

is. (Por inversión festiva.) adv. Sí.

istmeño, istmeña. (De *Istmo [de Tehuantepec]*, la parte más estrecha de la República Mexicana, situada entre el Golfo de Tehuantepec [del lado del Pacífico] y la Bahía de Campeche.) 1. adj. Perteneciente o relativo al Istmo. || 2. m. y f. Nativo o habitante del Istmo.

itacate. (Del náhuatl *itacatl* 'provisión; mochila', de *ita-* 'dentro; barriga'.) m. Provisión de comida. || **sólo el que carga el itacate sabe lo que lleva dentro.** ref. Quien tiene problemas íntimos los conoce mejor que los demás. Compárese *morral.*

iteradamente. (De *iterar* 'repetir', del latín *iterum* 'de nuevo, por segunda vez'.) adv. Reiteradamente.

itzá. com. 1. Miembro de un pueblo

indígena yucateco del Petén (Guatemala) y de Yucatán. || 2. m. Lengua de los itzaes, variante del maya peninsular.

ixcateco, ixcateca. (De *Ixcatlán*, población del estado de Hidalgo, o de [San Pedro] *Ixcatlán*, municipio del estado de Oaxaca, o de [Santa María] *Ixcatlán*, municipio del estado de Oaxaca, o [Santo Domingo] *Ixcatlán*, municipio del estado de Oaxaca, del náhuatl *Ichcatlan*, literalmente = 'lugar de algodón', de *ichcatl* 'algodón' + *-tlan* lugar.) 1. adj. Perteneciente o relativo a Ixcatlán. || 2. m. y f. Nativo o habitante de Ixcatlán.

ixhuatlaneco, ixhuatlaneca. (De *Ixhuatlán*, nombre de tres municipios del estado de Veracruz: Ixhuatlán de Madero, Ixhuatlán del Café e Ixhuatlán del Sureste, del náhuatl, literalmente = 'lugar de palmas', de *ixhuatl*, cierta palma de cogollo comestible, de *ixhua* 'brotar, nacer'.) 1. adj. Perteneciente o relativo a Ixhuatlán. || 2. m. y f. Nativo o habitante de Ixhuatlán.

ixmiquilpeño, ixmiquilpeña. (De *Ixmiquilpan*, municipio del estado de Hidalgo, del náhuatl *Itzmiquilpan*, de *itzmiquilli*, cierta verdura, literalmente = 'verdura como flecha, hierba flecha' [de *itzmitl* 'flecha de obsidiana' (de *itztli* 'obsidiana' + *mitl* 'flecha') + *quilitl* 'hierba'], + *-pan* 'lugar'.) 1. adj. Perteneciente o relativo a Ixmiquilpan. || 2. m. y f. Nativo o habitante de Ixmiquilpan.

ixtabentún, véase **xtabentún.**

ixtapaluqueño, ixtapaluqueña. (De *Ixtapaluca*, municipio del Estado de México, del náhuatl *Iztapallocan*, literalmente = 'donde se moja la sal' [de *iztatl* 'sal' + *palloa* 'mojar'], + *-can* 'en, lugar'.) 1. adj. Perteneciente o relativo a Ixtapaluca. || 2. m. y f. Nativo o habitante de Ixtapaluca.

ixtapanense, o **ixtapense,** o **ixtapeño, ixtapeña.** (De *Ixtapa*, municipio del estado de Chiapas, o de *Ixtapan [de la Sal]* o *Ixtapan [del Oro]*, municipios del Estado de México, del náhuatl *Iztapan*, literalmente = 'río de sal' o 'río blanco', de *iztac* 'blanco' [literalmente

= 'como sal', de *iztatl* 'sal'] o de *iztatl* 'sal' + *apan* 'río' [véase **-apan**].) 1. adj. Perteneciente o relativo a Ixtapa o Ixtapan. || 2. m. y f. Nativo o habitante de Ixtapa o Ixtapan

ixtepecano, ixtepecana. (De *Ixtepec*, municipio del estado de Puebla, del náhuatl *Itztepec*, literalmente = 'en el cerro de la obsidiana', de *itztli* 'obsidiana' + *tepetl* 'cerro' + *-c* 'lugar'.) 1. adj. Perteneciente o relativo a Ixtepec. || 2. m. y f. Nativo o habitante de Ixtepec.

ixtlahuaquense, o **ixtlahuaqueño, ixtlahuaqueña,** o **ixtlahuacense.** (De *Ixtlahuaca*, municipio del Estado de México, o de [San Pedro] *Ixtlahuaca* o [San Andrés] *Ixtlahuaca*, municipios del estado de Oaxaca, del náhuatl *ixtlahuaca, ixtlahuatl* 'desierto; llanura'.) 1. adj. Perteneciente o relativo a Ixtlahuaca. || 2. m. y f. Nativo o habitante de Ixtlahuaca.

ixtlanense, o **ixtlaneño, ixtlaneña.** (De *Ixtlán*, nombre de varios municipios de la República Mexicana: *Ixtlán*, en el estado de Michoacán, *Ixtlán del Río*, en el estado de Nayarit, *Ixtlán de Juárez*, en el estado de Oaxaca, del náhuatl *Itztlan*, literalmente = 'entre la obsidiana', de *itztli* 'obsidiana' + *-tlan* 'cerca de, entre'.) 1. adj. Perteneciente o relativo a Ixtlán. || 2. m. y f. Nativo o habitante de Ixtlán.

ixtle o **istle.** (Del náhuatl *ichtli* 'fibra de maguey'.) m. Fibra que se obtiene de varias plantas tropicales del género *Agave* y se usa para hacer cuerdas y canastas [DRAE: pita].

ixtleco, ixtleca. (De *[Puente de] Ixtla*, municipio del estado de Morelos.) 1. adj. Perteneciente o relativo a Puente de Ixtla. || 2. m. y f. Nativo o habitante de Puente de Ixtla.

ixtleño, ixtleña, o **ixtlense,** o **ixtlero, ixtlera.** m. y f. Cosechero o cultivador de ixtle.

izamaleño, izamaleña. (De *Izamal*, municipio del estado de Yucatán, del maya *itzamal* 'resinoso' [resina: *itz*].) 1. adj. Perteneciente o relativo a Izamal. || 2. m. y f. Nativo o habitante de Izamal.

izquierda: batear alguien **por la izquierda.** loc. Ser homosexual.

iztapalapeño, iztapalapeña. (De *Izta-palapa*, delegación del Distrito Federal, del náhuatl *Iztapalapan*, literalmente = 'lugar de agua (río) de pintura blanca', de *iztac* 'blanco' [literalmente = 'como sal'; de *iztatl* 'sal'] + *palli* 'pintura' + *-apan* 'río' [de *atl* 'agua' + *-pan* 'lugar'].) 1. adj. Perteneciente o relativo a Iztapalapa. || 2. m. y f. Nativo o habitante de Iztapalapa.

jacal. (Probablemente del náhuatl *xamitl* 'adobe' + *calli* 'casa', o de *xacalli*, quizá reducción de *xalcalli*, literalmente = 'casa de arena', de *xalli* 'arena' + *calli* 'casa'.) m. Choza, casucha pobre. | **al jacal viejo no le faltan goteras.** ref. Los viejos tienen achaques, deterioro físico. || **no tener** alguien **un jacal donde meterse.** loc. Estar muy pobre.

jacalasúchil, véase **cacalosúchil.**

jacalear. intr. Comadrear, chismear, andar en visitas frecuentes de jacal en jacal o de casa en casa.

jacalero, jacalera. 1. adj. Perteneciente o relativo a un jacal. || 2. adj., y m. y f. Que vive en un jacal.

jacalón. (De *jacal.*) m. Cobertizo, edificio cubierto rústicamente, edificio destartalado.

jacalosúchil, véase **cacalosúchil.**

jacalteco, jacalteca, m. y f., o **jacalteca,** com. (De *Jacala*, municipio del estado de Hidalgo, del náhuatl *Xacalla*, literalmente = 'donde hay muchos jacales', de *xacalli* 'jacal' + *-la* 'lugar de, lugar abundante en'.) 1. adj. Perteneciente o relativo a Jacala. || 2. m. y f., y com. Nativo o habitante de Jacala.

jacaranda. (Del portugués *jacarandá*, del tupí *yacarandá.*) f. Cierto árbol tropical de flores azuladas (género: *Jacaranda).*

jacuané. Tamal de masa relleno de frijoles molidos y cabezas pulverizadas de camarón, todo envuelto en hojas de acuyo o hierba santa, propio de la cocina regional de Chiapas.

jaguar. (Del portugués *jaguar*, del tupí *jaguara.*) m. Felino americano grande *(Felis onca).*

jagüey o **jahuey.** (De origen taíno.) m. Pozo o zanja llena de agua.

jaiba. (Probablemente de origen arahuaco.) f. Crustáceo braquiuro, cierto cangrejo.

jaibo, jaiba. (De *jaiba* 'cangrejo'.) adj., y m. y f. Tampiqueño, de Tampico (estado de Tamaulipas).

jaibol. (Del inglés *highball*, que se pronuncia aproximadamente /jáibol/.) m. Bebida helada hecha de whiskey y agua gaseosa.

jaimito o **caimito.** (Del taíno *caymito.*) m. Cierto árbol del género *Chrysophyllum*, y su fruto comestible.

jalada. f. 1. Acción o resultado de jalar o tirar con cierta violencia, jalón, tirón. || 2. Mentira, exageración.

jaladera. f. Asa para jalar, tirar de algo.

jalado, jalada. adj. Ebrio, borracho.

jalador, jaladora. adj., y m. y f. Que se suma (o está siempre dispuesto a sumarse) con entusiasmo a una empresa común, trabajador.

jalapa. (De *Jalapa* o *Xalapa*, capital del estado de Veracruz, del náhuatl *Xalapan*, literalmente = 'lugar de río arenoso', de *xalli* 'arena' + *atl* 'agua' + *-pan* 'lugar' [véase *-apan*].) f. Raíz purgante de cierta planta *(Exogonium purga).*

jalapeño, jalapeña. (De *Jalapa* o *Xalapa*, capital del estado de Veracruz, del náhuatl *Xalapan*, literalmente = 'lugar de río arenoso', de *xalli* 'arena' + *atl* 'agua' + *-pan* 'lugar' [véase *-apan*].) 1. adj. Perteneciente o relativo a Jalapa. || 2. m. y f. Nativo o habitante de Jalapa. || 3. Chile jalapeño.

jalar. (Del francés *haler*, con aspiración de la *h-.*) 1. tr. Halar, tirar de algo, ejercer fuerza para mover o tratar de mover algo hacia esa fuerza. || 2. intr. Ponerse en marcha. || **jalar parejo.** loc. Hacer el mismo esfuerzo (o la misma contribución) que los demás

112

miembros de un grupo para conseguir algo. ‖ **jalarse.** Embriagarse, emborracharse.

jaletina. (De *gelatina*, por metátesis.) f. Postre hecho de gelatina, en molde, con el sabor y color de una de varias frutas.

jalisciense. (De *Jalisco*, estado de la República Mexicana, del náhuatl *Xalixco*, literalmente = 'lugar frente a la arena' o 'en la superficie de arena', de *xalli* 'arena' + *ixtli* 'cara; frente; superficie' + -*co* 'lugar'.) 1. adj. Perteneciente o relativo a Jalisco. ‖ 2. m. y f. Nativo o habitante de Jalisco.

jalón. m. Tirón, acción o resultado de jalar o tirar con cierta violencia. ‖ **de un jalón.** loc. De una vez.

jalonear. tr. 1. Dar jalones. ‖ 2. Regatear. ‖ **jalonearse.** Tironearse dos personas que riñen.

jaloneo. m. Acción o resultado de jalonear.

jalpaneco, jalpaneca. (De *Jalpan*, municipio del estado de Puebla, o de *Jalpan (de Serra)*, municipio del estado de Querétaro, del náhuatl *Xalpan*, literalmente = 'sobre la arena", de *xalli* 'arena'+ -*pan* 'sobre, en'.) 1. adj. Perteneciente o relativo a Jalpan. ‖ 2. m. y f. Nativo o habitante de Jalpan.

jalpense. (De *Jalpa*, nombre de muchos municipios de la República Mexicana, del náhuatl *Xalpa*, literalmente = 'sobre la arena', de *xalli* 'arena'+ -*pa* 'sobre, en'.) 1. adj. Perteneciente o relativo a Jalpa. ‖ 2. m. y f. Nativo o habitante de Jalpa.

jaltipeño, jaltipeña. (De *Jáltipan*, municipio del estado de Veracruz, del náhuatl *Xalticpac*, literalmente = 'sobre la arena', de *xalli* 'arena'+ -*t*-, consonante de enlace, + *icpac* 'sobre'.) 1. adj. Perteneciente o relativo a Jáltipan. ‖ 2. m. y f. Nativo o habitante de Jáltipan.

jaltomate. (Del náhuatl *xaltomatl*, literalmente = 'tomate de arena', de *xalli* 'arena' + *tomatl* 'tomate'.) Cierta planta y su fruto comestible que contiene semillas pequeñas de aspecto de arena.

jamaica. (Probablemente de *Jamaica*, país e isla de las Antillas.) f. Cierta planta (*Hibiscus sabdariffa*), y su flor de la que se hace una bebida llamada *agua de jamaica*.

jambado, jambada. adj. 1. Hartado, repleto. ‖ 2. Que come con ansia.

jambarse. 1. Hartarse, comer con exceso. ‖ 2. Comer con voracidad.

jamoncillo. (De *jamón*, porque pintan el dulce de rosa y blanco.) m. Dulce de pepitas de calabaza molidas o machacadas. ‖ **jamoncillo de leche.** m. Dulce de leche (hervida y batida con azúcar hasta formar una pasta). ‖ **jamoncillo de pepita(s).** m. Jamoncillo.

janitziense. (De *Janitzio*, isla del lago de Pátzcuaro, en el estado de Michoacán.) 1. adj. Perteneciente o relativo a Janitzio. ‖ 2. m. y f. Nativo o habitante de Janitzio.

jáquima. com. Borracho.

jaquinicuil. m. Jinicuil (vaina del cuajinicuil).

jarabe. (Del español *jarabe* 'bebida de azúcar y agua', del árabe *sharāb* 'jarabe; cualquier bebida' de *shariba* 'beber'.) m. Cualquiera de varios bailes regionales (así como la música y el canto que lo acompaña) que tienen como paso básico el zapateado (taconeo, golpes rítmicos rápidos en el suelo con los pies calzados, con los tacones). ‖ **jarabe de pico.** m. 1. Habladuría. ‖ 2. Hablador, fanfarrón. ‖ **jarabe tapatío.** (De *tapatío* 'de Guadalajara'.) m. Jarabe típico de la República Mexicana. Las bailarinas que lo ejecutan se visten de china poblana; los bailarines, de charro. | **sólo baile jarabe el que lo sabe.** ref. Hay que hacer sólo aquello que sabemos hacer bien.

jarana¹. (Del español *jarana* 'diversión bulliciosa'.) f. Baile yucateco en que se usan pasos de vals y zapateado. La música se interrumpe para recitar "bombas".

jarana². (De *jarana¹*.) Instrumento de cuerdas que se parece a una guitarra pequeña.

jaranista. com. Aficionado a jaranas 'diversiones bulliciosas', jaranero.

jarano, o **sombrero jarano.** (De *jara*, porque originalmente se hacía de este arbusto.) m. Sombrero de fieltro, duro y de falda ancha, sombrero de charro.

jarcería. (De *jarcia.*) f. Tienda donde se venden objetos de fibra.

jarcia. (Del español *jarcias* 'aparejos y cabos de un buque', del griego tardío *exártia*, plural de *exártion* 'aparejos de un buque', del griego *exartízein* 'equipar un navío', de *ex* 'desde; hacia fuera; cabalmente' + *ártios* 'ajustado'.) f. Objetos de fibra (como lazos, sogas, reatas), y cables.

jarcería. f. Ramo comercial de los objetos de fibra y los cables.

jarciero, jarciera. m. y f. Persona que vende jarcia.

jardín de niños. (Traducción del alemán *Kindergarten*, literalmente = 'jardín de niños' [véase **kindergarten**].) m. Escuela para niños de 4 a 6 años.

jaripeada. f. Acción de jaripear.

jaripear. tr. Tomar parte en un jaripeo.

jaripeo. m. Espectáculo público en que se doman potros cerriles y novillos y se hacen ejercicios de lazo y otros propios de jinetes (por ejemplo, coleadas) o de vaqueros.

jarocho, jarocha. (Por último del español provincial *jarocho* 'persona de modales bruscos y algo insolentes', que, igual que *farota* 'mujer descarada', viene del árabe *jaruta* 'mujer charlatana'.) 1. adj. Perteneciente o relativo a Veracruz (municipio del estado de Veracruz). || 2. m. y f. Nativo o habitante de Veracruz.

jarrito: todo cabe en un jarrito, sabiéndolo acomodar. ref. Con orden, con saber disponer las cosas, se aprovecha mejor el espacio.

jarro: de tal jarro, tal tepalcate. ref. De tal palo, tal astilla; las cosas y las personas tienen propiedades o inclinaciones conforme a su principio u origen.

jaula. f. Vagón de ferrocarril, con rejas o barrotes a los lados pero sin techo. | **aunque la jaula sea de oro, no deja de ser prisión.** ref. La pérdida de la libertad es una desgracia, cualesquiera que sean las condiciones en que se pierda.

jefa. f. Mamá, madre.

jefe. m. 1. Tratamiento popular de respeto. Compárese **joven, patrón.** || 2. Papá, padre.

jején. (De origen antillano.) m. Insecto pequeño de picadura irritante.

jeremiquear. (De *jeremías* 'persona que continuamente se está lamentando', de *Jeremías*, profeta hebreo de los siglos VII y VI a.C., que preveía un porvenir infeliz.) intr. Lloriquear.

jerga. (Del español *jerga* 'tela gruesa'.) f. Trapo.

jericalla o **jericaya.** (En Costa Rica y Honduras, *chiricaya.*) f. Dulce de leche, huevo, vainilla y caramelo. Se parece al flan.

jíbaro, jíbara. (Quizá de origen antillano [¿del taíno *shiba* 'piedra'?].) adj., y m. y f. Campesino, rústico, silvestre.

jícama. (Del náhuatl *xicamatl*, de *xitl* [variante de *xihuitl* 'hierba'] + *camatl* 'hinchadura; boca'.) f. Cierta enredadera tropical *(Pachyrhizus erosus)*, y su tubérculo que se come crudo.

jícara. (Del náhuatl *xicalli* 'fruto del jícaro (con que se hacían vasijas)', en que el segundo elemento es *calli* 'casa; recipiente'.) f. 1. Tazón o recipiente hecho del fruto del jícaro. Los aztecas tomaban el chocolate en jícaras. || 2. Fruto del jícaro.

jicaral. m. Terreno plantado de jícaros.

jicarería. f. Lugar donde se hacen o venden jícaras.

jicarero, jicarera. m. y f. 1. Persona que cultiva jícaros. || 2. Persona que hace o vende jícaras.

jícaro. (De *jícara.*) m. Árbol tropical *(Crescentia cujete)* de cuyo fruto, parecido a la calabaza, se hacen recipientes.

jicote. (Del náhuatl *xicotli.*) m. Clase de avispa.

jicotea o **hicotea.** (Del taíno *icotea.*) f. Tortuga de agua dulce *(Chrysemys palustris)*.

jicotear. tr. Buscar miel de jicotes.

jicotera. f. 1. Panal o nido de jicotes. || 2. Enjambre de jicotes. || 3. Bullicio o alboroto. | **armarse la jicotera.** loc. Armarse un lío, iniciarse mucha confusión. || **armar una jicotera.** loc. Meter bulla.

jijez. (De *jijo*, pronunciación enfática de *hijo.*) f. Acción baja, abusiva, propia de un jijo de la..., véase *hijo*.

jijo (Pronunciación enfática de *hijo.*): ¡ah, jijo! interj. de sorpresa o desilusión. || jijo... Las interjecciones y los insultos que comienzan por esta palabra existen también con *hijo...*, véase *hijo* (por ejemplo, **jijo de la chingada,** véase **hijo de la chingada; jijos del maiz,** véase **hijos del maiz**).

jilote. (Del náhuatl *xilotl.*) m. 1. Mazorca de maíz aún muy tierna. || 2. Hebra como cabello, que tiene el jilote (primera acepción).

jilotear. intr. Empezar (la milpa) a cuajar las mazorcas de maíz, empezar a aparecer las flores hembras en un campo de maíz.

jilotepeño, jilotepeña, o jilotepense, o jilotepecano, jilotepecana. (De *Jilotepec,* nombre de varias poblaciones de la República Mexicana, del náhuatl *Xilotepec,* literalmente = 'en el cerro de los jilotes', de *xilotl* 'jilote' + *tepetl* 'cerro' + *-c* 'en, lugar'.) 1. adj. Perteneciente o relativo a Jilotepec. || 2. m. y f., y com. Nativo o habitante de Jilotepec.

jimador, jimadora. adj. Relativo a una hacha pequeña que se usa para desbastar (despencar) la cabeza del maguey.

jimar. (Del náhuatl *xima* 'rapar, labrar, golpear, allanar, desbastar'; en cahíta, idioma que como el náhuatl es de la familia yutoazteca, *himaco* es 'cortar con hacha'.) tr. 1. Desbastar y luego asar las hojas de maguey para fabricar mezcal. || 2. Desbastar la cáscara exterior del coco.

jimenense. (De *Jiménez,* nombre de varias poblaciones de la República Mexicana.) 1. adj. Perteneciente o relativo a Jiménez. || 2. com. Nativo o habitante de Jiménez.

jinetazo, jinetaza. m. y f. Muy buen jinete.

jineteada. f. Acción o resultado de jinetear.

jinetear. (De *jinetear* 'domar caballos'.) tr. 1.Tardar en pagar un dinero con el fin de sacar ganancias, especulando con él. Se dice frecuentemente *jinetear la lana*. || 2. Montar animales cerriles que corcovean.

jinicuil. (Del náhuatl *xonecuilli* 'pie torcido', véase **cuajinicuil.**) m. Vaina del **cuajinicuil.**

jiote o xiote. (Del náhuatl *xiotl.*) m. Enfermedad de la piel, empeine, sarna.

jiotillo. m. Cierta cactácea arbórea.

jiotoso, jiotosa, o jiotudo, jiotuda. m. y f. Persona que padece el jiote.

jipi. (Del inglés *hippie,* que se pronuncia aproximadamente /jipi/.) m. y. f. Joven que rechaza las costumbres de la sociedad establecida y está a favor de la no violencia.

jipijapa. (De *Jipijapa,* ciudad del oeste del Ecuador.) m. Sombrero hecho con fibras de las hojas jóvenes de una planta de Centro y Sur América *(Carludovica palmata)* llamada también *jipijapa* (f.), que se parece a una palmera.

jiquilpense, o jiquilpeño, jiquilpeña. (De *Jiquilpan,* municipio del estado de Michoacán.) 1. adj. Perteneciente o relativo a Jiquilpan. || 2. com., y m. y f. Nativo o habitante de Jiquilpan.

jiquinicuil. m. Jinicuil.

jira, véase **gira.**

jiribilla. f. Movimiento giratorio de un objeto lanzado.

jiricaya, véase **jericalla.**

jiricua. f. Cierta planta *(Plumbago lanceolata).*

jit o hit. (Del inglés *hit,* que se pronuncia /jit/, literalmente = 'golpe; golpear'.) m. 1. Éxito. || 2. (En beisbol) golpe que permite al bateador llegar a la base.

jitazo. (De *jit* + *-azo.*) m. Un jit notable, digno de admiración.

jitomatal. m. Plantío de jitomates.

jitomatazo. m. Golpe dado con un jitomate arrojado [DRAE: tomatazo].

jitomate. (Del náhuatl *xictomatl,* literalmente = 'tomate de ombligo', de *xictli* 'ombligo' + *tomatl* 'tomate'.) m. Cierta planta americana *(Lycopersicon esculentum),* y su fruto (rojo cuando está maduro), que en España y muchos otros países se llaman respectivamente *tomatera* y *tomate.* En gran parte de la República Mexicana el tomate o tomate verde es otra planta *(Physalis vulgaris),* cuyo fruto es verdoso cuando está maduro. Compárese **tomate.**

jitomatera. f. Planta que produce jitomates.

jitomatero, jitomatera. adj. Relativo al jitomate.

jobo. (Del taíno *hobo.*) m. Cierto árbol tropical *(Spondias mombin)*, y su fruto amarillo parecido a una ciruela.

joconostle, véase **xoconostle.**

jocoque. (Del náhuatl *xococ* 'agrio'.) Tipo de leche cortada (por su propia acidez), agria. Nota: el yogur se fermenta por adición de cultivos de dos bacterias *(Lactobacillus acidophilus* y *Streptococcus thermophilus).*

[Todas las palabras siguientes que empiezan por *jod-* son malsonantes, son groseras.]

joda, o **jodedera.** f. Molestia, fastidio, acción o resultado de molestar, de fastidiar.

jodido, jodida. adj. Arruinado, echado a perder, maltrecho. ‖ **sólo pedo o dormido no se siente lo jodido,** véase **pedo.**

jodienda. f. Molestia, fastidio.

jodón, jodona. m. y f. Persona que molesta o fastidia mucho.

jojoba. f. Cierto arbusto *(Simmondsia californica*, también llamado *S. chinensis)*, y su fruto comestible.

jojuteco, jojuteca, o **jojutleco, jojutleca.** (De *Jojutla*, municipio del estado de Morelos, literalmente = '[lugar de] luciérnagas', de *xoxotlani* 'luciérnaga'.) 1. adj. Perteneciente o relativo a Jojutla. ‖ 2. m. y f. Nativo o habitante de Jojutla.

jolín, jolina. (Eufemismo por alguna palabra que empieza por *jod-.*) m. y f. Jolino.

jolín: ¡ay, jolines! loc. de extrañeza o asombro.

jolino, jolina. adj. Rabón, sin cola, o con la cola corta o incompleta.

jolote. (Del náhuatl *xolotl* 'clase de monstruo; objeto fusiforme', o del mexicanismo *guajolote.*) m. Guajolote, pavo.

jom, véase **home.**

jonrón. (Del inglés *home run*, literalmente = 'carrera hasta el hogar', de *home* 'hogar' + *run* 'carrera'.) m. En beisbol, cuadrangular, jugada en que el bateador golpea la pelota de tal manera que le permite hacer un circuito completo entre las bases y ganar una carrera.

jonuco. m. Espacio oscuro debajo de la escalera de una casa [DRAE: chiribitil, alguarín].

jorongo. m. Manta o sarape que tiene en el centro una abertura para pasar la cabeza, poncho, capote.

josco, josca. (Del español *hosco.*) adj. 1. (Del ganado) hosco, de color oscuro. ‖ 2. (De un caballo) espantadizo.

joto. (Porque hacia 1910 encerraban a los homosexuales en la crujía J de la cárcel de Lecumberri.) m. Afeminado, homosexual, invertido sexual.

jotón. (De *joto.*) m. Muy joto, muy visiblemente afeminado.

jotqueik o **hot cake.** (Del inglés *hot cake*, que se pronuncia aproximadamente /jot queic/, literalmente = 'pastel caliente', de *hot* 'caliente' + *cake* 'pastel'.) m. Pastel muy plano.

joven. m. Tratamiento popular de respeto. Compárese **jefe. ‖ ¡a volar, joven!,** véase *volar.* ‖ **depende, joven.** expr. fest., juego de palabras en que si cambia la división (de pendejo ven) la frase se interpreta de otra manera. Se usa generalmente para negar un favor que alguien pide, con la idea implícita de "sólo si fuera yo tonto diría que sí".

jovenazo. (De *joven.*) Forma de tratamiento festiva.

juan. (Del nombre individual común *Juan.*) m. Soldado.

Juan: Juan pirulero. (De *perulero* 'europeo que llegaba a América en pos de fortuna y regresaba rico a su patria', de *Perú.*) m. Cierto juego de muchachos. Éstos al empezar el juego dicen: "Este es el juego de Juan pirulero, que cada quien atienda su juego" (en España dicen: "Antón perulero, cada cual atienda a su juego"). **‖ cásate, Juan, que las piedras se te volverán pan.** ref. El matrimonio es bueno. ‖ **casose Juan, y en piedras se le volvió el pan.** ref. El matrimonio es malo [DRAE 1956: antes que te cases, mira lo que haces].

juana. f. Marihuana. Compárese **juanita.**

juanacastle (Del náhuatl *cuauhnacaztli.*), véase **guanacaste**.

juancito. m. Cierto roedor *(Spermophilus harrisii)* de Baja California.

juanita. f. Marihuana. Compárese **juana**.

juarense. (De *Juárez*, nombre de muchas poblaciones de la República Mexicana, del apellido de Benito *Juárez*, 1806-1872, presidente de México de 1861 a 1865 y de 1867 a 1872.) 1. adj. Perteneciente o relativo a Juárez (Coahuila), o a Ciudad Juárez (Chihuahua). ‖ 2. m. y f. Nativo o habitante de Juárez.

juareño, juareña. De *Juárez*, apellido de Benito *Juárez*, 1806-1872, presidente de México de 1861 a 1865 y de 1867 a 1872.) 1. adj. Perteneciente o relativo a Benito Juárez (Tabasco), o Benito Juárez (Veracruz). ‖ 2. m. y f. Nativo o habitante de Benito Juárez.

juarista. com. Partidario de Benito Juárez o de su ideología.

juchiteco, juchiteca. (De *Juchitán [de Zaragoza]*, municipio del estado de Oaxaca, o de *Juchitlán*, municipio del estado de Jalisco, del náhuatl *Xochitlan*, literalmente = 'junto a las flores', de *xochitl* 'flor' + *-tlan* 'junto'.) 1. adj. Perteneciente o relativo a Juchitán o Juchitlán. ‖ 2. m. y f. Nativo o habitante de Juchitán o Juchitlán.

juchitepeco, juchitepeca. (De *Juchitepec*, municipio del Estado de México, del náhuatl *Xochitepec*, literalmente = 'en el cerro de las flores', de *xochitl*, 'flor' + *tepetl* 'cerro' + *-c* 'en'.) 1. adj. Perteneciente o relativo a Juchitepec. ‖ 2. m. y f. Nativo o habitante de Juchitepec.

juego: a cada quien darle por su juego, y nunca ir contra la corriente.

ref. 1. Hay que estar bien con todos, no contradecir, y no ir en contra del sentir general. ‖ 2. Hay que hablar a cada persona de lo que le interesa.

juez: el buen juez, por su casa empieza. ref. Debemos ser justos aunque se trate de nosotros o de nuestra familia.

jugo. (Del español *jugo* 'zumo de las sustancias animales o vegetales'.) m. Líquido de las frutas, que se saca exprimiéndolas [DRAE: zumo]. **| sacar el jugo.** loc. Obtener todo el provecho posible.

juguería. f. Lugar en que se venden jugos de fruta.

juicio de amparo. (De *amparo* 'protección'.) m. Juicio en que una persona expone violaciones a sus garantías de parte de una autoridad.

julia. (Quizá del inglés *gaol*, *jail* 'cárcel'.) f. Vehículo cerrado en que se conduce a los presos.

jumento: el jumento no era arisco (o: **mañoso**), **lo hicieron a sombrerazos.** loc. 1. Los malos tratos empeoran a las personas y a los animales. ‖ 2. La experiencia lo vuelve a uno desconfiado o huraño. Compárese *burra*.

jumil. (Del náhuatl *xomitl.*) m. Insecto que se come seco y tostado.

junior. (Del inglés *junior* 'hijo; joven', del latín *junior* 'más joven', comparativo de *juvenis* 'joven'.) m. Hijo; joven.

junquillo. m. Cadenita de oro que se ciñe al cuello como adorno, collar.

junta de conciliación y arbitraje. f. Organismo que conoce de los conflictos del trabajo.

juventud: si la juventud supiera y la vejez pudiera... loc. Los jóvenes aún no tienen bastante experiencia y los viejos ya no tienen ánimo o fuerza.

kaki¹. (Del indo *khaki* 'polvoso; del color del polvo', de *khak* 'polvo'.) adj. Caqui, color café amarillento.

kaki². (Del japonés *kaki.)* m. Caqui, fruta de un árbol del mismo nombre, del género *Diospyros.* Compárese **persimo.**

kárdex. (Del nombre de una marca comercial, inspirada por el inglés *card* 'tarjeta'.) m. Mueble con tarjetas en que se apuntan, en una biblioteca, los números ya recibidos de publicaciones periódicas, o mueble con tarjetas que se usan para otro tipo de contabilidad.

katún. (Del maya *katun,* de *ka* 'veinte' + *tun* 'año de 360 días'.) m. Período de 20 tun(es) en el calendario maya antiguo.

kepí o **quepí.** (Del francés *képi.)* m. Gorra militar con visera [DRAE: quepís].

kermesse. (Del francés *kermesse,* del neerlandés *kermis,* de *kerk* ' iglesia' + *mis* 'misa; festival de iglesia'.) f. Feria o festival al aire libre [DRAE: kermés, quermés].

kerosene. (Del inglés *kerosene,* del griego *kerós* 'cera'.) m. Aceite inflamable de hidrocarburo, obtenido por destilación del petróleo, que se usa como combustible [DRAE: queroseno].

kikapú. m. Cierta lengua indígena mexicana (estado de Coahuila), de la familia algonquina.

kimono. (Del japonés *kimono* 'ropa', de *ki* 'llevar' + *mono* 'cosa'.) m. Túnica japonesa de mangas anchas [DRAE: quimono].

kínder. (De *kindergarten.)* m. Jardín de niños.

kindergarten. (Del alemán *Kindergarten* 'jardín de niños', de *Kinder,* plural de *Kind* 'niño', + *Garten* 'jardín'.) m. Jardín de niños, escuela para niños de 4 a 6 años.

kiwi¹. (Del maorí *kiwi.)* m. Ave de Nueva Zelanda, del género *Apteryx.*

kiwi². (De *kiwi¹,* porque la fruta fue mejorada en Nueva Zelanda y se ha usado *kiwi* en inglés como apodo de los neocelandeses.) m. Fruta de una planta trepadora subtropical china *(Actinidia chinensis)* [DRAE: quivi].

klaxon. (Del inglés *klaxon,* nombre comercial registrado.) m. Claxon, bocina eléctrica para automóviles.

klínex. (Del inglés *Kleenex,* nombre comercial registrado, que se pronuncia /clínex/ y se basa en *clean* 'limpio', que se pronuncia /cliin/.) m. Pañuelo de papel.

kodzito. (Del maya *kodz, kotz* 'tortilla de maíz con un alimento enrollado en ella' + el español *-ito.)* m. Tortilla de maíz con un alimento enrollado en ella.

kotsito, véase **kodzito.**

L

-la, sufijo toponímico abundancial, véase -tlan.

lábaro. (De *lábaro* 'estandarte de los emperadores romanos, del latín tardío *labarum.*) m. Bandera.

labioso, labiosa. (De *labia* 'verbosidad', del latín *labia* 'labios', plural de *labium.*) adj., y m. y f. Adulador.

lacandón, lacandona. 1. m. y f. Miembro de un pueblo indígena de Chiapas, Yucatán y Guatemala. || 2. m. Lengua yucateca (del grupo winik de la familia maya) de los lacandones.

lado: **agarrarle** a alguien **el lado**, o **agarrarle** a alguien **el lado flaco**. loc. Conquistarlo halagando su vanidad o su afición. || (**ir**) **al otro lado**. loc. A Estados Unidos. || **darle** a alguien **por su lado**. loc. Llevarle la corriente, seguirle el humor. || **del otro lado**. loc. adj. Homosexual. Compárese **sindicato**. || **en el otro lado**. loc. En Estados Unidos. || **jalar cada quien para su lado**. loc. Procurar obtener para sí el mayor provecho. || **tener** alguien **su lado flaco**. loc. Tener cierta debilidad, por vanidad o por manía, por donde se puede vencer o dominar.

ladrería, f., o ladrerío. m. Ruido reiterado de perros que ladran.

ladrillera. f. Lugar en que se hacen ladrillos.

ladrón: **el ladrón ladrones ve en todas partes**, o **no hay ladrón que no sea desconfiado**. refs. Cada persona cree que los demás son como ella [DRAE 1956: piensa el ladrón que todos son de su condición]. Compárese *león:* **cree el león que todos son de su condición.**

laguense. (De *Lagos [de Moreno]*, municipio del estado de Jalisco. La población de Lagos fue fundada en 1563 junto a unos lagos, con el nombre de Villa de Santa María de los Lagos; en 1829 se agregó "de Moreno", a su nombre, en honor del héroe insurgente Pedro Moreno, 1775-1817.) 1. adj. Perteneciente o relativo a Lagos. || 2. m. y f. Nativo o habitante de Lagos.

lagunear. tr. Pescar en las lagunas.

lagunerío. m. Conjunto de lagunas.

lagunero, lagunera. adj. 1. Perteneciente o relativo a la región de La Laguna, en los estados de Coahuila y Durango. || 2. Perteneciente o relativo a la región de La Laguna de Términos, junto a la cual está Ciudad del Carmen, Campeche.

laicidad. (De *laico* 'que no es clérigo, lego', del latín tardío *laicus*, del griego tardío *laikós* 'que no es clérigo', del griego *laikós* 'del pueblo', de *laós* 'pueblo'.) f. Independencia de toda influencia religiosa.

lama¹. (Del español *lama* 'cieno', del latín *lama* 'lodo, charco'.) f. Musgo (planta de la clase Musci).

lama². (Del español *lama* 'cieno', del latín *lama* 'lodo, charco'.) f. Moho, mezcla de acetatos que se forma en los objetos de cobre, cardenillo.

lambedero. m. En un terreno, lugar salitroso donde acude el ganado a lamer la sal.

lambeplatos. com. 1. Pordiosero. || 2. Servil. || 3. Lameplatos (persona que se alimenta de sobras).

lamber. (Del español anticuado *lamber* 'lamer', del latín *lambere* 'lamer'.) tr. Adular.

lambetada, f., o lambetazo, m., o lambeteada, f. Acción de adular.

lambetear. tr. Adular.

lambiche. com. Adulador.

lambida. f. Acción o resultado de lamer.

lambido, lambida. adj. Relamido, presumido.

lambiscón, lambiscona. (Del español *lambiscar* 'lamer aprisa', de *lamber* [véase **lamber**].) adj., y m. y f. Adulador. Se ha hablado festivamente de un partido político imaginario llamado FUL, por Frente Único de Lambiscones.

lambisconear. tr. Adular.

lambisconería. f. Cualidad o práctica del lambiscón.

lambrín. (Del francés *lambris*, por último del latín *lambrusca, labrusca* 'vid silvestre', ya que la vid se usaba mucho como motivo ornamental.) m. Revestimiento de azulejos en las paredes.

lamecazuelas. m. Dedo índice.

lameculo. com. Persona aduladora y servil [DRAE: lameculos]. Es voz malsonante.

lameplatos. 1. com. Adulador; 2. m. Dedo índice de la mano.

lamida. f. Acción o resultado de lamer [DRAE: lamedura].

lampareada. f. Acción o resultado de lamparear.

lamparear. tr. Cazar o pescar con la ayuda de una lámpara.

-lan, sufijo toponímico abundancial, véase **-tlan.**

lana. f. Dinero, moneda. Es la acepción 7 en el DRAE, sin marca regional. | **aflojar la lana,** o **azotar con la lana,** o **soltar la lana.** loc. Pagar.

lángara. com. Persona no digna de confianza.

languarico, languarica. adj. Deslenguado, lenguaraz.

lantana. (Del italiano regional [norte y Suiza] *lantana.)* f. Arbusto tropical del género *Lantana*, de flores pequeñas de colores brillantes.

lanza. com. Persona no digna de confianza. | **ser** alguien **tamaña lanza.** loc. 1. Ser muy hábil. || 2. Ser muy astuto.

lapicero. (De *lápiz.)* m. Instrumento cilíndrico que sirve para escribir o dibujar, que contiene barritas de grafito que se pueden sacar mecánicamente.

laredense. (De *[Nuevo] Laredo*, municipio del estado de Tamaulipas; la ciudad fue fundada en 1848 y se le dio el nombre en honor de la ciudad de San Agustín de Laredo [hoy Laredo, Texas], que ese año quedó del lado estadounidense, y que había sido fundada por españoles en 1755.) 1. adj. Perteneciente o relativo a Nuevo Laredo. || 2. m. y f. Nativo o habitante de Nuevo Laredo.

larga: **dar largas.** loc. Aplazar intencionalmente, decir que se hará después. || **para no hacerla larga.** loc. Brevemente, en resumen.

lastimada. f. Acción o resultado de lastimar, herida [DRAE: lastimadura].

laterío. m. Conjunto de latas de conserva [DRAE: latería].

látigo: **tener ya el látigo y sólo faltar el caballo.** loc. irón. Bordar en el vacío, forjar proyectos ilusorios, hacer castillos en el aire.

latir: **latirle** a uno algo. loc. Presentir, tener una corazonada.

laurel de la India. m. Cierto árbol *(Ficus nitida)*.

lavadedos. m. Recipiente con agua que se pone en la mesa para enjuagarse los dedos [DRAE: lavafrutas]. Compárese **cío.**

lavado. m. Lavativa, enema.

lavador o **lavandero.** (Francés *raton laveur*, porque lava los alimentos antes de comerlos.) m. Mamífero nocturno carnívoro *(Procyon lotor).* También llamado **mapache** y *ratón lavandero*.

lazo: **echar un lazo.** loc. Tratar de atraer. || **ni un lazo.** loc. Sin hacer caso a, sin prestar atención a. || **poner** a alguien **como lazo** (o: **mecate**) **de cochino.** loc. Maltratarlo (de palabra), insultarlo [DRAE: ponerlo cual no digan dueñas]. Compárese *poner, trapo*.

-le. sufijo expletivo, como en ¡ándale!, ¡épale!, ¡híjole!, ¡órale!, ¡quiúbole!, ¡újule!

lechar. tr. Blanquear con lechada de cal.

leche¹. f. Buena suerte.

leche²: **leche de botella.** f. La contenida en biberón o botella pequeña, para la lactancia artificial. || **leche de lata.** f. La contenida en una lata, en polvo o condensada. || **leche de pecho.** f. La materna, humana. | **bajar la leche.**

Empezar la madre a tener leche. ‖ **cortarse la leche.** Coagularse porque se agrió. ‖ **el que se quemó con leche, hasta al jocoque** (o: **requesón**) **le sopla.** ref. Quien ha tenido una experiencia mala, obra con desconfianza excesiva. ‖ **la leche y la educación se maman.** ref. Hay que empezar la educación muy temprano [DRAE 1956: lo que en la leche se mama, en la mortaja se derrama].

lecho: **¿estoy en un lecho de rosas?** loc. que pronuncia quien sufre, cuando otro se queja de la propia suerte (sobre todo cuando los problemas de las dos personas son los mismos).

left fílder. (Del inglés *left fielder*, literalmente = 'campero izquierdo', de *left* 'izquierdo' + *fielder* 'campero', de *field* 'campo'.) m. En beisbol, jugador que defiende el campo del lado izquierdo, visto desde home.

lejecitos. adv. Algo lejos.

lejísimo. adv. Muy lejos, lejísimos.

lengua: **la lengua se te haga chicharrón.** expr. que se dirige a alguien que ha pronosticado algo malo. ‖ **la lengua y los caballos son fáciles de mover.** expr. que se dirige a alguien que se jacta. ‖ **le comieron la lengua los ratones.** expr. que se usa cuando un niño no quiere hablar, por timidez.

lentejuelar. tr. Poner lentejuelas (a vestidos) como adorno.

león: **león americano,** o **león de montaña.** m. Felino grande de piel sin manchas *(Felis concolor)*. También se lo llama *puma*. ‖ **cree el león que todos son de su condición.** ref. Cada persona cree que las demás son como ella [DRAE 1956: piensa el ladrón que todos son de su condición]. Compárese *ladrón*. ‖ **oler a león.** loc. Heder, tener un olor feo y penetrante.

leonero, m., o **leonera,** f. Casa destinada a jolgorios o a orgías.

leonés, leonesa. (De *León*, municipio del estado de Guanajuato; la villa de León fue fundada en 1576.) 1. adj. Perteneciente o relativo a León. ‖ 2. m. y f. Nativo o habitante de León.

leperada. f. 1. Villanía. ‖ 2. Expresión obscena.

lépero, lépera. adj., y m. y f. Soez, poco decente.

leprosero, leprosera. adj., y m. y f. Que cuida de los leprosos.

leprosorio. m. Sanatorio para leprosos [DRAE: leprosería].

lermeño, lermeña. (De *Lerma*, municipio del Estado de México; la ciudad de Lerma fue fundada en 1613.) 1. adj. Perteneciente o relativo a Lerma. ‖ 2. m. y f. Nativo o habitante de Lerma.

letargia. f. Letargo, somnolencia prolongada, sopor.

letra: **despacito y buena letra.** (De un consejo de los maestros de escuela.) ref. Para acercarse a la perfección no hay que precipitarse.

ley: **la ley de Caifás: al jodido, joderlo más** (o: **al fregado, fregarlo más**). (De *Caifás*, nombre de un sacerdote mencionado en el Nuevo Testamento [San Mateo 26.57-68, San Juan 11.47-54].) expr. irón. que censura a quienes halagan sólo al poderoso o al rico, o tratan de perjudicar a un pobre [DRAE 1956: del árbol caído todos hacen leña]. ‖ **la ley de Herodes: o lo haces o te jodes.** (De *Herodes*, gobernante de Palestina mencionado en el Nuevo Testamento [San Mateo 2, San Lucas 5].) loc. La ley de la fuerza. | **la ley gringa: el que se apendeja se chinga.** loc. Quien se distrae pierde. Estas tres son locuciones malsonantes. ‖ **ley fuga.** f. Ejecución ilegal de parte de la policía que luego alega que el acusado trató de huir.

libre. m. Taxi.

librero. m. Mueble con estanterías para colocar libros. [DRAE: librería].

lic. coloq. Licenciado. Compárese **doc.**

licencia de manejar. f. Documento en que consta que el interesado tiene permiso de una autoridad para conducir vehículos automotores.

lichi. (Del chino *lìzhī.*) m. La fruta de un árbol *(Litchi chinensis)* de la familia Sapindaceae.

licor: **dulce licor, suave tormento, ¿qué haces afuera?, vamos pa' dentro.** expr. que se usa como brindis festivo. ‖ **licor nacional.** m. El pulque.

licorería. f. Lugar en que se hacen o venden licores.

licorero, licorera. m. y f. Persona que hace o vende licores [DRAE: licorista].

licuado. (De *licuar* 'hacer líquida una cosa sólida', del latín *liquare* 'licuar'.) m. Bebida que se prepara batiendo varios ingredientes, como frutas, leche, huevo.

lienzo, o lienzo charro. (Del español *lienzo* 'fachada de edificio, porción de muralla', de *lienzo* 'tela', del latín *linteum* 'tela de lino; lienzo', de *linteum*, neutro de *linteus* 'hecho de lino', de *linum* 'lino'.) m. Cercado o espacio circular destinado a lazar, colear y otros ejercicios ecuestres.

liga. (del español *liga* 'cinta de tejido elástico', de *ligar* 'atar, unir', del latín *ligare* 'atar'.) f. Banda continua de hule.

lilo. (Probablemente de la idea de que sólo las mujeres y los afeminados se visten de color lila.) m. Homosexual.

lima: ni te compro limas, ni te compro peras, ni te compro-metas a lo que no puedas. Consejo festivo a quien hace promesas.

limón. m. Árbol tropical (*Citrus aurantifolia*), y su fruto ácido verdoso. No es el que llaman *lemon* en inglés (*Citrus limon*), que es amarillo, ni el que llaman *limón* en España, que también es amarillo. ‖ **limón real.** m. Lima dulce. **| never, de limón la nieve.** (Del inglés *never* 'nunca', imitando el anuncio al público de quien vende nieves "Nieve, de limón la nieve".) loc. fest. Nunca.

limosnero, limosnera. (De *limosna* 'donativo', del antiguo *alimosna*, del latín tardío *aleemosyna*, del griego *eleēmosýnē* 'limosna; piedad, compasión', de *eleếmon* 'caritativo', de *éleos* 'piedad'.) m. y f. Mendigo, pordiosero. ‖ **limosnero y con garrote.** m. Quien pide y trata de obligar a que le den.

limpia. (De *limpiar*.) f. Acción y ceremonia supersticiosa para quitar la "mala suerte" o para hacer sanar. ‖ **dar una limpia, o hacer la limpia.** loc. Ejecutar (un brujo o chamán) esta ceremonia.

limpiada. f. Acción y resultado de limpiar [DRAE: limpia o limpiadura].

limpiador. m. Limpiaparabrisas, mecanismo que se adapta en el parabrisas de un automóvil para apartar la lluvia o la nieve.

limpiapiés. m. Utensilio puesto a la entrada de una casa para limpiarse el barro del calzado, limpiabarros.

limpieza: la limpieza da a la vez lozanía y robustez. ref. de significado claro.

linarense. (De *Linares*, municipio del estado de Nuevo León. La villa de San Felipe de Linares fue fundada en 1712, y llamada así por la Linares del sur de España [provincia de Jaén].) 1. adj. Perteneciente o relativo a Linares. ‖ 2. m. y f. Nativo o habitante de Linares.

lineamiento. (De *lineamiento* 'dibujo', del latín *lineamentum* 'dibujo, trazo, esbozo', de *linea* 'línea; cordel o hilo de lino', de *linum* 'lino'.) m. Rasgo característico (de algo inmaterial).

linterna. (De *linterna* 'farol portátil', del anticuado *lanterna*, del latín *lanterna*, del griego *lamptếr* 'antorcha, linterna', de *lámpein* 'resplandecer'.) f. Ojo, órgano de la vista. ‖ **apagarle** a alguien **una linterna.** loc. Herirle o dañarle un ojo. Compárese **farol.**

linternear. tr. Cazar o pescar con linterna.

lírico. (De *lírico* 'relativo a la lira [instrumento musical], a la poesía apropiada para el canto', del latín *lyricus*, del griego *lyrikós*, de *lýra* 'lira'.) adj. Empírico (por ejemplo *músico lírico*, que toca de oído).

lirio: lirio acuático. m. Planta acuática flotante tropical (*Eichhornia crassipes*). ‖ **lirio del valle.** m. Planta (*Convallaria majalis*) de flores blancas en forma de campana [DRAE: lirio de los valles o muguete].

lista de raya. f. Nombres de las personas a que hay que pagar regularmente en una empresa.

listón. (Del español *listón* 'cinta de seda', de *lista* 'tira de tela'.) m. Cinta de tela u otro material.

-lla, -llan, sufijos toponímicos abundanciales, véase **-tlan.**

llamada de atención. f. Reprimenda, regaño leve.

llamarada de petate. f. Algo fugaz o transitorio (como la combustión de un petate). || **llamaradas de petate no falta quien las aguante.** ref. Si los males son de poca duración son fáciles de soportar.

llanta. (De *llanta* 'cerco metálico de las ruedas'.) f. Cerco de hule (goma) que cubre la rueda de un automóvil y contiene aire comprimido. || **llanta de refacción.** f. Llanta de goma que se tiene en un automóvil para usarla en caso de emergencia. || **llantas.** f. pl. Pliegues de grasa en el vientre. | **traer la llanta baja.** loc. Estar enfermo o triste. || **traer ponchada una llanta.** loc. Estar cojo o enfermo.

llegada: darle a alguien **una llegada.** loc. Herirlo con arma blanca.

llegar: llegarle a alguien. loc. Herirlo. | **cuando la de malas llega, la de buenas no dilata.** ref. Después de haber tenido mala suerte tendrá uno buena suerte.

llegue. m. Acción o resultado de herir con arma blanca.

llenazón. (De *llenar.*) f. Hartazgo ocasionado por excesiva comida.

llevar: llevarse a alguien **de encuentro.** loc. 1. Atropellarlo. || 2. Complicarlo en un mal suceso [DRAE: llevarse por delante]. | **¡me lleva la chingada!,** o **me lleva la fregada** (o: **la tía de las muchachas, la trampa, el tren, la trompada**), véase **chingada.** exprs. que se usan para dar salida al enojo.

llorona (De *llorón* 'que llora mucho', de *llorar* 'derramar lágrimas', del latín *plorare* 'llorar'.): **hacer la llorona.** loc. Rogar, suplicar señalando lo triste de la situación. || **La Llorona.** f. Mujer legendaria de quien se dice que de noche vaga, desgreñada y gimiendo, por las riberas de los ríos y cerca de las fuentes; la fábula tiene su fundamento en los murmullos de las fuentes y del viento en el silencio de la noche.

llovedera. f. Acción de llover sin parar y por largo tiempo.

llovida. f. Acción de llover.

lluvia de oro. f. Cierta planta (*Tecoma stans*).

lobelia. (De Matthias de *Lobel*, 1538-1616, botánico flamenco.) f. Planta del género *Lobelia*, y su flor.

lobera. f. Cueva en que pueden hacer guarida los lobos.

lobo, o **lobo mexicano.** m. Cierta subespecie de lobo (*Canis lupus baileyi*). || **lobo con piel de oveja.** m. Hipócrita, quien oculta una intención hostil con un comportamiento amigable.

loco: hacerse uno **loco.** loc. Hacerse el desentendido, fingir ignorancia. || **loco de remate.** (Del español *de remate* 'absolutamente', de *remate* 'extremidad'.) m. Muy loco. | **el que come y canta, loco se levanta.** ref. Hace daño cantar mientras se come. || **los locos y los niños dicen las verdades.** ref. La verdad se halla frecuentemente en las personas que no son capaces de reflexión ni de artificio o disimulo [DRAE 1956: los niños y los locos dicen las verdades, y: las verdades suelen decirlas los niños y los tontos].

locuaz. adj., y m. y f. fest. Loco.

lodo: no porque hay lodo, hay que atascarse. ref. No hay que abusar de algo aunque exista en abundancia, no hay que aprovechar las ocasiones ilegales de prosperar.

logorrea. (Del griego *logo-* [de *lógos* 'palabra, razón, habla', de *légein* 'escoger; decir'] + el español *-rrea*, del griego *-rrhoia*, de *rhoía* 'flujo', de *rheín* 'fluír'.) f. La condición del hablador incontenible y a veces incoherente.

Lola (De *Lola*, hipocorístico de *Dolores*, nombre individual femenino.): **no le digas nada a Lola.** loc. 1. No cuentes esto, no aludas al asunto. || 2. Vete a paseo. Se debe a una octavilla de la que hay varias versiones; he aquí una: "Nube blanca y nacarada, / por el espacio tan sola, / si no vas muy ocupada / cuéntale mi amor a Lola. / Pero si vas ocupada / por el espacio tan sola, / vete mucho a la chingada, / no le digas nada a Lola".

loma: quedar alguien **como el que chifló en la loma.** loc. Sin que nadie le haga caso, llevarse un chasco, verse privado de lo que se esperaba conseguir. || **quedarse** alguien **chiflando en**

la loma. loc. Quedarse sin nada, llevarse un chasco.

lombricera. f. Preparado medicinal de epazote, destinado a expulsar lombrices intestinales.

lombriciento, lombricienta. adj. Que tiene muchas lombrices intestinales.

lombriz. (De *lombriz*, cierto gusano, del latín vulgar *lumbric-*, tema de *lumbrix*, del latín *lumbricus* 'lombriz'.) f. Parásito intestinal.

lomerío. m. Conjunto de lomas.

lomita (De *loma* 'altura pequeña'.): **tras lomita, o aquí nomás tras lomita.** adv. Cerca, a çorta distancia.

lomo en cacahuate. m. Plato, especialidad de San Luis Potosí, que se prepara con lomo de cerdo, aceitunas negras, cacahuates sin cáscara, papa y jitomate.

lonch o **lonche** o **lunch.** (Del inglés *lunch*, que se pronuncia aproximadamente /lonch/.) m. Comida ligera.

lonchar, véase **lonchear.**

lonche, véase **lonch.**

lonchear o **lonchar.** (De *lonch, lonche.*) intr. Comer un lonch.

lonchera. f. Caja para llevar una comida ligera.

lonchería. f. Lugar donde se sirven comidas ligeras.

longaniza: **longaniza en salsa verde.** f. Plato, especialidad del estado de Morelos, que se prepara con longaniza, tomates verdes, chile verde y cilantro. **| he frito mi longaniza en mejores tepalcates.** loc. Puedo encontrar algo mejor. Compárese *lugar*.

lonja. (De *lonja* 'algo largo y ancho [especialmente de tocino o jamón]'.) f. Parte grasa y alargada del cerdo.

loquera. (De *loco*.) f. fest. 1. Locura, trastorno mental. || 2. Manía, obsesión, tema frecuente.

lora. (Del español *loro* y éste del caribe *roro*.) f. 1. Loro, papagayo (ave). || 2. Hembra del loro o papagayo. || 3. Mujer charlatana.

loretano. (De *Loreto*, nombre de muchas poblaciones de la República Mexicana, por *Loreto*, en Italia central, en que hay una "Santa Casa" de la que se dice que es aquella en que vivió Jesús, traída por ángeles desde Nazaret.) 1. adj. Perteneciente o relativo a Loreto. || 2. m. y f. Nativo o habitante de Loreto.

lotería: **sacarse** alguien **la lotería.** loc. Haber conseguido algo muy bueno.

lotificación. f. Acción o resultado de lotificar.

lotificar. tr. Dividir en lotes o parcelas un terreno.

lucas. (Modificación de *loco* influida por el nombre *Lucas*.) adj. Loco. Se usa especialmente con el verbo *estar.* | **tirar a lucas** a alguien. loc. No hacerle caso, no tomarlo en serio.

lucha: **hacer** alguien **la lucha.** loc. Esforzarse para lograr algo difícil, insistir. || **no hay peor lucha que la que no se hace.** ref. No hay que darse por vencido sin tratar de obtener lo que se quiere.

luchador, luchadora. m. y f. Quien trabaja con esfuerzo.

luchita: **hacer** alguien **la luchita.** loc. Esforzarse para lograr algo, insistir.

luchón, luchona. adj., y m. y f. Quien trabaja con esfuerzo.

lugar: **a como dé lugar.** loc. Pase lo que pase, de cualquier modo. || **de mejores lugares me han corrido, y con peores modos.** loc. Puedo encontrar algo mejor (la usa por ejemplo alguien que ha sido despedido de su trabajo). Compárese *longaniza*. || **el que sale a bailar, pierde su lugar.** ref. 1. Quien abandona o no cuida su lugar (o su interés, o su casa u otros bienes) lo pierde. || 2. No tiene derecho a recobrar su lugar, etc., si voluntariamente lo dejó [DRAE 1956: quien fue a Sevilla perdió su silla]. Compárese *Villa*. || **poner** a alguien **en su lugar.** loc. Pedirle que actúe de manera sensata o hacer que lo haga. || **ponte siempre en tu lugar, y no te harán levantar.** ref. Si ocupas tu posición relativa en la escala social (sin tratar de mostrar más prestigio que el que tienes), no tratarán de bajarte.

luis. m. Nombre de varias aves: el luis bienteveo es *Pitangus sulphuratus*, el luis gregario es *Myiozetetes similis* y el luis picogrueso es *Megarhynchus pitangus*.

lumbre: **con lumbre no se juega.** ref. Hay que tener mucho cuidado con lo peligroso. ‖ **donde hubo lumbre** (o: **fuego**), **ceniza queda,** véase **fuego.**

luna: **vivir en la luna.** loc. Estar en la luna, estar distraído, no darse cuenta de lo que está ocurriendo.

lunada. f. Fiesta a la luz de la luna.

lunch, véase **lonch.**

lunear. intr. Andar de caza, pesca o paseo cuando hay luna.

lunero, lunera. adj. Trabajador que no hace San Lunes. Compárese **sanlunero.**

lunes: **hacer San Lunes.** loc. No trabajar el lunes por prolongar el descanso del domingo. Compárese **sanlunes.**

lurias. (Modificación de *lucas* 'loco'.) adj. Loco. Se usa especialmente con el verbo *estar.*

lustre. (De *lustre* 'brillo', de *lustrar* 'dar brillo', del latín *lustrare* 'purificar con ritos', de *lustrum* 'rito romano de purificación'.) m. Brillo del calzado.

ma'. (De *mamá.*) f. Mamá.

macal. m. Cierta planta tropical *(Xanthosoma sagitifolium)*, y su tubérculo comestible.

macarela. (Del inglés *mackerel*, del francés antiguo *makerel* [hoy *maquereau*] 'caballa', probablemente de *makerel* [hoy *maquereau*] 'rufián, hombre que vive de la prostitución de las mujeres', del neerlandés medio *makelaer* 'agente; rufián', debido a la leyenda de que la caballa actuaba como rufián para los arenques en los cardúmenes que acompaña.) f. Cierto pez comestible de los mares de México (se parece a la caballa).

macehual o **macegual.** (Del náhuatl *macehualli* 'vasallo', de *macehua* 'bailar; servir'.) m. Hombre dedicado a los quehaceres más bajos, sirviente, peón de campo.

maceta. (De *maceta* 'recipiente de barro cocido'.) f. Cabeza. | **duro de maceta.** loc. Torpe, tonto.

machaca. (De *machacar* 'fragmentar', de *macho* 'mazo grande'.) f. Carne seca de res.

machacado. m. Carne seca de res, machacada y guisada con huevo, manteca, cebolla, ajo y jitomate.

machero. m. Corral para bestias mulares o machos.

macheteada. f. Acción o resultado de machetear.

macheteado, macheteada.

machetear. (De *machete*, especie de espada o cuchillo largo que sirve para cortar o desmontar golpeando repetidamente.) tr. Estudiar tenazmente, con ahínco.

machetero¹, machetera. adj., y m. y f. Estudiante que machetea, que se dedica con tesón a sus estudios.

machetero², machetera. (De *machete*, cuchillo largo de que van armados.) m. y f. Quien en un camión ayuda a cuidar la carga, o a cargar.

machín, machina. (Del español antiguo *machín* 'hombre rústico'.) m. y f. Mono, mico.

machincuepa. (Del náhuatl *matzincuepa*, de *maitl* 'mano' + *tzincuepa* 'cambiar de lado, voltear', de *tzintli* 'trasero' + *cuepa* 'voltear, girar'.) f. Maroma, voltereta. | **dar** (o **echar**) **la machincuepa**, o **hacer machincuepas.** loc. 1. Dar una maroma, dar maromas. || 2. (En política) cambiar de partido.

machitos. m. pl. Bocados asados de menudencias de cabrito envueltas en intestino lavado.

macho: a lo macho. loc. Palabra de hombre, de veras. || **es mejor arrear el macho que llevar la carga a cuestas.** ref. Hay que soportar una molestia si eso ahorra una mayor.

machorra. (De *machorra* 'hembra estéril', de *machorro*, adj., 'estéril', de *macho*, que en las plantas se aplica al ejemplar que no lleva fruto.) f. Mujer que en ciertas acciones parece hombre.

machote. (Del náhuatl *machiyotl* 'señal; ejemplo'.) m. Formulario con espacios en blanco para rellenar.

machucar. (De *macho* 'mazo grande'.) tr. Aplastar.

maciza. (De *macizo*, adj., 'sin huecos', derivado de *masa* a pesar del cambio ortográfico, del latín *massa* 'masa, amontonamiento; pasta', del griego *máza* 'masa; pan de cebada'.) f. Carne sin hueso.

macrootomangue (De *macro-* 'que incluye, que es mayor que' + *otomí*, lengua indígena de México, + *mangue*, lengua indígena de Nicaragua.) u

126

olmeca-otomangue. adj. De un tronco de idiomas de México y Centroamérica, que incluye el otomí, el popoloca, el trique y varios otros.

macuspaneco, macuspaneca, o macuspanense. (De *Macuspana,* municipio del estado de Tabasco.) 1. adj. Perteneciente o relativo a Macuspana. || 2. m. y f. Nativo o habitante de Macuspana.

madrazo. (De *madre* + *-azo.)* m. voz malsonante. Golpe. || **a madrazo limpio.** expr. malsonante. A golpes.

madre: **madre querida, madre adorada, vamos al cine, tú pagas la entrada.** Poema que los hijos dicen festivamente a su madre burlándose de las cursis tarjetas de felicitación del Día de las Madres (10 de mayo). | **a toda madre.** loc. adj. y adv. vulgar. Muy bueno, excelente, de gran calidad; muy bien (sinónimos eufemísticos: **a todo dar, a toda máquina, a todo mecate, a todo meter).** || **caerle** a alguien **de madre.** expr. malsonante. Asegurar solemnemente la verdad de una afirmación o de una negación. || **¡chinga a tu madre!** loc. malsonante que se usa como interjección para expresar a alguien enojo, menosprecio o disgusto. || **darle** a alguien **en la (mera) madre,** o **darle** a alguien **en toda la madre.** expr. malsonante. Golpearlo. || **estar hasta la madre.** expr. malsonante. Estar harto. || **hecho madre.** expr. malsonante. Deshecho. || **importarle** a alguien **madre** algo. expr. malsonante. No importarle. || **mentarle la madre** a alguien. (De *mentar* 'nombrar o mencionar a una persona'.) expr. malsonante. Insultarlo groseramente, decirle "¡Chinga a tu madre!" || **ni madre.** expr. malsonante. Nada. || **no tener** alguien **(ni) madre.** expr. malsonante. Ser un sinvergüenza, un bribón, observar una conducta censurable, reprobable. Compárese *abuela* (no tener...) || **pa' su madre.** loc. malsonante que se usa como interjección para expresar enojo o sorpresa. || **partirse la madre.** expr. malsonante. Golpearse. || **¡puta madre!** loc. malsonante que se usa como interjección para expresar enojo o disgusto. || **¡qué poca madre!** loc. malsonante que se usa como interjección para expresar enojo o disgusto en relación con una acción de alguien. || **rayarle la madre** a alguien. expr. malsonante. Mentarle la madre. || **romperle** a alguien **la madre.** expr. malsonante. Golpearlo. || **romperse** alguien **la madre.** expr. malsonante. Golpearse, herirse. || **valerle** a alguien **madre** algo. expr. malsonante. No importarle.

madrear. (De [*dar en la*] *madre.)* tr. Maltratar a golpes o de palabra.

madrota. (De *madre* + *-ota* 'grande'.) f. Mujer que dirige una casa de prostitución.

maestro: **como el maestro Cirilo, que cose de oquis y pone el hilo.** loc. Sin cobrar, o cobrando menos de lo que vale su trabajo.

mafufo. m. Marihuano.

magnavoz. (De *magna,* fem. de *magno* 'grande', del latín *magnus* 'grande', + *voz* 'sonido'.) m. Aparato que aumenta la intensidad de los sonidos.

maguey. (Del taíno *maguey.)* m. Planta de hojas carnosas del género *Agave* (por ejemplo, *Agave atrovirens,* de cuyo tronco se obtiene mediante incisiones la savia [aguamiel] que se fermenta para hacer pulque). Hay unas 200 especies. || **maguey de mezcal.** m. Planta del género *Agave,* cuyas hojas centrales se asan y fermentan, y luego se destilan para producir el licor llamado mezcal. || **maguey de pulque,** véase **maguey.** || **maguey de tequila.** m. Planta del género *Agave (Agave tequilana)* de la que se destila el tequila. || **maguey mezcalero,** véase **maguey de mezcal.** || **maguey pulquero,** véase **maguey.** || **maguey tequilero,** véase **maguey de tequila.**

magueyal. m. Sembrado o plantío de magueyes.

magueyera. f. 1. Maguey (planta). || 2. Magueyal.

magueyero, magueyera. adj. Relativo al maguey.

magullada. f. Acción o resultado de magullar [DRAE: magulladura].

magullar (a veces *mallugar.*) tr. Causar contusión, aplastar.

magullón. m. Acción o resultado de magullar [DRAE: magulladura].

maicear. tr. Dar maíz a los animales.

maíz: **maíz amarillo.** m. Planta *(Zea mays)* cuya mazorca tiene granos amarillentos. || **maíz azul.** m. Planta *(Zea mays)* cuya mazorca tiene granos azules. || **maíz blanco.** m. Planta *(Zea mays)* cuya mazorca tiene granos de color blanco cremoso. || **maíz cacahuacintle,** véase **cacahuacintle.** || **maíz híbrido.** m. Planta que resulta de cruzar dos o más cepas de maíz para obtener mayor tamaño o producción o resistencia. || **maíz palomero.** m. Variedad *(Zea mays praecox)* de maíz, cuyos granos expuestos al calor se revientan y con los cuales se hacen las llamadas palomitas. || **maíz pinto.** Planta *(Zea mays)* cuya mazorca tiene granos de varios colores.

majaderear. (De *majadero* 'necio y porfiado', de *majadero* 'mano de mortero', de *majar* 'machacar; molestar', del español arcaico *majo* 'mazo', del latín *malleus* 'mazo, martillo'.) tr. Molestar, incomodar.

maje. adj., y com. Tonto, inepto.

majear. (De *maje.*) tr. Engañar.

makech o **ma'kech** o **maquech.** (Del maya *macech.*) m. Escarabajo sin alas que se pone, vivo, atado de una cadenita, sobre la ropa como si fuera un broche o prendedor de adorno.

mal: **mal de aire.** m. Epilepsia. || **mal de barriga.** m. Diarrea, disentería. Compárese *intestino* (suelto del). || **mal de cintura.** m. Anexitis, inflamación de los anexos, de los órganos y tejidos que rodean el útero (trompas, ovarios y peritoneo). || **mal de costado.** m. Neumonía. || **mal de espanto.** m. Paludismo. || **mal de flojera.** Encefalitis. || **mal de garganta.** m. Difteria. || **mal de hechizo.** m. Psicosis. || **mal de la cintura.** m. Ovaritis, salpingitis. || **mal de las encías.** m. Escorbuto. || **mal de la vejiga.** m. Cistitis. || **mal de Lázaro.** (De *Lázaro,* nombre de un mendigo enfermo, "lleno de llagas" en el Evangelio según San Lucas, 16.20.)

m. Lepra, enfermedad crónica causada por un bacilo *(Mycobacterium leprae).* || **mal del intestino.** m. Fiebres paratifoideas. || **mal del pinto,** o simplemente **pinto.** (De *pinto* 'de diversos colores'.) m. Enfermedad tropical crónica de la piel causada por una espiroqueta *(Treponema careteum).* || **mal del sueño.** m. Encefalitis letárgica. || **mal del vientre.** m. Metritis, inflamación de la matriz. || **mal de pecho.** m. Tuberculosis. || **mal de San Vito.** (De *San Vito,* mártir cristiano del siglo III a quien invocaban los que padecían de corea [*corea* viene del latín *chorea* 'baile en coro, en conjunto, en corro', del griego *joreía* 'baile, danza', de *jorós* 'coro de danza, coro de cantantes'.) m. Corea, enfermedad del sistema nervioso que se manifiesta por movimientos involuntarios espasmódicos de los músculos faciales y falta de coordinación de los miembros [DRAE: baile de San Vito]. || **mal de susto.** m. Obstrucción intestinal. | **a grandes males, grandes remedios.** ref. Hay que atacar los problemas vigorosamente o con los medios adecuados. Compárese *sol.* || **cuando el mal es de sanar, el agua le es medicina.** ref. Si alguien se iba a aliviar, no importa qué remedios toma [DRAE 1956: al enfermo que es de vida, el agua le es medicina]. || **el mal de amores duele, pero no mata.** ref. Las penas por no ser correspondido no son mortales. || **el que mucho mal padece, con poco bien se consuela.** ref. En una vida llena de amarguras, un poco de felicidad alienta con eficacia. || **mal de muchos, consuelo de pendejos,** o **mal de muchos, consuelo de tontos,** refs. No es más llevadera una desgracia cuando comprende a crecido número de personas [DRAE 1956 tiene también un refrán que expresa la opinión contraria: mal de muchos, consuelo de todos]. || **no hay mal que dure cien años.** ref. con que se procura consolar al que padece [DRAE 1956: No hay bien ni mal que cien años dure.] || **si tu mal tiene remedio, ¿para qué te apuras?, y si no lo**

tiene, ¿para qué te preocupas? ref. Calma, paciencia, resignación, no hay que sentir excesiva preocupación.

mala: a la mala. loc. A traición. ‖ **de malas.** loc. Con mala suerte. ‖ **la de malas.** loc. La mala suerte. ‖ **no sea la de malas.** loc. No sea que pase algo malo.

malabarista. (De *juegos malabares* 'ejercicios de destreza manual', del portugués *jogos malabares*, de *[Costa do] Malabar*, región del sudoeste de la India, donde los portugueses observaron a muchos que ejecutaban estos ejercicios.) com. Persona hábil para obtener una buena posición política y para mantenerse en ella.

malacate. (Del náhuatl *malacatl* 'huso', de *malina* 'torcer' + *acatl* 'caña'.) m. 1. Huso de hilar. ‖ 2. Cabrestante, máquina de mover o levantar objetos pesados.

malacof. (Quizá del francés *Malakoff*, del ruso *Malajov*, fortificación en el sureste de Sebastopol [ruso *Sevastópol*], en Crimea, tomada por los franceses en 1855.) m. Miriñaque, faldellín interior de tela rígida.

malacrianza. f. Grosería, descortesía, falta de urbanidad.

malagueña: a la malagueña. (Por juego fonético.) loc. fest. A la mala, a traición.

malagueta. (De *malagueta*, semilla de una planta *[Aframomum melegueta]* de África Occidental, que se usa como especia, de *Malagueta*, costa de África donde se comerciaba con esta semilla.) f. Planta mirtácea americana tropical, del género *Pimenta*, llamada también *pimienta de Tabasco*.

malamujer. f. Nombre de cada una de varias plantas.

malcriadez. f. Grosería, cualidad o acto de malcriado, de descortés.

maldad. f. Travesura.

maldición: caerle a alguien **la maldición de Moctezuma.** (De *Moctezuma* [náhuatl *Motecuhzoma*] II, ¿1480?-1520, emperador azteca en la época de la conquista española.) loc. Enfermarse de diarrea.

maldoso, maldosa. adj., y m. y f. Que comete maldades.

maleconear. intr. Pasear por las aceras del malecón (carretera costera).

malencarado, malencarada. adj. Con cara de enojo.

malentretenido, malentretenida. m. y f. Vago, holgazán.

malestar estomacal. m. Hiperacidez estomacal, agruras.

maletera. f. Lugar destinado en los automóviles para maletas. [DRAE: maletero].

maletería. f. Fábrica o tienda de maletas.

malgenioso, malgeniosa. adj., y m. y f. De mal genio, que se enoja con facilidad.

malhora, véase **malora.**

malinalquense, o **malinalqueño, malinalqueña,** o **malinalca.** (De *Malinalco*, municipio del Estado de México, del náhuatl *malinalli*, cierta planta [que se enreda en los árboles], + *-co* 'lugar'.) 1. adj. Perteneciente o relativo a Malinalco. ‖ 2. com., y m. y f. Nativo o habitante de Malinalco.

malinchismo. (De *Malinche*, del náhuatl *Malintzin*, muerta hacia 1550, esclava indígena a la que Hernán Cortés hizo su amante.) m. Complejo de apego a lo extranjero con menosprecio de lo propio.

malinchista. (De *malinchismo.*) adj. y com. Que tiene el complejo de apego a lo extranjero con menosprecio de lo propio.

mallugar, véase **magullar.**

malmodiento, malmodienta. adj., y m. y f. Que procede con malos modos, hosco.

malora o **malhora.** (De *mala hora.*) adj. y com. Quien hace maldades.

malorear. (De *malora.*) intr. Hacer maldades, perjudicar.

maloso, malosa. (De *malo* 'enfermo'.) adj. Enfermo.

malpais, malpaís. m. Terreno árido o pedregoso.

maltratada. f. Acción o resultado de maltratar, maltrato.

maltratense. (De *Maltrata*, municipio del estado de Veracruz, del náhuatl *Matlatlan*, literalmente = 'entre las redes', de *matlatl* 'red' + *-tlan* 'abundante en'.) 1. adj. Perteneciente o relativo a Maltrata. || 2. m. y f. Nativo o habitante de Maltrata.

malvaloca. (De *malva loca,* que es otra planta, porque también empieza por *ma-.*) f. fest. Marihuana.

malvavisco. (De *malva,* planta [del latín *malva*], + *hibisco,* planta, del latín *hibiscum.*) m. Dulce en forma de pasta algo esponjosa hecho de la raíz de la planta llamada malvavisco *(Althaea officinalis)* o de algún sustituto (jarabe de maíz, azúcar, clara de huevo y gelatina).

malvestido, malvestida. adj., y m. y f. Desaliñado, falto de aseo.

malviviente. com. Persona de mala vida.

malvón. (De *malva,* planta.) m. Planta del género *Geranium.*

mamá: **mamá de leche.** f. Nodriza. || **mamá grande.** f. Abuela. | **creerse** alguien **la mamá de los pollitos** (o: **de Tarzán.** Compárese **tarzán**). Ser muy presumido. || **que dice mi mamá que siempre no.** loc. fest. No voy a cumplir el trato o la promesa, me echo atrás.

mamacita. (De *mamá.*) f. Tratamiento cariñoso usado por los padres al dirigirse a sus hijas.

mamada. f. Absurdo, despropósito.

mamado, mamada. adj. Borracho.

mamarse. Emborracharse.

mame. 1. adj. y com. Miembro de un pueblo indígena del suroeste de Guatemala, también llamado mame. || 2. m. Lengua del pueblo mame (es del grupo mameano, de la familia maya).

mameluco. (Por parecido de forma con el tipo de pantalones que usaba el Cuerpo de Mamelucos de Napoleón I, que él estableció en 1804, dentro de su Guardia Imperial, del francés *mamelouk,* del árabe *mamlūk* 'miembro de una casta militar egipcia [hacia 1250-1811], originalmente compuesta de esclavos, de *mamlūk* 'esclavo', literalmente = 'poseído, que es propiedad de otro', participio pasivo de *malaka* 'poseer'.) m. Pijama de una sola pieza para bebés o niños y que los cubre hasta los pies.

mamey. (Del taíno *mamey.*) m. Árbol tropical *(Mammea americana),* y su fruto ovoide de pulpa rojiza.

mameyal. m. Plantío de mameyes.

mameyero. m. Árbol del mamey, normalmente llamado *mamey.*

mami. (De *mamá.*) f. Mamá (en lenguaje infantil).

mamila. (Del español *mamila* 'pecho de la hembra'.) f. Biberón, botella para la lactancia artificial.

mamón. (De *mamón* 'que todavía está mamando'.) m. Bizcocho blando y esponjoso hecho de almidón y huevo.

manager. (Del inglés *manager,* que se pronuncia aproximadamente /mánayer/.) PRONUNC. /mánayer/. m. En deportes, quien dirige un equipo o a un atleta.

manazo. m. Golpe dado con la mano, manotazo.

manchamanteles o **manchamantel.** m. pl., o m. Guiso de pollo o de pavo, chile ancho, chile pasilla, jitomate, piña y plátano macho.

mancuernas, o **mancuernillas.** (De *mancuerna* 'pareja de cosas atadas o unidas', de *mancornar* 'atar dos reses por los cuernos para que anden juntas', de *mancornar* 'atar una cuerda a la mano y cuerno del mismo lado de una res vacuna', de *mano* + *cuerno.*) f. pl. Gemelos para los ojales de los puños de la camisa. f. pl. Mancuernas.

manda. (Del español *manda* 'oferta que uno hace a otro de darle una cosa', del anticuado *mandar* 'ofrecer, prometer', de *mandar* 'ordenar; enviar; encomendar', del latín *mandare* 'encomendar, encargar'.) f. Voto o promesa hecha a Dios, una Virgen o un santo, de efectuar un sacrificio, un acto de abnegación, si concede cierto favor. || **pagar una manda.** loc. Cumplir con lo que se ofreció en una manda.

mandadero, mandadera. m. y f. Persona que hace los mandados.

mandado. (De *mandado* 'orden, comisión, encargo', de *mandar* 'ordenar, encomendar'.) m. Compra de lo necesario para la comida. | **comerle** a alguien **el mandado.** loc. 1. Tomar para sí la utilidad que hubiera correspondido a otro. || 2. Ganarle la delantera. || **hacerle** a alguien **los mandados.** expr. injuriosa (de parte de alguien que alardea de superior) de desdén por el sujeto de ese verbo *hacer*, considerar a alguien como sirviente. Compárese **arranque.** || **ir a un mandado.** loc. Salir a traer algo.

mandar: **mandar** a alguien **a bañar,** o **mandar** a alguien **muy lejos,** o **mandar** a alguien o algo **a volar.** locs. Mandarlo a paseo, despedirlo con desprecio o disgusto. Compárese **bañar.** || **mandarse,** o **mandarse** alguien **con** alguien. loc. Propasarse, faltarle al respeto, abusar. || **mande,** o **mande usted.** 1. Se usan como palabras interrogativas equivalentes a "dígame" o "dime". || 2. Se usan como palabras interrogativas para pedir que se repita algo que no se oyó o no se entendió. || **ni mandado hacer.** loc. adv. Perfectamente.

mandarina. (Del español *mandarín* 'mandarina', de *mandarín* 'funcionario público chino (en la época imperial, o sea, hasta 1911)', del portugués *mandarim* 'mandarín', del malayo *mĕntĕri* 'mandarín' [influido por el portugués *mandar* 'mandar, dar órdenes'], del sánscrito *mantrin* 'consejero', de *mantra* 'consejo; rezo, plegaria, himno', de *manyate* '(él) piensa'.) f. Naranja mandarina, fruta de un naranjo pequeño *(Citrus reticulata)*, de cáscara fácil de separar.

mandíbula: **más holgazán que la mandíbula de arriba.** loc. Muy perezoso.

manejar. (Del español *manejar* 'gobernar los caballos, usar algo con las manos', del italiano *maneggiare* 'trabajar con las manos, mover algo entre las manos', de *mano* 'mano'.) tr. Conducir, guiar un automóvil.

manejarse. Comportarse.

manejo. (De *manejar.)* m. Acción o resultado de conducir, de guiar un automóvil.

manera: **cada quien tiene su manera** (o: **modo) de matar pulgas.** loc. Cada persona cree saber qué procedimiento le conviene para cada circunstancia.

manga, véase **manga de hule.**

manga: **manga de agua.** (De *manga* 'parte del vestido que cubre un brazo', por parecido de forma de la columna de agua.) f. Tromba de agua, tormenta. || **manga de hule,** o simplemente **manga.** (De *manga* 'parte del vestido que cubre un brazo', por parecido de forma.) f. Capa de hule para protegerse de la lluvia. | **buscarle mangas al chaleco.** loc. Buscar cosas inexistentes o imposibles. || **no hay que buscarle mangas al chaleco.** ref. No hay que tratar de obtener lo imposible o inexistente.

mangazo. (De *mango* 'guapo'.) m. Muy guapo o muy guapa.

mango. (De *mango* 'fruta de pulpa jugosa, aromática y sabrosa'.) m. Guapo o guapa. Sinónimos: cuero, forro. || **mango criollo.** m. Variedad de mango (fruto del árbol *Mangifera indica)* de semilla abultada. || **mango de Manila.** (De *Manila,* capital de Filipinas.) m. Variedad de mango (fruto del árbol *Mangifera indica)* de semilla aplanada. | **¡chupa tu mango!** loc. 1. Consuélate. || 2. No te ocupes de lo que no te importa. || **estar como mango.** loc. Ser guapo o guapa. || **¡mangos!** interj. que se usa para negar a alguien lo que pidió. || **ser un mango.** loc. Ser guapo o guapa.

mangonear. (Del español *mangonear* 'imponer una persona su voluntad en un asunto', del latín *mangon-,* tema de *mango* 'traficante'.) tr. Engañar, sacar ventaja ilícitamente de un negocio ajeno.

mangoneo. m. Chanchullo, engaño, manejo ilícito para lucrar.

manguera. f. Tubo largo y flexible, de hule (goma) o lona, que se adapta a las bocas de riego o a las bombas para dirigir el agua.

manguillo. (De *mango* 'parte por la que se agarra un instrumento'.) m. Portaplumas, manguillero.

manicure o **maniquiur.** (Del francés *manicure,* de *manucure,* con *-icure* como en *pédicure,* del latín *manus* 'mano' + *curare* 'curar'. Compárese **pedicurista.**) m. Tratamiento para el cuidado de las manos y de las uñas.

manicurista. com. Persona que tiene por oficio cuidar las uñas y las manos [DRAE: manicuro o manicura].

maniquiur, véase **manicure.**

manita: dar una manita. (De *mano* 'auxilio, socorro' + *-ita.*) loc. Ayudar, prestar auxilio. Compárese *mano* (**dar una mano**).

manitas: el árbol de las manitas, véase **árbol.**

manito, manita. (De *hermanito.*) m. y f. Amigo, tratamiento popular de confianza.

mano¹: mano, mana. (De *hermano.*) m. y f. Amigo, tratamiento popular de confianza.

mano²: mano del metate. f. Rodillo de piedra que sirve para quebrantar y hacer masa el maíz, el cacao, etc., en la piedra de moler llamada metate. Compárese **metlapil.** ‖ **mano del molcajete.** f. Tejolote, mano del mortero, majador de piedra que sirve para machacar el chile, el tomate, etc., en el recipiente o mortero de piedra llamado molcajete. ‖ **mano de metate.** f. Mano del metate. ‖ **mano de plátanos.** (De *mano* 'conjunto de cinco cuadernillos de papel' y por extensión 'conjunto de cinco cosas', y 'conjunto de unos cinco plátanos'.) f. Cada uno de los grupos de plátanos en que se divide un racimo. ‖ **aunque salga de manos asquerosas, el dinero siempre huele a rosas.** ref. El dinero es muy útil. ‖ **con la mano en la cintura.** loc. Fácilmente. ‖ **dar una mano.** loc. Ayudar, auxiliar. Compárese *manita.* ‖ **doblar las manos.** loc. Ceder, doblegarse, rendirse. ‖ **el que por su mano se lastima, que no gima.** ref. Quien tenga la culpa, que no se queje. ‖ **estar** (o **salir**) **a mano.** loc. En condiciones de igualdad, no deberse nada mutuamente. ‖ **pararse de manos.** loc. Levantarse las caballerías hasta ponerse en posición casi vertical, apoyadas sobre las patas de atrás, encabritarse. ‖ **pasársele** a alguien **la mano.** loc. Ir más allá de donde debería detenerse, excederse. Compárese *tueste.* ‖ **ser** uno **mano.** loc. Tener el primer turno. ‖ **tener buena mano.** Ser bueno para.

mansarda. (Del francés *mansarde,* del apellido de François *Mansart,* 1598-1666, arquitecto francés.) f. Parte de una casa, situada inmediatamente bajo el techo, desván, zaquizamí.

manta. (De *manta* 'prenda para abrigarse en la cama; o en la intemperie, o en los viajes', de *manto* 'capa', del latín tardío *mantum* 'capa, manto corto', derivado regresivo del latín *mantellum* 'capa'.) f. Tela ordinaria de algodón.

mantarraya. (De *manta* 'prenda rectangular para abrigarse en la cama' [porque las trampas con que se pescan parecen mantas] + *raya,* el pez.) f. Raya, cierto pez cartilaginoso (familia: Dasyatidae).

mante. m. Cierto árbol del estado de Tamaulipas y regiones vecinas, y su fruto amarillo.

manteca de cacao. f. Grasa vegetal obtenida de los granos de cacao.

mantel: estar de manteles largos. loc. Tener invitados a una comida elegante. ‖ **menos mantel y más qué comer.** ref. No hay que preocuparse por lo vistoso, sino por lo práctico.

mantenido. m. Hombre que vive a expensas de una mujer.

manteño, manteña. (De *Mante,* municipio del estado de Tamaulipas, nombre que lleva desde 1937.) 1. adj. Perteneciente o relativo a Mante. ‖ 2. m. y f. Nativo o habitante de Mante.

mantequillero, mantequillera. m. y f. Quien hace o vende mantequilla.

mantequilloso, mantequillosa. adj. De aspecto o consistencia de mantequilla.

manto de la virgen, o simplemente **manto.** m. Cierta enredadera *(Ipomoea pedunculata).*

manubrio. (Del español *manubrio* 'empuñadura o manija de un instrumento', del latín *manubrium* 'manija', de *manus* 'mano'.) m. Manillar, pieza de la bicicleta, con mangos en que se apoyan las manos, que sirve para dirigir el vehículo.

manufactura. (De *manufactura* 'obra hecha a mano', del francés *manufacture,* del latín tardío *manufactus* 'hecho a mano', del latín *manu,* ablativo de *manus* 'mano', + *factus,* participio pasivo de *facere* 'hacer'.) f. Acción de fabricar.

manzana: **la manzana podrida daña a su compañera.** ref. El trato con los malos causa estrago [DRAE 1956: la manzana podrida pierde a su compañía].

manzana de Adán. (Traducción del latín *pomum Adami,* traducción del hebreo *tapūaj ha ādhām,* literalmente = 'protuberancia corpórea en un hombre', interpretada erróneamente [debido a dobles significados en hebreo] como 'manzana de Adán'.) f. Prominencia formada en la parte anterior del cuello por el cartílago tiroides, nuez de Adán.

manzanillense. (De *Manzanillo,* municipio del estado de Colima.) 1. adj. Perteneciente o relativo a Manzanillo. || 2. m. y f. Nativo o habitante de Manzanillo.

manzano, o plátano manzano. m. Variedad de plátano que tiene un ligero sabor a manzana.

maña: **con su maña, pesca a la mosca la araña.** ref. No hay que dejarse sorprender por palabrería o por astucias.

mañanitas. (De *[la] mañana.)* f. pl. Composición musical popular que se canta temprano en la calle frente a la ventana de quien cumple años o festeja su onomástico.

mapache. (Del náhuatl *mapachin,* de *mapachoa* 'apretar algo con la mano', de *maitl* 'mano' + *pachoa* 'apretar' [porque aprieta y lava sus alimentos antes de comerlos].) m. Mamífero nocturno carnívoro *(Procyon lotor)* con cola de anillos blancos y oscuros alternados, de carne comestible. También llamado **lavador** y *ratón lavandero.*

maple. (Del inglés *maple.)* m. Anglicismo por *arce.*

maquech, véase **makech.**

maquila. (Del español *maquila* 'porción de grano, harina o aceite que corresponde al molinero por la molienda', del árabe *makīla* 'medida' [raíz: k-y-l 'medir'].) f. 1. Precio que se cobra por trillar los granos ajenos. || 2. Acción de maquilar.

maquiladora. f. Establecimiento en que se maquila.

maquilar. (De *maquila.)* tr. Importar materias primas, tratarlas y exportarlas.

máquina: **a toda máquina,** véase *madre.*

maquinó o **maquinof.** (Probablemente del inglés *Mackinaw,* o *Mackinaw coat* 'saco de tela gruesa', de *Mackinaw City,* población del estado de Michigan, Estados Unidos, antiguamente importante, en que los cazadores comerciaban con los indígenas, del francés canadiense *Mackinac,* del ojibway [lengua algonquina también llamada chippewa] *mitchimakinak,* literalmente = 'tortuga grande'.) m. Chamarra de tela gruesa.

mar: **¡la mar!,** o, fest., **¡la mar y sus pescaditos!** locs. advs. Mucho.

maraca. f. Instrumento musical comúnmente hecho de una calabaza con granos o semillas en su interior.

marañón. m. Árbol tropical *(Anacardium occidentale),* y su fruto que tiene la forma de un riñón.

maratonista. (De *maratón* 'carrera pedestre de 42 km 195 m', de *Maratón,* del griego *Marathōn,* ciudad de Grecia donde en 490 a.C. los griegos obtuvieron una victoria contra los persas, de la cual un corredor llevó la noticia a Atenas, ubicada a esa distancia.) com. Persona que participa en un maratón (carrera pedestre de 42 km 195 m).

maravatiense. (De *Maravatío,* municipio del estado de Michoacán.) 1. adj. Perteneciente o relativo a Maravatío. || 2. m. y f. Nativo o habitante de Maravatío.

marca: **marca de agua.** (Traducción del inglés *watermark.)* f. Marca transparente hecha en el papel al fabricarlo y que resulta de diferencias de espesor, filigrana. || **marca patito.** loc. adj. De marca poco conocida o mala.

marcha. f. Mecanismo (motorcito eléctrico) del automóvil que se utiliza para su arranque [DRAE: puesta en marcha, marcha].

marchante, marchanta. (Del adj. *mar-*

chante 'perteneciente al comercio, mercantil', del francés *marchand*, adj., de *marchand*, sust. 'comerciante', del latín vulgar *mercatant-*, tema de *mercatans* 'comerciante', de *mercatans*, participio presente de *mercatare* 'comerciar', del latín *mercatus*, participio pasivo de *mercari* 'comerciar; comprar'.) m. y f. Comprador, cliente, especialmente cuando suele comprar de un mismo vendedor [DRAE: parroquiano].

¡ma're! (De *madre*.) excl. de sorpresa (Yucatán). | **¡pa' su ma're!** expr. malsonante de sorpresa.

mareada. (De *marear* 'engañar', de *marear* 'desazonar, turbar', de *marear* 'navegar en el mar', de *mar* 'masa de agua salada'.) f. Embaucamiento.

margallate o **margayate.** m. Desorden, confusión, lío.

maría. (De *María*, nombre común de mujer.) f. Mujer indígena que vende en las calles del Distrito Federal.

mariachi. (Quizá de origen coca.) m. 1. Grupo de músicos, cuyos integrantes visten a la usanza charra. || 2. Cada uno de los músicos de ese grupo.

marihuana o **mariguana.** f. 1. Cierta planta *(Cannabis sativa)*. || 2. Hojas secas de esa planta, que algunos fuman como tabaco, lo que produce trastornos mentales (alucinaciones, cambios en la personalidad, con delirio de persecución).

marihuanada. f. Acto de locura, acción típica de quien se encuentra bajo los efectos de haber fumado marihuana.

marihuano, marihuana, o **mariguano, mariguana.** m. y f. Loco, de conducta estrafalaria (no necesariamente por haberse intoxicado con marihuana).

marimba. (De origen bantú.) f. Instrumento musical de percusión, especie de xilófono.

marimbero, marimbera. m. y f. Músico que toca la marimba.

mariposa. (De *mariposa*, el insecto, por parecido de forma.) f. Tuerca con dos salientes que permiten girarla fácilmente.

mariposa monarca. f. Cierta mariposa grande *(Danaus plexippus)* de alas anaranjadas con venas y bordes negros.

marlín azul. (Traducción parcial del inglés *blue marlin*, de *marlin*, este pez, abreviación de *marlinspike*, instrumento puntiagudo [pasador de marina], por parecido de forma de su pico.) m. Cierto pez *(Makaira nigricanus ampla)* de la costa oriental de América del Norte.

marmaja. (Posiblemente del griego *marmaírein* 'brillar'.) f. 1. Sulfuro de hierro. || 2. Dinero.

marmoleado, marmoleada. adj. Con marcas o coloración que se parecen a las del mármol.

marmolear. tr. Dar apariencia de mármol.

maroma. (Del español *maroma* 'cuerda'.) f. 1. Cable (del que pende una carretilla) que pasa sobre un río y sirve para el transporte de personas y de carga. || 2. Voltereta o pirueta acrobática.

maromero, maromera. m. y f. Acróbata, volatinero, funámbulo.

marometa. f. Maroma, voltereta.

marquesote. m. Pan de harina, huevo y azúcar.

marrano: a chillidos de marrano, oídos de matancero, véanse *chillido, palabra.*

marro. m. Mazo [DRAE: marra, almádena].

martajar. tr. Quebrar y extender una porción de masa.

masa. (De *masa* 'mezcla de harina con agua'.) f. Maíz cocido con cal, escurrido y molido.

masacote. m. 1. Toda masa (mezcla de líquido y materia pulverizada) mal preparada. || 2. Mezcla de cosas en masa desordenada.

masahua, véase **mazahua.**

masajear. tr. Dar masaje.

mascada. (Quizá de *Mascat*, capital de Omán, del árabe *Masqat*, puerto de mar y centro comercial desde el cual salían rutas terrestres de caravanas.) f. Pañuelo, especialmente de seda, para adorno del cuello o de la cabeza.

mascarita: te conozco, mascarita. (Traducción del italiano *mascherina, ti co-*

nosco, o *ti conosco, mascherina.)* loc. Sé que me quieres engañar.

mascota. (De *mascota* 'animal o cosa que sirve de talismán', del francés *mascotte* 'amuleto', del provenzal *mascoto* 'sortilegio, hechicería', de *masco* 'bruja', del latín medieval *masca, mascha* 'bruja'.) f. Animal doméstico que alguien tiene por gusto más bien que por utilidad.

masking. (Del inglés *masking tape,* literalmente = 'cinta para enmascarar, para cubrir, para tapar'.) m. Cinta que es adhesiva en uno de sus lados.

mastique. (Del latín *mastiche,* del griego *mastíjē,* cierta resina aromática.) m. Pasta de yeso y agua de cola que se usa para fijar los vidrios de las ventanas [DRAE: mástique].

matacuás. m. 1. Mal conductor. ‖ 2. Valentón que no vale nada.

matada. (De *matarse* 'trabajar con afán y sin descanso'.) f. 1. Fatiga con que se realiza un trabajo. ‖ 2. Trabajo que requiere mucho esfuerzo.

matado, matada. adj. Que cuesta mucho esfuerzo y energía.

matalascallando. (De *mátalas callando.)* m. y f. Persona al parecer seria, de ánimo o genio apagado, que da la impresión de inocencia pero que es amiga de bromas y travesuras [DRAE: mosca muerta].

matamorense. (De *Matamoros,* nombre de muchas poblaciones de la República Mexicana, así llamadas en honor del caudillo de la Independencia de México, Mariano Matamoros, 1770-1814.) 1. adj. Perteneciente o relativo a Matamoros. ‖ 2. m. y f. Nativo o habitante de Matamoros.

matarili: dar(le) a alguien **su matarili.** loc. Matarlo.

matatena. (Del náhuatl *matetema* [idea implícita: llenar la mano con piedras], de *maitl* 'mano' + *tetl* 'piedra' + *tema* 'llenar'.) f. 1. Juego en que se llena la mano con (comúnmente cinco) piedras (u otros objetos pequeños como huesos de fruta, o frijoles crudos, y muchas veces una pelota) que se echan al aire mientras se levanta del suelo otro objeto, o se reciben las pie-

dras en el dorso de la mano de varias maneras que requieren coordinación manual y visual. ‖ 2. Cada una de las piedras.

matazón. f. Gran matanza.

mate: dar(le) a alguien **el mate.** loc. Matarlo.

matehualense. (De *Matehuala,* municipio del estado de San Luis Potosí.) 1. adj. Perteneciente o relativo a Matehuala. ‖ 2. m. y f. Nativo o habitante de Matehuala.

materia dispuesta: ser materia dispuesta. loc. Estar listo o preparado mentalmente para alguna experiencia o alguna acción.

materialista. adj. Relativo a los materiales de construcción.

matiné. (Del francés *matinée,* f., 'reunión o espectáculo que se hace por la tarde', de *matinée* 'la tarde' en contraste con la *soirée* 'la noche', de *matin* 'la mañana', del latín *matutinum* 'la mañana', de *matutinum,* neutro de *matutinus* 'matutino, de la mañana', de *Matuta,* diosa de la mañana.) amb. Espectáculo que se celebra de día.

matlazinca o **matlatzinca** o **matlacinga** o **matlalcinga** o **matlalzinca.** (Del náhuatl *Matlatzinco,* literalmente = 'lugar de [los que tienen] redecillas', de *matlatl* 'red' + *tzin,* diminutivo, + *-co* 'lugar'.) 1. com. Miembro de un grupo indígena que habitaba en el Valle de Toluca. ‖ 2. m. Lengua de la subfamilia matlazincana, de la familia otopame.

maya. 1. adj. Perteneciente o relativo a un grupo de pueblos indígenas que habita principalmente en Yucatán, Belice y Guatemala, a su cultura o a su lengua. ‖ 2. com. Nativo o habitante de la zona maya. ‖ 3. m. Lengua (también llamada *maya peninsular* o *maya yucateco)* de la familia maya.

mayate. (Del náhuatl *mayatl.)* m. Cierto escarabajo *(Hallorina dugesii).*

mayismo. m. Palabra o expresión de origen maya usada al hablar o escribir en español.

mayista. com. Persona especializada en estudios de cultura o lengua maya.

mayo¹. (De *Mayo*, nombre de un río en cuyas márgenes vive este pueblo, del mayo *maiva* 'orilla del agua'.) 1. com. Miembro de un pueblo indígena de los estados de Sonora y Sinaloa, también llamado *cahíta*. ‖ 2. Lengua del grupo tarahumareño, véase **cahíta.**

mayo²: **¿quieres verte intoxicado?; entre mayo y agosto come pescado.** ref. El pescado puede hacer daño en los meses que en español (así como en muchas otras lenguas) no tienen erre *(r)* en su nombre.

mayugar, véase **magullar.**

mazacote. (De *mazacote* 'mezcla de piedras, cemento y arena', del italiano antiguo *marzacotto* 'barniz para vidriar loza'.) m. Pasta formada por los residuos del azúcar que quedan adheridos al fondo y paredes de la caldera.

mazacotudo, mazacotuda. adj. Pesado, espeso [DRAE: amazacotado].

mazacuate o **mazacuata.** (Del náhuatl *mazacoatl*, literalmente = 'serpiente venado', de *mazatl* 'venado' + *coatl* 'serpiente, culebra'.) m. Cierta serpiente *(Coluber constrictor)* que tiene en la cabeza apéndices o excrecencias parecidas a cuernos.

mazahua o **masahua.** 1. com. Miembro de un pueblo de origen otomiano, de los estados de México y Michoacán. ‖ 2. m. Lengua de la subfamilia otomiana de la familia otopame.

mazatleco, mazatleca, o **mazateco, mazateca.** (De *Mazatlán*, municipio del estado de Sinaloa, literalmente = 'lugar de venados' [del náhuatl *mazatl* 'venado' + *-tlan* 'lugar'], + *-tecatl* 'gente de'.) 1. adj. Perteneciente o relativo a Mazatlán. ‖ 2. m. y f. Nativo o habitante de Mazatlán.

mazorquear. intr. Echar mazorca.

mazorquera. Conjunto de mazorcas (de maíz, etc.).

mazorquero, mazorquera. adj. Perteneciente o relativo a la mazorca.

mecapal. (Del náhuatl *mecapalli*, literalmente = 'hoja de cuerda', de *mecatl* 'cuerda' + *-palli* 'hoja'.) m. Faja ancha que se usa para cargar algo en la espalda (haciendo pasar el mecapal por la frente).

mecapalero, mecapalera. m. y f. Cargador que usa el mecapal para llevar algo a cuestas.

mecate. (Del náhuatl *mecatl* 'cuerda', literalmente = 'pedazo de maguey', de *metl* 'maguey' + *-catl* 'pedazo, cosa'.) m. Soga, cuerda, cordel. **| a todo mecate.** loc. adj. y adv. Muy bueno, excelente; muy bien. Compárese *madre*. ‖ **poner** a alguien **como mecate** (o: **lazo) de cochino.** loc. Maltratarlo (de palabra), insultarlo.

mecha: ¡pa' su mecha! (Eufemismo por "¡pa' su madre!") loc. malsonante que se usa como interj. para expresar enojo o sorpresa.

mechudo¹. (De *mecha* 'mechón de pelos'.) m. Trapo para fregar el suelo, con mango y mechas o flecos.

mechudo², mechuda. (De *mecha* 'mechón de pelos'.) adj. Greñudo, desgreñado, despeinado.

meco, meca. (De *chichimeco*.) adj., y m. y f. Indio; chichimeca.

medallista. com. Atleta que ha ganado una o varias medallas en una competencia deportiva.

medellinero, medellinera. (De *Medellín*, municipio del estado de Veracruz; la villa fue fundada en 1525 por Hernán Cortés; de *Medellín*, España [Badajoz].) 1. adj. Perteneciente o relativo a Medellín. ‖ 2. m. y f. Nativo o habitante de Medellín.

media: las medias sólo en las piernas son buenas, o **las medias no son buenas más que en piernas de mujer.** ref. No son buenas las sociedades o empresas en participación con otra persona.

médico: médico legista. m. Médico que en un juzgado dictamina la causa de la muerte o de las lesiones [DRAE: médico forense]. **| de médico, poeta y loco, todos tenemos un poco.** ref. Todos tenemos manías, que incluyen versificar y recetar. Compárese *poeta; músico*. ‖ **lo que el médico yerra, lo cubre la tierra.** ref. Si un paciente muere, se culpa al médico, pero es difícil probar que se debió a un error de éste.

medidor. m. Aparato que mide el consumo de agua, gas o energía eléctrica [DRAE: contador].

meimportamadrismo. (De *me importa madre* 'no me importa' + *-ismo* 'actitud, comportamiento'.) m. Actitud de indiferencia ante lo que debería interesar o preocupar. Compárese **importamadrismo.**

mejicanismo o **mejicanista,** o **mejicano, mejicana,** véase **mexicanismo** o **mexicanista,** o **mexicano, mexicana.**

mejor: a la mejor. loc. adv. Quizá, tal vez [DRAE: a lo mejor].

melado. (De *mel-,* base de miel, del latín *mel, mellis* 'miel'.) m. En la fabricación del azúcar de caña, jarabe que se obtiene por evaporación del jugo de caña antes de concentrarlo.

melcochudo, melcochuda. adj. Correoso y blando como la melcocha.

melón: no te infles tanto, melón, que te conocí pepita. loc. No seas presumido, te conocí cuando aún no eras tan importante y sé cuáles son tus defectos. Compárese **cocol.**

membresía. (De *membr-,* base de *miembro* [del latín *membrum* 'miembro'], más *-esía,* como en *cortesía* [en que la terminación es sólo *-ía*].) f. Afiliación a una asociación u organización, calidad de miembro.

membrillal. m. Sembrado de membrillos [DRAE: membrillar].

meme (De una pronunciación infantil de *duerme,* imperativo.): **hacer la meme.** loc. (Dirigiéndose a un niño) dormir.

memela. (Abreviación del náhuatl *tlaxcalmimilli,* literalmente = 'tortilla de maíz alargada', de *tlaxcalli* 'tortilla' + *mimilli* 'largo y rollizo'.) f. Tortilla de maíz gruesa y alargada.

mendigo (y) con garrote. m. Quien pide y trata de obligar a que le den. Compárese **limosnero.**

méndigo, méndiga. (De *mendigo,* del latín *mendicus* 'mendigo'.) adj., y m. y f. 1. Maldito. || 2. Malo. Hay un dicho festivo: mendigo es el que pide, méndigo el que no da (méndigo = 'sujeto despreciable').

meneador: entre muchos meneadores, se quema la miel (o: **el atole**). ref. Es mejor no hacer ciertas labores entre varias personas. Compárese *cocinera.*

menjurje. (Por último del árabe *mamzūŷ* 'mezclado, compuesto', participio de *mazaŷ* 'mezclar'.) m. Mezcla de varios ingredientes [DRAE: mejunje].

menorista. com. Quien vende por menor.

mensada. f. Tontería; acción o dicho de un menso.

menso, mensa. adj., y m. y f. Tonto, inepto.

mentada, o **mentada de madre.** (De *mentar* 'nombrar o mencionar a una persona', del antiguo *ementar,* de *venir en miente,* de *miente* 'mente', del latín *ment-,* tema de *mens* 'mente'.) f. Injuria u ofensa dirigida a alguien diciéndole "tu madre" o "chinga a tu madre". || **calienta más una mentada que una estufa.** ref. La injuria llamada *mentada* es una provocación que enoja intensamente, que enardece, que a algunos enloquece de ira.

mentarla o **mentársela.** (De *mentar* 'nombrar o mencionar a una persona', del antiguo *ementar,* de *venir emiente,* de *venir en miente,* de *miente* 'mente', del latín *ment-,* tema de *mens* 'mente'.) Insultar a una persona mencionando a su madre injuriosamente. Se dice también *rallársela* (de *rallar* 'molestar'), *rayársela* o *recordársela.*

mentira: de a mentiras. loc. 1. De burlas, de bromas. || 2. (De un juego) sin apostar nada. Antónimo: de a devis. || **decir mentiras y comer pescado, hay que hacerlo con cuidado.** ref. Es fácil descubrir las mentiras por las inconsecuencias en que incurren los mentirosos (y el pescado tiene espinas) [DRAE 1956: la mentira presto es vencida]. Compárese *verdad.*

mentiroso: cae más pronto un mentiroso que un cojo. ref. Las mentiras se descubren fácilmente [DRAE 1956: más presto se coge al mentiroso que al cojo].

mentis: de a mentis. (De *de a mentiras;* véase *mentira.*) loc. 1. De burlas, de bromas. || 2. (De un juego) sin apostar nada. Antónimo: de a devis.

mentolato. (De *mentol,* cierto alcohol cristalino $C_{10}H_{20}O$ que se encuentra en aceites de *menta,* por último del latín *mentha* 'menta'.) m. Ungüento preparado con mentol.

menudear. (De *menudeo.)* tr. Vender al por menor.

menudencias. (De *menudo* 'pequeño', del latín *minutus* 'pequeño, delgado', de *minutus,* participio pasivo de *minuere* 'hacer pedazos menudos; disminuir', de *minus* 'menos', de *minus,* neutro de *minor* 'menor, más pequeño'.) f. pl. Entrañas, vísceras de la res.

menudeo. (De *menudo* 'pequeño', del latín *minutus* 'pequeño, delgado', de *minutus,* participio pasivo de *minuere* 'hacer pedazos menudos; disminuir', de *minus* 'menos', de *minus,* neutro de *minor* 'menor, más pequeño'.) m. Venta de productos en cantidades pequeñas al consumidor final. | **al menudeo.** loc. Por menor, (venta) al pormenor, en cantidades pequeñas.

menudo. (De *menudo* 'pequeño', del latín *minutus* 'pequeño, delgado', de *minutus,* participio pasivo de *minuere* 'hacer pedazos menudos; disminuir', de *minus* 'menos', de *minus,* neutro de *minor* 'menor, más pequeño'.) m. Callos, pedazos del tejido del estómago de la vaca, ternera o carnero, que se comen guisados. Compárese **mondongo.** || **menudo blanco.** m. Guiso de callos, pata de res y maíz cacahuacintle. || **menudo norteño.** m. Menudo con granos de maíz. || **menudo rojo.** m. Menudo que, una vez cocinado, se guisa con chile colorado.

merano: **yo merano.** loc. fest. Yo mero, yo mismo.

mercancía: **chotear la mercancía.** loc. Venderla a precios irrisorios.

merendada. f. Acción de merendar.

merengue. m. 1. Lío, desorden, trifulca. || 2. Cierta danza popular en que se arrastra un pie en cada paso.

merequetengue. m. Desorden, confusión.

meridano, meridana. (De *Mérida,* capital del estado de Yucatán, de *Mérida,* España [Badajoz], del segundo elemento del latín *Augusta Emerita.)* 1. adj. Perteneciente o relativo a Mérida. || 2. m. y f. Nativo o habitante de Méri-

da. [Los de Mérida, España, se llaman emeritenses; los de Mérida, Venezuela, merideños.]

merienda. (Del español *merienda* 'comida ligera que se hace por la tarde antes de la cena', del latín *merenda* 'comida ligera', de *merenda* 'la que será merecida', fem. de *merendus,* gerundivo [participio de futuro pasivo] de *merere* 'merecer'.) f. Cena ligera.

merito. (De *mero.)* adv. Exactamente, precisamente, justamente. | **ya merito.** loc. adv. 1. Pronto, en seguida, ya casi, en un momento más. || 2. En un tris, a punto de.

mero, mera. 1. adj. Mismo. || 2. adv. Exactamente, precisamente, justamente. | **el mero mero.** m. El más importante (con sentido ponderativo), el jefe, la persona principal. || **ya mero.** loc. adv. 1. En un tris, a punto de. || 2. Pronto, en seguida, ya casi, en un momento más. || **yo mero.** loc. yo mismo.

merolico. (Probablemente del apellido de un curandero que según algunos aparece en México hacia 1865 y según otros hacia 1879, apellido que se encuentra por escrito en varias formas [ejemplos: Meroil Yock, Meraulyock, van Merlyck], de nombre Rafael J.; de la persona, algunos dicen que era polaco.) m. 1. Curandero callejero. || 2. Vendedor callejero, charlatán.

mes: **el mes de febrero lo inventó un casero; los de más de treinta, quien paga la renta.** ref. En los últimos días de cada mes los inquilinos sufren, pues ya llega el día de pago (el mes le parece corto); en cambio al casero los meses parecen largos, para cobrar su dinero. || **si quieres saber quién es, vive con él un mes.** ref. En la convivencia se pueden apreciar los defectos y las virtudes.

mescal, véase **mezcal.**

mesero, mesera. m. y f. Camarero de restaurante, que sirve a las mesas.

meshica, véase **mexica.**

mesquital, véase **mezquital.**

mesquite, véase **mezquite.**

mestizo. m. Cierto insecto (*Stenopelmatus talpa*), una clase de grillo.

metate. (Del náhuatl *metlatl*, posiblemente de *matetl*, literalmente = 'piedra de mano', de *maitl* 'mano' + *tetl* 'piedra'.) m. Piedra de moler (principalmente maíz, mediante otra piedra, cilíndrica; véase **metlapil**). | **a muele y muele, ni el metate queda.** ref. La insistencia puede acabar con la resistencia (y con la amistad, o agotar la paciencia). || **mala p'al metate, pero buena p'al petate.** loc. (De una mujer) aunque descuida las tareas de la casa, es satisfactoria en la cama. Compárese **petate**.

metatear. intr. Moler en metate.

metatero, metatera. m. y f. Persona que fabrica o vende metates.

meter: ¡métele! loc. 1. Date prisa. || 2. Trabaja con brío. || **meterle.** loc. Darse prisa. || **meterse con** alguien. loc. Atacar, agredir. | **a todo meter.** loc. adv. (De una mujer) buena, bonita. Compárese *madre*.

metiche. adj. m. y f. Entremetido, que tiene costumbre de meterse donde no lo llaman.

metida. (De *metida de pata*.) f. Error, equivocación.

metlapil. (Del náhuatl *metlapilli*, literalmente = 'hijo del metate', de *metlatl* 'metate' + *pilli* 'hijo'.) m. Rodillo de piedra con el que se muele (maíz, cacao, pintura) en el metate. Compárese **mano del metate**.

mexcal, véase **mezcal**.

mexica o **meshica.** PRONUNC. Esta *x* se pronuncia /sh/. 1. adj. De un pueblo indígena que en el siglo XII salió de Aztlán y después de mucho vagar llegó a lo que hoy se llama *Valle de México*. || 2. com. Miembro de ese pueblo (o grupo de pueblos, que incluía a los aztecas). Hacia 1325 los mexica fundaron una ciudad que llamaron en náhuatl *Mēxi'co*, nombre que quizá sea de la misma familia que el náhuatl *metztli* 'luna'; *-co* significa 'lugar de'. [Transcribo la palabra nahua *Mēxi'co* indicando dos elementos que la Academia Mexicana decidió no indicar en el resto de este libro (la cantidad de la *e*, que es larga, y el saltillo o consonante oclusiva glótica después de la *i*).

Su importancia estriba en que se ha sugerido que la parte *me-* viene de *metl* 'maguey' (lo que no puede ser, porque esta *e* es breve) y que la sílaba *xi'* viene de *xīctli* 'ombligo' (lo que tampoco puede ser porque esta *i* es larga).]

[En las palabras siguientes que empiezan por *mex-* (excepto **mexiote**), la *x* se pronuncia como *j*.]

mexicalense. (De *Mexicali*, capital del estado de Baja California, de *México* + *California* + *-ense*.) 1. adj. Perteneciente o relativo a Mexicali. || 2. m. y f. Nativo o habitante de Mexicali.

mexicanismo. (De *mexicano*.) m. Vocablo, frase o expresión propio de mexicanos y que contrasta con los de otros hispanohablantes; rasgo lingüístico (fonético, morfológico, sintáctico o semántico) característico del español hablado en México.

mexicanista. (De *mexicano*.) com. Persona especializada en estudios de cultura o historia de México.

mexicanizar. (De *mexicano*.) tr. Volver mexicano en sus características o costumbres.

mexicano, mexicana. (De *México*, del náhuatl *Mēxi'co* [véase **mexica**] 'ciudad de México'.) 1. adj. Perteneciente o relativo a México (país y su capital). || 2. m. y f. Natural de México (país y su capital).

México: fuera de México, todo es Cuautitlán. (Porque en Cuautitlán, así como en muchas otras poblaciones de la República Mexicana, había, cuando nació este refrán [a fines del siglo XIX], mucha carencia de servicios públicos.) ref. La ciudad de México es bella, excelente, sobresale en mérito, sobrepasa a las demás; los demás lugares de la República Mexicana son pueblitos.

mexiote, véase **mixiote**.

mexiqueño, mexiqueña. (De *México*, capital de la República Mexicana, + el español *-eño*.) 1. adj. Perteneciente o relativo a la ciudad de México. || 2. m. y f. Nativo o habitante de la ciudad de México.

mexiquense. (De *México*, estado de la

República Mexicana, del náhuatl *Mēxi'co* [véase **mexica**] + el español *-ense.*) 1. adj. Perteneciente o relativo al Estado de México. || 2. m. y f. Nativo o habitante del Estado de México.

mezcal o **mexcal** o **mescal.** (Del náhuatl *mexcalli*, 'pencas de maguey cocidas', literalmente = 'cocido de maguey', de *metl* 'maguey' + *ixcalli* 'cocido', de *ixcalhuia* 'cocer algo', de *ixquia, ixca* 'cocer' [raíz: *iz-].*) m. 1. Cierto cacto *(Lophophora williamsii)*. || 2. Licor destilado de maguey. || **mezcal de gusano.** m. Mezcal que tiene un gusano de maguey flotando en el licor dentro de la botella. || **mezcal de olla.** m. Nombre del mezcal en el estado de Oaxaca.

mezcalear. tr. Destilar mezcal.

mezcalería. f. 1. Fábrica de mezcal. || 2. Licorería especializada en mezcal.

mezcalero, mezcalera. 1. adj. Perteneciente o relativo al mezcal (licor). || 2. m. y f. Cultivador y cosechero de mezcal (cacto). || 3. m. y f. Quien se dedica a fabricar mezcal (licor). || 4. Miembro de un pueblo indígena del sur de Estados Unidos (estados de Texas y Nuevo México).

mezclero. m. Cierto pato del estado de Veracruz.

mezquino. m. Verruga en las manos o en los pies.

mezquital o **mesquital.** (De *mezquite.*) m. Sitio poblado de mezquites.

mezquite o **mesquite.** (Del náhuatl *mizquitl.*) m. Cierto árbol *(Prosopis juliflora)* semejante a la acacia, de vainas con semillas comestibles.

miahuateco, miahuateca. (De *Miahuatlán*, municipio del estado de Veracruz, o de *Miahuatlán [de Porfirio Díaz]*, municipio del estado de Oaxaca, del náhuatl, literalmente = 'lugar donde abundan las espigas [de maíz]', de *miahuatl* 'espiga' + *-tlan* 'lugar de'.) 1. adj. Perteneciente o relativo a Miahuatlán. || 2. m. y f. Nativo o habitante de Miahuatlán.

mica. (De *mica*, cierto mineral con que se cubre el documento para que no se pueda falsificar.) f. Tarjeta que sirve de visa para entrar a Estados Unidos.

michi[1]. (Del náhuatl *miztli* 'gato; león' o del español *michino, micho* 'gato'.) m. Gato.

michi[2]. (Del náhuatl *michin* 'pescado'.) m. Guiso de pescado cocido en su jugo (véase **caldo michi**).

michoacano, michoacana. (De *Michoacán*, estado de la República Mexicana, del náhuatl *Michihuacan*, literalmente = 'lugar de peces' o 'de pescadores', de *michin* 'pez' + *hua*, posesivo, 'dueño' + *-can* 'lugar'.) 1. adj. Perteneciente o relativo a Michoacán. || 2. m. y f. Nativo o habitante de Michoacán.

mico, mica. (De origen caribe.) m. y f. Mono [DRAE define esta palabra como 'mono de cola larga']. | **al mejor mico se le cae el zapote,** véase *mono*.

miedo: el miedo guarda la vida. ref. Quien se aleja del peligro protege su existencia [quizá inspirado por DRAE 1956: el miedo guarda la viña (cuya explicación es que el temor del castigo es eficaz para evitar los delitos)]. Compárese *collón, correr, valiente*. || **el que tenga miedo a las espinas, que no entre a la nopalera.** ref. Quien no sea valiente, no se arriesgue. || **no es miedo, es precaución.** loc. Respuesta que da una persona precavida, prudente, cuando la tildan de cobarde.

miel de abeja, o **miel de colmena.** f. Sustancia dulce y viscosa que producen las abejas a partir del néctar de las flores.

miércoles: ¡miércoles! (Eufemismo por *mierda.*) excl. de contrariedad o indignación. | **valer miércoles.** (De *miércoles*, eufemismo por *mierda.*) loc. No valer nada. Son voces malsonantes.

migra. (De *inmigración.*) f. colect. Los policías de inmigración de los Estados Unidos de América.

miguel. (De *mí.*) pron. 1. Mí. || 2. Yo.

mije, véase **mixe.**

mijito, mijita. (De *mi hijito, mi hijita.*) contracc. m. y f. Hijito mío.

mijo, mija. (De *mi hijo, mi hija.*) contracc. m. y f. Hijo mío. Se usa no sólo con los hijos, sino también con el cónyuge o la cónyuge y ciertos amigos íntimos.

milagriento, milagrienta. adj., y m. y f. Que hace milagros.

milagro: **¡qué milagro!** loc. que se usa como salutación familiar con alguna persona a la que no se ha visto desde hace mucho tiempo.

militarote. m. Militar tosco y sin cultura.

milpa. (Del náhuatl *milpa* 'lugar de sementera', de *milli* 'sementera, terreno sembrado' + *-pa* 'en, lugar'.) f. 1. Maizal, terreno sembrado de maíz. || 2. Terreno cultivado. | **estarle** a uno **lloviendo en su milpa** (o **milpita**), o **lloverle** a uno **en su** (o: **en la**) **milpa.** locs. 1. Le va bien en sus asuntos. || 2. Le caen desgracias con frecuencia.

milpear. 1. tr. Cuidar de la milpa, sembrar en ella. || 2. intr. Comenzar a brotar el maíz.

milperío. m. Conjunto de milpas.

milpero, milpera. 1. adj. Relativo a la milpa. || 2. m. y f. Quien siembra en una milpa.

minatitleco, minatitleca. (De *Minatitlán*, nombre de municipios en los estados de Colima y Veracruz. Este nombre fue formado con el apellido de Francisco Javier *Mina*, 1789-1817, español que vino a México a luchar al lado de los insurgentes, y el náhuatl *-titlan*, terminación de topónimos.) 1. adj. Perteneciente o relativo a Minatitlán. || 2. m. y f. Nativo o habitante de Minatitlán.

mirar: **¡míralo!** interj. de protesta o de admiración. || **nomás milando.** (De *mirando*, de una expresión que se atribuye a una persona de algún idioma en que se pronuncia *l* por *r.)* loc. 1. Sólo estoy mirando, observando. || 2. No participé en la riña, sólo observaba.

miriñaque. (De *miriñaque* 'refajo o falda interior de tela rígida'.) m. 1. Tela de alambre de malla rala. || 2. Tela de algodón rala.

mirruña. f. Migaja, porción mínima.

misanteco, misanteca, o misanteca. (De *Misantla*, municipio del estado de Veracruz + el náhuatl *-tecatl* 'persona de'.) 1. adj. Perteneciente o relativo a Misantla. || 2. m. y f., y com. Nativo o habitante de Misantla.

miscelánea. (De *misceláneo* 'mixto, variado', del latín *miscellaneus* 'mezclado', de *miscellus* 'mezclado'.) f. Tienda pequeña de artículos variados. Sinónimo: estanquillo.

mis ojos, véase **ojo.**

mistela. (De *mistela* 'bebida de aguardiente con agua y azúcar; bebida de alcohol con mosto de uva', por último del latín *mixtus* 'mezclado', participio pasivo de *miscere* 'mezclar'.) f. Mezcla de bebidas embriagantes con caldo de fruta.

mita y mita. (De *mitad y mitad.)* loc. adv. Dividido en partes iguales.

mitote. (Del náhuatl *mitotiqui* 'danzante', de *itotia* 'bailar'.) m. 1. Cierta danza indígena en que se bebía hasta embriagarse. || 2. Bulla, alboroto. || **armar un mitote.** loc. Causar un alboroto.

mitotero, mitotera. (De *mitote* 'alboroto'.) m. y f. 1. Amigo de diversiones. || 2. Quien provoca pendencias, buscapleitos.

mixcoaqueño, mixcoaqueña. (De *Mixcoac*, nombre de una zona del Distrito Federal, del náhuatl *Mixcoac*, literalmente = 'donde está Mixcoatl [dios de la Vía Láctea]', de *mixcoatl*, literalmente = 'culebra de nubes; Vía Láctea' [de *mixtli* 'nube' + *coatl* 'culebra'] + *-c* 'lugar'.) PRONUNC. Esta *x* se pronuncia /s/. 1. adj. Perteneciente o relativo a Mixcoac. || 2. m. y f. Nativo o habitante de Mixcoac.

mixe o **mije.** (Del mixe *mixe*, literalmente = 'gente de las nubes'.) PRONUNC. Esta *x* se pronuncia /j/. 1. adj. Perteneciente o relativo a los mixes. || 2. com. Miembro de un pueblo indígena de los estados de Oaxaca, Veracruz y Chiapas. || 3. Lengua del pueblo mixe, que es de la familia mixe-zoque.

mixe-zoque. adj. Perteneciente o relativo a la familia mixe-zoque de lenguas, que comúnmente se divide en dos grupos —mixe y zoque.

mixiote o **mexiote.** (Del náhuatl *metl* 'maguey' + *xiotl* 'película de la penca'.) PRONUNC. Esta *x* se pronuncia /sh/. m. 1. Carnero, pollo o cerdo cocidos al vapor en una bolsa hecha de la película de la penca de maguey. || 2. Esta película.

mixteco, mixteca. (Del náhuatl *mixte-*

catl 'gente de Mixtlan', de *Mixtlan*, literalmente = 'lugar de neblina' o 'de nubes' [de *mixtli* 'nube' + *-tlan* 'lugar de'] + *-tecatl* [véase *-teca].*) 1. adj. Perteneciente o relativo a cierto pueblo de los estados de Oaxaca, Guerrero y Puebla. || 2. m. y f. Miembro de este pueblo. || 3. m. Cualquiera de varias lenguas del grupo mixteco, de la familia oaxaqueña.

mixtecozapoteca. adj. De una familia de lenguas de los estados de Oaxaca, Guerrero y Puebla, que hoy se llama más bien *familia oaxaqueña;* ésta incluye tres subfamilias —la zapotecana, la mixtecana y la mazatecana.

mocambeño, mocambeña. (De *Mocambo*, playa del municipio de Boca del Río, estado de Veracruz.) 1. adj. Perteneciente o relativo a Mocambo. || 2. m. y f. Nativo o habitante de Mocambo.

mocasín. (De origen algonquino.) m. Zapato burdo de campo.

mocha: hecho la mocha. (Durante la Revolución de 1910, los ferroviarios lanzaban su locomotora ["mocha" (= 'sin terminación') porque no llevaba vagones] a toda velocidad contra el enemigo.) loc. adv. Apresuradísimo, con gran velocidad.

mochería. f. Práctica religiosa del mocho.

mochila. (De *mochila* 'morral de cazador o de soldado'.) f. Morral, bolsa o caja en que los estudiantes llevan sus útiles.

mochiteco, mochiteca, o mochitense. (De *Los Mochis*, población del estado de Sinaloa.) 1. adj. Perteneciente o relativo a Los Mochis. || 2. m. y f., y com. Nativo o habitante de Los Mochis.

mocho, mocha. adj., y m. y f. Falso devoto, excesivamente religioso.

mochón. m. Guiso de carne del estado de Sinaloa.

moco de guajolote. m. Moco de pavo, apéndice carnoso que tiene el pavo sobre el pico.

moco de pavo. (De *moco de pavo*, apéndice carnoso que tiene el pavo sobre el pico.) m. Amaranto (planta del género *Amaranthus).*

mocoso, mocosa. (Del adj. *mocoso* 'que tiene las narices llenas de mocos'.) m. y f. despect. Niño.

moda: de la moda, lo que te acomoda. ref. No hay que seguir las modas ciegamente.

modelista. com. Persona que por placer hace modelos o representaciones de algo (por ejemplo un avión) en miniatura.

modo: agarrar a alguien **el modo.** loc. Encontrar la manera de tratarlo para que responda como uno desearía. || **de todos modos.** loc. adv. No obstante, sin embargo. || **hallarle el modo** a algo. loc. Encontrar la manera de utilizarlo o de hacerlo funcionar. || **ni modo.** loc. adv. Sin remedio, sin otra posibilidad, sin que pueda hacerse otra cosa, sin que haya modo de retroceder o de rectificar.

modorra. (Del español *modorra* 'somnolencia, sopor profundo'.) f. Pereza.

mofle. (Del inglés *muffler.)* m. Silenciador del escape de un automóvil.

moho o **mojo.** (De *mojo, moje* 'salsa', de *mojar* 'humedecer'.) m. Cierto guiso de pan en salsa o caldo, con carne de res o de puerco.

mojado, mojada. (De *espaldas mojadas* 'mexicanos que inmigraron ilegalmente a los Estados Unidos'; véase **espaldas mojadas.**) m. y f. Mexicano que inmigra ilegalmente a los Estados Unidos.

mojarra. (De *mojarra*, cierto pez de las costas de España.) f. Cierto pez *(Gerres plumieri).* || **mojarras rellenas.** f. pl. Mojarras al horno con relleno de tocino, queso crema, ostras (ostiones), camarones y alcachofas.

mojo, véase **moho.**

mojo de ajo. (De *mojo, moje* 'salsa', de *mojar* 'humedecer'.) m. Salsa de ajo que se usa sobre todo con pescados y mariscos.

mojonear. tr. Mojonar, amojonar, poner mojones (en los lindes).

molacho, molacha. (De *mol-*, base de *muela*, + *-acho*, sufijo despectivo.) adj. Desdentado, desmolado. Compárese **chimuelo.**

molanguense. (De *Molango*, municipio del estado de Hidalgo.) 1. adj. Perteneciente o relativo a Molango. || 2. m. y f. Nativo o habitante de Molango.

molcajete. (Del náhuatl *molcaxitl*, literalmente = 'recipiente para salsa', de *molli* 'salsa' + *caxitl* 'recipiente, vaso, plato, escudilla'.) m. Mortero, utensilio en que se muele el chile y otros condimentos (con el majador llamado tejolote).

molcajetear. intr. Moler en el molcajete.

molcas. com. Persona no especificada explícitamente (a veces presente) pero que el interlocutor entiende quién es (es como una clave). Compárese **andovas.**

mole. (Del náhuatl *molli* 'salsa'.) m. 1. Clase de salsa, preparada con diferentes chiles (por ejemplo, ancho, pasilla y mulato) y jitomate, ajo, cebolla, clavo, pimienta, sal, canela, manteca, chocolate, azúcar. || 2. Guiso, típicamente de guajolote, con esta salsa (véase **mole de guajolote**). Se ha dado al estado de Oaxaca el nombre de La Tierra de los Siete Moles (negro, colorado, amarillo, verde, chichilo [que es negro], coloradito, manchamanteles). El mole más famoso es el poblano (véase **mole poblano**). || **mole aguado,** véase **mole de olla.** || **mole amarillo.** m. 1. Salsa amarillenta, que contiene chile guajillo (o chile amarillo), ajo, cebolla, comino, tomate verde, manteca, masa para tortillas, chayote, papas, ejotes. || 2. Guiso de pollo o puerco, con esta salsa. || **mole colorado.** m. Salsa de color café rojizo, hecha de chipotle. || **mole de guajolote.** m. Mole, segunda acepción. Alfonso Reyes escribió de él "esa audacia ciclópea que es el mole de guajolote... surge de una manipulación delicada, minuciosa, chiquitita". || **mole de olla** o **mole aguado** o **mole de olla poblano.** m. Caldo de chipotle (o chile ancho y pasilla) con carne de res, calabacitas y epazote. || **mole de pepita.** m. Guiso de pepitas de calabaza, chile verde, carne, calabacitas y habas. || **mole dulce.** m. Mole que en vez de chiles lleva azúcar. || **mole negro.** m. 1. Salsa de chile negro y chile mulato, almendras, pasas, canela, choco-

late. || 2. Guiso de pollo o guajolote con esta salsa. || **mole oaxaqueño.** (De *oaxaqueño* 'de Oaxaca'.) m. Mole poblano sin chile pasilla. || **mole poblano.** (De *poblano* 'de Puebla'.) m. Mole (en las dos acepciones) con la adición de cacahuate, almendra, nuez y pan tostado. Se sirve espolvoreado de ajonjolí tostado. || **mole verde.** m. 1. Salsa que contiene tomates verdes, chiles poblanos (o chile de agua, o chile serrano), orégano, epazote, perejil, hoja santa. También puede llevar pepitas de calabaza, lechuga, acelga, cilantro. || 2. Guiso de pollo, guajolote o puerco con esta salsa. | **el mero mole.** loc. La especialidad, la pasión favorita. || **estar** alguien **en su mero mole.** loc. Dedicarse a su especialidad, o a su pasión favorita. || **sacar(le)** a alguien **el mole.** (por ser rojizo el mole [salsa].) loc. Sacarle sangre en una riña. Compárese **chocolate.**

molienda. f. Acción de moler la caña de azúcar.

molito. (De *mole* + *-ito*.) m. Diminutivo de **mole.**

mollete. (Del español *mollete*, cierto panecillo, de *moll-*, base de *muelle* 'blando, suave'.) m. Bolillo partido horizontalmente y tostado, untado con frijoles refritos, queso y salsa.

molón, molona. m. y f. Persona que muele, que molesta con impertinencia, que fastidia.

molote. (Del náhuatl *molotl, molotic* 'ovillo; gorrión'.) m. 1. Bola u ovillo de hilo. || 2. Trenzas atadas en la cabeza [DRAE: moño de pelo]. || 3. Empanada de masa de maíz con queso molido, rellena de papa, con sesos o carne molida o chorizo; se sirve con salsa de jitomate.

mona: dormir la mona. (De *mona* 'embriaguez, borrachera'.) loc. Dormir hasta que pase la borrachera.

monclovense o **monclovita.** (De *Monclova*, municipio del estado de Coahuila, del título de Melchor Portocarrero, 1636-1705, Conde de la *Monclova*, 29º virrey de la Nueva España, 1686-1688. La Villa de Santiago de la Monclova recibió este nombre en 1689.) 1.

adj. Perteneciente o relativo a Mon-
clova. || 2. m. y f. Nativo o habitante
de Monclova.

mondongo. (Del español *mondongo*
'intestinos y panza de las reses'.) m.
Guiso de intestinos y panza. Compárese **menudo**.

móndrigo, móndriga. adj., y m. y f. 1.
Apocado, inútil, de escaso o ningún
valor. || 2. Sujeto despreciable.

monero, monera. com. Persona que
hace monos (escultura), muñecos,
que dibuja monitos.

moni. (Del inglés *money*, que se pronuncia /moni/.) m. Dinero.

monis. (Plural de **moni**.) Dinero.

monitos. (De *mono* 'figura humana o de
animal', del español *mono* 'simio', del
español antiguo *mona* 'mono', probablemente de *maimón, maimona* 'mono', del árabe vulgar *maymūn* 'mono',
del árabe *maymūn* 'feliz' [raíz *ymn*],
yamuna 'tener suerte', quizá así llamado porque los monos llegaban a España desde Yemen [árabe *al-Yamana*,
raíz *ymn, yamuna* 'tener suerte'], que
los romanos llamaban *Arabia Felix*.)
m. pl. Historietas gráficas, caricatu-
ras, tiras cómicas [DRAE: historietas
de tebeos].

mono: **mono araña.** m. Cierto mono del
género *Ateles*. || **mono aullador,** o **mo-
no saraguato,** o simplemente **saraguato.** m. Cierto mono bramador del
género *Alouatta (A. palliata* y *A. pigra).*
| **al mejor mono** (o **mico**) **se le cae el
zapote.** ref. En cualquier oficio aun el
más hábil puede equivocarse [DRAE:
al mejor cazador se le va la liebre].
Compárese *cocinera, tirador*.

monserga. (De *monserga* 'exposición
fastidiosa o pesada', de *monserga* 'lenguaje confuso y embrollado'.) f. Lata,
lo que causa molestia o disgusto.

monstruo del Gila, o **monstruo del
río Gila.** (Del río *Gila*, en el estado de
Arizona, Estados Unidos.) m. Gran
lagartija venenosa del género *Helo-
derma*.

montante. m. Valor, cantidad, monto.

monte: **calmantes montes, alicantes
pintos, pájaros cantantes,** véase **calmantes.**

monteada. f. Acción o resultado de
montear.

montear. (De *montear* 'buscar la caza en
los montes'.) tr. Buscar árboles de
madera preciosa en los montes.

montemorelense. (De *Montemorelos*,
municipio del estado de Nuevo León,
de *monte* 'tierra cubierta de árboles'
[hay bosques de pinos] + *Morelos*,
nombre del río en cuya margen izquierda esta situada la ciudad.) 1. adj.
Perteneciente o relativo a Montemore-
los. || 2. com. Nativo o habitante de
Montemorelos.

montería. (De *monte* 'tierra cubierta
de árboles', de *monte* 'elevación natural de terreno'.) f. Establecimiento
para cortar y explotar maderas pre-
ciosas.

montero, montera. (De *monte* 'tierra
cubierta de árboles', de *monte* 'elevación natural de terreno'.) m. y f. Persona que corta y explota maderas pre-
ciosas.

monterreyense. (De *Monterrey*, capital
del estado de Nuevo León [véase **regiomontano**].) adj. coloq. Regiomontano.

montonal. m. Montón, número consi-
derable.

moño: **ponerse** alguien **sus moños.** loc.
Darse importancia, ponerse difícil.

moquiento, moquienta. (De *moquear*
'echar mocos', de *moco* 'humor que
fluye por las ventanas de la nariz', del
latín vulgar *mŭccus* [latín *mūcus*].)
adj. Catarroso, que padece catarro.

morán. m. Jabalí.

mordelón, mordelona. m. y f. Policía
que pide o acepta soborno para disimular la infracción de la ley.

morder. (De *morder* 'clavar los dientes'.)
tr. Acción del mordelón.

mordida. f. Dinero obtenido de un particular por un funcionario para acelerar un trámite o disimular una infracción.

morelense. (De *Morelos*, estado de la
República Mexicana, del apellido de
José María *Morelos* y Pavón, 1765-1815,
jefe de los Insurgentes después de la
muerte de Hidalgo [1811].) 1. adj. Perteneciente o relativo a Morelos (esta-

do). || 2. m. y f. Nativo o habitante de Morelos.

moreliana. (De *Morelia*, ciudad del estado de Michoacán, de donde es típica la golosina.) f. Cajeta (= leche quemada) con azúcar entre dos obleas. || **moreliana de canela.** (De *Morelia*, ciudad del estado de Michoacán.) f. Cierto pan dulce. || **moreliana de piloncillo.** (De *Morelia*, ciudad del estado de Michoacán.) f. Cierto pan dulce con pasitas en la superficie.

moreliano, moreliana. (De *Morelia*, capital del estado de Michoacán, del apellido de José María *Morelos* y Pavón, 1765-1815, jefe de los Insurgentes después de la muerte de Hidalgo [1811].) adj. 1. Perteneciente o relativo a Morelia. || 2. m. y f. Nativo o habitante de Morelia.

moretear. tr. Llenar (la cara) de moretones, de moraduras.

moretón. (Por último, de *mora* 'fruto del moral, de la morera y de la zarza', del latín vulgar *mora*, del latín *mora*, plural de *morum*, la fruta [que dio el latín *morus*, el árbol], del griego *móron*, la fruta.) m. Moradura, equimosis, mancha en la piel a consecuencia de un golpe.

morgue o **morga.** (Del francés *morgue*.) f. Lugar en que se conservan cadáveres para que sean identificados.

moridera. (De *morir*.) f. Mortandad.

morillo. (De *morillo* 'caballete de hierro que se pone en el hogar para sustentar la leña', diminutivo de *moro*, porque se adornaban los morillos con cabezas humanas, que se tiznaban por el fuego.) m. 1. Viga de madera que se apoya sobre trabes. || 2. Palo que sirve de poste para sostener vigas o aleros de tejado.

morir: ahí muere. loc. Que acabe (el asunto), que no se quiere saber más de él.

mormado, mormada. (De *amormado* '[de un animal] que padece muermo', lo cual le produce flujo de la mucosa nasal.) adj. (De una persona) que respira con dificultad por la nariz por tenerla tapada (congestión de la mucosa nasal).

mormarse. Enfermarse de la nariz y respirar con dificultad.

moro: moros y cristianos. m. pl. Plato de frijoles con arroz. || **ver moros con tranchete.** (De *tranchete* 'cuchilla de zapatero'.) loc. Ver peligros exagerados donde no los hay.

moroleonés, moroleonesa. (De *Moroleón*, municipio del estado de Guanajuato [de 1845 a 1848 la ciudad se llamó Congregación del *Moro*].) 1. adj. Perteneciente o relativo a Moroleón. || 2. m. y f. Nativo o habitante de Moroleón.

moronga. f. Morcilla (principalmente de sangre de cerdo), salchicha.

morral: (sólo) el que carga el morral, sabe lo que lleva dentro. ref. Quien tiene problemas íntimos los conoce mejor que los demás. Compárese **cajón,** *costal*, **itacate.**

morralla. (De *morralla* 'pescado menudo'.) f. Dinero menudo, moneda fraccionaria [DRAE: calderilla].

mortaja: asustarse (o: **huir**) **de la mortaja y abrazarse del difunto.** loc. Hacer aspavientos de faltas ajenas pequeñas sin reparar en las propias, que son mayores; o: preocuparse más por causas (o cosas) insignificantes que por las de mayor trascendencia o importancia.

mortal: cada mortal lleva una cruz a cuestas. ref. Todos tenemos penas o sufrimientos.

mosaico. (De *mosaico* 'decoración hecha de pedacitos de piedra, mármol o vidrio insertados en cemento', del latín medieval *musaicum* 'esta decoración; de una musa, artístico', por último del latín *musa* 'musa'.) m. Ladrillo cuadrado con dibujos a colores que imitan el mosaico hecho de pedacitos, que se usa para revestir suelos.

mosca. f. 1. (Porque las moscas viajan sin pagar.) Persona que viaja furtivamente en transporte público sin pagar. || 2. Dinero. || **mosca de la fruta.** f. Cierto insecto perjudicial para las frutas. | **de mosca.** (Porque las moscas viajan sin pagar.) loc. adv. Sin pagar, en transporte público.

mosquero. m. Hervidero o abundancia de moscas.

mota. f. Marihuana.

motete. (Probablemente de origen nahua.) m. Cesto, canasta para llevar en la espalda.

motozintleca. (De *Motozintla*, municipio del estado de Chiapas.) 1. adj. Perteneciente o relativo a Motozintla. ‖ 2. com. Nativo o habitante de Motozintla.

motuleño, motuleña. (De *Motul*, municipio del estado de Yucatán, quizá del maya *Ma'tul*, literalmente = 'no rebosa', de *ma'* 'no, sin' + *tul* 'rebosar'.) 1. adj. Perteneciente o relativo a Motul. ‖ 2. m. y f. Nativo o habitante de Motul. Compárese **huevos motuleños.**

moverse. Actuar pronto o rápidamente, mostrarse diligente.

movida. 1. f. Maniobra o acción inmoral o subrepticia. ‖ 2. cóm. Amante. ‖ **movida chueca.** f. Maniobra o acción inmoral.

moyote. (Del náhuatl *moyotl* 'mosquito'.) m. Escarabajo volador.

mozo. (Del español *mozo* 'muchacho'.) m. Hombre que sirve en las casas o al público en oficios humildes, principalmente de limpieza.

muc-bil pollo o **mucbipollo** o **mukbipollo** (Del maya *muc-bil* [de *muc·*'enterrar, cubrir' + *bil* 'asar bajo tierra'] + el español *pollo*.) o **pibipollo.** (Del maya *pib* 'asar bajo tierra'.) m. Pastel de pollo sazonado con achiote, epazote, jitomate, chile, jugo de naranja agria, envuelto todo en masa de maíz, cubierto con hoja de plátano y cocido bajo tierra.

muchachas putiérrez. (De *puta* + el apellido *Gutiérrez.*) f. pl. fest. Prostitutas.

muchachero, muchachera. adj. (De un adulto) que se lleva bien con jóvenes.

muchacho: los muchachos y los borrachos dicen las verdades. ref. Quienes no son capaces de artificio o de disimulo (unos por su inocencia y otros por ebrios) dicen la verdad (lo que saben o sienten), que puede doler. ‖ **muchacho que no es travieso y viejo que no es regañón, no cumplen su obligación.** ref. Comúnmente los muchachos son traviesos y los viejos regañones.

muchachón, muchachona. m. y f. 1. Muchacho o muchacha fuerte y grande. ‖ 2. Muchacho o muchacha hermoso o hermosa.

mucho muy. loc. adv. Muy.

mudarse. (De *mudar* 'cambiar'.) prnl. Dejar la casa que se habita y pasar a vivir en otra.

muégano. (De *muégado*, de *nuégado*, de *nog-*, base de *nogal*, *noguera*, y éstos del latín *nucalis*, etc., de *nuc-*, tema de *nux* 'nuez'.) m. Pastelito de harina, miel y nueces que es una bola compuesta de unas 20 bolitas.

muelle. (Del español *muelle*, masculino, 'pieza elástica que puede volver a su posición natural', de *muelle*, adj., 'blando', del latín *mŏllis* 'flexible, blando'.) f. Pieza elástica, ordinariamente de metal, que amortigua las sacudidas de un vehículo.

muerte: muerte siriquisiaca. f. La muerte. ‖ **muerte tilica.** (De *tilico* 'enclenque, débil'.) f. El esqueleto (con que se representa a la Muerte), desprovisto de carne. También se dice "la muerte tilica y flaca".

muertero, muertera. m. y f. Encargado del manejo de cadáveres.

muertito: nadar de muertito. loc. Nadar en posición supina, tendido sobre la espalda (como flota en el agua un muerto).

muerto: al muerto y al consorte, a los tres días no hay quien los soporte. ref. Frecuentemente hay agresividad de uno de los cónyuges. ‖ **caerse muerto.** loc. Pagar. Compárese *cadáver.* ‖ **cargar** alguien **con el muerto,** o **colgarle** a alguien **el muerto.** loc. Hacer a alguien responsable de falta que no ha cometido, atribuirle la culpa que corresponde a otro. ‖ **el muerto y el arrimado, a los tres días apestan.** ref. La presencia de alguien en casa ajena pronto es incómoda (come mucho y no trabaja; además, estorba) [DRAE: el huésped y el pece a los tres días hiede].

muestra: si lo que enseña es la muestra, ya no destape el huacal. loc. Por la parte que uno ha visto de algo se da por enterado de si le gusta o no lo demás.

muina. (Del español *mohína* 'enojo, disgusto, tristeza'.) f. Rabieta, enojo.

mujer: mujer de la calle. f. Mujer que tiene relaciones sexuales a cambio de un pago, prostituta. ‖ **mujer en estado.** loc. Mujer en estado interesante, embarazada. Compárese *estado crítico.* | **bendito entre las mujeres.** loc. adj. (De un hombre) solo entre damas (en un grupo, o en su familia) ‖ **busca mujer por lo que valga, y no sólo por la nalga.** ref. Es mucho mejor o más importante que una mujer sea buena, amable, cortés, que su aspecto físico. ‖ **el que ama a mujer ajena, siempre anda descolorido; no por el amor que siente, sino por miedo al marido.** ref. Es peligroso tratar de conquistar a la esposa de otro. ‖ **la mujer es fuego y el hombre estopa, llega el diablo y sopla.** ref. Las cosas pueden pasar a mayores cuando entre un hombre y una mujer hay demasiada familiaridad. ‖ **la mujer y el melón, bien maduritos.** ref. Las mujeres maduras son atractivas. ‖ **las mujeres y el vino, hacen errar el camino.** ref. Los hombres no deben dejarse dominar por la liviandad ni por la embriaguez [DRAE 1956: la mujer y el vino sacan al hombre de tino]. ‖ **lo que valga una mujer, en sus hijos se ha de ver.** ref. Se puede juzgar a una madre según salgan buenos o malos sus hijos. ‖ **mala mujer.** f. Nombre de varias plantas espinosas o que producen cierta irritación en la piel. ‖ **mujer que quiera a uno solo y banqueta para dos, no se hallan en Guanajuato ni por el amor de Dios.** ref. Las aceras de la ciudad de Guanajuato son estrechas y sus mujeres son volubles. ‖ **no hables mal de las mujeres, porque hijo de mujer eres.** Consejo de sentido claro.

mujerero. m. Mujeriego, hombre que persigue a las mujeres.

mujerón. m. Mujer grande y atractiva.

mukbipollo, véase **muc-bil pollo.**

mula¹. (De *mula,* animal.) f. Persona mala, que no tiene consideración por los demás, que no hace favores. | **como mula de noria.** loc. Dando vueltas sin encontrar pareja. ‖ **ser** alguien **una mula.** loc. Ser malo, no tener consideración por los demás.

mula². f. En dominó, ficha doble, con el mismo número de los dos lados (ejemplo: la mula de seises).

mulato. m. Cierto pájaro *(Melanotis caerulescens).*

mulita de Corpus. f. Juguete de tule en forma de mula (animal), con dos huacales en el lomo, que se vende en la calle el día de Corpus (jueves).

mulito. (Probablemente del chontal *mulu* 'pavo'.) m. (En Tabasco) pavo, guajolote.

multifamiliar. (De *multi-* 'muchos' [del latín *multi-* 'muchos', de *multus* 'mucho, muchos'] + *familiar,* de *familia.)* m. Edificio con numerosos apartamentos.

multígrafo. (De *multi-* 'muchos' [del latín *multi-* 'muchos', de *multus* 'mucho, muchos'] + *-grafo* 'que escribe', del griego *gráphein* 'escribir'.) m. Máquina que reproduce un texto en numerosas copias [DRAE: multicopista].

multilateralismo. m. La práctica de hacer progresar el comercio entre varios países concluyendo tratados o acuerdos entre más de dos naciones. Contrasta con **bilateralismo.**

multísono, multísona. adj. El que suena o resuena mucho.

mundo: el mundo es de los valientes. ref. Hay que atreverse para tener éxito. ‖ **el que quiera del mundo gozar, ha de cargar su costal.** ref. Hay que andar siempre prevenido. ‖ **saber vivir en este mundo, es la mejor hazaña.** ref. 1. Hay que saber conformarse con todo. ‖ 2. Hay que saber conseguir todo lo que se necesita.

muñequilla. (Porque se parece en su forma a la muñeca de trapo para barnizar, de *muñeca* 'lío de trapo para barnizar'.) f. Mazorca tierna del maíz cuando empieza a formarse.

música: música de aliento. f. Música que se produce por la boca y suena mediante el aliento. ‖ **música de**

viento. f. Silbidos de desaprobación. | **llevar la música por dentro.** loc. 1. Sentir cólera o dolor aparentando serenidad [DRAE: andar por dentro la procesión]. || 2. Ser hipócrita. || **ser** alguien **música** (o **muy música**, o **remúsica**, o **bien música**). loc. Ser malo, perverso. || **tener** alguien **la música por dentro.** loc. 1. Sentir cólera o dolor aparentando serenidad [DRAE: andar por dentro la procesión]. || 2. Ser hipócrita.

musicar. tr. Poner música a la letra de una canción o poesía.

músico: **de músico, poeta y loco, to-dos tenemos un poco.** ref. Todos tenemos manías, que incluyen la de tararear y la de versificar. Compárese *médico, poeta.* || **músico pagado toca mal son.** ref. Es inconveniente pagar de antemano un trabajo porque quien debe hacerlo pierde el estímulo para continuar la obra [DRAE 1956: a dineros pagados, brazos cansados (o: brazos quebrados)].

mustio, mustia. (Del español *mustio* 'triste', de *mustio* 'marchito'.) adj. Hipócrita, falso.

mutilón, mutilona. adj. Mutilado [DRAE: mútilo].

N

nacatamal. (Del náhuatl *nacatl* 'carne' + *tamalli* 'tamal'.) m. Tamal relleno de trozos de carne de res o de cerdo.

nacer: nacer cansado. loc. Ser perezoso. ‖ **nacerle** a alguien. loc. Querer, darle la gana. | **nadie nace sabiendo.** ref. La experiencia y la práctica enseñan.

nachas. f. pl. Nalgas.

Nacho: **¡qué gacho, Nacho!** loc. ¡Qué feo!

naco (Posiblemente de *totonaco*.), **naca.** adj., y m. y f. 1. Indio, indígena. ‖ 2. De bajo nivel cultural, ignorante.

nacorense. (De *Naco*, municipio del estado de Sonora.) 1. adj. Perteneciente o relativo a Naco. ‖ 2. m. y f. Nativo o habitante de Naco.

nacoreño, nacoreña, o **nacoritano, nacoritana.** (De *Nacori [Chico]*, municipio del estado e Sonora.) 1. adj. Perteneciente o relativo a Nacori. ‖ 2. m. y f. Nativo o habitante de Nacori.

nacozarense. (De *Nacozari [de García]*, municipio del estado de Sonora.) 1. adj. Perteneciente o relativo a Nacozari. ‖ 2. m. y f. Nativo o habitante de Nacozari.

nada: **como si nada.** loc. adv. Hipócritamente, astutamente. ‖ **por nada.** loc. Respuesta que se da a quien dice "¡Gracias!"

nadada. f. Acción o resultado de nadar.

nadita. (De *nada*.) f. Porción muy pequeña. | **por nadita.** loc. Por poco.

nagual o **nahual.** (Del náhuatl *nahualli*.) m. 1. Animal (la leyenda más común dice que es un perro negro muy peludo) en que se convierte un brujo. ‖ 2. Brujo, hechicero. Compárense **nahualismo, nahualista.**

naguas. (Del español antiguo *naguas*, del taíno *naguas* 'falda de algodón'.) f. pl. Enaguas, prenda exterior femenina, que cuelga desde la cintura. Compárese **enaguas.**

nahua o **náhoa.** (Del náhuatl *nahua*, literalmente = 'sonoros'.) adj. De un grupo de pueblos del centro y el sur de México, y de Centroamérica, grupo que incluye a los aztecas.

nahual, véase **nagual.**

nahualismo o **nagualismo.** m. La creencia en los naguales (véase **nagual**).

nahualista o **nagualista.** com. Brujo entendido en nahualismo.

náhuatl. (Del náhuatl *nahuatl*, literalmente = 'sonoro'.) m. Lengua yutoazteca del pueblo nahua.

nahuatlaca. (Del náhuatl, literalmente = 'persona de habla nahua', de *nahuatl* 'náhuatl' + *tlacatl* 'persona, ser humano'.) adj. y com. Nahua.

nahuatlato, nahuatlata. (Del náhuatl *nahuatlato*, literalmente = 'que habla náhuatl', de *náhuatl* 'náhuatl (lengua)' + *tlatoani* 'el que habla', de *tlatoa* 'hablar'.) adj., y m. y f. Versado en la lengua y cultura nahuas.

nahuatlismo. m. Vocablo o giro de la lengua nahua empleado en otra.

nahuyaca o **nahuiaca,** véase **nauyaca.**

naipe: **naipe, tabaco, vino y mujer, echan el hombre a perder.** ref. de significado claro. Hay quienes dicen "Baco, Venus y tabaco hacen que el hombre esté flaco".

nais o **nice.** (Del inglés *nice*.) PRONUNC. /nais/. adj. Agradable, amable. Compárese **pipirisnáis.**

nalgada: **darle** a alguien **de nalgadas.** loc. Darle golpes en las nalgas con la palma de la mano.

nalgón, nalgona. adj., y m. y f. Que tiene nalgas grandes.

nalgueada. f. Acción o resultado de nalguear.

nalguear. tr. Dar golpes en las nalgas con la palma de la mano.

nana. (Del náhuatl *nantli* 'madre'.) f. 1. Niñera. || 2. Nodriza.

nanacate. (Del náhuatl *nanacatl* 'hongo', de *nacatl* 'carne'.) m. Hongo.

nance o **nanche** o **nanchi.** (Del náhuatl *nantzi*, posiblemente de *nantzin* 'madrecita', de *nantli* 'madre' + *-tzin*, diminutivo.) m. 1. o **nanche amarillo** o **nanche dulce.** Cierto árbol (*Byrsonima crassifolia*), y su fruto. || 2. Licor elaborado con este fruto.

nanita: ¡**ay, nanita!** (De *nana* 'niñera'.) excl. de miedo o de disgusto.

narco. (De *narcotraficante.*) com. Quien vende estupefacientes.

naucalpense. (De *Naucalpan [de Juárez]* municipio del Estado de México, del náhuatl, literalmente = 'lugar de los cuatro barrios [que originalmente eran Huitzilacasco, Tlatilco, Totoltepec y Totolinga]', de *nahui* 'cuatro' + *calpulli* 'barrio' + *-pan* 'lugar'.) 1. adj. Perteneciente o relativo a Naucalpan. || 2. m. y f. Nativo o habitante de Naucalpan.

nautleco, nautleca. (De *Nautla*, municipio del estado de Veracruz, del náhuatl *Nautla*, literalmente = 'lugar de cuatro', de *nahui* 'cuatro' + *-tla* 'lugar de'.) 1. adj. Perteneciente o relativo a Nautla. || 2. m. y f. Nativo o habitante de Nautla.

nauyaca o **nahuyaca** o **nahuiaca.** (Del náhuatl *nahuiyacatl*, literalmente 'cuatro narices', de *nahui* 'cuatro' + *yacatl* 'nariz'.) Cierta culebra (*Bothrops atrox*).

navegantes, o **nopalitos navegantes.** m. pl. Guiso compuesto de nopalitos en bastante caldo, con epazote, cebolla, ajo y chile pasilla.

navojoense. (De *Navojoa*, municipio del estado de Sonora.) 1. adj. Perteneciente o relativo a Navojoa. || 2. m. y f. Nativo o habitante de Navojoa.

nayarita o **nayaritense.** (De *Nayarit*, estado de la República Mexicana, del cora *Nayarit*, literalmente = 'lugar del dios de las batallas' [antes, nombre de un caudillo cora], de *Nayar*, dios de las batallas, + *-it* 'lugar'.) 1. adj. Perte-

neciente o relativo a Nayarit. || 2. com. Nativo o habitante de Nayarit.

-neca. (Del náhuatl *-necatl* 'sobre, en'.) suf. adj. y nominal. Persona (como en *chiapaneca*). Nota: Los nombres nahuas de lugar que acaban en *-pa* forman sus gentilicios en *-necatl* (los que terminan en *–pan*, en *-ecatl;* los en *-tlan, -tla, -llan* o *-lla*, en *-tecatl*).

neceada. f. Acción o resultado de necear.

negocio: **negocio platicado, negocio no arreglado.** ref. Mientras esté en tratos un asunto, hay que evitar toda indiscreción. || **negocio que no deja, dejarlo.** ref. 1. No hay que ocuparse en lo que no produce beneficio. || 2. Cuando el afecto o la estimación no se corresponden, hay que cambiar de rumbo.

negra: **vérselas** alguien **negra**, véase *ver.*

negro, negra. m. y f. Voz de cariño usada entre personas que se quieren bien.

neja. (Por último, del náhuatl *nextic* 'gris, de color ceniciento', de *nextli* 'ceniza'.) f. 1. Tortilla. || 2. Tortilla grisácea.

nejayote. (Del náhuatl *nexayotl*, literalmente = 'sustancia de agua de ceniza', de *nextli* 'ceniza; cal' + *atl* 'agua' + *-yotl* 'sustancia, cosa'.) m. Agua de cal o de ceniza en que se coció el maíz para las tortillas.

nejo, neja. (Del náhuatl *nextli* 'ceniza'.) adj. Sucio.

nel. adv. No. | **nel pastel.** loc. adv. No.

nemontemi. (Probablemente del náhuatl *nen-, nemi* 'vano' + *temi, temia* 'llenar, meter'.) m. Período de los cinco o seis días intercalares del año azteca (igual que el año maya, 18 meses de 20 días).

nenepil. (Del náhuatl *nenepilli* 'lengua' [pero los tacos de nenepil no son de lengua, sino de útero de vaca], de *neloa* 'agitar'.) m. Lengua guisada.

neokantismo. (De *neo-* 'nuevo' + *Kant*, filósofo alemán, 1724-1804.) m. Movimiento filosófico que se opone al materialismo y al idealismo de mediados del siglo xix.

neoleonés, neoleonesa, o **nuevoleonense.** (De *Nuevo León*, estado de la República Mexicana, de *Nuevo Reino de León*, nombre que le dieron los españoles en 1579 en honor del antiguo reino de *León* [909-1230] en el noroeste de España.) 1. adj. Perteneciente o relativo a Nuevo León. || 2. m. y f., y com. Nativo o habitante de Nuevo León.

nervio: tener nervios. loc. Estar nervioso, irritable, inquieto.

neta. (De *[la verdad] neta*, de *neta* 'limpia, pura, clara'.) f. La verdad, lo cierto.

neuras. (Abreviación de *neurasténico*, de *neurastenia*, del griego *neur-* 'nervio' + *asthéneia* 'debilidad', de *asthenés* 'débil', de *a-* 'no, sin' + *sthénos* 'fuerza'.) adj. Neurasténico, que padece neurastenia (desorden emocional y psíquico caracterizado por cansarse fácilmente, y con frecuencia por falta de motivación, sentirse inadecuado y síntomas psicosomáticos).

neutle. (Del náhuatl *neuctli* 'miel'.) m. fest. Pulque.

nevado. m. Montaña cubierta de nieves perpetuas.

nevería. f. Heladería, tienda en que se venden helados y nieves.

nice, véase **nais.**

nido: nido de avispas. m. Persona de cabeza rapada. || **nido de ratas.** m. fest. Habitación desordenada y sucia.

nieve. (De *nieve* 'agua helada que se desprende de las nubes'.) f. Sorbete helado.

nigua[1]. (Del taíno *nigua*.) f. Cierta pulga *(Tunga penetrans)*.

nigua[2] (De *ni* 'no', influido por *nigua[1]*.): **¡niguas!** loc. No (rotundo, categórico, inapelable).

ninguneo. (De *ningunear*, de *ninguno* 'nadie', del latín *nec unus* 'ni uno'.) m. Acción o resultado de *ningunear*, de menospreciar, de no tomar en consideración.

niño: niño de probeta. m. Niño concebido mediante implantación artificial de un óvulo fecundado (en laboratorio) en el útero materno [DRAE: niño probeta]. || **niño Dios.** m. Imagen que representa a Cristo en la niñez [DRAE: niño Jesús]. || **niño envuelto.** m. Pastel hecho con una capa delgada cubierta de mermelada, capa que se enrolla en forma de cilin-

dro [DRAE: brazo de gitano]. | **después del niño ahogado, a tapar el pozo** (o: **tapan el pozo**) o **después del niño ahogado, el pozo cegado.** ref. Hay quienes ponen remedio después de la desgracia, que obran sin previsión. Compárese *pueblo*. || **el que con niños se acuesta, mojado amanece.** ref. Quien fía el manejo de un negocio a un ladrón o a un inepto, se verá frustrado. || **enfermarse de niño.** loc. Embarazarse. || **niño que no llora, no mama.** ref. Quien no habla no consigue lo que desea.

niple. (Del inglés *nipple* 'pezón; tubo corto que sirve para unir dos piezas de cañería'.) m. Tubo corto que sirve para unir dos piezas de cañería.

nixtamal o **nistamal.** (Del náhuatl *nextamalli*, literalmente = 'empanada de maíz cocido con cal', de *nextli* 'ceniza; cal' + *tamalli* 'masa de maíz, empanada'.) m. Granos de maíz con agua de cal sobre los que se echa agua hirviendo para luego molerlos y hacer la masa para tortillas.

no: ¿no que no? (De "*¿No [habías dicho] que no [querías o que no se podía]?*) loc. 1. Sí lo hiciste. || 2. Sí se podía.

noche: una mala noche como quiera se pasa. Fórmula tradicional que se usa para invitar a alguien a quedarse a dormir (queriendo decir que la casa de quien invita no es cómoda).

nochebuena. (De *Nochebuena* 'noche de la vigilia de Navidad', época alrededor de la cual florece esta planta.) f. 1. Cierta planta *(Euphorbia pulcherrima)* con brácteas rojas que parecen pétalos y rodean flores amarillas pequeñas. || 2. Conjunto de brácteas de esta planta.

nochecita. f. Crepúsculo vespertino, primera parte de la noche.

nochistleco, nochistleca. (De *Nochistlán*, municipio del estado de Zacatecas, del náhuatl *Nocheztlan*, literalmente = 'lugar de cochinilla', de *nocheztli* 'cochinilla; tinte rojo que se obtiene de los cuerpos secos de las hembras de la cochinilla' [de *nochtli* 'tuna' + *eztli* 'sangre'] + *-tlan* 'lugar'.) 1. adj. Perteneciente o relativo a Nochistlán. || 2. m. y f. Nativo o habitante de Nochistlán.

nocupetareño, nocupetareña, o **nocupetarense.** (De *Nocupétaro,* municipio del estado de Michoacán.) 1. adj. Perteneciente o relativo a Nocupétaro. || 2. m. y f., y com. Nativo o habitante de Nocupétaro.

nogal de Castilla. m. Árbol *(Juglans regia)* que produce la nuez llamada de Castilla.

nogalense. (De *Nogales,* nombre de muchas poblaciones de la República Mexicana [entre otros, municipio del estado de Sonora], de *nogales* 'árboles de nuez'.) 1. adj. Perteneciente o relativo a Nogales. || 2. m. y f. Nativo o habitante de Nogales.

nogaleño, nogaleña. (De *Nogales,* municipio del estado de Veracruz.) 1. adj. Perteneciente o relativo a Nogales. || 2. m. y f. Nativo o habitante de Nogales.

nomás. (De *no más.*) adv. 1. No más, nada más, solamente. || 2. Apenas, luego que. || **nomás que.** loc. Pero.

nonoalca. (De *Nonoalco,* zona de la ciudad de México, del náhuatl *Nonoalco,* probablemente = 'lugar de agua muda', de *nonotli* [raíz: *no-*] 'mudo' + *atl* 'agua' + *-co* 'lugar'.) 1. adj. Perteneciente o relativo a Nonoalco. || 2. m. y f. Nativo o habitante de Nonoalco.

nopal. (Del náhuatl *nopalli,* clase de cacto, cuyo fruto es *nochtli* 'tuna', + *-palli* 'hoja'.) m. Tipo de cacto *(Opuntia tuna)* [DRAE: higuera de Indias o higuera chumba, chumbera]. Compárense **nopalitos, ensalada de nopales, nopal de cochinilla** o **nopal de la cochinilla.** m. Nopal *(Nopalea cochinellifera)* sobre cuyas hojas se cría la cochinilla *(Dactylopius coccus).* | **al nopal lo van a ver, sólo cuando tiene tunas.** ref. Se busca a una persona sólo cuando se necesita algo de ella; hay "amigos" que sólo vienen cuando pueden con ello obtener alguna ventaja, cuando lo necesitan a uno. || **más mexicano que el nopal** (o: **que el pulque**). loc. de sentido claro. Compárese **pulque.** || **nopales en chipotle adobados.** m. pl. Guiso de pencas tiernas de nopal, tomates verdes, chiles chipotles, cebolla, ajo, aceite.

nopalera. f. Terreno poblado de nopales.

nopalillo. (De *nopal.*) m. Cualquiera de dos cactos que se parecen al nopal.

nopalitos. (De *nopalito* 'penca tierna de nopal', de *nopal.*) m. pl. 1. Guiso de hoja tierna de nopal. Compárese **ensalada de nopales, navegantes.** || 2. Hojas tiernas de nopal. || **nopalitos compuestos,** véase **ensalada de nopales.** || **nopalitos con camarones.** m. pl. Caldo con hojas tiernas de nopal, camarones secos (sin cabeza y pelados), jitomate, cebolla, ajo. || **nopalitos navegantes,** véase **navegantes.** || **nopalitos tiernos.** m. pl. Hojas tiernas de nopal que se comen guisadas.

noquear. (Del inglés *knock [out],* literalmente = 'golpear [y dejar fuera]', de *knock* 'golpear' [que se pronuncia /noc/] + *out* 'fuera'.) tr. 1. Pegar al adversario (en boxeo), derribarlo y dejarlo inconsciente. || 2. Derrotar, poner fin a, eliminar.

normalista. com. Maestro titulado en una escuela normal.

normar. tr. 1. Dar normas. || 2. Sujetar a normas.

norteada. (De *norte.*) f. Acción o resultado de nortear o nortearse.

norteado, norteada. adj. 1. Desorientado, que perdió el rumbo. || 2. Un poco perturbado de la cabeza.

nortear. (De *norte.*) intr. Soplar viento fuerte desde el Norte [DRAE: declinar hacia el Norte el viento reinante].

nortearse. (De *norte.*) Desorientarse, perder la noción del rumbo.

norteño, norteña. 1. adj. Perteneciente o relativo al norte de la República Mexicana. || 2. m. y f. Nativo o habitante del norte de la República Mexicana.

noticia: la mala noticia llega volando, y la buena cojeando, o **las noticias malas tienen alas; las buenas, andan apenas.** refs. Muchas veces las noticias malas llegan más rápidamente que las buenas.

noticiero. m. Programa de radio o de televisión en que se transmiten noticias, noticiario.

153

noticioso, noticiosa. adj. Que da noticias, relativo a las noticias.

novedoso, novedosa. adj. Que implica novedad, de moda.

novia: novia de estudiante no es mujer (o **esposa**) **de profesor** (o: **de profesionista**). ref. Los amores de la juventud son efímeros. || **quedarse como novia de rancho** (o: **de pueblo**): **vestida y alborotada.** loc. No lograr lo que se deseaba, después de haber hecho preparativos.

noviciado: pagar el noviciado. loc. Sufrir las penalidades consiguientes a todo aprendizaje.

noviero, noviera. adj., y m. y f. Que cambia frecuentemente de novia o de novio.

nube del ojo. f. Opacidad de la córnea.

nuevecito, nuevecita. adj. Muy nuevo, acabado de hacer.

nuevoleonense, véase **neoleonés.**

nuevomexicano o **nuevomejicano.** (De *Nuevo México,* nombre dado a esa región por los españoles hacia 1582.) 1. adj. Perteneciente o relativo a Nuevo México (estado de los Estados Unidos). || 2. m. y f. Nativo o habitante de Nuevo México.

nuez[1]: **nuez de la India.** f. Semilla del fruto del marañón *(Anacardium occidentale).* || **nuez encarcelada.** f. Cierto árbol *(Carya illinoensis),* y su fruto que es una nuez alargada y de cáscara delgada y lisa.

nuez[2]: **va de nuez.** loc. fest. Va de nuevo.

nulificar. (Del latín tardío *nullificare* 'volver nulo', de *nulli-* 'no, nulo' [del latín *nullus* 'no, ninguno'] + el latín *-ficare* 'hacer, convertir en', de *-ficus* 'que hace, produce', de *facere* 'hacer'.) tr. Anular.

nuncamente. adv. fest. Nunca.

ñango, ñanga, o ñengo, ñenga, o ñengue. adj. Flaco, débil, enclenque.

ñáñaras. f. pl. Sensación en el estómago
cuando se tiene miedo o ansiedad o
tensión nerviosa.

ñapa. (Del quechua *yapa* 'aumento, añadidura'.) f. Lo que se da por añadidura, yapa, propina.

ñato, ñata. (Del mismo origen que *cha-*
to [de *chato* 'de nariz poco prominente', del latín vulgar *plattus* 'plano', del
griego *platýs* 'ancho; plano'], influido
por el latín *nasus* 'nariz'.) adj. Chato.

ñengo, ñenga, o ñengue, véase ñango.

ñero, ñera, m. y f., o ñeris, m. (De *com-*
pañero.) Amigo, compañero.

ñervudo, ñervuda. adj. Nervioso, que
tiene muchos nervios y tendones.

oaxaqueño, oaxaqueña, o oajaqueño, oajaqueña. (De *Oaxaca*, capital del estado de Oaxaca, del náhuatl *Huaxyacac* [la población], literalmente = 'lugar en la nariz de guaje' o sea 'en el principio de la zona de guajes' [de *huaxin* 'guaje (árbol)' + *yacatl* 'nariz; punta'] + -*c* 'lugar'.) PRONUNC. Esta *x* se pronuncia /j/. 1. adj. Perteneciente o relativo a Oaxaca (estado o su capital). || 2. m. y f. Nativo o habitante de Oaxaca (estado o su capital).

oaxtepecano, oaxtepecana. (De *Oaxtepec*, población del estado de Morelos, del náhuatl *Huaxtepec*, literalmente = 'en el cerro de los guajes', de *huaxin* 'guaje (árbol)' + *tepetl* 'cerro' + -*c* 'en'.) PRONUNC. Esta *x* se pronuncia /s/. 1. adj. Perteneciente o relativo a Oaxtepec. || 2. m. y f. Nativo o habitante de Oaxtepec.

obituario. (De *óbito* 'fallecimiento', del latín *obitus* 'muerte'.) m. 1. Anuncio de la muerte de una persona. || 2. Biografía breve de una persona, que se publica poco después de que ella fallece.

obra: **ninguno diga quién es, que sus obras lo dirán.** ref. Se conoce a una persona por sus actos, por su trabajo.

obraje. m. Tienda o lugar donde se vende carne de cerdo,

obrajero, obrajera. m. y f. Persona que atiende un obraje.

obrar: **nunca obres para pensar, mejor piensa para obrar.** ref. Es bueno reflexionar antes de actuar.

obseder. (Del latín *obsidere* 'sitiar'.) tr. Obsesionar, causar obsesión.

obsequio: **obsequios saben ablandar a los peñascos.** ref. Los regalos suelen vencer lo más duradero y fuerte [DRAE 1956: dádivas quebrantan peñas].

observar. (De *observar* 'examinar atentamente'.) intr. Expresar algo como resultado de la observación.

ocampense. (De *Ocampo*, nombre de muchas poblaciones de la República Mexicana.) 1. adj. Perteneciente o relativo a Ocampo. || 2. m. y f. Nativo o habitante de Ocampo.

ocasión. (De *ocasión* 'oportunidad de tiempo'.) f. Vez.

ocelote. (Del náhuatl *ocelotl*.) m. Cierto felino *(Felis pardalis)* parecido al jaguar *(Felis onca)*.

ocho: **(quedarse) de a ocho.** loc. Confuso, sorprendido, asombrado, maravillado. Compárese *cuatro*.

ociosear. intr. Darse al ocio, no estar activo.

ociosidad: **la ociosidad es (la) madre de una vida padre.** ref. La ociosidad permite una vida agradable. [Parodia festiva de: la ociosidad es madre de (todos) los vicios, que significa 'conviene vivir ocupado para no contraer vicios'].

ocotal. m. Bosque de ocotes.

ocote. (Del náhuatl *ocotl*, clase de pino resinoso; 'tea'.) m. 1. Clase de pino resinoso *(Pinus montezumae)*. || 2. Tea hecha con la madera de este árbol.

ocotepeco, ocotepeca. (De *Ocotepec*, nombre de municipio en los estados de Chiapas y Puebla, del náhuatl *Ocotepec*, literalmente = 'en el cerro de los ocotes', de *ocotl* 'ocote' + *tepetl* 'cerro' + -*c* 'en'.) 1. adj. Perteneciente o relativo a Ocotepec. || 2. m. y f. Nativo o habitante de Ocotepec.

ocotera. f. Bosque de ocotes.

ocotero, ocotera. adj. Relativo al ocote.

ocotillo. (De *ocote*.) m. 1. Cierto arbusto del desierto *(Fouquieria splendens)* de flores rojas. || 2. Cierto arbusto gris *(Gochnatia hypoleuca)*.

ocotito, ocotita. (De *ocote*, porque hay teas hechas de rajas de ocote y se usan las astillas de ocote para prender el carbón del brasero.) m. y f. Cizañero, persona que enciende o atiza discordias, que mete enemistad.

ocotleco, ocotleca. (De *Ocotlán*, municipio del estado de Jalisco, del náhuatl, literalmente = 'lugar de pinos', de *ocotl* 'ocote, clase de pino' + *-tlan* 'lugar'.) 1. adj. Perteneciente o relativo a Ocotlán. ‖ 2. m. y f. Nativo o habitante de Ocotlán.

ocuilteco, ocuilteca, adj., y m. y f., u **ocuilteca,** com. (De *Ocuilán*, municipio del Estado de México, del náhuatl, literalmente = 'lugar de gusanos', de *ocuilin* 'gusano' + *-lan* 'lugar abundante en'.) 1. adj. Perteneciente o relativo a Ocuilán. ‖ 2. m. y f., y com. Nativo o habitante de Ocuilán.

ocurso. (Del latín *occursus* 'encuentro', de *occurrere* 'acudir, presentarse', de *ob-* 'hacia, ante' + *currere* 'correr'.) m. Petición por escrito.

oficial. (De *oficial* 'que emana de la autoridad, de la oficina apropiada', del latín tardío *officialis* 'que cumple con una función', del latín *officium* 'función, cargo, empleo', de *opus* 'trabajo' + *facere* 'hacer'.) adj. Autorizado, reconocido (por ejemplo, visita oficial, novio oficial).

oficialía de partes. f. Sección de una dependencia oficial donde se recibe la correspondencia de los particulares dirigida a ella.

oficio: cada quien reniega de su oficio, pero no de su vicio. ref. Frecuentemente las personas no están a gusto en su trabajo. (Algunos explican este refrán con la broma: el trabajo es tan malo que hasta pagan para que uno lo haga.)

ofrecer: el ofrecer no empobrece, el dar es el que aniquila. ref. irón. de sentido claro, que se dirige a quien sólo promete pero no cumple.

oído de tísico. m. Buen oído.

oír: ¡óyelo! interj. de admiración. ‖ **¡óyeme!** interj. que se usa para llamar la atención.

ojete. (Del español *ojete* 'ano', diminutivo de *ojo.)* m. 1. Tonto. ‖ 2. Despreciable, infame. Es voz malsonante.

ojinaguense. (De *Ojinaga*, municipio del estado de Chihuahua, nombre que se dio en 1948 en honor de Manuel Ojinaga Castañeda, 1833-1865, ingeniero militar.) 1. adj. Perteneciente o relativo a Ojinaga. ‖ 2. m. y f. Nativo o habitante de Ojinaga.

ojo: **ojo de hacha,** véase *ojo:* **¡ni qué ojo de hacha!** ‖ **ojo de hormiga: volverse** alguien o algo **ojo de hormiga.** loc. Esconderse, desaparecer. ‖ **ojo de pájaro,** variedad de alegría (planta). ‖ **ojo de pescado.** m. Lente gran angular de frente muy curvo, que cubre un ángulo de unos 180 grados y da una imagen circular. ‖ **ojo de venado.** (Por parecido de forma y color de la semilla.) m. Cierta planta *(Thevetia nitida)*, y su semilla redonda y gruesa que algunos usan como amuleto. ‖ **ojo moro.** m. Equimosis palpebral, oscurecimiento de la piel alrededor del ojo, debido a una magulladura. ‖ **ojos de rajadura de alcancía.** loc. Ojos oblicuos. ‖ **ojos de rendija.** loc. Ojos pequeños. ‖ **ojos de sapo.** loc. Ojos saltones. ‖ **ojos morados.** m. pl. Equimosis palpebral. Véase **ojo moro.** ‖ **ojos pelones.** m. pl. Ojos muy abiertos. **| a ojo de pájaro.** loc. adv. 1. Desde un ángulo alto, como lo vería un pájaro en vuelo. ‖ 2. Con una visión global o rápida. ‖ **¿cómo te quedó el ojo?** loc. No caí en la trampa, ¿Ya escarmentaste? ‖ **con el ojo cuadrado.** loc. 1. Muy sorprendido. ‖ 2. Impresionado. ‖ **con un ojo al gato y otro al garabato.** loc. adv. Alerta, vigilante. ‖ **echar (un) ojo.** loc. Cuidar, vigilar. ‖ **írsele** a alguien **los ojos.** loc. Ser bizco. ‖ **mis ojos.** loc. Persona no especificada explícitamente (que se encuentra presente) pero que el interlocutor entiende quién es. Compárese **andovas.** ‖ **¡ni qué ojo de hacha!** loc. que se utiliza para negar una afirmación, en la forma siguiente: —Entiendo que vas a servir caviar —¡Qué caviar ni qué ojo de hacha! ‖ **ojo al parche.** (De *parche* 'cada una de las dos pieles del tambor; tambor', porque hay que seguir el tambor para mantener el paso.) loc. Hay que mantenerse atento a lo que pasa alrededor. || **ojos de apizca.** m. pl. Ojos pequeños. || **pelar** alguien **el ojo.** loc. Abrir el ojo, estar advertido para que no lo engañen. || **pelar** alguien **los ojos.** loc. 1. Abrirlos mucho, por admiración o por susto. || 2. Estar alerta. || **taparle el ojo al macho.** loc. Cubrirse, actuar, o fingir actuar, para evitar un desagrado; u ocultar o disimular lo malo que se hizo. || **traer** a alguien **entre ojos.** loc. Odiarlo, tenerle animadversión. || **un ojo al gato y otro al garabato.** loc. adv. Alerta, vigilante.

ojocalentense. (De *Ojo Caliente*, nombre de muchas poblaciones de la República Mexicana.) 1. adj. Perteneciente o relativo a Ojo Caliente. || 2. m. y f. Nativo o habitante de Ojo Caliente.

olán, véase **holán.**

oleada. f. Grupo de animales que se mueve rápidamente.

olérselas. Adivinar una cosa que se juzgaba oculta, sospechar, recelar.

olinalá. (De *Olinalá*, municipio del estado de Guerrero, posiblemente del náhuatl *olin* 'movimiento'.) f. Pintura para jícaras, que preparan en la región de Olinalá.

olla: lo que tiene la olla, saca la cuchara. ref. 1. Los sentimientos se manifiestan en los actos. || 2. Esperar en vano de alguien lo que no puede provenir de su educación o de su carácter [DRAE: perdir peras al olmo].

olmeca o **ulmeca.** (Del náhuatl *olli* 'hule, goma', de *olini* 'moverse'.) 1. adj. Perteneciente o relativo a los olmecas o a su cultura. || 2. m. y f. Miembro de un pueblo antiguo del Istmo de Tehuantepec (entre los estados actuales de Veracruz y Tabasco) anterior a los mayas o contemporáneo de ellos. De los olmecas quedan esculturas en piedra y en jade.

olmeca-otomangue, véase **macrootomangue.**

olmeca-xicalanca. adj. De un grupo indígena que ocupó Cholula hacia 800 d.C. y habitó también en los estados actuales de Veracruz y Oaxaca.

olote. (Del náhuatl *olotl*, de la misma familia que *yollo, yollotl* 'corazón'.) m. Parte central dura de la mazorca o espiga del maíz (sin los granos) [DRAE: zuro, carozo].

olotera. f. 1. Lugar en que se guardan los olotes, que se usan como combustible. || 2. Desgranadora rústica de maíz.

ombligón, ombligona, u **ombligudo, ombliguda.** adj. De ombligo saliente.

ometepecano, ometepecana. (De *Ometepec*, municipio del estado de Guerrero, del náhuatl *Ometepec*, literalmente = 'lugar de dos cerros', de *ome* 'dos' + *tepetl* 'cerro' + *-c* 'lugar'.) 1. adj. Perteneciente o relativo a Ometepec. || 2. m. y f. Nativo o habitante de Ometepec.

omita. f. Isla de río.

ono. (Del maya *on*.) m. Aguacate.

oncita. (De *onza* 'jaguar'.) f. Comadreja *(Mustela frenata)*.

onda: agarrar la onda. loc. Entender. || **buena onda.** loc. Bueno, amable, divertido, interesante. || **estar** alguien **en la onda.** loc. Estar en consonancia con los demás. || **írsele** a alguien **la onda.** loc. Distraerse, olvidársele lo que iba a decir o lo que tenía que hacer. || **¿qué onda?** loc. ¿Qué pasa, qué hacemos? || **sacar** a alguien **de onda.** loc. Distraerlo, hacerle olvidar lo que iba a decir o hacer.

onde. (Del latín *unde* 'de donde'.) adv. Donde.

onza[1]. (De *onza*, clase de pantera, posiblemente del latín vulgar *luncea* 'lince' [interpretando la *l-* como del artículo (en Dante *lonza, Infierno 1.32*, luego interpretado como *l'onza*)], del latín *lync-*, tema de *lynx*, del griego *lynx*.) f. Jaguar, felino grande *(Felis onca)*.

onza[2] (Del latín *uncia*, cierto peso, un duodécimo, duodécima parte de un todo, de la libra, de varias medidas, de *unus* 'uno'.): **una onza de alegría vale más que una onza de oro.** ref. Es mejor estar contento que tener dinero.

opacar. (Del español *opaco* 'oscuro'.) tr. 1. Oscurecer, nublar. || 2. Superar a alguien en alguna cualidad.

ópata. (Del pima *ópata*, literalmente = 'hostil'). 1. adj. De los ópatas, de su cultura o de su lengua. ‖ 2. com. Miembro de un grupo indígena del estado de Sonora. ‖ 3. Lengua de los ópatas, de la familia yutoazteca.

oquey u **oqué.** (Del inglés *okay* u *OK*, abreviatura de *oll korrect*, alteración festiva de *all correct*, literalmente = 'todo correcto, todo está bien'.) adv. Está bien; de acuerdo. A veces se dice festivamente "oquey, maguey".

oqui doqui. (Del inglés *okeydokey*, reduplicación de *OK* [véase **oquey**].) loc. adv. Está bien; de acuerdo.

oquis: de oquis o **deoquis** o **de hoquis.** (Del español *de oque* 'de balde', del árabe *ḥaqq* 'derecho, retribución, regalo'.) loc. adv. 1. Gratuitamente, sin costo, de balde. ‖ 2. Inútilmente.

ora. (De *ahora.*) adv. Ahora. ‖ **¡órale!** (De *ahora* + *-le.*) interj. que exhorta al trabajo, a la actividad, a animarse. ‖ **¡órale, pues!** 1. interj. que exhorta al trabajo, a la actividad, a animarse. ‖ 2. interj. de protesta. **| a l'ora de l'ora.** loc. coloq. En esos momentos, en el momento crucial.

orador: un mal orador y un perro chico, andan cien veces el camino. ref. Un buen orador debe ser conciso.

orden al bat. (Traducción del inglés *order at bat.*) m. El orden establecido para que los jugadores de un equipo de beisbol vayan pasando a batear.

ordeña. f. Ordeño, acción o resultado de ordeñar.

oreganal. m. Sembrado de orégano (planta aromática).

oreja: entrarle a alguien algo **por una oreja y salirle por la otra.** loc. No haber puesto atención, no hacerle efecto una observación. ‖ **jalar las orejas** a alguien. loc. Regañarlo. ‖ **parar la oreja.** loc. Prestar atención, aguzar el oído.

orejones. (De *oreja*, porque las glándulas parótidas están situadas bajo las orejas.) m. pl. Parotiditis, papera, inflamación de las glándulas parótidas y a veces de otras glándulas salivales.

orfanatorio. m. Asilo de huérfanos, orfanato.

organillo de boca. m. Armónica, instrumento musical de viento provisto de orificios con lengüeta, que se toca soplando o aspirando por los orificios.

órgano. (Por parecido de forma con los tubos de un *órgano* [instrumento musical].) m. Cada uno de varios cactos altos y rectos (*Carnegiea gigantea* [saguaro] o *Lemaireocereus marginatus*). ‖ **órgano de boca.** m. Organillo de boca, armónica.

orillar. (De *orillar* 'llegar a las orillas'.) tr. Acosar, acorralar.

orillas. (De *orilla* 'término, límite, extremo', del latín *ora* 'borde, orilla, costa'.) f. pl. Afueras de una población, arrabales.

orita, véase **ahorita.**

orizabeño, orizabeña. (De *Orizaba*, municipio del estado de Veracruz, del náhuatl *Ahuilizpan*, literalmente = 'lugar de alegría', de *ahui-* 'gozar' + *-liztli* 'actividad, acción' + *-pan* 'lugar', o de *Ahuilizapan*, literalmente = 'río alegre', de *ahuiliztli* 'alegría' + *apantli* 'río'.) 1. adj. Perteneciente o relativo a Orizaba. ‖ 2. m. y f. Nativo o habitante de Orizaba.

oro negro. m. Petróleo.

oropéndola. (Del español *oropéndola*, que es otra ave, del latín vulgar *auripennula*, del latín *aureus* 'dorado' + *pinnula* 'pluma'.) f. Zanate (*Quiscalus mexicanus*).

oso panda, véase **panda.**

ostión. (Del español *ostión* 'ostrón, ostra grande', de *ostia* 'ostra', del latín *ostrea*, del griego *óstreon* 'ostra'.) m. Molusco bivalvo marino [DRAE: ostra]. **| ostiones gratinados.** m. pl. Guiso de ostiones en su jugo, salsa blanca, queso parmesano, perejil, pan molido.

ostionería. f. Establecimiento donde se venden y comen ostiones y otros moluscos marinos.

otatal. m. Lugar en que abundan los otates.

otate. (Del náhuatl *otlatl*, clase de carrizo; 'bastón'.) m. 1. Planta gramínea de corpulencia arbórea (*Guadua amplexifolia*), cuyos recios tallos nudosos sirven para hacer bastones, paredes, cercas y techos de habitaciones rústicas. ‖ 2. Tallo de esta planta.

otatera. f. Otate (primera acepción, planta).

otatiteco, otatiteca. (De *Otatitlán*, municipio del estado de Veracruz.) 1. adj. Perteneciente o relativo a Otatitlán. || 2. m. y f. Nativo o habitante de Otatitlán.

otomangue. (De *otomí* + *mangue*, cierto pueblo indígena de Nicaragua.) m. Cierto tronco o cepa de idiomas de México y Guatemala, que comprenden las familias otomiana, popoloca, trique y chorotega.

otomí. (Del náhuatl *otomitl.*) 1. adj. De los otomíes, de su cultura o de su lengua. || 2. com. Miembro de un pueblo indígena del centro de la República Mexicana, que actualmente predomina en el Valle del Mezquital (estado de Hidalgo). || 3. Lengua de los otomíes, que es de la subfamilia otomiana de la familia otopame.

otomiano. m. Familia de lenguas (también llamada *otopame)* que incluye el otomí, pame, mazahua y matlatzinca.

otompaneca. (Del náhuatl *Otompan*, hoy *Otumba;* véase **otumbeño.**) adj. y com. De Otumba.

otompaneco, otompaneca, m. y f., u **otompaneca,** com. (Del náhuatl *Otompan,* hoy *Otumba*; véase **otumbeño.**) adj., m. y f., y com. De Otumba.

otro: **de los otros.** loc. Invertido sexual, homosexual. || **el otro.** loc. Persona desconocida.

otumbeño, otumbeña. (De *Otumba,* municipio del Estado de México, del náhuatl *Otompan*, literalmente = 'donde están los otomíes, lugar de otomíes', de *otomitl* 'otomí' + *-pan* 'lugar, en'.) 1. adj. Perteneciente o relativo a Otumba. || 2. m. y f. Nativo o habitante de Otumba.

out. (Del inglés *out,* que se pronuncia /aut/, literalmente = 'fuera'.) Pronunc. /aut/. m. En beisbol, hecho de sacar a un jugador. || **poner out.** loc. Hacer un out, sacar a un jugador.

overol. (Del inglés *overall,* que se pronuncia /óverol/, de *over* 'sobre' + *all* 'todo'.) m. Pantalones con pechera y tirantes, generalmente de mezclilla azul.

oyamel (Del náhuatl *oyametl,* literalmente = 'planta que se desgrana', de *oya* 'desgranar' + *-metl* 'planta'.) o **pino oyamel.** m. Cierta conífera *(Abies religiosa).*

ozuluameño, ozuluameña. (De *Ozuluama [de Mascareñas],* municipio del estado de Veracruz.) 1. adj. Perteneciente o relativo a Ozuluama. || 2. m. y f. Nativo o habitante de Ozuluama.

ozumbeño, ozumbeña. (De *Ozumba,* municipio del Estado de México, del náhuatl *Otzonpa,* literalmemente = 'en la cima del camino', de *otli* 'camino' + *tzontli* 'cabellera; cima, cumbre' + *-pa* lugar'. Antes de la Conquista española, el punto más alto del camino de México al sur era Ozumba.) 1. adj. Perteneciente o relativo a Ozumba. || 2. m. y f. Nativo o habitante de Ozumba.

pa'¹. (De *papá.*) m. Papá.

pa'². (De *para.*) prep. Para.

-pa, como en *Jalapa,* véase -pan.

pabellón mexicano. m. Planta *(Salvia microphylla)* cuya flor presenta los tres colores de la bandera mexicana (verde, blanco, rojo).

¡pácatelas! interj. Onomatopeya de la caída de una persona.

paceño, paceña. (De *[La] Paz,* capital del estado de Baja California Sur.) 1. adj. Perteneciente o relativo a La Paz. || 2. m. y f. Nativo o habitante de La Paz.

pachanga. (De *pachanga,* cierta danza cubana.) f. Diversión bulliciosa, fiesta.

pachichi o pachiche. (Del náhuatl *pachichina,* de *chichina* 'chupar' [raíz: *chichi* 'mamar'].) adj. (De un fruto) pasado y arrugado.

pachola, f., o pacholi, m. (Posiblemente del náhuatl *pachoa* 'doblarse, inclinarse'.) Tortilla de maíz; totopo.

pachón, pachona. (Del náhuatl *pacha* 'lanudo' [de *pachtli* 'heno'] + el español *-ón.)* adj. Peludo, enmarañado.

pachuco. (Posiblemente de *El Paso,* ciudad de Texas desde la cual los pachucos y sus familias fueron a California, influido por *Pachuca,* véase pachuqueño.) m. Hombre joven, de origen mexicano, de la zona de Los Ángeles en California, que se viste de manera extravagante.

pachuqueño, pachuqueña. (De *Pachuca,* capital del estado de Hidalgo, del náhuatl *pachocan* 'apretura, estrechez' [aplicado a la cañada situada al norte de la ciudad], de *pachoa* 'apretar'.) 1. adj. Perteneciente o relativo a Pachuca. || 2. m. y f. Nativo o habitante de Pachuca.

pacota. (Del español *pacotilla,* de *paca* 'fardo'.) f. 1. Objeto de inferior calidad. || 2. Persona de escaso valor. | de pacota. loc. De inferior calidad.

padre. (Del español *padre* 'muy grande'.) adj. Muy bueno, muy bonito, estupendo, admirable (ejemplo: "esa muchacha está padre"). Se usa también en aumentativo: padrísimo, padrísima.

padre: ser alguien el padre de alguien. loc. Afirmación de quien se jacta de valiente y trata de intimidar.

padrísimo, padrísima. (De *padre* 'muy bueno'.) adj. Muy bueno, muy bonito, estupendo, admirable.

padrote. (De *padre* + *-ote* 'grande'.) m. 1. Quien consigue clientes para una casa de prostitución, rufián. || 2. Hombre que se hace mantener por una prostituta.

padrotear. intr. Hacer el papel de padrote (en ambas acepciones).

padrotón. m. Padrote.

paganini. (De *pagano.)* m. fest. El que paga.

pagano: ser alguien el pagano. (De *pagar,* fest.) loc. Ser el que paga.

pagua o pahua. (Del náhuatl *pahuatl,* nombre genérico de toda fruta que no fuese ácida [que entonces se llamaba *xocotl]* ni dulce [llamada entonces *tzapotl].*) f. Cierta fruta de un árbol del género *Persea,* variedad de aguacate. Compárese tejocote, zapote.

pai, véase pay.

país: al país donde fueres, haz lo que vieres. ref. Hay que aceptar e imitar las costumbres locales. || en el país de ciegos, el tuerto es rey. ref. Por poco que uno valga en cierta esfera, le basta para sobresalir entre los que valen menos [DRAE 1956: en tierra de ciegos, el tuerto es rey].

160

paisa. (De *paisano* 'coterráneo'.) m. Paisano, coterráneo, conterráneo, natural de la misma tierra que otro, tratamiento mutuo de quienes son de la misma región o población.

paisano. m. Cierta ave del género *Geococcyx*, también llamada *correcaminos*.

pajacuarense, o **pajacuareño, pajaracuareña.** (De *Pajacuarán*, municipio del estado de Michoacán.) 1. adj. Perteneciente o relativo a Pajacuarán. ‖ 2. com., y m. y f. Nativo o habitante de Pajacuarán.

pajarero, pajarera. m. y f. Persona que por placer observa o identifica pájaros silvestres en su ambiente natural.

pájaro: pájaro bandera. m. Cada una de dos aves del género *Trogon (T. mexicanus* y *T. elegans).*

pájaro bobo. m. Ave del género *Sula*.

pájaro cu. m. Ave de la familia Momotidae que vive en bosques tropicales.

vale más pájaro en mano que cien volando. ref. No dejar las cosas seguras por la esperanza de otras mayores [DRAE 1956: más vale pájaro en mano que ciento (o: que buitre) volando].

pala (De *pala* 'astucia o artificio para conseguir o averiguar algo'.): **hacer la pala,** o **servir de pala.** locs. Ayudar a alguien a hacer trampas [DRAE: meter la pala].

palabra: a palabras de borracho, oídos de cantinero (o **jicarero** [compárese *marrano*]), o **a palabras necias, oídos sordos.** refs. No hay que hacer caso del que habla sin razón. [DRAE 1956: a palabras locas, orejas sordas]. ‖ **la palabra es plata, pero el silencio es oro.** ref. La discreción es de gran valor. ‖ **las palabras se las lleva el viento.** ref. Hay poca seguridad en las palabras que se dan, por la facilidad con que no se cumplen [DRAE 1956: palabras y plumas el viento las lleva]. **malas palabras.** loc. Palabras obscenas.

palabrear. intr. Cambiar palabras con alguien.

palacio: hemos visto caer palacios, cuantimás este jacal, o **hemos visto caer palacios, cuantimás jacales viejos,** véase *iglesia*.

palanqueta. (Del náhuatl *palanca* 'podredumbre; revenimiento', de *palani* 'pudrir; revenir (ponerse blando y correoso)'.) f. Cierta golosina, especie de alfajor hecho con azúcar quemada (caramelo) y pepitas de calabaza o cacahuate o nueces.

palapa. (De *palapa*, cierta palmera *[Atalea cohune].)* f. Especie de cobertizo techado con hojas de palmera.

palencano, palencana. (De *Palenque*, municipio del estado de Chiapas, de *palenque* 'valla de madera, estacada' hecha para defender un prado, probablemente traducción de *Otulum*, nombre chol [lengua de la familia maya] de la población *[tulum* = 'cerca hecha de palos'].) 1. adj. Perteneciente o relativo a Palenque. ‖ 2. m. y f. Nativo o habitante de Palenque.

palero, palera. (De *pala;* véase *pala.)* m. y f. Ayudante, persona que ayuda a otra a hacer trampas.

paleta. (Del español *paleta* 'pala pequeña', diminutivo de *pala,* instrumento, del latín *pala* 'azada'.) f. Dulce o helado en forma de pala, que se chupa cogiéndolo por un palito que sirve de mango.

paletería. f. Tienda en que se venden paletas de helado.

paletero, paletera. m. y f. Persona que vende o fabrica paletas de dulce o de helado.

paliacatazo. m. Golpe dado con un paliacate enrollado.

paliacate. (De *pañuelo de Paliacate*, de *Paliacate, Palicat*, oficialmente *Pulicat*, ciudad de la India a unos 35 km al norte de Madrás [hoy Chennai]; ya en 1788 J. H. Bernardin de Saint-Pierre menciona los "mouchoirs de Paliacate" en *Paul et Virginie.)* m. Pañuelo grande de colores vivos y con dibujos, pañoleta [DRAE: pañuelo de hierbas].

palillo: hecho un palillo. loc. muy delgado. ‖ **parecer** alguien **un palillo,** o **ser** alguien **un palillo.** locs. Ser muy delgado.

palito: palito de queso. m. Pan en forma de vara, con queso. | **echarse un palito.** loc. Verificar el coito. Es locución malsonante.

palma: **palma de abanico.** f. Cada una de varias palmeras de hojas en forma de abanico. ‖ **palma de coco.** f. Cierta palmera *(Cocos nucifera)* de fruto grande comestible. ‖ **palma de coquito de aceite.** f. Cierta palmera tropical del género *Acrocomia* de cuyo fruto se saca aceite que se puede usar para cocinar y para fabricar jabón.

palo. m. Cópula sexual, coito. Es voz malsonante. ‖ **palo amarillo.** m. Nombre de cualquiera de varias plantas, entre otras diversas especies del moral. ‖ **palo de escoba.** m. Vara larga que sirve de mango en varios objetos. ‖ **palo de fierro,** véase **palo fierro.** ‖ **palo ensebado.** m. Palo o vara de unos 10 m, untado de jabón o de grasa, enterrado por la base en el suelo para diversión de muchachos que se esfuerzan por subir y ganar el premio que se encuentra en el extremo superior [DRAE: cucaña]. ‖ **palo fierro** o **palo de fierro.** m. Nombre de varios árboles de madera excepcionalmente dura. ‖ **palo dado, ni Dios lo quita.** ref. Los hechos consumados no se pueden anular. Compárese *golpe* **(golpe dado ni Dios lo quita).** | **echar un palo.** loc. Verificar el coito. Es locución malsonante. ‖ **al palo caído, hacerlo leña.** ref. irón. Se hostiliza a quien ha caído moralmente (o a quien ha tenido desgracias) en vez de prestarle apoyo [DRAE 1956: del árbol caído, todos hacen leña]. ‖ **a tu palo, gavilán, y a tu matorral, conejo.** ref. Cada uno debe estar en el lugar que le corresponde. Compárese *chango, perico.* ‖ **del palo** (o: **del árbol) caído, todos hacen leña.** ref. Se hostiliza a quien ha caído moralmente (o a quien ha tenido desgracias) en vez de prestarle apoyo para que se levante o se regenere. [DRAE 1956: del árbol caído, todos hacen leña]. ‖ **hasta los palos del monte nacen con separación: unos sirven para santos, otros para hacer carbón.** ref. Un ser humano es diferente de otro. ‖ **no estar el palo para cucharas.** loc. No es oportuno o conveniente, no podemos comportarnos en este momento en la forma acostumbrada. ‖ **no ser** alguien **de palo.** loc. Tener sensibilidad; estar expuesto a la tentación.

paloma de alas blancas. f. Especie de paloma *(Zenaida asiatica).*

palomilla[1] (Del español *paloma,* cierta ave, + *-illa* 'pequeña'.) o **paloma de San Juan** o **palomilla de San Juan** o **palomita de San Juan.** (Porque son más numerosas en junio y julio, y el 24 de junio es el día de San Juan.) f. Mariposa nocturna, polilla, comején, termes (orden: Isoptera).

palomilla[2]. f. Pandilla, grupo de personas (frecuentemente maleantes).

palomita: **palomitas.** f. pl. Rosetas de maíz tostado y reventado, granos de maíz que al tostarse se abren en forma de flor. | **de a palomita.** loc. adv. Como volando. ‖ **inocente palomita, que te dejaste engañar, sabiendo que en este día nada se debe prestar.** loc. que se dice a quien ha prestado algo en el día de los Inocentes (28 de diciembre). Se dice sólo **inocente palomita, que te dejaste engañar** después de haber contado en ese día una mentira, de broma, a alguien que se la ha creído.

palosanto o **guayacán.** (Del taíno *guayacán.*) m. Árbol de madera dura *(Guaiacum sanctum).*

paludo, paluda. (De *palo* 'madera'.) adj. (De plantas o frutos) fibroso.

pamba. (De *pambaceada.*) f. Tunda, paliza, golpes en la cabeza con la palma de la mano. ‖ **dar pamba.** loc. Propinar una pamba.

pambaceada. (De *pambacear.*) f. Tunda, paliza.

pambacear. (De *pambazo* 'golpe'.) tr. Dar una pamba.

pambacito compuesto. m. Pambazo (pan) relleno con longaniza, papa, cebolla, lechuga y salsa de chile.

pambazo. (De *pan bazo.*) m. 1. Cierto pan. ‖ 2. (Inspirado por la terminación *-azo* 'golpe', como en *porrazo.*) Golpe.

pambiza. f. Pamba.

pame. (Del pame *pam* 'no'.) com. 1. Miembro de un pueblo otomiano del estado de San Luis Potosí y otros estados cercanos. || 2. Lengua de la familia otopame.

pámpano. (De *pámpano* 'salpa (pez)', de *pámpano* 'sarmiento verde u hoja de la vid', del latín *pampinus* 'sarmiento de la vid'.) m. Cierto pez marino *(Trachinotus carolinus)* de la costa del Golfo de México.

pan: pan comido. loc. adj. y adv. Muy sencillo, fácil de realizar, que se da por hecho. || **pan de ajo.** m. Pan que se hace con ajo. || **pan de avena.** m. Pan que se hace con avena. || **pan de caja.** m. Pan que se vende en forma de barra, ya rebanado. || **pan de cazón.** m. Guiso de capas de tortilla y de cazón picado alternadas, con frijoles negros y salsa de jitomate. || **pan de dulce,** véase **pan dulce.** || **pan de leche.** m. Pan en forma de hogaza rectangular. || **pan de manteca.** m. Pan de maíz (molido) con mucha manteca. || **pan de muerto(s).** m. Pan de harina de trigo, con azúcar por encima, que muchos suelen comer por el día de la conmemoración de los difuntos (día de muertos, 2 de noviembre). Frecuentemente se representan huesos (fémures y tibias) en la superficie, hechos de masa. || **pan de plátano.** m. Pan de harina de trigo mezclada con plátano. || **pan de yuca.** m. Pan de harina de trigo mezclada con yuca. || **pan dulce** o **pan de dulce.** m. Pan de una de varias formas hecho con masa de harina de trigo al que se agrega, después de horneado, azúcar y, según el caso, crema pastelera o mermelada o coco rallado o nuez o cacahuate o chocolate. Se destina al desayuno o a la merienda. || **pan español.** m. Pan de masa de harina de trigo y agua, de diversas formas. || **pan francés.** m. Pan de masa de harina suave, esponjoso y sin grasa. || **pan negro.** m. Pan de color oscuro, hecho de centeno. | **al pan, pan y al vino, vino** [DRAE 1956: el (al) pan, pan y el (al) vino, vino]. ref. Ser franco y no andar con rodeos. || **¿a quién le dan pan que llore?** ref. Nadie rehúsa un beneficio. || **bueno como el pan.** loc. adj. Muy bueno. || **con su pan se lo**

coma. expr. de indiferencia o desprecio. || **el pan ajeno hace al hijo bueno.** ref. El criarse en casa ajena educa bien. || **llamar al pan pan, y al vino, vino.** loc. Ser franco y no andar con rodeos. || **no se puede comer pan y conservarlo.** ref. Si algo ya se consumió, de nada sirve llorar por él; no se pueden conseguir dos cosas incompatibles, comprar algo y todavía tener el dinero que costó. || **siempre es mejor medio pan que no tener nada.** ref. No hay que despreciar las cosas, por modestas que sean, cuando se necesitan. || **(venderse algo) como pan caliente.** loc. Con suma prontitud.

-pan. (Del náhuatl *-pan* 'sobre, en'.) suf. de nombre de lugar, como en *Tlalpan.* Variante: *-pan,* como en *Jalapa.*

panal. (De *panal* 'conjunto de celdillas que las abejas forman dentro de la colmena', de *pan* 'masa'.) m. Colmena artificial para que las abejas depositen en ella los panales (celdillas de cera) que fabrican.

pancita. (De *panza* 'primera cavidad del estómago de los rumiantes'.) f. Guiso de menudo (véase **menudo**), del tejido del estómago de borregos o cabras (o res o carnero) relleno de arroz, carne picada, ajo y cominos, cocido en un caldo de pollo especiado.

panda (Del francés *panda.)* u **oso panda,** o **panda gigante.** Mamífero grande *(Ailuropoda melanoleuca),* blanco y negro, de China. Técnicamente no es lo mismo panda *(Ailurus fulgens)* que panda gigante, pero popularmente los tres términos indicados son sinónimos.

pandantif. (Del francés *pendantif,* que se pronuncia /pandantif/, de *pendant* 'pendiente, colgante'.) m. Prendedor o broche de adorno colgado de un collar [DRAE: pinjante].

pandeada. f. Acción o resultado de pandearse.

panel. (Del inglés *panel* que se pronuncia /pánel/.) m. Grupo de personas que discuten un asunto en público.

pánel. (Del inglés *panel [truck].)* f. Camión pequeño con carrocería completa.

panela[1]. (De *pan* 'masa en figura de pan

(porción de masa cocida en un horno)'.) f. Azúcar de caña en bruto sin purificar, en forma de conos truncados.

panela². (De *pan* 'masa en figura de pan (porción de masa cocida en un horno)'.) f. Cierto queso prensado pero aún fresco (no es de maduración).

panelista. com. Miembro de un panel (grupo).

panga. f. Lanchón que se usa para transportar pasajeros, carga o vehículos de una orilla a otra de un río o de una laguna.

panismo. (De PAN 'Partido de Acción Nacional' + -*ismo* 'doctrina, teoría, sistema político'.) m. Doctrina de los panistas (conservadores).

panista. (De PAN 'Partido de Acción Nacional' + -*ista* 'partidario'.) com. Miembro del Partido de Acción Nacional, o persona que está a favor de este partido.

panocha¹. (De *pan* 'masa en figura de pan (porción de masa cocida en un horno)'.) f. Panela¹, pero en forma de segmentos de esfera.

panocha². f. Golosina hecha de piloncillo con nuez o con cacahuate.

panocha de maíz. f. Torta circular de harina de maíz, manteca y agua.

panochera. f. Trasto en que se hace la panocha de maíz.

panochero, panochera. adj. Perteneciente o relativo a la panocha¹.

panqué o **panqueque.** (Del inglés *pan cake* 'pastel muy plano', literalmente = 'pastel de olla', de *pan* 'olla' + *cake* 'pastel'.) m. Bizcocho de harina, manteca, huevo y azúcar.

pantaleta(s). (De *pantalón.*) f., y f. pl. Calzón (prenda interior femenina) que cubre la parte inferior del tronco [DRAE: bragas].

pantalón: pantalón de brincacharcos. m. Pantalón demasiado corto. | **fajarse** (o **amarrarse**) alguien **los pantalones.** loc. Disponerse a proceder con energía, a actuar con valor y decisión.

pantalonera(s). f., y f. pl. Pantalón con botonadura corrida a los lados de las piernas (prenda del traje de charro).

panteón. (Del español *panteón* 'monumento funerario', del latín *Pantheon*, templo de la Roma antigua, del griego *Pántheion* 'templo dedicado a todos los dioses', de *pan-* 'todo' + *theíon*, neutro de *theíos* 'de los dioses', de *theós* 'dios'.) m. Cementerio.

panteonero, panteonera. (De *panteón.*) m. y f. Sepulturero.

pantepecano, pantepecana. (De *Pantepec*, nombre de municipios en los estados de Chiapas y de Puebla, del náhuatl *Pantepec*, literalmente = 'en el cerro de las banderas', de *pantli* 'pendón, bandera' + *tepetl* 'cerro' + -*c* 'en'.) 1. adj. Perteneciente o relativo a Pantepec. || 2. m. y f. Nativo o habitante de Pantepec.

pantomimero, pantomimera. (De *pantomima* 'representación sin palabras', de *pantomimo* 'actor que imita diversas figuras', del latín *pantomimus*, del griego *pantómimos*, literalmente = 'que lo imita todo', de *panto-* 'todo' [de *pant-*, tema de *pas* 'todo'] + *mímos* 'actor, actor cómico'.) m. y f. Actor o bailarín en pantomimas.

panuchero, panuchera. m. y f. Vendedor o confeccionador de panuchos.

panucho. m. Dos tortillas de maíz unidas por los bordes y rellenas de frijoles, cebolla encurtida y picadillo de cazón o cochinita pibil.

panuqueño, panuqueña. (De *Pánuco*, nombre de municipios de los estados de Veracruz y Zacatecas, y de *Pánuco [de Coronado]*, municipio del estado de Durango, probablemente del náhuatl *Panco*, literalmente = 'lugar de banderas', de *pantli* 'bandera, pendón' + -*co* 'lugar; en'.) 1. adj. Perteneciente o relativo a Pánuco. || 2. m. y f. Nativo o habitante de Pánuco.

panza: a panza llena, corazón contento, véase **barriga.** || **tener panza de músico.** loc. Devorar alimentos, ser comilón. || **tener panza de pulquero.** loc. Ser barrigudo, de abdomen voluminoso.

panzazo. m. 1. Golpe que se da con la panza [DRAE: panzada]. || 2. Chiripa, casualidad favorable, éxito debido más al azar que a habilidad. || **de pan-**

zazo. loc. (Aprobado en la escuela) con sólo el mínimo de puntos requerido.

panzón: al que es panzón, aunque lo fajen. loc. que se refiere a los barrigudos.

panzona: estar panzona. loc. coloq. Estar embarazada, preñada.

pañalera. f. Bolsa destinada a llevar los pañales de un bebé.

pañoso, pañosa. adj. Que tiene paños (manchas oscuras, cloasma) en la piel del rostro.

papa[1]. ´(Del quechua *papa.*) f. Planta *(Solanum tuberosum)* y su tubérculo comestible [DRAE: patata]. | **ser** alguien **una papa.** loc. Ser tonto, inepto, torpe.

papa[2]. f. Mentira, embuste. | **echar** (o: **contar**) **papas.** loc. Decir mentiras. || **puras papas.** loc. Mentiras.

papachar (De *papacho.*), véase **apapachar.**

papacho, véase **apapacho.** || **hacer papachos.** loc. Hacer mimos, caricias.

papadzul. m. Tortilla de maíz enrollada cubierta con una salsa de color verde pálido, de semillas de calabaza tostadas y de caldo de epazote. Compárese **tzul.**

papagayo. m. Persona que habla mucho.

pápago, pápaga. 1. adj., y m. y f. De un pueblo pimano del estado de Sonora y, en Estados Unidos, del estado de Arizona. || 2. m. Idioma de los pápagos (del grupo pimano de la familia yutoazteca).

papal. m. Terreno sembrado de papas.

papaloquelite, o **pápalo quelite.** (Del náhuatl *papaloquilitl,* literalmente = 'hierba de la mariposa', de *papalotl* 'mariposa' [véase **papalote**], por parecido de forma, + *quilitl* 'verdura'.) m. Cierta planta aromática comestible *(Porophyllum coloratum),* verdolaga, con hojas de figura de mariposa.

papalote[1]. (Del náhuatl *papalotl* 'mariposa', literalmente = 'cosa de hojas', de *papalli* 'hoja' + *-otl* 'cosa'.) m. Cometa para jugar, armazón ligera cubierta de papel o tela que se hace volar en el aire.

papalote[2], **papalota.** 1. adj., y m. y f.

Pápago. || 2. m. Idioma de los pápagos.

papantleco, papantleca, o **papanteco, papanteca.** (De *Papantla,* municipio del estado de Veracruz, del náhuatl *Papantla,* literalmente = 'lugar de cuervos' [de *papan,* especie de cuervo *(Phylorhymus mexicanus)],* + *-tecatl* 'gente de'.) 1. adj. Perteneciente o relativo a Papantla. || 2. m. y f. Nativo o habitante de Papantla.

papaya. (De origen indígena americano, probablemente arahuaco.) f. Fruto, grande y amarillento, del papayo.

papayal. m. Sitio plantado de papayos.

papayo o **papayero.** m. Cierto árbol *(Carica papaya)* tropical mexicano.

papel: papel de Bristol. m. Papel fuerte o cartón delgado, de superficie lisa, propio para escribir, dibujar a pluma o imprimir en él. || **papel de carta.** m. Papel de tamaño adecuado para escribir cartas. || **papel de oficio.** m. Papel de tamaño comúnmente utilizado para escribir oficios, documentos jurídicos. Es más largo que el papel de carta. || **papel de seguridad.** m. Fianza, lasto, carta de garantía. || **papel manila.** Papel amarillento y grueso para dibujar en él con lápiz. || **papel picado.** m. Papel muy delgado en que se recortan con cincel motivos relativos a ciertas fiestas.

papelerío. m. Conjunto de papeles revueltos.

papelero, papelera. m. y f. Vendedor callejero de periódicos. Compárese **voceador.**

papelillo. m. Árbol que produce el copal (resina aromática).

papelito. m. Actuación deslucida o ridícula [DRAE: papelón].

papi. (De *papá.*) m. Papá (en lenguaje infantil).

papín. m. Jericalla.

¿paqué? Para qué.

paquete: darse alguien **paquete.** loc. Darse importancia, presumir.

paquetería. f. Departamento que se encarga de paquetes en una empresa que se dedica a transportarlos.

paquetudo, paquetuda. adj. Que se da paquete, que presume.

paracaidista. (De *paracaidista* 'persona que desciende con paracaídas'.) com. Quien invade ilegalmente terrenos o edificios.

parachense. (De *Paracho*, municipio del estado de Michoacán.) 1. adj. Perteneciente o relativo a Paracho. ‖ 2. m. y f. Nativo o habitante de Paracho.

paracuarense, com., o **paracuareño, paracuareña,** m. y f. (De *Parácuaro*, municipio del estado de Michoacán, del tarasco *parákua*, cierta planta *[Montana grandiflora].*) 1. adj. Perteneciente o relativo a Parácuaro. ‖ 2. com., y m. y f. Nativo o habitante de Parácuaro.

parada: hacer a alguien **la parada.** loc. Hacer una seña para que se detenga. ‖ **hacer** alguien **la parada.** loc. Hacer una seña para que se detenga un vehículo y se pueda abordar.

paradero. m. Parada de taxis o de autobuses.

parado, parada. (De *parar, pararse* 'estar o ponerse de pie', por último del latín *parare* 'preparar'.) adj. Derecho o de pie.

paraguas: quien compra paraguas cuando llueve, en vez de seis paga nueve. ref. de sentido claro (la ley de la oferta y la demanda).

parar: ¡párale! o **¡ya párale!** loc. Deja de molestar.

pararse. (Por último del latín *parare* 'preparar'.) Ponerse de pie, levantarse.

pardear (De *pardear* 'ir tomando color pardo'.): **al pardear.** loc. Al atardecer, al anochecer, al oscurecer.

paremiario. (Del griego *paroimía* 'proverbio; observación incidental', de *pará* 'al lado' + *oímos* 'camino, sendero'.) m. Libro de refranes o proverbios (paremias).

parentesco político. m. Parentesco por matrimonio [DRAE: por afinidad].

parián. (De *El Parián*, mercado construido en 1696 en la Plaza de Armas [hoy Plaza de la Constitución (en honor de la que dieron las Cortes de Cádiz, España, en 1812)] de la ciudad de México [fue destruido durante el motín de 1829], del tagalo *parian* 'mercado chino'.) m. Mercado.

pariente: de los parientes y el sol, mientras más lejos, mejor. ref. Hay que distanciarse de éstos, pues muchos parientes se creen con derecho a pedir y aun exigir que uno les resuelva todos los problemas, y el sol quema y causa queratosis actínica.

parque. (De *parque* 'sitio donde se colocan las municiones de guerra', de *parque* 'terreno cercado y con plantas', del francés *parc.*) m. Municiones de guerra.

parraleño, parraleña. (De *[El] Parral*, nombre de varias poblaciones de la República Mexicana.) 1. adj. Perteneciente o relativo a El Parral. ‖ 2. m. y f. Nativo o habitante de El Parral.

parrense, o **parreño, parreña.** (De *Parras*, municipio del estado de Coahuila en que hay industria vitivinícola [se produce uva y vino].) 1. adj. Perteneciente o relativo a Parras. ‖ 2. com., y m. y f. Nativo o habitante de Parras.

parte: el que parte y comparte, se lleva la mayor parte. ref. Para que haya justicia en un reparto entre dos, uno debe dividir y el otro escoger. ‖ **nunca segundas partes fueron buenas.** ref. Cuando un libro o una composición musical (o una película) tuvieron éxito, si el autor escribe una especie de segunda parte, es difícil que sea tan buena como la primera.

partera: cuando la partera es mala, le echa la culpa a la luna tierna (o: **al chamaco**). ("Luna tierna" es antes del plenilunio. La leyenda dice que en ese tiempo los partos ofrecen grandes dificultades.) ref. La gente busca pretextos (mala calidad del instrumento, del material) para explicar un error o su ignorancia, para salvarse del ridículo o de una responsabilidad. Compárese *cocinera, culpa, pretexto.*

partida. (De *partida* 'grupo, conjunto', de *partir* 'dividir', del latín *partire*, de *part-*, tema de *pars* 'parte, porción, fracción'.) f. Hato de ganado. ‖ **por partida doble.** (Por el sistema de contabilidad así llamado.) loc. Dos veces, en relación con dos personas o con dos acciones.

partideño, partideña. m. y f. Vaquero,

conductor de partidas (hatos) de ganado.

partir: a partir un piñón. loc. adv. Con amistad íntima. ‖ **partir** a alguien **por el eje.** loc. Arruinarlo, ocasionarle un gran daño.

parto: parto húmedo. m. Parto normal, en que por las contracciones se rompen las membranas amnióticas, derramándose el líquido. ‖ **parto seco.** m. Parto en que el rompimiento de las membranas amnióticas se produce antes de iniciarse las contracciones.

parvada. (Del español *parvada* 'conjunto de pollos'.) f. Bandada de aves (que vuelan juntas).

parvifundio. (Del latín *parvi-* [de *parvus* 'escaso, corto'] + *-fundium* [de *fundus* 'propiedad rústica'], como en *latifundio* 'finca rústica de gran extensión' [del latín *lati-*, de *latus* 'ancho'].) m. Propiedad rústica de pequeña extensión.

pasada: hacer una mala pasada. loc. Abusar (de alguien).

pasado, pasada. adj. (De fruta) que empieza a pudrirse.

pasante. com. Estudiante universitario que ha terminado los estudios y está escribiendo la tesis.

pasar: pasarla. loc. Llevar vida monótona. ‖ **pasarla bien** o **mal.** (Hablando de la vida.) loc. Estar bien o mal de salud o de fortuna [DRAE: pasarlo]. **pasar a lo barrido: pasa** (o **pase**, o **pasen**) **a lo barrido,** o **pásale** (o **pásele,** o **pásenle**) **a lo barrido, aunque regado no esté.** loc. Se usa para invitar a entrar en la casa. Compárese *atole, pasa...* ‖ **pasar por.** loc. Ir a buscar, llegar por. ‖ **pasársele** a alguien **la mano,** véase *mano.* ‖ **pasársele** a alguien **las cucharadas,** véase *cucharada.* **| paso,** o **yo paso.** (De *paso,* en algunos juegos de naipes, 'no entro'; en el dominó, 'no pongo ficha, por no tener ninguna adecuada'.) loc. Prefiero no aceptar la oferta, o: prefiero no seguir en esto a los demás. ‖ **¿qué pasotes?,** véase **epazote** (¿qué epazotes?).

pascal. (Del náhuatl *patzoa* 'apretar, exprimir, aplastar'.) m. Guiso de pepita de calabaza, semejante al mole poblano.

pascua. f. Cierta planta llamada más comúnmente *nochebuena,* véase **nochebuena** (planta y flor).

pasero. (De *pasa* 'uva pasa', del latín *passa* 'tendida; secada al sol', participio pasivo femenino de *pandere* 'tender'.) m. Lugar destinado a tender al sol el chile para secarlo.

pasilla. m. Clase de chile, véase **chile pasilla.**

pasillo. m. Estera larga y angosta para pasillos (corredores).

pasión: ¿qué pasión? loc. fest. ¿Qué pasó?

pasó: ¿qué pasotes?, véase **epazote** (¿qué epazotes?).

paso: paso de la muerte. m. Suerte charra en que un jinete pasa de un caballo al galope a otro. **| al mal paso, darle prisa.** ref. Hay que despachar pronto los asuntos enojosos [DRAE 1956: al mal camino, darle priesa]. ‖ **más vale paso que dure, y no trote que canse.** ref. Hay que proceder despacio, sin precipitación.

paspartú. (Del francés *passe-partout,* que se pronuncia /paspartú/, de *passe partout,* literalmente = 'pasa en todas partes'.) m. Marco de papel que se coloca sobre un grabado antes de poner el marco de madera.

pasta de chocolate. f. Masa de cacao molido mezclada con azúcar.

pastel: nel pastel. loc. fest. No.

pastle (Del náhuatl *pachtli* 'heno (planta epífita que cuelga de los árboles)'.), véase **heno.**

pasto. (De *pasto* 'hierba que el ganado pace', de *pasto* 'acción de pastar, de pacer', del latín *pastus* 'alimento para el ganado', de *pastus* 'alimentado', participio pasado de *pacere* 'hacer pacer; pacer'.) m. Césped, hierba.

pastor: taco al pastor. m. Taco (de tortilla de maíz) con carne ya cortada y aderezada asada en una varilla puntiaguda vertical en lo alto de la cual se colocó una rebanada gruesa de piña y media cebolla.

pastorela. (Del español *pastorela* 'composición poética que relata un diálogo entre un caballero y una pastora', del francés antiguo *pastourelle,* del provenzal antiguo *pastorela.*) f. Obra teatral de la época navideña, cuyo tema principal es el anuncio (a unos pastores) del nacimiento de Jesús.

pata: **pata de cabra.** f. 1. Cierto arbusto. || 2. o **Patas de Cabra.** El diablo. || **pata de perro.** com. Persona callejera, andariega. || **pata de vaca.** m. Cierto árbol *(Cercis canadensis).* | **a pata.** loc. A pie. || **estirar la pata.** loc. Morir. || **írsele** a alguien **las patas.** loc. Equivocarse, cometer un error. || **llevárselo** a alguien **Patas de Cabra** (De *Patas de Cabra* 'el diablo'.) loc. 1. Morirse. || 2. Tener problemas graves.

patada: **caerle** a alguien algo **como patada de burro.** loc. Caer mal, causar desagrado o disgusto. || **dar** alguien **patadas de ahogado.** loc. Hacer un esfuerzo inútil. || **de la patada.** loc. adj. y adv. Pésimo. Compárese *pedrada.* || **en dos patadas.** loc. Brevemente, en un instante, en un 2 por 3, en un abrir y cerrar de ojos, en menos que canta un gallo [DRAE: en dos paletadas, en dos paletas]. || **estar** algo **de la patada.** loc. Estar pésimo. || **patadas de ahogado.** loc. Esfuerzo inútil, inadecuado.

patagrás. (Del francés *pâte grasse,* literalmente = 'pasta grasa'.) m. Cierto queso blando.

pateada. f. Tunda de patadas. Compárese **patiza.**

patetas. m. sing. El diablo [DRAE: pateta, patillas].

patí. m. (En Yucatán) manta de algodón tejida a mano.

patín: **a patín.** (De *pata.)* loc. fest. A pie, caminando. Compárese *pedal.*

patín del diablo. m. Tabla corta montada en ruedas pequeñas provista de un manillar [DRAE: patinete].

patinada. f. Acción o resultado de patinarse las ruedas (de un vehículo).

patinar: **patinarle** (o: **patinarle el coco**) a alguien. loc. Estar algo loco. Compárese **coco.**

patiño. m. Ayudante de payaso.

patio. (De *patio* 'espacio descubierto cerrado con paredes'.) m. Espacio descubierto cerca de las estaciones de ferrocarril, en que maniobran las locomotoras.

patío. m. 1. Taparrabo que se amarra a la cintura. || 2. Bolsa en que los mineros cargan sus útiles.

patito: **hacer patitos.** loc. Lanzar piedras a un estanque o a un río, de forma que reboten varias veces en la superficie. || **marca patito,** véase *marca.*

patiza. m. Tunda de patadas. Compárese **pateada.**

pato. m. Recipiente de cuello largo que se usa para recoger la orina del varón encamado. || **hacerse pato.** loc. 1. Hacerse el tonto. || 2. Hacerse el distraído. || 3. Disimular, fingir.

patrón. m. Tratamiento popular de respeto. Compárese **jefe.**

patrulla. (De *patrulla* 'grupo de buques o aviones que vigilan', de *patrull* 'grupo de soldados que ronda para mantener el orden', del francés *patrouille,* de *patrouiller* 'vigilar', del francés antiguo *patouiller* 'vigilar caminando en lodazales; pisar con fuerza', de *patte* 'pata, pie'.) f. Vehículo automóvil que usa la policía para la vigilancia pública.

patrullero, patrullera. m. y f. Agente de policía que recorre en automóvil una zona de una ciudad para la vigilancia pública.

patuleco, patuleca. (De *pata.)* adj. Persona que tiene un defecto físico en los pies o en las piernas (los tiene torcidos) [DRAE: pateta, patojo].

patzcuarense, o **patzcuareño, patzcuareña.** (De *Pátzcuaro,* municipio del estado de Michoacán, de origen muy discutido; lo único seguro es que *-ro* significa 'lugar' en tarasco [como en Acámbaro, Querétaro, Zitácuaro, etc.].) 1. adj. Perteneciente o relativo a Pátzcuaro. || 2. com., y m. y f. Nativo o habitante de Pátzcuaro.

pava de monte. f. Chachalaca.

pavera. f. Olla destinada a asar pavos en ella.

pavo: **pavo de monte.** m. Guajolote cimarrón. || **pavo en escabeche.** m. Pavo con cebolla morada, chile, ajo, vinagre, comino y orégano.

pavón. (De *pavo.)* m. Cierta ave tropical grande (familia: Cracidae) de bosques densos bajos. Sinónimo: guan cornudo.

pay o **pie** (que se pronuncia /pay/) o **pai.**

(Del inglés *pie*, que se pronuncia /pay/.) m. Postre hecho de masa dulce con mermelada de fruta. ‖ **pay de molde.** m. pan dulce redondo relleno de manzana, con enrejado de la misma masa en la superficie. ‖ **pay de piña.** m. Pan dulce redondo con una rebanada de piña en una cavidad central.

payasear. intr. Hacer o decir payasadas.

peal. (Por último del latín *pedalis* 'del pie', de *ped-*, tema de *pes* 'pie'.) m. 1. Soga con que se amarran las patas de un animal. ‖ 2. Lazo que se arroja a las patas de un animal para derribarlo. Compárese **pial.**

pealada. f. Acción o resultado de echar el peal (lazo) a la res.

pealar. tr. Echar el peal (lazo) a la res.

pecado: **se dice el pecado, pero no el pecador.** loc. No revelo ni quién me lo ha contado ni de quién fueron las acciones que he relatado [DRAE 1956: dícese el milagro pero no el santo].

pecán. (De origen algonquino.) m. Cierto nogal *(Carya illinoensis)*, y su nuez comestible de cáscara muy delgada [DRAE: pacana].

pecarí. (De origen caribe.) m. Cierto puerco silvestre del género *Tayassu*. ‖ **pecarí de collar.** m. Un pecarí *(Tayassu angulatus)* que tiene como un collar de pelo blanco.

pechal. m. Petral o correa que se echa al toro para montarlo.

pecho amarillo. m. Nombre de varios pájaros (géneros *Tyrannus* y *Myodynastes*) de color gris amarillento con el vientre y el pecho amarillos.

pechuga: **pechuga de ajonjolí.** f. pan redondo con ajonjolí en la superficie, excepto en un caminito central que recuerda la marca central de la pechuga de pollo. ‖ **pechugas en nogada.** f. pl. Pechugas de pollo en salsa de nuez de Castilla, pimiento, crema y queso.

pectoral. (De *pectoral* 'relativo al pecho', del latín *pectoralis*, de *pector-*, tema de *pectus* 'pecho'.) m. Adorno que se ponían sobre el pecho ciertos personajes del México prehispánico.

pedacear. tr. Hacer pedazos, despedazar.

pedacería. f. Conjunto de pedazos.

pedal: **a pedal.** loc. fest. A pie, caminando. Compárese *patín*.

pedaleada. f. Acción o resultado de pedalear.

pedazo: **hecho pedazos.** loc. Muy afligido, deshecho.

pedicurista. (Del francés *pédicure*, de *pedi-* 'pie' [del latín *pedis*, genitivo de *pes* 'pie'] + el latín *curare* 'curar'. Compárese **manicurista**.) com. Persona que tiene por oficio cuidar los pies y las uñas de los pies [DRAE: pedicuro].

pedidera. f. Acción de pedir reiteradamente.

pedido: **sobre pedido.** loc. Por encargo (al fabricante o al vendedor).

pedinche. adj., y m. y f. Pedigüeño, persona que pide mucho y, si se trata de objetos, que se los regalen [DRAE: pidón].

pedir: **pedir prestado.** loc. Suplicar alguien que se le preste algo determinado. | **no pido que me den, sino que me pongan donde hay.** loc. No quiero limosna: si hay oportunidad conseguiré lo que deseo.

pedo (Quizá del español antiguo *bebdo*, *bébedo* 'bebido, casi embriagado', participio pasivo de *beber*, o del español *pedo* 'gas intestinal que se expele por el ano', posiblemente por alusión al mal olor del ebrio.), **peda.** adj. Borracho. ‖ **pedo.** m. Borrachera. ‖ **pedo de monja.** (Traducción del francés *pet-de-nonne*.) m. Golosina esponjosa hecha de masa de harina de trigo. | **bien pedo.** loc. Muy borracho. ‖ **echar de pedos.** loc. Regañar, reconvenir. ‖ **ponerse** alguien **pedo**, o **ponerse** alguien **un pedo.** locs. Emborracharse. ‖ **sólo pedo o dormido no se siente lo jodido.** ref. Uno sufre siempre de lo que lo atormenta, excepto cuando está borracho o cuando duerme. Estas voces son malsonantes.

pedorriento, pedorrienta. adj. Que expele frecuentemente las ventosidades del vientre [DRAE: pedorrero, pedorro]. Es voz malsonante.

pedrada: **de la pedrada.** loc. adv. Mal, pésimamente. Compárese *patada*.

pedrerío. m. Conjunto de piedras sueltas.

pega. (Del español *pega* 'acción de pegar', de *pegar* 'adherir', del latín *picare* 'embadurnar con (la) pez', de *pic-*, tema de *pix* '(la) pez'.) f. Rémora (pez que tiene un disco ovalado en la cabeza con el que se adhiere a peces grandes y a barcos; género *Echeneis).*

pegalón, pegalona. adj., y m. y f. Que pega o golpea mucho a los demás.

pegapega, amb., o **pegarropa,** m. Planta que se adhiere a las ropas.

pegoste. m. 1. Parche. ǁ 2. Persona que no se aparta de otra [DRAE: pegote].

pegostear. tr. Embarrar con una sustancia pegajosa.

pegosteoso, pegosteosa. adj. 1. Pegajoso, embarrado con una sustancia pegajosa. ǁ 2. Que anda pegado a otra persona, que no se aparta de ella.

pegostería. f. Costumbre de andar pegado a otro.

pegue. (De *pegar* 'prender, adherir, armonizar'.) m. Atractivo sexual, buena suerte en amores.

peinar: nomás se peinó y se vino. loc. irón. que se aplica a quien tiene el cabello desordenado.

pejelagarto. (Del español *peje* 'pez (animal acuático)' + *lagarto* 'cierto reptil terrestre'.) m. Cierto pez *(Lepidoseus viridis)* comestible de hocico alargado.

pelada. f. Acción o resultado de cortarse el pelo.

peladaje. m. Los pelados, las personas groseras.

peladez. f. Dicho o hecho propio de un pelado, de una persona grosera.

pelado, pelada. (Del español *pelado* 'pobre, desprovisto', de *pelar* 'dejar sin dinero', de *pelar* 'dejar sin pelo'.) adj., y m. y f. Mal educado, grosero, vulgar, persona de las capas sociales inferiores. ǁ **pelado que se ha encumbrado, no deja de ser pelado.** ref. Una persona vulgar, carente de educación, que mejora su posición social o ha logrado un puesto alto revela su origen por su falta de modales y de conocimientos.

pelangoche, pelangocha. m. y f. Pelanas, persona inútil y despreciable.

pelar: lo que se ha de pelar, que se vaya remojando. (Porque se remoja el chile antes de quitar el hollejo.) ref. Hay que estar preparado para lo inevitable, para lo que ha de llegar fatalmente.

pelarse. Irse, escapar, huir precipitadamente.

peleada. f. Pleito, acción o resultado de pelearse.

peleadera. f. Acción reiterada de pelear.

peleado, peleada. adj. Que se enemistó, tuvo desavenencia, se separó en discordia.

peleonero, peleonera. adj., y m. y f. Pendenciero, camorrista, propenso a riñas, que fácilmente arma pendencias.

pelerina. (Del francés *pèlerine*, literalmente = 'peregrina', femenino de *pèlerin.)* f. Capa impermeable.

pelícano: pelícano blanco. m. Ave grande y blanca (aunque con plumas negras en las alas), *Pelecanus erythrorhynchos.* ǁ **pelícano café,** o **pelícano pardo.** m. Cierta ave *(Pelicanus occidentalis).*

pelillo. m. Cierta hierba del género *Cyperus.*

pelito: fallar por un pelito. loc. Fallar por muy poco. Compárese *pelo.*

pellejo: jugarse el pellejo, es de pendejo. ref. Arriesgar la vida es de tonto.

pellejudo, pellejuda. adj., y m. y f. Perezoso.

pellizcada, o **tortilla pellizcada.** f. Tortilla gruesa de maíz que se pellizca para que se le formen oquedades con el fin de que retenga mejor la manteca y el chile con que se adereza.

pelo: pelo chino. m. Cabello rizado. Compárese *chino.* ǁ **pelo parado.** m. Pelo tieso. | **de pelos,** o **de peluche.** loc. Bueno; bonito. ǁ **jala más un pelo de mujer que una yunta de bueyes.** ref. Los hombres se ven muy atraídos por las mujeres. Compárese **rebozo.** ǁ **no me quieras tomar el pelo, sabiendo que soy calvo.** loc. No me trates de engañar: soy listo, más avispado que tú. ǁ **nunca falta un pelo en la sopa.** ref. En cada cosa hay algún defecto. ǁ **por un pelo.** loc. adv. Por muy poco. Compárese *pelito.*

pelón: comer como pelón de hospicio. *(Pelón* porque en muchos asilos los tienen con el pelo muy corto.) loc. Comer con voracidad.

pelona (De *pelona* 'que tiene muy poco pelo'.): **la pelona.** f. La muerte.

pelotas. f. pl. Testículos. ‖ **en pelotas.** loc. adj. Desnudo.

peluche: **de peluche.** loc. Bueno; bonito.

peluqueada. f. Acción o resultado de peluquear, de cortar el pelo.

peluquear. tr. Cortar el pelo. ‖ **peluquearse.** Cortarse el pelo.

peluquería de paisaje. f. Peluquería establecida al aire libre.

peluquero: **ya lo lazan los peluqueros.** loc. Tiene el cabello demasiado largo.

pena. (De *pena* 'aflicción, dolor'.) f. Encogimiento o cortedad para ejecutar algo, vergüenza, timidez. **| dar** a alguien **pena.** loc. Dar vergüenza. ‖ **quitado de la pena.** loc. Despreocupado, tranquilo.

pénalti. (Del inglés *penalty*, que se pronuncia /pénalti/, literalmente = 'castigo'.) m. Castigo a quien viola una regla en ciertos juegos.

penca del maguey. f. Hoja del maguey.

pendejada. (De *pendejo* 'tonto'.) f. Dicho o acción propios de un pendejo (= tonto), tontería.

pendejamente. adv. Tontamente.

pendejear. intr.. Proceder como un tonto.

pendejez. f. 1. Condición de tonto. ‖ 2. Tontería.

pendejismo. m. Condición propia del pendejo.

pendejo, pendeja. (De *pendejo* 'pelo del pubis', del latín *pectiniculus*, diminutivo de *pecten, pectinis* 'peine'.) adj., y m. y f. Tonto, bobo, inepto. Es voz malsonante [DRAE: mentecato]. **| con pendejos, ni a bañarse, porque hasta el jabón se pierde** (o: **porque pierden el jabón**). ref. La torpeza de los tontos atrae accidentes. ‖ **hacerse** alguien **pendejo solo.** loc. Engañarse. ‖ **hecho un pendejo.** loc. adj. Torpe. ‖ **para** (o: **pa'**) **pendejo no se estudia.** loc. que alguien usa cuando ve (o sabe de) tonterías cometidas por algunos de los que lo rodean.

pendiente. m. Preocupación.

peneque. m. Empanada frita de queso, envuelta en huevo y harina.

peni. (De *penitenciaría.*) f. Penitenciaría.

penitente, penitenta. (De *pendejo* 'tonto', por eufemismo.) adj., y m. y f. Tonto.

penjamense. (De *Pénjamo*, nombre de varias poblaciones de la República Mexicana, del tarasco *epénjimo* 'ahuehuete, sabino'.) 1. adj. Perteneciente o relativo a Pénjamo. ‖ 2. m. y f. Nativo o habitante de Pénjamo.

penoso, penosa. (De *pena* 'vergüenza, timidez'.) adj., y m. y f. Tímido, a quien le da vergüenza.

penquear. tr. Cortar las pencas del maguey.

pensar: **es necesario pensar para hablar, y no hablar para pensar.** ref. Hay que reflexionar antes de hablar. ‖ **pensar en la inmortalidad del cangrejo,** véase **inmortalidad.**

pensión. (De *pensión* 'casa donde se reciben huéspedes', de *pensión* 'lo que se paga por tener habitación y comida', del latín *pension-*, tema de *pensio* 'pago; pesada que se da a alguien', de *pensus*, participio pasivo de *pendere* 'pesar, estimar, pagar'.) f. Establecimiento en que se pueden estacionar automóviles mediante un pago mensual.

peña. (Del español *peña* 'círculo de recreo; corro de amigos', de *peña* 'roca; cerro', del latín *pinna* 'almena de fortaleza; pluma de ave; ala', de *penna* 'pluma; ala'.) f. Establecimiento donde se sirven bebidas alcohólicas y algunos alimentos, y donde tocan música latinoamericana.

peón de albañil. m. Ayudante del maestro albañil.

peonía. (De *peonía*, otra planta, del latín *paeonia*, del griego *paiōnía*, de *Paión*, médico de los dioses, del cual se decía que la había descubierto.) f. Cierto bejuco (*Abrus precatorius*).

peoresnada. (De *peor es nada.*) amb. Persona (sobre todo mujer) a quien se enamora sin intención de casarse.

pepena. (Del náhuatl *pepena* 'escoger; recoger', de *-pena.*) f. Acción o resultado de pepenar.

pepenable. adj. Que se puede pepenar.

pepenador, pepenadora. (De *pepenar.*) m. y f. Persona que pepena.

pepenar. (Del náhuatl *pepena* 'escoger,

recoger', de -*pena.*) tr. Recoger del suelo. || **pepenarse.** Robar algo.

pepián, véase **pipián.**

pepita. (Por antonomasia.) f. Pepita de calabaza. || **pepita de calabaza.** f. Semilla comestible de la calabaza, que se emplea en muchos guisos.

pepitoria. (De *pepita.*) f. Dulce de pepita de calabaza con piloncillo. || **pepitoria de cacahuate.** f. Dulce de cacahuate con piloncillo.

pera: quien habla de peras, comer quiere de ellas. ref. Quien menciona algo, tiene ganas de eso.

perdedera. Acción reiterada de perder.

perdedizo, perdediza. (De *perder.*) adj. Que se finge que se pierde [DRAE: perdidizo].

perdida: de perdida. loc. adv. Por lo menos. Compárese *perdis.*

perdido: de lo perdido, lo que aparezca. ref. Hay que conformarse con lo que se consigue aunque sea poco.

perdis: de perdis. (De *de perdida.*) loc. adv. Por lo menos. Compárese *perdida.*

pereza: anda tan despacio la pereza, que siempre la alcanza la pobreza. ref. El perezoso se queda (o: acaba) pobre.

perezoso: el perezoso es hermano del que despilfarra. ref. El perezoso despilfarra tiempo y el tiempo es valioso.

perico: cada perico a su estaca, y cada chango a su mecate. ref. Cada persona o cosa debe estar en el lugar que le corresponde. Compárese **chango** [DRAE: cada mochuelo a su olivo]. || **como el perico, que dice lo que sabe, pero no sabe lo que dice.** loc. que alude a alguien que habla de lo que no sabe o no entiende. || **echar** uno **perico.** loc. Hablar mucho. || **el que es perico, dondequiera es verde** (a veces se agrega "y el que es pendejo [o: cobarde] dondequiera pierde".) ref. Quien tiene valor o competencia o talento los posee en todas partes y quien es tonto denota lo que es. || **no pasar** (o **salir**) alguien (**nunca**) **de perico perro.** (Por la idea de que los pericos torpes sólo aprenden estas dos palabras.) loc. No progresar en el estudio, en su trabajo o en posi-

ción económica, no salir de estado miserable.

perilla. (De *perilla* 'adorno en figura de pera', de *pera.*) f. Picaporte.

periodiquero, periodiquera. m. y f. Vendedor callejero de periódicos. Compárese **voceador.**

periquito. m. Perico o loro.

perjuicioso, perjuiciosa. adj. Perjudicial, nocivo.

perla: pedir alguien **las perlas de la Virgen.** loc. Pedir más de lo razonable, lo que difícilmente se puede conceder.

permanente. m. Ondulación artificial duradera del cabello, obtenida por medios mecánicos o químicos.

perolada. f. 1. Cantidad que cabe en un perol. || 2. Gran número.

perolero, perolera. m. y f. Persona que hace o vende peroles.

perón. m. Cierta clase de manzano *(Malus pamila),* y su fruto.

peronate. m. Pasta dulce de perón. Compárese **ate.**

peroteño. (De *Perote,* municipio del estado de Veracruz; en 1537 Pero [= Pedro] Ansúrez o Anzures [a quien por su tamaño llamaban *Perote]* estableció en ese lugar [en el camino real entre la ciudad de Veracruz y la de México] un mesón, cerca del cual se formó luego la población.) 1. adj. Perteneciente o relativo a Perote. || 2. m. y f. Nativo o habitante de Perote.

perra: de que la perra es brava, hasta a los de la casa muerde. ref. Quien está encolerizado hace o dice tonterías. Compárese *perro.* || **nomás porque parió la perra, "denme un perrito, ¿no?"** ref. Muchas personas quieren participar de los logros de otros.

perredismo. (De PRD 'Partido de la Revolución Democrática' + -*ismo* 'doctrina, teoría, sistema político'.) m. Doctrina de los perredistas (progresistas).

perredista. (De PRD 'Partido de la Revolución Democrática' + -*ista* 'partidario'.) com. Miembro del Partido de la Revolución Democrática, o persona que está a favor de este partido.

perrilla (Posiblemente de *perlilla* 'perla

pequeña'.) o **perrilla del ojo.** f. Or-
zuelo, inflamación de una glándula
sebácea en el borde de un párpado.

perrito, o **perrito de Chihuahua,** o
perrito del campo. (Adaptación del
inglés *prairie dog.)* m. Cierto roedor
del género *Cynomys.*

perro. m. Estudiante de primer año en
una escuela o facultad. || **perro chi-
huahueño,** o simplemente **chihuahueño,** o **perro de Chihuahua.** m.
Perro muy pequeño de cabeza redon-
da y orejas grandes. || **perro de agua.**
m. 1. Nutria (mamífero acuático del
género *Lutra).* || 2. Hurón (comadreja
americana, *Mustela nigripes).* || **perro
de Chihuahua,** véase **perro chihua-
hueño.** || **perro de las praderas.**
(Traducción del inglés *prairie dog.)* m.
Perrito, o perrito del campo. || **perro
del mal.** m. Perro hidrófobo, perro
rabioso, perro con rabia (enfermedad
viral aguda que ataca el sistema ner-
vioso). || **perro pelón.** m. Xoloizcuin-
tle, perro mudo precolonial, privado
de pelo. **| al perro (más) flaco le caen
las pulgas.** ref. Todos los males se
juntan para atacar al pobre o abatido
[DRAE 1956: el perro flaco todo es
pulgas]. || **al que mata un perro le
ponen mataperros.** ref. Muchas veces la gente generaliza sin tener ejem-
plos o casos suficientes. || **andar co-
mo perro sin dueño.** loc. Con entera
libertad. Compárese *burro⁴.* || **como el
perro del hortelano.** loc. No aprovechar ciertas cosas ni dejar que otros
las aprovechen [DRAE 1956: el perro
del hortelano, que ni come las berzas,
ni las deja comer]. || **como perro sin
dueño.** loc. Con entera libertad. ||
**cuando el perro es bravo, hasta a
los de casa muerde.** ref. Quien está
encolerizado hace o dice tonterías
[DRAE 1956: el perro con rabia de su
amo traba (= ase de él, pelea con él)].
|| **el perro le manda al gato, y el
gato a su cola.** ref. Algunos se desen-
tienden de lo que se les encomendó y
se lo encargan a otro [DRAE 1956: yo
mando a mi gato y mi gato manda a
su rabo]. || **perro que ladra, no
muerde.** ref. Los que hablan mucho

hacen poco [DRAE 1956: perro ladra-
dor, poco mordedor].

perseverar: el que persevera, alcanza.
ref. La constancia permite llegar al objetivo, a la meta. Compárese *venado.*

persimo. (Del inglés *persimmon,* que se
pronuncia /persimon/, y éste de origen
algonguino.) m. Caqui, fruta de un
árbol llamado también caqui, del género *Diospyros.* Compárese **kaki².**

persinarse. 1. Persignarse, hacer la se-
ñal de la cruz. || 2. Comenzar a vender.

perú, véase **pirul.**

pervertido, pervertida. (De *pervertir*
'viciar las costumbres, del latín *perver-
tere* 'corromper, trastornar; hacer
girar al revés', de *per-* 'desviación' +
vertere 'hacer girar, dar vuelta'.) adj.
Dedicado a los vicios, a las malas costumbres.

pesa. f. Carnicería, tienda donde se vende carne.

pescadito de plata. m. Cierto insecto
pequeño y plateado.

pescado. m. Pez, aunque aún no haya
sido pescado. || **pescado blanco.** m.
Cierto pez de agua dulce, común en el
Lago de Pátzcuaro (estado de Michoa-
cán). || **pescado zarandeado,** véase
**zarandeado. | el pescado por la
boca muere.** ref. Quien habla demasiado se puede comprometer. Compárese *pez.*

pescadora. f. Cierta garza, *Botaurus
exilis.*

pescocear. tr. Dar muchos pescozones.

pescuezudo, pescuezuda. adj. Pesco-
zudo, que tiene el pescuezo grueso.

pesebre: para el pesebre no hay burro
(o: **cuaco) flojo.** ref. Si algo interesa
se es diligente.

pesera. (De *peso,* unidad monetaria.) f.
autobús pequeño que transporta pasajeros por una ruta fija y que cobraba,
originalmente, un peso por viaje.

pesero. (De *peso,* unidad monetaria.) m.
Automóvil de alquiler que transporta
pasajeros por una ruta fija y que cobraba, originalmente, un peso por viaje.

peso. m. Valor de un peso (unidad monetaria).

pespuntear. (Del español *pespuntear*
'hacer pespuntes (o sea, puntadas uni-

das)', de *pospuntar* [forma no documentada] 'dar puntos hacia atrás'.) tr. Zapatear suavemente (en el baile del jarabe).

pesto. (Del italiano *pesto*, literalmente = 'aplastado'.) m. Salsa hecha principalmente de albahaca fresca, ajo, aceite, piñones y queso rallado.

pesudo, pesuda. adj. Que tiene muchos pesos, mucho dinero.

pet. (Del inglés *pet.*) m. Animal doméstico casero, mascota.

petaca. (Del náhuatl *petlacalli*, literalmente = 'caja de petate', de *petlatl* 'petate, estera' + *calli* 'casa; recipiente'.) f. Maleta.

petacas. (De *petaca* 'maleta'.) f. pl. Nalgas.

petacón, petacona. (De *petacas* 'nalgas'.) adj. Abultado.

petacudo, petacuda. (De *petacas* 'nalgas'.) adj. De caderas abultadas.

petaquería. (De *petaca* 'maleta'.) f. Fábrica o tienda de maletas.

petaquero, petaquera. (De *petaca* 'maleta'.) m. y f. Quien hace o vende maletas.

petaquilla. (De *petaca* 'maleta'.) f. Canasta que se usa para llevar fruta.

petate. (Del náhuatl *petlatl.*) m. 1. Tejido de palma o de carrizos. || 2. Estera (tejido de palma o de carrizos) que se usa para dormir sobre ella. | **buenas pa'l petate y malas pa'l metate.** loc. (De mujeres) aunque descuidan las tareas de la casa, son satisfactorias en la cama. Compárese **metate.** || **doblar el petate.** loc. Morir. || **llamarada de petate,** véase **llamarada.**

petateada. (De *petate* 'estera'.) f. Hecho de morir.

petatearse. (De *petate* 'estera', porque los mexicanos antiguos envolvían a sus muertos en un petate antes de enterrarlos, y dormían sobre un petate.) prnl. coloq. Morir, fallecer.

petatero, petatera. adj. 1. Perteneciente o relativo al petate. || 2. Que hace o vende petates. | **el mero petatero.** m. fest. Quien hace de jefe, quien manda.

petatillo. (De *petate* 'tejido de palma'.) m. Tejido fino de palma (se emplea en asientos de sillas).

petén. (Del maya *pet-en* 'comarca, región'.) 1. com. Miembro de cierto grupo indígena maya. || 2. m. Lengua maya de los petenes. || 3. m. Terreno de monte.

peyote. (Del náhuatl *peyotl* 'peyote; capullo de gusano'.) m. Sustancia estimulante derivada de cierto cacto también llamado peyote (género: *Lophophora.*)

peyotero, peyotera. 1. adj. Perteneciente o relativo al peyote. || m. y f. Cosechero de peyotes.

peyotina. f. Alcaloide cristalino extraído del peyote.

pez: pez dorado. m. Cierto pez marino comestible [DRAE: dorada]. || **pez volador.** m. Pez de la familia Exocoetidae que sale del agua por cierta distancia por haber movido la cola antes de salir. | **el pez grande se come al chico.** ref. El débil está a merced del poderoso. || **el pez por la boca muere.** ref. Quien habla demasiado se puede comprometer. Compárese *pescado.*

pi: hacer la pi. loc. Orinar.

pial. (De *peal* 'soga'; véase **peal.**) m. Cuerda, soga, reata, lazo.

pialar. (De *pial.*) tr. Echar el peal (lazo) a la res, lazarla de las patas. Compárese **pealar.**

pialera. (De *pial.*) f. Cuerda para lazar ganado.

piano: aguantar un piano. loc. Ser digno de encomio.

pibil. (Del maya *pib* 'asar bajo tierra' + *-il*, participio pasivo.) adj. (De un guiso) cocinado bajo tierra envuelto en hojas de plátano, cocinado en barbacoa u horneado. Estos guisos se cubren con una salsa de axiote y naranja agria. Compárese **cochinita pibil.** || **pibil cochinita,** véase **cochinita pibil.** || **pibil pollo,** o **pibipollo,** véase **muc-bil pollo.**

picadillo: hacer picadillo. loc. Matar a machetazos o cuchilladas.

picahúye. m. Cierto insecto (*Anisolobis ambigua*) [DRAE: pica y huye].

picante. (De *picar* 'enardecer el paladar'.) m. 1. Chile. || 2. Salsa de chile.

picar: ¡pícale! o **píquele** o **píquenle.** (De *picar espuelas* 'hincarlas (en los ijares de la cabalgadura)'.) loc. Date (dese, dense) prisa. || **picarle.** loc. Darse prisa, apresurar el paso.

picardía. (De *picardía* 'travesura'.) f. Dicho travieso.

pichada. (De *pichar.)* f. (En beisbol) acción o resultado de pichar.

pichar. (Véase *pítcher.)* tr. (En beisbol) lanzar la pelota.

piche, véase **picho.**

pichel. (Del español *pichel* 'recipiente de estaño con tapa', del francés antiguo *pichier, bichier* [francés *pichet*] 'recipiente para líquidos', del latín medieval *bicarius* 'copa'.) m. Jarro, recipiente para líquidos con asa y pico.

pícher, véase **pítcher.**

pichi. Crisálida, ninfa de mariposa.

pichicatear. (De *pichicato.)* intr. Hacer pichicaterías, escatimar.

pichicatería. (De *pichicato.)* f. 1. Calidad de pichicato, mezquindad, ruindad. || 2. Acción propia del pichicato.

pichicato, pichicata. (Probablemente del italiano *pizzicato* 'pellizcado'.) adj., y m. y f. Mezquino, ruin [DRAE: cicatero].

pichichi o **pichiche** o **pijije.** (Probablemente onomatopéyico, o quizá del náhuatl *pixixi, pixixilli,* de *pixcoa* 'cubrirse de plumas (el ave)'.) m. Cierto pájaro *(Dendrocygna autumnalis)* comestible parecido al pato.

pichicuate o **pichicuata.** (Del náhuatl *pitzahuac* 'delgado' + *coatl* 'serpiente, culebra'.) f. Cierta víbora venenosa.

pichilingue. (Quizá del náhuatl *picilihui* 'adelgazar, hacerse menudo'.) m. Cierto pato silvestre del género *Dendrocygna.*

picho, m., **picha,** f., o **piche,** m., véase **zanate.**

pichón[1], pichona. (Del español *pichón* 'pollo de paloma'.) m. y f. Pollo de cualquier ave (excepto de gallina).

pichón[2], pichona. m. y f. Jugador inexperto.

pichonear. tr. Ganar a un jugador inexperto.

pichucalqueño, pichucalqueña. (De *Pichucalco,* municipio del estado de Chiapas, del náhuatl *Pitzocalco,* literalmente = 'en las casas (= establos) de los cerdos', de *pitzotl* 'cerdo' [de *pit-*

zotl 'coatí'; compárese **pizote**] + *calli* 'casa' + *-co* 'en'). 1. adj. Perteneciente o relativo a Pichucalco. || 2. m. y f. Nativo o habitante de Pichucalco.

picle. (Del inglés *pickle* 'pepino en vinagre o salmuera'.) m. Encurtido, fruto o legumbre en vinagre, especialmente pepino.

picnic. (Del inglés *picnic.)* m. 1. Excursión a la que los participantes llevan comida. || 2. Esta comida.

pico: pico de gallo. m. 1. Salsa de tuna agria (xoconostle), cebolla y chile. || 2. Ensalada (o postre) de naranja y jícama picadas con pimienta, chile y sal. | **echarse al pico.** loc. 1. Matar. || 2. Derrotar completamente. || 3. Comer o beber todo lo servido.

picodecera. m. 1. o **picuy** o **pijuy.** Cierta ave *(Crotophaga ani).* || 2. Otra ave, grande, de ribera *(Tantalus loculator).*

picodecuchara. m. Cierta ave zancuda *(Canchroma cochlearia).*

picón. m. Cierto pan dulce cónico.

picón, picona. (De *picar* 'excitar, estimular'.) adj. Que incita a seguir (jugando).

picop. (Del inglés *pickup* 'camión ligero', de *pick up* 'levantar, recoger'.) amb. Camión ligero de cuerpo abierto.

picoso, picosa. (De *picar* 'enardecer el paladar'.) adj. Picante para el sentido del gusto, con mucho chile.

picoteado, picoteada. adj. Picado por insectos.

picotear. tr. (De insectos) picar.

picudo[1] (De *picudo* 'que tiene pico'.), o **picudo del algodón.** m. Insecto coleóptero *(Anthonomus grandis)* que destruye la planta del algodón.

picudo[2], picuda. adj. Sagaz, astuto, apto.

picuy, véase **picodecera.**

pie[1], véase **pay.**

pie[2]: pie de atleta. m. Enfermedad contagiosa de los pies causada por hongos. | **al pie del cañón.** loc. adv. Alerta. || **caer** alguien **de pie.** loc. Tener buena suerte. || **con el pie en el estribo.** loc. Listo para irse, a punto de irse.

piecera. f. Extremo de la cama hacia el cual se ponen los pies. Antónimo: cabecera.

piedadense. (De *[La] Piedad,* municipio

del estado de Michoacán.) 1. adj. Perteneciente o relativo a La Piedad. || 2. m. y f. Nativo o habitante de La Piedad.

piedra: piedra de la bilis. f. Cálculo biliar. || **piedra de la orina,** o **piedra de la vejiga.** f. Cálculo de las vías urinarias. || **piedra del** (o: **en el**) **hígado.** f. Cálculo biliar. || **piedra del riñón.** f. Cálculos de las vías urinarias. || **piedra de moler.** f. Metate. | **estar** (**muy**) **tres piedras.** loc. adj. y adv. Excelente, apetecible.

piedrazo. m. Pedrada (acción de arrojar una piedra, y golpe que se da con una piedra arrojada).

pierna: piernas de chichicuilote. f. pl. Piernas flacas y largas. || **piernas de chorro de atole,** o **piernas de popote.** loc. Piernas delgadas. || **piernas de trapo.** f. pl. Ataxia locomotriz.

piernitas de chorro de atole. loc. Piernas delgadas.

piernón. m. Pierna grande y bien formada.

piernudo, piernuda. adj. De piernas gordas.

pifas. m. Ladrón. || **¡me lleva pifas!** excl. de protesta, que se usa para dar salida al enojo. || **se lo llevó pifas.** loc. Se enojó.

pifiar. tr. Robar.

pigua. f. Langosta (crustáceo).

pijije, véase **pichichi.**

pijuy o **pijul,** véase **picodecera.**

pilinque. (Del náhuatl *pilinqui* 'marchitado, arrugado', de *pilini* 'marchitarse'.) adj. (De un fruto) arrugado.

pilmama. (Del náhuatl *pilmama,* literalmente = 'la que carga niños', de *pilli* 'hijo, niño' + *mama* 'cargar'.) f. Niñera.

pilón. (De *pilón,* pan de azúcar de figura cónica.) m. Lo que el vendedor da gratis sobre el precio de lo que se compra, adehala. | **dar pilón.** loc. Dar algo gratis sobre el precio de lo que se compra. || **dar de pilón.** loc. Dar por añadidura.

piloncillo. (De *pilón,* pan de azúcar de figura cónica.) m. Azúcar morena, que se vende generalmente en panes cónicos.

piltamal. (Del náhuatl *pilli* 'hijo' + *tamalli* 'tamal'.) m. Tamal pequeño.

pima. 1. com. Miembro de un pueblo indígena del norte de México y el sur del estado de Arizona (Estados Unidos). || 2. m. La lengua yutoazteca del pueblo pima.

pimano, pimana. (De *pima.*) 1. adj. Perteneciente o relativo a una familia lingüística (del filo yutoazteca) que incluye el pima, el tepehuán y el pápago. || 2. m. Familia de lenguas del filo yutoazteca.

pimienta gorda, o **pimienta de Tabasco.** f. 1. Cierto árbol (*Pimenta dioica*), y su fruto del cual se prepara una especia picante y aromática. || 2. Esta especia.

pinacate. (Del náhuatl *pinacatl,* cierto insecto.) 1. m. Cierto escarabajo negro sin alas, del género *Eleodes.* || 2. com. Tonto.

pinal. m. Pinar, lugar poblado de pinos.

pincel[1]. m. Cierta planta (*Centaurea cyanus*).

pincel[2]: a pincel. loc. fest. A pie, caminando.

pincelazo. m. Pincelada, trazo que el pintor da con el pincel.

pinche. (Probablemente del español *pinche* 'persona que presta servicios auxiliares en la cocina'.) adj. despect. Despreciable. Es voz malsonante. Se usa generalmente ante el sustantivo.

pingo. m. 1. Diablo. || 2. Muchacho travieso.

pingüica. (Del tarasco *pinquiqua.*) f. Cierta planta (*Arctostaphylos polifolia*), y su fruto.

pinino: hacer pininos. loc. Dar los primeros pasos [DRAE: hacer pinitos].

pino. (De *pino,* árbol y madera.) m. Trozo de palo labrado que se utiliza en el juego del boliche [DRAE: bolo]. || **pino oyamel,** véase **oyamel.** || **pino piñón.** m. Cierto pino (*Pinus cembroides*) de semilla comestible.

pinol, véase **pinole.**

pinolate. (Del náhuatl *pinolatl,* literalmente = 'agua de pinole', de *pinolli* 'pinole' + *atl* 'agua'.) m. Bebida de pinole con agua y cacao.

pinole o **pinol.** (Del náhuatl *pinolli.*) m. Polvo o harina de maíz tostado y endulzado. | **hacer** a alguien **pinole,** o

hacer pinole a alguien o a algo. loc. Hacerlo polvo, destrozarlo. || **no se puede chiflar** (o **hablar** o **soplar** o **silbar**) **y tragar pinole** (o: **o hablas o comes pinole.**) loc. Hay cosas (acciones, tareas) que no se pueden hacer al mismo tiempo, por ser incompatibles [DRAE 1956: soplar y sorber no puede junto ser]. Compárese *agua.* || **tragar pinole.** loc. Aguantar las ganas de responder airadamente.

pinolera. f. Vasija en que se guarda el pinole.

pinolero, pinolera. adj. 1. Perteneciente o relativo al pinole. || 2. Afecto a comer pinole.

pinolillo (De *pinole.*) m. Larva roja y pequeñísima de una garrapata (superfamilia Ixodoidea del orden Acarina), que parece polvo de pinole.

pinta[1]. (De *pinta* 'aspecto por donde se conoce la calidad', de *pinta* 'mancha, mota', de *pintar* 'empezar a mostrarse', de *pintar* 'representar con líneas y colores. f. Predicción que se hace, utilizando las cabañuelas, del tiempo que ha de hacer durante el año. Compárese **cabañuelas.**

pinta[2]. f. Falta de los alumnos a la escuela, por irse de paseo. || **irse de pinta.** loc. (De estudiantes) faltar a la escuela, por irse de paseo [DRAE: hacer novillos, hacer rabona, fumarse la clase].

pintada. f. Acción o resultado de pintar.

pintadera. f. Acción reiterada de pintar.

pinto, pinta. adj. Matizado de varios colores. || **pinto,** véase **mal del pinto.** || **pinto.** adj. y m. (De frijol) cierta variedad que tiene pintas o manchas.

piña: no haber/hay de piña. (A veces se agrega: sólo de horchata.) loc. 1. No habrá (hubo) préstamo o crédito (o algún otro favor solicitado). || 2. No hay que exigir demasiado.

piñal. m. Plantío de piñas (planta, *Ananas comosus).*

piñanona. f. Cierto árbol tropical *(Monstera deliciosa).*

piocha. (Del náhuatl *piochtli* 'mechón o cabellos en la parte posterior de la cabeza'.) 1. f. Barba puntiaguda de mentón. || 2. adj. Bonito, excelente. ||

por piocha. loc. adv. Por cabeza, por persona [DRAE: por barba].

piolín. (De *piola* 'cuerda, cordel'.) m. Cordel.

pior: más pior. loc. adv. Peor.

pipí: hacer pipí. loc. Orinar.

pipián o **pepián**, o **pipián de pepita.** (Posiblemente de *pepa* o *pepita.)* m. 1. Salsa de semillas de calabaza tostadas y molidas (también maíz tostado y almendras) y chile verde. || 2. Guiso de carne o de ave (por ejemplo, de pollo) con esta salsa.

pipil. (Probablemente del náhuatl *pipilli* 'niño', de *-pilli* 'pequeño (adjetivo)', con la idea de que los pipiles no hablaban el náhuatl como los de Anáhuac, hablaban "como niños".) 1. adj., y m. y f. De un pueblo indígena de origen nahua que vivía en Centroamérica. || 2. m. Lengua yutoazteca de los pipiles.

pípila. (De origen nahua, probablemente con la idea de 'madre de los pípilos'.) f. Guajolote hembra, pava.

pípilo, pípila. (Probablemente del náhuatl *pipilli* 'niño; hijo', de *-pilli* 'pequeño (adjetivo)', con la idea de 'chiquillos'.) m. y f. Hijo de la pípila (guajolote hembra).

pipiola. (Del náhuatl *pipiolin* o *pipiyolin.*) f. Cierta abeja silvestre.

pipiolo (o **pipiol**), **pipiola.** (Del náhuatl *pipiolin* o *pipiyolin.*) m. y f. Niño de corta edad.

pipiolera. (De *pipiolo.*) f. Conjunto de niños de corta edad.

pipirín. (Quizá de la misma familia que *pipiripao* 'convite'.) m. Cierta sopa de pasta hecha de harina de trigo. || 2. Comida.

pipirisnáis. (El segundo elemento es *nais;* véase **nais.**) adj. Suntuoso, privilegiado, que se cree elegante.

piquera. f. Taberna, cantina, establecimiento donde se sirven bebidas.

piquetazo. m. Piquete fuerte, picotazo.

piquete. m. 1. Chorro de licor fuerte que se mezcla con una bebida (como refresco o café). || 2. Picadura de insecto.

piquín, véase **chile piquín.**

pirinda. (De origen tarasco.) 1. com.

Miembro de un grupo indígena del centro de la República Mexicana. || 2. m. Lengua de los pirindas, que es el matlazinca.

pirinola. (Por último del francés antiguo *pirouette* 'trompo', fuente también del español *pirueta*.) f. Perinola (peonza o trompo más o menos cilíndrico, a veces con caras marcadas con letras, con punta sobre la cual se hace girar).

pirograbar o **pirografiar.** (Estas palabras y las tres siguientes tienen el prefijo *piro-* 'fuego, calor', del griego *pyr* 'fuego'.) tr. Decorar mediante pirografía.

pirografía. f. Arte o procedimiento de producir diseños o imágenes (por ejemplo, sobre madera o cuero) quemando con instrumentos calientes.

pirografiar, véase **pirograbar.**

pirógrafo. m. Instrumento con una punta que se puede calentar por soplete o por corriente eléctrica.

pirú, véase **pirul.**

piruja. (Del español *piruja* 'mujer joven y desenvuelta'.) f. Prostituta.

pirul o **pirú** o **perú.** (De *Perú*, país de origen del árbol.) m. Cierto árbol *(Schinus molle)* de fruto rojizo muy pequeño.

pirulero, pirulera. m. y f. Persona que vende pirulíes.

pisca, véase **pizca.**

piscolabis. (Del español *piscolabis* 'alimento ligero', formación seudolatina, de *pizca* 'pedazo'.) m. Dinero.

pisoteada. f. Acción de pisotear [DRAE: pisoteo].

pisoteadera. f. Acción reiterada de pisotear.

pistache. (Del francés *pistache* [el castellano *pistacho* 'fruto del pistachero o alfóncigo' viene del italiano *pistacchio*]. Tanto el francés como el italiano se derivan del latín *pistacium*, que viene del griego *pistákion*.) m. Árbol pequeño *(Pistacia vera)* y su semilla comestible.

pistito: echar(-se) un pistito. loc. Dormir la siesta.

pisto: echar(-se) un pisto. loc. Dormir la siesta.

pistojo, pistoja. adj. Que tiene muy reducido el espacio interpupilar (sin ser bizco).

pistola: de mis (o **de sus**) **pistolas.** loc. Por propia autoridad.

pistolerismo. m. Actividad del pistolero.

pistolero. (De *pistola*.) m. Persona armada que, por paga, comete delitos.

pit. (Del inglés *pit*, literalmente = 'agujero, pozo, hueco, cueva'.) m. Zona al lado de una pista para carreras de automóviles, en que se reparan los coches.

pita. (Quizá de origen taíno.) f. 1. Nombre de varias plantas de cuyas hojas se sacan fibras. || 2. Fibra que se extrae de las hojas de una de estas plantas. || 3. Cuerda, cordón, soga. | **la pita revienta por lo más delgado.** ref. Una cuestión entre un poderoso y un desvalido se resuelve a favor del primero, el fuerte prevalece contra el débil, es el más débil quien sale perjudicado [DRAE 1956: siempre quiebra la soga por lo más delgado]. Compárese *reata*.

pitahaya, véase **pitaya.**

pital. m. Plantío de pitas.

pitar. intr. 1. Tocar un silbato o pito. || 2. Tocar la bocina (claxon) del automóvil.

pitaya o **pitahaya.** (Del taíno *pitahaya*.) f. Cualquiera de varios cactos (como *Lemaircocercus thurberi*, o *Acanthocercus pentagonus*, o *Carnegiea gigantea* [saguaro]), y su fruto comestible. || **pitaya agria** o **pitahaya agria.** f. Cierta planta *(Cereus gummosus)*, y su fruto ácido comestible. || **pitaya dulce** o **pitahaya dulce.** f. Cierta planta *(Cereus tricostatus)*, y su fruto. || **pitaya morada** o **pitahaya morada.** f. Cierta pitaya *(Acanthocercus pentagonus)*, y su fruto comestible.

pitayero, pitayera. m. y f. Vendedor de pitayas.

pitayita. f. Pitaya silvestre *(Cereus pentagonus)*, y su fruto comestible.

pitayo. m. Pitaya (planta).

pitazo. (De *pito* 'silbato'.) m. 1. Silbo, silbido. || 2. Soplo, aviso (frecuentemente de peligro) que se da en secreto.

pitcheo. (De *pítcher*.) m. (En beisbol) acción de lanzar.

pítcher o **pícher.** (Del inglés *pitcher,* que se pronuncia /pícher/, de *pitch* 'lanzar'.) m. En el juego de beisbol, lanzador.

pitiflor. m. Cierto pájaro *(Polioptila caerulea).*

pito[1]**.** m. Pene. Es voz malsonante.

pito[2]**: irse todo en pitos y flautas.** loc. 1. Perder el tiempo. || 2. Gastar dinero inútilmente.

pixca (Del náhuatl *pixca.),* véase **pizca.**

pixcar, véase **pizcar.**

piyama. (Del inglés *pyjamas* [también *pajamas]* 'ropa de dos piezas destinada a dormir en ella', del indo *pājāma* 'pantalones ligeros y amplios', del persa *pā* 'pierna' + *jāma* 'ropa'.) f. Ropa de dormir amplia y ligera, compuesta de pantalón y saco [DRAE: pijama, m.]

pizarrón. (De *pizarra,* cierta roca.) m. Superficie lisa y dura que se usa en los salones de clase para escribir en ella [DRAE: pizarra, encerado].

pizca o **pixca** o **pisca.** (Del náhuatl *pixca* 'recoger, cosechar'.) f. Recolección, cosecha.

pizcar o **pixcar.** (De *pizca* 'recolección, cosecha'.) tr. Cosechar.

pizote. (Del náhuatl *pitzotl;* compárese **pichucalqueño.**) m. Coatí, cualquiera de dos mamíferos tropicales *(Nasua nasua* y *N. nelsoni).*

plagado, plagada. (De *plagar* 'cubrir (de algo nocivo)', del latín tardío *plagare* 'golpear, herir', de *plaga* 'calamidad, flagelo', del latín *plaga* 'golpe, herida'.) adj. Lleno, repleto, cubierto.

plagiar. (Del latín *plagiare* 'apropiarse de un siervo ajeno'.) tr. Apoderarse de una persona para obtener rescate por su libertad.

plagiario, plagiaria. (Del latín *plagiarius* 'quien se apropia de un siervo ajeno', de *plagium* 'red de cazar', de *plaga* 'red'.) m. y f. Persona que plagia (en el sentido indicado arriba).

plancha. f. Acción de dejar a alguien plantado o esperando. || **tirar** a alguien **una plancha.** loc. Dejar a alguien plantado o esperando.

planchada. f. Acción o resultado de planchar.

planchadera. f. Acción reiterada de planchar.

planchador. m. Pieza de la casa destinada a planchar ropa allí.

planchar. tr. Dejar a alguien plantado o esperando.

planeación. f. Acción o resultado de planear o hacer planes, planificación.

planilla[1]**.** (De *plana* 'hoja de papel'.) f. Lista de los candidatos a un puesto público de elección.

planilla[2]**.** (De *plana* 'hoja de papel'.) f. Boleto de pasaje en transporte público.

planta: de planta. loc. (De un empleado) que es de plantilla (relación de empleados de una oficina o empresa, por categoría), que está incluido en una plantilla; que tiene una situación estable.

plantado: dejar plantado. loc. Abandonar a alguien, no acudir a una cita que se tenía con alguien, plantar.

plantel. (De *plantel* 'criadero de plantas', en sentido figurado 'criadero de personas'.) m. Establecimiento escolar, escuela.

platanillo. (De *plátano.)* m. Nombre de varias plantas del género *Heliconia* que de algún modo presentan una semejanza con el plátano.

plátano: plátano dominico, véase **dominico.** || **plátano enano.** Cierta planta de plátano *(Musa nana)* que llega a poca altura, y su fruto de seis ángulos.

plátano guineo, véase **guineo.** || **plátano macho.** m. Cierta planta de plátano *(Musa paradisiaca),* y su fruto que sólo se puede comer cocido o frito, que es muy grande y que tiene una forma más angular que la del plátano común. || **plátano manzano.** m. Variedad de plátano el sabor de cuyo fruto recuerda el de la manzana. || **plátano morado.** m. Plátano de cáscara o corteza roja oscura, y de pulpa rosada. || **plátano roatán,** véase **roatán.** || **plátano tabasco,** véase **tabasco.**

platicada. (De *platicar.)* f. Conversación. | **echar la platicada.** loc. Conversar.

platicadera. f. Conversación reiterada.

platicar. (De *plática* 'conversación', del anticuado *plática* 'conversación', antes 'trato con la gente', antes 'práctica', del latín tardío *practice* 'práctica', del griego *praktiké* 'práctica', de *praktiké*, femenino de *praktikós* 'práctico', de *praktós*, verbal de *prássein*, *prátten* 'experimentar, negociar, practicar'.) intr. y tr. Conversar.

platillo. (Del español *platillo* 'guisado compuesto de carne y verduras picadas', de *platillo*, diminutivo de *plato*.) m. Plato, alimento que se sirve en un plato, alimento preparado de alguna manera.

plato: **plato tendido** o **plato plano.** m. Plato poco hondo [DRAE: plato llano]. | **del plato a la boca, se cae la sopa.** ref. Pueden suceder cosas, aun en poco tiempo, que le impidan a uno hacer lo que había planeado. || **echarse** a alguien **al plato.** loc. 1. Asesinarlo. || 2. Granjeárselo, captar su voluntad. || **no romper ni un plato.** loc. Fingir inocencia o ignorancia, siendo malicioso o malvado.

platón. (De *plato*.) m. Plato grande que se utiliza como fuente para los alimentos, para el servicio de la mesa.

platudo, platuda. adj. Rico, que tiene mucha plata, que posee gran capital.

play. (Del inglés *play*, literalmente = 'juego'.) m. En beisbol, acción de hacer un out a un jugador. | **doble play.** (Traducción parcial del inglés *double play.*) m. En beisbol, acción de hacer out a dos jugadores. || **squeeze play.** (Del inglés, de *squeeze* 'comprimir'.) m. Acción en beisbol en que un jugador que está en tercera base empieza a correr hacia jom cuando el pítcher lanza la bola al bateador y éste trata de golpearla ligeramente para ayudar a que el de tercera base llegue a jom.

playera. (De la idea de 'apropiada para la playa'.) f. Camisa de manga corta y sin cuello.

plaza: **hacer la plaza.** (De *plaza* 'mercado'.) loc. Hacer compras en el mercado.

plomería. (De *plomero*.) f. 1. Tienda de plomero. || 2. Oficio del plomero.

plomero, plomera. (De *plomo* porque los tubos se hacían de plomo.) m. y f. Trabajador especializado en instalar y reparar tuberías para la distribución de agua, fontanero.

plomo: **caer** alguien/algo **como plomo.** loc. Caer mal, causar desagrado o molestia. Compárese *gordo*.

pluma[1]: **pluma atómica.** f. Pluma que tiene como punta para escribir una bolita de metal que da vueltas y se entinta al contacto con un cartucho (depósito) interior. || **pluma de oro.** f. Cierta planta *(Jacobinia umbrosa).* || **pluma fuente.** (Traducción del inglés *fountain pen.*) f. Pluma que contiene un depósito que alimenta automáticamente de tinta la punta de escribir [DRAE: pluma estilográfica].

pluma[2]. (De *pluma* 'mástil o brazo con que una grúa levanta los objetos'.) f. Barrera en una calle o camino para la verificación de los vehículos, que tienen que pasar uno por uno.

plumada. f. Trazo fuerte de pluma, plumazo. | **de una plumada.** loc. De manera expeditiva, de un plumazo, sin trámites.

plumbago o **plúmbago.** (Del latín *plumbago* [acentuado en la *a*] 'mineral grisáceo de sulfuro de plomo, galena; belesa'.) m. Cierta planta tropical del género *Plumbago*.

plumerazo. m. Golpe dado con un plumero.

plumería. f. Arte plumaria, de quien hace objetos de pluma.

pluvial. (Del latín *pluvialis* 'relativo a la lluvia', de *pluvia* 'lluvia', de *pluvia* 'lluviosa', de *pluere* 'llover'.) adj. Relativo a la lluvia.

poblano[1], **poblana.** (De *pobl-*, base de *Puebla*, capital del estado de Puebla. La ciudad fue fundada con este nombre hacia 1532, del español *carta puebla* 'cédula de población', que se utilizó en España desde el siglo XI.) 1. adj. Perteneciente o relativo a Puebla (estado o su capital). || 2. m. y f. Nativo o habitante de Puebla (estado o su capital).

poblano[2], véase **chile poblano.**

pobre: **en el pobre es borrachera, en el rico es alegría.** ref. La gente es injusta: de un pobre dice que es un ebrio, cuando de un rico diría que es jovial o que está contento; o: el dinero hace que la gente disculpe excesos; y la pobreza, que los censure. Compárese *rico*.

poca: **¡qué poca!** (De *¡qué poca madre!*) loc. malsonante que se usa como interjección para expresar enojo o disgusto en relación con una acción de alguien.

pocamadrismo. (De *poca* + *madre* + *-ismo.*) m. Falta de dignidad, desvergüenza, cinismo.

pócar, véase **póker.**

poc-chuc. (Del maya *poc* 'cocer, asar'.) m. Guiso yucateco de carne de puerco.

pocerío. m. Abundancia de pozas.

poceta. (De *poza.*) f. Bache, hoyo en el camino.

poch. (Del maya *poch* 'goloso; hambriento; deseoso, ansioso'.) adj. Ansioso, deseoso.

pochismo. m. Anglicismo introducido por pochos.

pocho, pocha. (Probablemente del español *pocho* 'descolorido'.) 1. adj. De un mexicano que ha adoptado costumbres o lenguaje estadounidenses. || 2. m. y f. Mexicano que ha adoptado costumbres o manera de hablar de los Estados Unidos (generalmente por vivir cerca de la frontera México-Estados Unidos, de cualquiera de los dos lados).

pochotal. m. Plantío de pochotes.

pochote. (Del náhuatl *pochotl.*) m. Cualquiera de varios árboles del género *Ceiba*, especialmente *Ceiba pentandra*. En sus tallos florece una clase de algodón.

pochotero, pochotera. adj. Perteneciente o relativo al pochote.

pochteca. (Del náhuatl *pochtecatl* 'de algún lugar llamado Pochtlan o Pochutlan', literalmente = 'lugar de pochotes', de *pochotl* 'ceiba' [+ *-tlan* 'lugar de'] + *-tecatl* 'habitante de'.) m. Mercader, comerciante.

poco: **¿a poco?** expr. de duda, = 'creo que no'. || **¿a poco no?** expr. de afirmación, = 'creo que sí'.

podada. f. Acción o resultado de podar.

podadera. f. Acción reiterada de podar.

poder: **poderlas.** loc. Tener influencia, ser influyente. || **poderle** a uno. loc. Irritarlo, disgustarlo. | **cuando puedes no quieres y cuando quieres no puedes.** ref. Es difícil corregir defectos que se han hecho crónicos. || **no se puede todo lo que se quiere.** ref. Es buena la limitación justa de los deseos [DRAE 1956: si no puedes lo que quieres, quiere lo que puedes].

poderoso: **a ver si las poderosas.** (*Poderosas, de poder.*) loc. fest. A ver si puedo (puedes/pueden), si se puede lograr.

podrido: **estar podrido en** (o: **de**) **dinero.** loc. Ser muy rico.

poeta: **de poeta y de loco, todos tenemos un poco.** ref. 1. Disculpemos a los extravagantes, ya que todos lo somos alguna vez. || 2. Todos tenemos manías, que incluyen la de versificar. Compárense *médico, músico.*

póker o **pócar.** (Del inglés *poker.*) m. Póquer, juego de baraja en que cada jugador apuesta a que el valor de sus cinco naipes es mayor que el de los demás jugadores.

polaca. (De *política.*) f. fest. Política.

polbox. (Del maya *polbox*, de *pol* 'cabeza' + *box* 'negro'.) m. Cierta anona (árbol) también llamada *cabeza de negro.*

polenda: **de muchas polendas.** loc. Ostentoso, presumido.

poli[1]**.** (De *politécnico.*) m. Politécnico.

poli[2]**.** (De *policía.*) m. Policía, agente de policía.

política: **hacer política.** loc. Intrigar, tramar, urdir.

polla. f. Bebida de huevos batidos con leche y canela, y a veces licor.

pollero, pollera. (De *pollero* 'quien vende pollos', porque a veces transportan a estos trabajadores en condiciones parecidas a las de los pollos.) m. y f. Quien lleva a trabajadores indocumentados a Estados Unidos.

pollo: **pollo pibil.** (Del maya *pibil* 'asar bajo tierra'.) m. Pollo envuelto en hojas de plátano y asado bajo tierra. Se cubre con una salsa hecha de axiote y naranja agria. | **juega el pollo.** (De *¡juega el gallo!*, expresión usada en las peleas de gallos.) loc. Acepto la propuesta, está convenido.

polotitlense, o **polotiteco, polotiteca,** o **polotitleño, polotitleña.** (De *Polotitlán*, municipio del Estado de México.)

1. adj. Perteneciente o relativo a Polotitlán. || 2. com., y m. y f. Nativo o habitante de Polotitlán.

polvearse. Ponerse polvo (producto cosmético) en la cara.

polvillo. m. Cada uno de varios hongos que atacan los cereales.

pólvora: gastar (la) pólvora en infiernitos. loc. Gastarla en salvas, en algo inútil o insignificante; utilizar medios insuficientes para un fin.

polvorón de cacahuate. (De *polvorón* 'pan dulce que se deshace en polvo al comerlo', de *pólvora* 'partículas de un sólido', del latín vulgar *pulvera*, plural de *pulvus* 'polvo', del latín *pulver-*, tema de *pulvis* 'polvo'.) m. Masa cilíndrica de cacahuate molido al que se agrega azúcar.

polvoso, polvosa. adj. Polvoriento, que tiene mucho polvo.

pomarrosa. (Del español *poma* 'manzana' + *rosa* 'color de rosa', de *rosa*, flor.) f. Nombre de cada una de dos plantas (*Eugenia jambos* y *E. malaccensis*), y de su fruto comestible.

pompas. (Del español *pompa* 'ampolla que forma el agua por el aire que se le introduce' y 'ahuecamiento que se forma con la ropa, cuando toma aire'.) f. pl. Nalgas.

ponchada. f. Acción o resultado de poncharse (una llanta).

ponchado, ponchada. adj. Fuerte, vigoroso.

ponchadura. f. Agujero, rotura, perforación (de una llanta).

ponchar. (Probablemente del inglés *punch* 'picar, cortar, perforar', apoyado por el inglés *puncture* 'perforación; perforar', que se pronuncia /ponkcher/.) tr. (De una llanta) picar, punzar, pinchar. || **poncharse.** (De una llanta) picarse, punzarse, pincharse.

ponche (Del inglés *punch*, cierta bebida alcohólica.) o **ponche navideño.** m. Bebida que se sirve caliente en las fiestas navideñas, preparada cociendo juntas en agua diversas frutas (tejocotes, fruta seca) y flor de jamaica y caña de azúcar.

poner: poner a alguien **pinto,** o **poner** a alguien **como lazo** (o **mecate**) de

cochino, o **poner** a alguien **como trapo,** o **como trapo de cocina.** loc. Maltratar de obra o de palabra. || **ponerse** alguien **pesado.** loc. Portarse mal. || **ponerse** alguien **abusado** (o **chango,** o **águila**). loc. Ponerse listo. Compárese **chango.** || **ponerse feo** algo. loc. Volverse grave la situación, volverse de difícil solución. || **ponérsela(s).** loc. Emborracharse, embriagarse. | **estar** alguien **puesto.** loc. Estar dispuesto, encontrarse listo.

ponteduro. m. Clase de turrón de maíz tostado, piloncillo, y semillas de calabaza peladas.

popis. (Quizá de *popof.*) adj. Suntuoso, privilegiado, que se cree elegante. Compárese **colonia popis.**

popó. m. Heces fecales. || **hacer popó.** loc. Defecar.

popocha. f. Cierta garza (probablemente *Nycticorax nycticorax*).

popof. (Quizá del apellido ruso *Popof, Popov*, que pareció aristocrático, literalmente = 'los (descendientes) del pope o sacerdote', de *pop* 'sacerdote' [por último del griego *páppas* 'pope; papá'] + *-ov*, terminación del genitivo plural masculino.) adj. Que se cree elegante o de la alta sociedad.

popoloca (Del náhuatl *popoloca*, literalmente = 'hablar mal un idioma'.), véase **chocho².**

popotal. m. Sitio en que abunda el popote, la paja.

popote. (Del náhuatl *popotl* 'paja (caña de trigo u otra gramínea, después de seca y separada del grano); pajilla (caña delgada y hueca de avena u otra gramínea, que sirve para sorber líquidos)'.) m. 1. Paja. || 2. Pajilla, tubito que se usa para sorber una bebida, que puede ser de gramínea, o de papel, plástico, vidrio. | **estar hecho un popote.** loc. Estar flaco.

popotillo. (De *popote.*) m. 1. Cierto arbusto del género *Ephedra*. || 2. Cierta tela acordonada, cuya superficie parece estar cubierta de popotes.

poquitero, poquitera. (De *poquito*, de *poco.*) m. y f. 1. Comerciante en pequeña escala. || 2. Jugador que apuesta cantidades pequeñas.

porcelana, véase **borcelana.**

porfiriano, porfiriana. (De Porfirio *Díaz,* 1830-1915, presidente de México 1877-1880 y 1884-1911.) adj. Perteneciente o relativo a Porfirio Díaz o a su época.

porfiriato. m. Época en que Porfirio Díaz fue presidente de México.

porfirismo. m. Doctrina de los partidarios de Porfirio Díaz.

porfirista. com. Partidario de Porfirio Díaz o de su régimen.

poro. (Del español *porro, puerro,* del latín *porrum.*) m. Puerro, cierta planta *(Allium porrum)* del mismo género que el ajo y la cebolla.

porra. f. 1. Grupo de partidarios entusiastas [DRAE: hinchas], por ejemplo de un equipo deportivo, que en actos públicos apoyan ruidosamente a los suyos. || 2. Lo que gritan estos partidarios. | **echar porras** a alguien. loc. Apoyarlo, frecuentemente a gritos.

porrista. com. Miembro de una porra (grupo).

portabandera. com. Persona que lleva una bandera, abanderado.

portación. f. Acción o resultado de portar o llevar (por ejemplo, armas).

portacubierto(s) o **puente.** m. Utensilio pequeño en que se puede apoyar el cuchillo (o el tenedor, la cuchara) en la mesa del comedor para que no manche el mantel.

pos. (De *pues.*) conj. Pues.

posada. (Del español *posada* 'lugar donde se hospedan personas'.) f. Fiesta típica que se celebra todas las noches del 16 al 24 de diciembre, con baile, piñata (recipiente lleno de frutas y dulces) y comida. Dice la leyenda que José y María fueron de Nazaret a Belén pidiendo posada, que les fue negada por ocho noches, y que sólo en la novena les dieron, en un establo, donde el 25 nació Jesús. La fiesta, que ya se celebraba en la Nueva España, conmemora estos hechos. Los invitados se dividen en dos grupos; los de fuera cantan (hay muchas versiones de estos versos populares): "En nombre del cielo, / os pido posada, / pues no puede andar / mi esposa amada" (o: "De larga jornada / rendidos llegamos / y así lo imploramos / para descansar"); los de dentro cantan: "Aquí no es mesón; / sigan adelante. / Yo no puedo abrir; / no sea algún tunante" (o: "¿Quién a nuestras puertas / en noche inclemente / se acerca imprudente / para molestar?"). Después de varias estrofas con términos parecidos los de dentro abren las puertas y cantan: "Entren, santos peregrinos, / reciban este rincón, / no de esta pobre morada, / sino de mi corazón". | **pedir posada.** loc. Celebrar la posada cantando versos populares.

posol, véase **pozol.**

postear. tr. Meter los postes de un cercado.

postemilla. f. Postema o absceso en la encía.

posterío. m. Conjunto de postes de un cercado.

postular. tr. Proponer a un candidato para un puesto de elección.

potosino, potosina. (De *[San Luis] Potosí,* capital del estado de San Luis Potosí, nombre que le dieron por *Potosí,* la montaña boliviana rica en minerales descubierta por los españoles en 1545 [la ciudad mexicana está en una región conocida por su riqueza mineral].) 1. adj. Perteneciente o relativo a San Luis Potosí (estado o su capital). || 2. m. y f. Nativo o habitante de San Luis Potosí (estado o su capital).

potrear. tr. Domar un potro.

poxcahui. (Del náhuatl *poxcahui* 'enmohecerse'.) Pronunc. Esta *x* se pronuncia /sh/. Especie de lama producida por la humedad.

poza séptica. f. Pozo negro, fosa séptica, tanque en que las bacterias desintegran los desechos sólidos.

pozol. m. Bebida de masa de nixtamal molida y agua. A veces, se le agrega cacao.

pozole. (Del náhuatl *pozolli,* literalmente = 'espumoso', de *pozol* 'espuma', o del cahíta *posoli* 'cocer maíz'.) m. Sopa (o guiso caldoso) de maíz tierno y reventado, carne (típicamente de puerco) y chiles, condimentada con cebolla y lechuga picadas, limón, rábanos y orégano seco (se hierve el maíz, invariablemente cacahuacintle; se limpia quitándole el hollejo). || **pozole blanco.** m. Pozole en que no se utilizan ingredientes que puedan darle un color rojizo. || **pozole colorado estilo tapatío.** m. Pozole con la adición de gallina, chile ancho, pimienta y vinagre. || **pozole con trompa.** m. fest. Chisme, cuento. || **pozole de trompa y oreja.** m. fest. Pozole. || **pozole verde.** m. Pozole con hojas de axoxoco (también llamado *lengua de vaca*, *oreja de liebre* y *vinagrera*), tomates verdes, semillas peladas de calabaza, cubitos de aguacate, pedacitos de chicharrón, chile serrano picado y limones.

pozolero, pozolera. 1. adj. Perteneciente o relativo al pozole. || 2. m. y f. Persona a quien le gusta mucho el pozole.

práctica: **la práctica hace al maestro.** ref. La aplicación de los conocimientos o la acción repetida acerca a la excelencia, a la perfección.

precandidato, precandidata. m. y f. Persona propuesta para un cargo de elección hasta el momento en que la escogen (o la rechazan) como candidato de un partido.

precandidatura. f. Propuesta de un precandidato.

precisado, precisada. (De *precisar* 'necesitar', del latín *praecisus* 'cortado', participio pasivo de *praecidere* 'cortar bruscamente, cortar por delante', de *prae-* 'pre-, antes de, delante' + *-cidere*, de *caedere* 'cortar'.) adj. Obligado, forzado.

precortesiano, precortesiana. adj. Anterior a la llegada (1518) de Hernán Cortés (1485-1547) a México.

predicamento. (Del inglés *predicament*.) m. Situación difícil en que alguien tiene que escoger entre varias opciones. Es anglicismo.

prendido, prendida. (De *prender* 'sujetar mediante un alfiler o puntadas'.) adj. Acicalado, elegante.

preocupón, preocupona. adj., y m. y f. Que se preocupa fácilmente.

prepa. (De *preparatoria* 'escuela de segunda enseñanza'.) f. coloq. Escuela de segunda enseñanza de la que se puede pasar a la universidad.

preparado, preparada. adj. Que ha estudiado.

preparatoria. f. Escuela de segunda enseñanza de la que se puede pasar a la universidad.

preparatoriano, preparatoriana. 1. adj. Perteneciente o relativo a la preparatoria. || 2. Estudiante de preparatoria.

preponderante. adj. Que prepondera, predomina, prevalece, influye.

prerrequisito. n. Algo que se necesita antes de ocupar cierto cargo o de seguir cierto curso de estudio.

presente. (De *presente* 'que está delante o en presencia de uno'.) com. Persona a quien se dirige un escrito que se entrega sin necesidad de escribir la dirección (las señas).

presidenciable. adj. Que puede ser presidente.

presidente municipal. m. El funcionario principal de una ciudad o de un municipio [DRAE: alcalde].

presídium. (Del ruso *prezidium* 'comité ejecutivo en un país comunista'.) m. Comité ejecutivo de una reunión.

prestado: **lo prestado es pariente de lo dado.** ref. Muchas veces no devuelven lo que se prestó.

prestar. tr. En el Sur, significa tanto dar a préstamo como pedir a préstamo.

presupuestal. adj. Presupuestario, perteneciente o relativo al presupuesto.

pretexto: **desde que se inventaron los pretextos, se acabaron los pendejos.** ref. La gente busca pretextos o razones que expliquen sus errores, trata de atenuar sus tonterías y salvarse del ridículo. Compárense *cocinera*, *culpa*, *partera*.

previsivo, previsiva. adj. Previsor, que prevé.

previsorio, previsoria. adj. Que incluye previsión, prudencia, sensatez.

prieto, prieta. (De *prieto* 'oscuro, negro', de *prieto* 'denso, espeso, estrecho', de *apretar* 'estrechar'.) adj. De piel morena, trigueño.

priismo. (De *PRI* 'Partido Revolucionario Institucional' + *-ismo* 'doctrina,
teoría, sistema político'.) m. Doctrina
de los priistas.

priista. (De *PRI* 'Partido Revolucionario
Institucional' + *-ista* 'partidario'.)
com. Miembro del Partido Revolucionario Institucional, o persona que
está a favor de este partido.

primadona. (Del italiano *prima donna*,
literalmente = 'primera mujer'.) f. 1.
La cantante principal en una ópera. ‖
2. Persona que tiene alto concepto de
sí misma.

primavera. f. Cada una de las aves del
género *Turdus*.

primera: **de primera.** loc. adv. De primera clase, excelente, de la mejor calidad. ‖ **la primera con agua, la segunda sin agua y la tercera como
agua.** (Se refiere a las copas mientras
avanza una borrachera.) ref. Con la
tercera copa llega el olvido.

primero: **más valiente que el primero
que se comió un zapote prieto,** véase **zapote.**

primo: **nuestros primos,** o **los primos,**
o **primos del Norte.** locs. Los estadounidenses.

pringa. (De *pringar* 'manchar con pringue o grasa que suelta el tocino'.) f.
Manchita.

pringado, pringada. (De *pringar* 'manchar con pringue o grasa que suelta el
tocino'.) adj. Manchado o salpicado
de lodo.

pringar. (De *pringue* 'grasa que suelta el
tocino'.) 1. tr. Salpicar. ‖ 2. intr. Llo-
viznar.

pringue. (De *pringue* 'grasa, suciedad'.)
f. Salpicadura.

priorizar. tr. Clasificar o hacer una lista
(por ejemplo de metas u objetivos) en
orden de prioridad.

prisco. m. Clase de durazno *(Prunus
persica)* diferente del europeo.

privacía. (Del inglés *privacy.*) f. Vida privada, intimidad. Es anglicismo.

privada. f. Callejuela en medio de una
manzana, que permite el acceso a los
edificios y que sólo comparten los re-
sidentes.

privado. m. (En una oficina) lugar

cuya entrada está permitida a poca
gente.

privilegiado, privilegiada. adj. Notable, extraordinario.

probada. f. 1. Acción o resultado de
probar. ‖ 2. Porción pequeña de un
alimento o de una bebida que se toma
para probar.

profe. (De *profesor.*) m. coloq. Profesor.

profesionista. com. Profesional, que
ejerce una profesión.

profeta: **nadie es profeta en su tierra.**
ref. En donde uno vive no reconocen
sus méritos.

profilaxia. f. Profilaxis, prevención de la
enfermedad, medidas necesarias para
mantener la salud, tratamiento pre-
ventivo.

progresense. (De *Progreso*, nombre de
muchas poblaciones de la República
Mexicana; entre otras, municipio del
estado de Coahuila.) 1. adj. Perteneciente o relativo a Progreso. ‖ 2. m. y f.
Nativo o habitante de Progreso.

progreseño, progreseña. (De *Progreso*,
nombre de muchas poblaciones de la
República Mexicana; entre otras,
municipio del estado de Yucatán.) 1.
adj. Perteneciente o relativo a Progreso. ‖ 2. m. y f. Nativo o habitante de
Progreso.

prójimo: **deséale al prójimo lo que
quieras para ti.** expr. que aconseja
querer para otros lo mismo que se
desea para sí. Compárese *querer.*

propela. (Del inglés *propeller*, que se
pronuncia aproximadamente /prope-
la/, literalmente = 'empujador', de *pro-
pel* 'empujar hacia delante'.) f. Hélice
de embarcación.

propio: **es propio.** loc. Fórmula de cortesía que se usa para contestar a quien
ha dicho "con permiso".

prosecretario, prosecretaria. (De *pro-*
'por, en vez de, en nombre de', del
latín *pro-*, de *pro* 'antes, delante, en
nombre de'.) m. y f. Secretario adjun-
to, subsecretario.

protector o **protector de colchón.** m.
Material espeso que se coloca sobre el
colchón y bajo las sábanas para mantener limpio el colchón y cómoda a la
persona acostada.

provincia. (Del latín *provincia* 'territorio conquistado fuera de Italia administrado por el gobierno de la Roma antigua'.) f. Territorio de la República Mexicana alejado de la capital.

próximo pasado. adj. (De un año, mes, etc.) el último, el anterior.

pueblero, pueblera. m. y f. Habitante de un pueblo o de una ciudad, pero no del campo.

pueblo: después de inundado el pueblo, destapan las coladeras. ref. Hay quienes ponen remedio después de la desgracia, que obran sin previsión. Compárese *niño*.

pueblos. (De *pueblo* 'habitación comunal indígena', de *pueblo* 'aldea', de *pueblo* 'gente'.) m. pl. Grupo de indígenas del sudoeste de Estados Unidos, que viven en aldeas con habitaciones comunales.

puente, véase **portacubierto.**

puerco de monte. m. 1. Pecarí. ‖ 2. Jabalí.

puercoespín de mar. m. Cierto pez del género *Diodon* que tiene el cuerpo cubierto de púas.

puerquito: agarrar (o **coger**) **a alguien de puerquito.** loc. Hacerlo objeto frecuente de burlas y de malos tratos, acosarlo, atosigarlo. Compárense *ala, cochinito, encargo*.

puerta: puerta de golpe. f. Puerta que se coloca (en los potreros) con una inclinación de modo que se cierra por sí sola (por su propia gravedad). ‖ **puerta de trancas.** f. Puerta de corral hecha de trancas horizontales que pasan por abrazaderas o agujeros de dos postes verticales.

puestísimo, puestísima. (De *puesto* 'resuelto, determinado', de *puesto*, participio pasivo de *poner* 'disponer', de *poner* 'colocar', del latín *ponere*.) adj. Listo, dispuesto.

pujido. m. Quejido.

pul. (Del inglés *pool*, que se pronuncia /puul/ 'combinar en un fondo común'.) m. Cierto juego de billar que se juega en una mesa con 6 bolsas y 15 bolas.

pulga: de pocas pulgas. loc. De mal genio. ‖ **ser** alguien **una pulga.** loc. Ser bajo de estatura.

pulgueral. m. Pulguera, lugar en que abundan las pulgas.

pulguerío. m. Abundancia de pulgas.

pulguiento, pulguienta. adj. Pulgoso, que tiene pulgas.

pullman o **pulman.** (Del inglés *Pullman* 'vagón lujoso de ferrocarril', del apellido de George M. *Pullman*, 1831-1897, inventor estadounidense.) m. Autobús de lujo.

pulmón. m. fest. Pulque.

pulpo en su tinta. m. Guiso de pulpos grandes con jitomate, cebolla, ajo, pimientos morrones.

pulque. (Del náhuatl, de la misma familia que *poliuhqui* 'descompuesto, echado a perder'.) m. Bebida blanca y espesa obtenida por fermentación del aguamiel (= jugo) de cualquiera de varios magueyes (sobre todo *Agave atrovirens*). ‖ **pulque blanco.** m. Pulque no curado, sin jugo adicional. ‖ **pulque curado.** m. Pulque preparado con jugo de alguna fruta o verdura (véase **curado**). ‖ **pulque de piña.** m. Pulque curado de piña, con jugo de piña. | **aventarse un pulque.** loc. Tomar pulque. ‖ **curar el pulque.** loc. Endulzarlo y darle sabor de alguna fruta. ‖ **más mexicano que el pulque** (o: **que el nopal, las tunas, los magueyes**). loc. de sentido claro. ‖ **meterle** (o **tupirle**) **al pulque.** loc. Tomar mucho pulque.

pulquería. f. Tienda donde se vende pulque.

pulquero, pulquera. 1. adj. Perteneciente o relativo al pulque. ‖ 2. m. y f. Productor o vendedor de pulque.

puma. (Del quechua *puma.*) m. Felino grande de piel sin manchas. (*Felis concolor*).

¡púmbale! interj. que se usa cuando alguien o algo se cae.

puntada. (De *punta* 'extremo agudo'.) f. 1. Ocurrencia, idea inesperada, dicho agudo. ‖ 2. Acción de donaire. ‖ **puntada de marihuano.** (Porque es como de persona que está bajo el influjo de la marihuana.) f. Ejemplo de conducta estrafalaria. | **¡qué puntada!** loc. ¡Qué ocurrencia! (denota desaprobación). ‖ **tener** alguien **buenas punta-**

das. loc. Tener buenas ocurrencias, dichos agudos.

puntas de filete a la mexicana. f. pl. Puntas de filete fritas, con jitomate, cebolla, ajo y chiles verdes serranos.

puntear. intr. Caminar a la cabeza de un grupo de personas o de animales.

puntilla: **en puntillas.** loc. Pisando con las puntas de los pies [DRAE: de puntillas].

punto: **a punto de charamusca.** loc. Que requiere que se mastique mucho (y además que esté muy caliente).

puntualidad inglesa. f. Característica de llegar estrictamente a tiempo a una cita.

puntualizar. tr. Precisar, concretar, especificar.

punzada: **la edad de la punzada.** loc. La adolescencia.

punzocortante. adj. (De una arma) que a la vez punza y corta.

puñeteada. f. Acción o resultado de puñetear.

puñetear. tr. Apuñear, dar de puñadas (golpes con la mano cerrada).

purépecha. m. Tarasco (lengua indígena del estado de Michoacán).

puritito, puritita. adj. Puro, mero, no acompañado de otra cosa.

puruandirense, o **puruandireño, pu-**

ruandireña. (De *Puruándiro*, municipio del estado de Michoacán, del tarasco, quizá = 'lugar de borboteo', de *purúandeni* 'borbotear' + *-ro* 'lugar'.) 1. adj. Perteneciente o relativo a Puruándiro. || 2. com., y m. y f. Nativo o habitante de Puruándiro.

puscafé. (Del francés *pousse-café*, literalmente = 'empuja café'.) m. Copita de licor que se toma después de la comida inmediatamente después del café.

put. (Del maya *put*.) m. (En Yucatán) papaya.

¡puta! excl. malsonante que se usa para expresar admiración o sorpresa.

¡putamadre! (De *¡puta madre!*) excl. malsonante que se usa para expresar admiración o sorpresa.

putamadral. (De *¡puta madre!*) m. Gran cantidad. Es voz malsonante.

puteada. (Del insulto "¡hijo de puta!") f. Andanada de injurias. Es voz malsonante.

putear. (Del insulto "¡hijo de puta!") tr. Injuriar soezmente. Es voz malsonante.

puts: **hacer puts.** (Del maya *pudz* 'fugitivo; huir'.) loc. Esconderse; escapar.

puyar. tr. Estimular (a animales) con la puya.

que: **que ni qué.** loc. Seguro, obvio, evidente, claro. ‖ **¡a mí qué!** loc. No me importa. ‖ **a que.** loc. Es probable (o seguro) que. ‖ **el qué dirán.** m. La murmuración, la crítica. ‖ **¿qué es de...?** loc. ¿Qué se sabe de...? ‖ **¿qué hubo?**, véase **haber.** ‖ **¿qué más quiere(s)** y **¡qué más quisiera(s)!,** véase **querer.**

quebrantar. tr. (De un potro) empezar a domarlo.

quebrar: **quebrarse** alguien **la cabeza.** loc. Preocuparse mucho por resolver algo. **| parece que no quiebra un plato.** loc. Afecta o finge ser inofensivo y tranquilo.

quebrazón. f. Destrozo grande, estropicio.

quechol. (Del náhuatl *quecholli* 'clase de flamenco (ave)'.) m. Espátula, cierta ave acuática rojiza *(Ajaia ajaja)* [DRAE: cuchareta].

quechquémel o quexquémel o ques-quémetl. (Del náhuatl *quechquemitl,* literalmente = 'ropa para el cuello', de *quechtli* 'cuello' + *quemitl* 'ropa; cobija, manta', de *quemi* 'vestirse'.) m. Parte del vestido femenino, que consiste en un cuadrado de tejido con una abertura en el centro por la que se introduce la cabeza, dejando caer los ángulos sobre el pecho, espalda y hombros.

quechulteco, quechulteca. (De *Quecholac,* municipio del estado de Puebla, del náhuatl *Quecholac,* literalmente = 'en agua [río] de los quecholes [véase **quechol**]', de *quecholli* 'quechol' + *atl* 'agua' + *-c* 'en'.) 1. adj. Perteneciente o relativo a Quecholac. ‖ 2. m. y f. Nativo o habitante de Quecholac.

quedada. (De *quedar.)* f. Soltera, mujer entrada en años que no se ha casado. **| mejor bien quedada que mal casada.** ref. Es preferible permanecer soltera a estar casada con alguien con quien no se lleva bien.

quedadizo, quedadiza, o quedado, quedada. adj. Lento, indolente.

quedar: **quedar** alguien **bien.** loc. Complacer, dejar satisfecho. ‖ **quedar** alguien **bien con.** loc. Complacer, dejar satisfecho a. ‖ **quedarse** alguien **chiquito.** loc. No tener éxito. ‖ **quedarse** alguien **colgado.** loc. Estar en situación comprometida. ‖ **quedar de.** loc. Convenir, acordar. ‖ **quedar(se) de a cinco, cuatro, ocho, seis,** véanse *cinco, cuatro, ocho, seis.* ‖ **quedar en.** loc. Convenir, acordar. ‖ **quedar** algo **en veremos.** loc. Estar pendiente, no resuelto. ‖ **quedarle** a alguien **flojo** (o **guango**) algo. loc. No tomarlo en consideración, despreciarlo. ‖ **quedarse muy/tan fresco.** loc. Quedarse sereno, no inmutarse. **| ahí que quede.** loc. Se da por terminado el asunto. ‖ **así quedamos.** loc. Estamos de acuerdo.

queik. (Del inglés *cake,* que se pronuncia /queic/.) m. Pastel de harina y azúcar, frecuentemente con huevos y mantequilla, cocido en el horno.

queiquera. (De *queik.)* f. Platón con tapa, para pasteles (queiks).

quejadera. f. Quejumbre, queja frecuente.

quejón, quejona. m. y f. Quejumbroso [DRAE: quejicoso].

quelachina. f. Chicozapote.

quelital. Lugar donde abundan los quelites.

quelite. (Del náhuatl *quilitl,* literalmente = 'verdura' [de la misma familia que *quiltic* 'verde'. Compárese **quintonil**].)

188

189

m. Cierta hierba comestible de la que hay numerosas variedades, muchas de las cuales son del género *Amaranthus*. Se hierve, y se condimenta con ajo.

quelitera. f. 1. Mujer que vende quelites. || 2. Quelital.

quemada. f. 1. Quemadura, acción o resultado de quemarse, herida o daño debidos a fuego, calor o ciertas radiaciones. || 2. Desprestigio público.

quemadera. f. Acción reiterada de quemar.

quemado, quemada. (De *quemar.*) adj. Receloso, espantadizo. | **Estar** alguien **quemado.** loc. Ya no tener ganas.

quemador. m. Parte de un aparato donde se produce la llama o el calor [DRAE: mechero].

quemar. tr. 1. Vender a precio muy bajo. || 2. Desacreditar, desprestigiar públicamente. || **quemarse.** Echarse a perder las plantas por efecto de la helada, o de la humedad y el calor. || **quemarse las pestañas.** loc. Estudiar mucho.

quemón. m. Chasco, frentazo. | **darse un (ligero) quemón.** loc. Llevarse un chasco, una decepción, una sorpresa. Compárese **frentazo.**

quepí, véase **kepí.**

querenda. (De origen tarasco.) f. Capulín (planta, *Prunus capuli).*

querendarense, o **querendareño, querendareña.** (De *Queréndaro,* municipio del estado de Michoacán, del tarasco, literalmente = 'lugar de capulines (planta, *Prunus capuli)'.)* 1. adj. Perteneciente o relativo a Queréndaro. || 2. m. y f. Nativo o habitante de Queréndaro.

querendón, querendona. (De *querer.*) adj. Muy cariñoso, afectuoso con exageración.

querer: lo que no quieras para ti, no lo quieras para otro. expr. que aconseja no desear a otro lo que no se quiere para sí. Compárese *prójimo.* || **lo que no quieres que digan, no lo digas.** ref. Para guardar un secreto hay que callar. || **no todo lo que se quiere se puede.** ref. de sentido claro. || **¿qué más quiere(s)?** loc. Ya se obtuvo lo

debido y aun más. || **¡qué más quisieras!** loc. Te gustaría (pero no lo conseguiste). || **quien quiera vivir sano, coma poco y cene temprano.** expr. de ciertos preceptos para la salud [DRAE 1956: cena poco, come más, duerme en alto y vivirás].

queretano, queretana. (De *Querétaro,* capital del estado de Querétaro, de origen tarasco.) 1. adj. Perteneciente o relativo a Querétaro (estado o su capital). || 2. m. y f. Nativo o habitante de Querétaro (estado o su capital).

quesadilla. (Del español *quesada* 'pastelillo de queso', de *queso.)* f. Tortilla de maíz doblada por la mitad y rellena comúnmente de queso (a veces de otros alimentos; por ejemplo, papa, picadillo, chorizo, hongos, chicharrón, flor de calabaza, huitlacoche) y calentada.

quesillo. m. Queso de Oaxaca que se hace en tiras que se trenzan hasta formar una bola. Se cuece al fuego.

queso: queso asadero. m. Queso suave y trenzado que se derrite fácilmente; se fabrica con una proporción de leche agria. Se puede usar para hacer quesadillas. || **queso de Chihuahua.** Queso parecido al gruyère pero sin ojos, o al manchego. Se puede usar para hacer quesadillas. || **queso de Gruyère.** (De *Gruyère,* distrito de Suiza.) m. Cierto queso firme con agujeros pequeños. || **queso de Oaxaca.** m. Queso que se hace en tiras que se trenzan hasta formar una bola. Se cuece al fuego. || **queso de puerco.** m. Alimento de cabeza de puerco, picada y prensada, con especias. || **queso de tuna.** m. Dulce hecho con la tuna seca, trenzada en forma de paralelepípedo. || **queso fresco.** m. Queso suave que se funde y hace hebra cuando se calienta. Se come apenas hecho y se desmenuza sobre carnes, frijoles, enchiladas y tacos. || **queso panela.** m. Queso de forma redonda y aplanada, de menos grasa y menos sal que la mayoría de otros quesos. || **queso relleno.** m. Queso de tipo holandés, vaciado y rellenado de picadillo de carne de puerco aderezada. | **dado al**

queso. loc. Pobre y desarreglado, en muy malas condiciones físicas.

quesque. (De *que es que.*) adv. Al parecer, presuntamente, dizque.

quesquémel, véase **quechquémel.**

quetzal. (Del náhuatl *quetzalli* 'plumón verde'.) m. Cierta ave tropical *(Pharomachrus mocinno).*

quexquémel, véase **quechquémel.**

quiche. (Del francés *quiche.*) Pronunc. /kish/. f. Cierto pastel salado. || **quiche lorraine.** (Del francés *quiche lorraine,* literalmente 'quiche de Lorena (región del noreste de Francia)'.) Pronunc. /kish lorén/. f. Quiche con queso y pedazos de tocino.

quiebra. f. Acción de quebrar.

quiebre. m. Doblez, pliegue (por ejemplo, del pantalón).

quien: **cada quien.** loc. pron. Cada cual, cada persona. || **¡quién quita!** loc. Puede ser.

quihúbole, véase **haber.**

quijinicuil, variante de **cuajinicuil.**

quiltonil, véase **quintonil.**

quimbombó, quingombó. (De origen bantú [en tshiluba (o luba) se llama *chinggômbô].)* m. Cierta planta africana *(Hibiscus esculentus)* de fruto alargado que es una vaina comestible.

químico. (Traducción del inglés *chemical.)* m. Sustancia química. Es anglicismo.

quimil. (Del náhuatl *quimilli* 'bulto; mochila'.) m. Maleta; envoltorio; atado de ropa.

quina. f. Quino, árbol del género *Cinchona.*

quintanarroense. (De *Quintana Roo,* estado de la República Mexicana, de los apellidos de Andrés *Quintana Roo,* 1787-1851, quien luchó por la independencia de México.) 1. adj. Perteneciente o relativo a Quintana Roo. || 2. m. y f. Nativo o habitante de Quintana Roo.

quinto. m. Moneda de cinco centavos. | **no hay quinto malo.** (De origen taurino: el ganadero seleccionaba personalmente el toro que debía ser toreado en quinto lugar.) ref. Si se repiten los esfuerzos, después de cuatro veces se suele conseguir el fin deseado. || **no tener** alguien **ni (un) quinto,** o **quedarse** alguien **sin un quinto.** locs. Estar sin dinero, en la pobreza extrema.

quintonil o **quiltonil.** (Del náhuatl *quilitl* 'verdura' [de la misma familia que *quiltic* 'verde'. Compárese **quelite**] + *tonilli* 'cosa calentada por el sol', de *tona* 'hacer sol, calentarse' [que también dio *tonatiu* 'sol'].) m. Cierta clase de quelite (hierba comestible), *Amaranthus hypocondriacus.*

quiote. (Del náhuatl *quiotl* 'tallo, brote'.) m. Tallo floral comestible (asado) del maguey.

quiroguense o **quirogueño, quirogueña.** (De *Quiroga,* municipio del estado de Michoacán: se dio al poblado el rango de villa en 1852 a la vez que se le puso el nombre en homenaje a Vasco de *Quiroga,* ¿1478?-1565, primer obispo de Michoacán.) 1. adj. Perteneciente o relativo a Quiroga. || 2. com., y m. y f. Nativo o habitante de Quiroga.

quiropráctica. (De *quiro-* 'mano', del griego *jeiro-.)* f. Sistema de terapia que emplea manipulación.

quiropráctico, quiropráctica. 1. adj. Perteneciente o relativo a la quiropráctica. || 2. m. y f. Quien ejerce la quiropráctica.

quisquémel, véase **quechquémel.**

quitada. f. Acción o resultado de quitar.

quitadera. f. Acción reiterada de quitar.

quitar: **quién quita.** loc. 1. Ojalá, espero que. || 2. Puede ser.

quitasol. (De *quitasol* 'sombrilla', por parecido de forma.) m. Cierto hongo silvestre.

¡quiúbole!, véase **haber.**

R

rabiada. f. Rabieta, enfado grande.

rabo: rabo de mestiza. m. Cierto guiso caldoso de rajas de chile poblano, jitomate y huevos estrellados. || **rabo verde.** 1. loc. adj. Que conserva inclinaciones galantes impropias de su edad, enamoradizo. || 2. m. Viejo verde, viejo enamoradizo. | **con el rabo entre las piernas.** loc. adv. Lastimosamente después de un fracaso. || **torcer el rabo la cochina.** loc. Manifestar inconformidad o desagrado. || **traer** a alguien **del rabo.** loc. Tenerlo dominado (por temor o por amor).

rabón, rabona. (De *rabo* 'cola'.) adj. 1. (De un vestido o de un cuchillo) más corto que lo normal. || 2. (De un animal) falto de cola.

radioactivo, radioactiva. adj. Que tiene radioactividad, emisión de energía radiante (por desintegración de sus núcleos atómicos).

radiodifusora. f. Empresa dedicada a hacer emisiones inalámbricas de sonido destinadas al público.

radioperador, radioperadora. m. y f. Técnico operador de emisores de sonido.

raicerío. m. Multitud de raíces.

raid. (Del inglés *ride*, que se pronuncia /raid/.) m. Viaje gratuito en vehículo.

raight, véase **rait.**

raight filder. (Del inglés *right fielder*, que se pronuncia /rait fílder/, literalmente = 'campero de la derecha') PRONUNC. /rait/. m. En beisbol, jardinero derecho, el jugador que defiende el campo del lado derecho visto desde jom.

rait o **raight.** (Del inglés *right*, que se pronuncia /rait/.) PRONUNC. /rait/. adv. Correcto; precisamente.

raizal. m. Conjunto de raíces.

raizar. intr. Echar raíces, arraigar.

raíz fuerte. f. 1. Cierta planta, *Armoracia lapathifolia*, una especie de rábano. || 2. La raíz picante de esta planta. || 3. Condimento hecho de esta raíz, rallada, en vinagre.

rajada. f. Acción de desdecirse.

rajadera. f. Acción reiterada de desdecirse.

rajado, rajada. adj., y m. y f. 1. Cobarde. || 2. Que se desdice.

rajarse. (De *rajarse* 'volverse atrás, acobardarse'.) Desdecirse, retractarse, faltar a una promesa.

rajas. (De *raja* 'pedazo que se corta a lo largo, pedazo largo y angosto'.) f. pl. Tiras de chile poblano, sin semillas ni venas, fritas con cebolla. Comúnmente se sirven con crema y granos de elote.

rajitas. f. pl. Tiras de chile jalapeño en vinagre.

rajón, rajona. (De *rajarse.*) m. y f. 1. Persona que se desdice, cobarde. || 2. Quien revela un secreto, delator, denunciador, acusador.

rallársela a alguien, véase **mentársela.**

rally o **rallye.** (Del inglés *rally, rallye*, del francés *rallye*, del inglés *rally* 'reunirse, congregarse'.) PRONUNC. /rali/. m. Competencia en automóvil pasando por puntos especificados mediante enigmas.

ramosarizpense. (De *Ramos Arizpe*, municipio del estado de Coahuila, nombre que se dio a la villa en 1850 en honor de Miguel Ramos Arizpe, 1775-1843, político que había nacido allí.) 1. adj. Perteneciente o relativo a Ramos Arizpe. || 2. m. y f. Nativo o habitante de Ramos Arizpe.

rana: rana arbórea. f. Cierto anfibio arbóreo tropical sin cola. || **rana co-**

mún, o **rana negra.** f. Cierto anfibio ágil comestible de piel lisa y sin cola, de dorso oscuro. ‖ **rana de dedos largos.** Cierto anfibio nocturno de labios blancos. ‖ **rana negra,** véase **rana común.** ‖ **rana toro.** ("Toro" por su tamaño y su croar.) f. Cierta rana grande, de cuerpo ancho, de croar sonoro. | **nadar de rana.** loc. Nadar boca abajo moviendo simultáneamente brazos y piernas, y dando éstas patadas laterales.

ranchera. (De *canción ranchera.*) f. Cierto tipo de canción popular. | **no cantar** alguien **mal las rancheras.** loc. irón. Hacer bien las cosas, o cierta cosa.

ranchero, ranchera. 1. m. y f. Campesino, habitante de un rancho. ‖ 2. adj., y m. y f. Tímido, inhibido.

rancho. m. Granja, finca.

rapacejo. (De *rapacejo* 'fleco'.) m. Fleco del rebozo.

rarámuri. (Del tarahumara *ralámari* 'tarahumaras', literalmente = 'los que corren a pie'.) m. Lengua de los tarahumaras, del subgrupo tarahumaracahíta del grupo sonorense de la familia yutoazteca.

rascada. f. Acción o resultado de rascar o rascarse.

rascadera. f. Acción reiterada de rascar o rascarse.

rascapetate. m. Cierta mimosa.

rascuache. adj. De poca clase, pobre, feo, de mala clase.

rasgada. f. Acción o resultado de rasgar [DRAE: rasgadura].

rasguñada. f. Acción o resultado de rasguñar.

rasguñón. m. Rasguño [DRAE: rasguñadura].

raspa. (De *raspar* 'raer, rozar, restregar'.) f. 1. Baile de parejas en que se mueven los pies alternadamente hacia delante y luego hacia atrás, deslizándolos o restregándolos un poco, y se termina con una vuelta o giro de polca. ‖ 2. colect. f. Personas de poca educación; ladrones, contrabandistas.

raspada. f. Acción o resultado de raspar.

raspadera. f. Acción o resultado de raspar reiteradamente.

raspado. m. Raspadura de hielo con jarabe.

rastreada. f. Acción o resultado de rastrear.

rastreadera. f. Acción reiterada de rastrear.

rastrillo. (De *rastrillo* 'instrumento para separar las fibras del lino o del cáñamo', literalmente = 'rastro pequeño', de *rastro* 'instrumento de púas que sirve para recoger hierba', del latín *rastrum* 'rastro de labrador', de *radere* 'afeitar; pulir, pasar el cepillo de carpintero'.) m. Instrumento manual para rasurar (= afeitar) en que se inserta una hoja de navaja.

rasurada. (De *rasurar* 'raer el pelo de la cara'.) f. Acción o resultado de rasurar o rasurarse.

rasuradora. f. Máquina eléctrica de rasurar (= afeitar) [DRAE: afeitadora].

rata: rata canguro. (Por tener bolsa ventral como los canguros.) f. Cierto roedor marsupial campestre nocturno *(Dipodomys ordii).* ‖ **rata de sacristía.** (De *sacristía* 'lugar, en las iglesias, donde se guardan objetos pertenecientes al culto'.) f. Mujer que no se ocupa de su casa por estar metida en la iglesia. ‖ **rata silvestre.** f. Cierto roedor *(Hesperomys palustris).*

ratera. f. Trampa para coger ratas.

rateril. adj. Relativo al ratero (= ladrón).

raterismo. m. 1. Hábito de ser ratero (= ladrón). ‖ 2. Arte de hurtar.

ratito. m. Rato (espacio de tiempo) pequeño. | **al ratito.** loc. adv. Poco tiempo después, momentos después. ‖ **hasta el ratito.** loc. adv. Hasta el rato, hasta luego.

rato: no cada rato es boda. ref. No siempre hay diversión y alegría.

ratón[1]: ratón de monte, o **ratón tlacuache.** (Véase **tlacuache.**) m. Cierto marsupial pequeño *(Didelphys dorsigera).* ‖ **ratón lavandero.** (Francés *raton laveur,* porque lava los alimentos antes de comerlos.) m. Cierto mamífero nocturno *(Procyon lotor),* mapache. ‖ **ratón tlacuache,** véase **ratón de monte.** ‖ **ratón viejo.** m. Nombre que se da a cualquiera de varios murciélagos.

ratón²: al ratón. (De *al ratito* o de *al rato.*) loc. adv. fest. Poco tiempo después.

ratonero, ratonera. adj. (De un gato o un perro) que caza ratones.

raya. f. 1. Acto de pagar. || 2. Cantidad que se paga, salario. || **hecho la raya.** loc. adv. Muy rápidamente.

rayador, rayadora. m. y f. Pagador (en haciendas y fábricas).

rayársela a alguien, véase **mentársela.**

rayo: como de rayo. loc. adv. A toda velocidad.

rayonense. (De *Rayón*, nombre de varias poblaciones de la República Mexicana.) 1. adj. Perteneciente o relativo a Rayón. || 2. m. y f. Nativo o habitante de Rayón.

razón: el que da razón del camino, es porque andado lo tiene. ref. Quien sabe de algo tuvo intervención personal en ello, o lo ha experimentado.

re- (Del latín *re-* 'de nuevo; hacia atrás'.), **rete-** y **requete-.** Prefijos que intensifican el valor de adjetivos y adverbios, como en *rebonito, retebonito, requetebonito; rebién, retebién, requetebién.* Se usan más frecuentemente que en España.

real: real de minas. (De *real* 'del rey', porque cuando México era colonia de España esos pueblos se consideraban "del rey".) m. Pueblo en cuyo distrito hay minas, especialmente de plata. | **de aquí pa'l real.** (De *real [de minas].*) loc. El éxito (o el triunfo) está asegurado, ya pasó lo difícil.

realengo, realenga. (De *real* 'del rey', del latín *regalis*, de *reg-*, de *rex* 'rey'.) adj. (De un animal) que no tiene dueño.

reanimada. f. Acción de reanimar.

reapertura. f. Nueva apertura, reanudación de operaciones después de una interrupción o suspensión.

reata. adj. 1. Resuelto, atrevido. || 2. Listo, sagaz. || 3. Buen amigo. | **brincar la reata.** loc. Jugar a saltar una cuerda, que muchas veces tiene asas. || **la reata se revienta por lo más delgado.** ref. Una cuestión entre un poderoso y un desvalido se resuelve a favor

del primero, el fuerte prevalece contra el débil, es el más débil quien sale perjudicado o lleva la peor parte [DRAE 1956: siempre quiebra la soga por lo más delgado]. Compárense *hilo*, **pita.**

reatazo. m. Latigazo, golpe dado con una reata.

reatiza. f. Tunda dada con reata.

rebatinga. (De *rebatiña.*) f. Acción de coger de prisa algo que otros quieren coger a la vez.

rebenque. (Del español *rebenque* 'látigo con el que se castigaba a los galeotes', del francés *raban* 'cuerda que ata la vela a la verga', del neerlandés *raband*, de *ra* 'verga' + *band* 'lazo'.) m. Látigo.

rebocería. f. Tienda en que se venden rebozos.

rebocero, rebocera. m. y f. Fabricante o vendedor de rebozos.

reborujar. (Del español *reburujar*, de *burujo, borujo* 'masa, bulto apretado'.) tr. Revolver, desordenar.

rebosante. (De *rebosar* 'derramarse un líquido'.) adj. (De un sentimiento) que invade, abundante.

rebotar. (De *rebotar* 'retroceder'.) tr. (De un cheque) que no se pagó, por falta de fondos.

rebozado, rebozada. (De *rebosar* 'cubrir el rostro con la capa'.) adj. (De un alimento) bañado en harina y huevo batido.

rebozo. (Del español *rebozo* 'modo de llevar la capa cuando con ella se cubre casi todo el rostro', de *rebozar* 'cubrir casi todo el rostro con la capa', de *bozo* 'parte exterior de la boca', por último del latín *bucca* 'mejilla, boca'.) m. Especie de chal o mantilla o capa que usan las mujeres para cubrirse la cabeza, el cuello y los hombros, y para envolver en él a un niño (y así cargarlo). Es complemento indispensable del traje de china poblana. || **rebozo de bolita.** (Se hace a mano, de hilo que antiguamente se expendía en bolitas.) m. Variedad muy fina de rebozo, que se fabrica en Santa María (véase el siguiente) y otros lugares. || **rebozo de Santa María.** (De *Santa María [del Río]*, municipio del estado de San

Luis Potosí.) m. Variedad afamada de rebozo. | **jala más un rebozo que un caballo brioso.** Pronunc. *rebozo* se pronuncia /reboso/. ref. Las mujeres ejercen gran atracción. Compárense **chiche,** *cinta, pelo.*

recalentado. (Algunos consideran que el mole de guajolote y otros guisos son mejores al día siguiente de condimentados, y por lo tanto se vuelven a calentar.) m. Alimento que se volvió a calentar.

recámara. (Del español *recámara* 'cuarto después de la cámara o habitación principal destinado a guardar los vestidos o alhajas'.) f. Dormitorio, pieza con una o dos camas, destinada para dormir en ella.

recamarero, recamarera. m. y f. Criado, encargado de asear los cuartos de hotel o las recámaras.

recargarse. Apoyarse, desviarse de la posición vertical para apoyarse.

recargo intestinal. m. Estreñimiento temporal.

recaudería. f. Tienda en que se venden especias y otros condimentos.

recaudero, recaudera. m. y f. Persona que tiene recaudería.

recaudo. m. Especias y otros condimentos (cebolla, jitomate, perejil, ajo, picados y mezclados).

recepción. f. Acción o resultado de recibirse, de que le den un título profesional.

receso. m. 1. Suspensión temporal de actividades en un congreso o asamblea. || 2. Tiempo que dura esta suspensión.

recoger: cada quien recoge lo que siembra. ref. Uno sufre las consecuencias de sus actos malos o goza de las de sus buenas acciones [DRAE 1956: quien bien siembra, bien coge].

recompostura. f. Reparación, reconstrucción.

reconsideración. f. Consideración o examen (por ejemplo, de un plan o de una decisión) para ver si se cambia.

reconstruible. adj. Que se puede reconstruir, volver a construir.

recordar: recordársela a alguien, véase **mentársela.**

recortada. f. Acción de recortar [DRAE: recortadura].

recortar. tr. Hablar mal de.

recorte. m. 1. Artículo cortado de una publicación. || 2. Crítica, murmuración.

redentor: el que se mete a (o: **quien hace de**) **redentor, sale crucificado.** ref. Quien trata de apaciguar lleva la peor parte.

redilas. (De *redil* 'aprisco cercado con estacas y redes', de *red.)* f. pl. Estacas y listones para cercar. Compárese **camión de redilas.**

redova. (Del francés *rédowa* 'baile de salón de origen checo del siglo XIX, que se parece a la polca', del checo *rejdovák,* de *rejdovati* 'girar, dar vueltas, remolinar'.) f. Instrumento musical, especie de tambor pequeño.

reeleccionismo. m. Doctrina o teoría que sostiene que es conveniente tener la posibilidad de reelegir a los funcionarios de elección popular.

reeleccionista. adj. y com. Partidario del reeleccionismo.

refacción. (De *refacción* 'compostura de lo estropeado', de *refacción* 'alimento para reparar las fuerzas', de *refección* 'alimento; compostura', del latín *refection-,* tema de *refectio* 'reparación', de *refectus* 'rehecho', de *refectus,* participio pasivo de *reficere* 'rehacer, renovar', de *re-* 'de nuevo' + -*ficere,* de *facere* 'hacer'.) f. Pieza de un vehículo (o de una máquina) que se puede utilizar para repararlo, reemplazando con ella la pieza dañada.

refaccionaria. f. Establecimiento donde se venden refacciones para vehículos automóviles.

refino. m. Aguardiente.

refrán: en cada refrán hay una verdad. ref. Los proverbios encierran enseñanzas prácticas, fruto de la experiencia popular.

refresco. (De *refresco* 'bebida', de *refresco* 'alimento', de *refrescar* 'tomar fuerzas'.) m. Bebida de agua con algún sabor, muchas veces efervescente (por la adición de gas de ácido carbónico).

refresquería. f. Tienda en que se venden refrescos.

195

refri. (De *refrigerador.*) m. Aparato electrodoméstico que sirve para mantener fría la comida.

regadera. (De *regadera* 'recipiente portátil para regar'.) f. Aparato que, mediante una boca con orificios, deja caer agua en forma de lluvia sobre el cuerpo para limpiarlo [DRAE: ducha].

regaderazo. m. Baño tomado en regadera.

regalía. (De *regalía* 'derecho de explotación otorgado por un soberano', de *regalía* 'preeminencia que ejerce un soberano en su reino', del latín *regalis* 'del rey'.) f. Participación de un autor en los ingresos de su editor por venta de su obra.

regañada. f. Regaño, represión.

regar: regarla. (Idea implícita: esparcir o regar la propia estupidez.) loc. Equivocarse. | **¡no la riegues!** loc. No perjudiques, no causes pérdida, no te equivoques. || **¡ya ni la riegas!** loc. Estás molestando.

regateador, regateadora. adj. Que regatea mucho [DRAE: regatón].

regiomontano, regiomontana. (De *regio* 'de rey' + *monte* + *-ano*. En 1596 fue fundada la Ciudad Metropolitana de Nuestra Señora de Monterrey, dándole ese nombre en homenaje a Gaspar de Zúñiga, conde de Monterrey, entonces virrey de la Nueva España.) 1. adj. Perteneciente o relativo a Monterrey, capital del estado de Nuevo León. || 2. Nativo o habitante de Monterrey.

regresar. (De *regresar* 'volver al lugar de donde se partió', de *regreso* 'acción de volver atrás', del latín *regressus*, de *regressus*, participio pasivo de *regredi* 'volver atrás', de *re-* 'de nuevo' + *-gredi*, de *gradi* 'caminar'.) tr. Devolver al poseedor.

regresarse. Regresar, volver al lugar de donde se partió.

reguero. (De *regar* 'esparcir, desparramar'.) m. Desorden.

rehilete o **reguilete.** (Del español *rehilete* 'flecha con púa que se lanza por diversión para clavarla en un blanco', de *rehilar* 'zumbar'.) m. Rueda pequeña con aspas, pegada a un palito, que por juego los niños hacen girar en el viento [DRAE: molinete, rehilandera].

reinero, reinera. (En la época colonial quería decir 'del Nuevo Reino de León' [hoy Nuevo León].) adj., y m. y f. De Monterrey (véase **regiomontano**).

reiniciar. tr. Volver a iniciar.

reinita. f. Cierta ave *(Cyanerpes cyaneus).*

reinternar. tr. Volver a internar.

reír: reír de dientes para fuera. loc. Fingir risa. | **el que ríe al último, ríe mejor.** ref. Quien parece ganar al principio, no necesariamente es quien gana al final.

reja: tras las rejas. loc. En la cárcel.

rejego, rejega. adj. Renuente, indomable.

rejuvenecedor, rejuvenecedora. adj. Que tiene virtud de rejuvenecer.

relajear. intr. Echar relajo, divertirse.

relajiento, relajienta. adj., y m. y f. Que gusta del relajo o diversión algo desordenada.

relajo. (De *relajo* 'desorden', de *relajar* 'aflojar, volver menos rígido', del latín *relaxare* 'aflojar, moderar', de *re-* 'hacia atrás' + *laxare* 'aflojar', de *laxus* 'flojo, amplio'.) m. 1. Diversión (algo desordenada). || 2. Escándalo, algazara, desorden. | **echar relajo.** loc. Divertirse.

relamido, relamida. adj. Muy arreglado (en su rostro o su ropa).

relinchada. f. Voz del caballo, relincho.

relís o **reliz.** (Del inglés *relish* 'hombro de espiga (en carpintería)', del francés *relais*.) 1. Pendiente cortada a pico, acantilado. || 2. Parte posterior empinada de la casa.

rellena. f. Embutido, tripa rellena con sangre de cerdo o carne picada [DRAE: morcilla].

rellenito, rellenita. adj. Casi gordo.

reloj: reloj, caballo y mujer, tener bueno o no tener. ref. Ciertas cosas deben ser de calidad.

remachada o **remachadura.** f. Acción de remachar.

remachadera. Acción reiterada de remachar.

remachadura, véase **remachada.**

remada. f. Acción de remar.

remadera. f. Acción reiterada de remar.

rematar. (De *rematar* 'hacer remate en una venta, llegar a la proposición que obtiene la preferencia'.) tr. 1. Vender en subasta pública. || 2. Vender barato.

remate. (De *rematar.*) m. 1. Borde del paño. || 2. Subasta pública.

remedio: no hay mejor remedio que el tiempo. ref. El paso del tiempo reduce el dolor o la tristeza. || **santo remedio.** loc. Recurso definitivo.

remilgoso, remilgosa. adj. Que afecta excesiva delicadeza [DRAE: remilgado].

remisión. (De *remisión* 'acción de remitir, de enviar', del latín *remission-*, tema de *remissio* 'acción de remitir', de *remissus*, participio pasivo de *remittere* 'devolver, enviar de nuevo', de *re-* 'hacia atrás; de nuevo' + *mittere* enviar'.) f. 1. Lo remitido. || 2. Nota en que se recoge el recibo de lo remitido. | **nota de remisión.** loc. Nota en que se recoge el recibo de lo remitido.

remojo. (De *mojar*, *remojar* 'empapar en líquido', porque antiguamente se convidaba a beber.) m. Acción o resultado de remojar (convidar con motivo de algún estreno).

remolón, remolona. (Del español *remolón* 'que intenta evitar el trabajo', del antiguo *remorar* 'retardar', del latín *remorari* 'retardar', de *re-* 'hacia atrás' + *morari* 'retardar', de *mora* 'retraso'.) m. y f. Quien hace las cosas con mala voluntad y renuencia.

removedor, removedora. m. y f. Que remueve, que sirve para remover.

remozadura, f., o **remozamiento,** m. Acción o resultado de remozar o remozarse.

remuda. (De *remuda* 'remudamiento, acción o resultado de remudar o de reemplazar'.) f. Animal que releva en el trabajo al que ya se cansó [DRAE: revezo].

remunerable. adj. Que se debe remunerar.

rendir. (De *rendir* 'entregar; devolver', del latín vulgar *rendere*, del latín *reddere* 'devolver, entregar', de *red-* 'de nuevo' + *-dere*, de *dare* 'dar'.) intr. Aumentar algo al ser elaborado.

renglón. (De *renglón* 'parte de renta o utilidad', de *renglón* 'línea horizontal en un libro de contabilidad', de *reglón* 'regla grande', de *regla* 'barra de madera para trazar líneas rectas', del latín *regula* 'regla', de *regere* 'guiar derecho; dirigir'.) m. Comercio de cierto ramo, giro.

rengo, renga. (Del español *rengo* 'cojo por lesión de las caderas'.) adj. Cojo por lesión en un pie.

renguera. f. Cojera especial del rengo (cojo por lesión de las caderas).

rentar. (De *rentar* 'producir beneficio', de *renta* 'utilidad, beneficio', del latín vulgar *rendita*, de *rendita*, participio pasivo femenino de *rendere*; véase *rendir.*) tr. Alquilar (tanto tomar como dar en alquiler).

reparar. intr. Dar corcovos (saltos encorvando el lomo) un caballo o res.

reparo. m. Reparada, movimiento del caballo que aparta de pronto el cuerpo.

repartida. f. Repartición, acción o resultado de repartir.

repartidera. Repartición desordenada.

repavimentar. tr. Volver a pavimentar.

repechar. intr. Hacer parada de descanso en los viajes.

repecho. m. Baranda en un lugar alto para poder asomarse sin peligro de caer, antepecho.

repegarse. Pegarse mucho, adherirse.

repelar. intr. Rezongar, refunfuñar.

repelón, repelona. m. y f. Rezongón, respondón.

repiocha. (De *re-*, intensificador, + *piocha* 'bonito, excelente'.) adj. Muy bonito, excelente.

repiqueteo. (De *repiquetear* 'hacer ruido golpeando repetidamente sobre algo', de *repicar* 'tañer o sonar las campanas', de *re-* 'de nuevo' + *picar* 'golpear (no necesariamente con pico)'.) m. Taconeo repetido.

reportar. (Del latín *reportare* 'informar, anunciar', de *reportare* 'llevar hacia atrás; llevar de nuevo', de *re-* 'hacia atrás; de nuevo' + *portare* 'llevar'.) tr. Informar (acerca de un aparato deteriorado).

reportarse. Comunicar el lugar donde uno se halla.

reporte. (De *reportar.*) m. Informe burocrático.

reportear. (De *reportero* 'periodista de noticias'.) tr. Buscar noticias y difundirlas desde un medio de información

repunta, f., o **repuntamiento.** m. (De *repuntar.*) Aumento del caudal de los ríos durante las crecidas.

repuntar. (De *repuntar* 'empezar la marea por creciente o por menguante', de re- 'de nuevo; hacia atrás' + *punta* 'extremo'.) intr. 1. Elevarse el nivel de las aguas de un río. || 2. Empezar a manifestarse algo.

repunte. (De *repuntar.*) m. Acción o resultado de repuntar (empezar a manifestarse algo [sobre todo las crecidas en los ríos]).

requemarse. Curtirse la piel al sol.

requerir: lo que no requieres, ¿para qué lo quieres? ref. Hay que vivir con poco.

requete-, véase **re-.**

requintada. f. Acción y resultado de requintar.

requintar. (Del español *requintar* 'subir o bajar cinco puntos una cuerda o tono', de re- 'de nuevo' + *quinto* 'cada una de las cinco partes iguales en que se divide un todo'.) tr. Poner tirante una cuerda (por ejemplo, de guitarra).

res: ¡azotó la res! (De una persona.) loc. 1. Se cayó. || 2. Hizo lo que no quería, aquello a que se resistía.

resabioso, resabiosa. (De *resabio* 'vicio, mala costumbre', de *resabio* 'sabor desagradable', del latín vulgar *resapidus* 'que tiene sabor', del latín *sapidus* 'que tiene sabor'.) adj. (De una caballería) que tiene vicios [DRAE: resabiado].

resane. m. Acción de resanar (reparar desperfectos en la superficie).

resbalada. f. Acción o resultado de resbalarse.

resbaladilla. (De *resbalar* 'deslizarse'.) f. Juego de niños en que se deslizan por una bajada diagonal pulida a la que se accede desde lo alto de una escalera de mano.

resbaloso, resbalosa. adj., y m. y f. 1. (De un lugar) en que se resbala fácilmente. || 2. (De una persona) desvergonzada, que expone a incurrir en algún desliz, que insinúa que desea ser amada.

resequedad. f. Acción o resultado de resecarse [DRAE: resecación].

resfregar. (De *refregar,* influido por *restregar.*) tr. Frotar con ahínco.

resistol. (De *Resistol,* marca de pegamento inspirada en el inglés *resist all* 'resiste todo', que se pronuncia /resistól/.) m. Pegamento fuerte.

resolana. f. 1. Reverberación del sol [DRAE: resol]. || 2. Luz y calor provocados por la reverberación del sol [DRAE: resistero].

resolladero. (De *resollar* 'respirar'.) m. Respiradero, abertura por donde entra o sale el aire.

resortera (De *resorte* 'muelle'.) o **hulera** (De *hule* 'goma'.) f. Horqueta de madera en ángulo agudo, con bandas elásticas en cada extremo, que sirve para arrojar piedras pequeñas o frijoles [DRAE: tirador].

respeto: el respeto al derecho ajeno es la paz. (De un dicho o apotegma de Benito Juárez.) ref. No hay que ser entremetido. El festivo: "el respeto al derecho ajeno es la conservación de los dientes" da a entender que el invadir prerrogativas puede costar un bofetón que tire los dientes.

respingada. f. Respingo, acción o resultado de respingar (sacudirse la caballería).

respingón, respingona. (De *respingar* 'sacudirse la cabeza'.) adj. Que protesta mucho o muestra frecuentemente inconformidad.

responsiva. f. 1. Fianza, garantía, caución. || 2. Documento en que un médico se compromete a encargarse del tratamiento de un paciente enjuiciado y de cuidar que no se escape.

restaurant. (Del francés *restaurant.*) Pronunc. /restorán/. m. Restaurante, establecimiento comercial donde se puede comer y beber.

restirador. m. Mesa o tablero destinado a estirar papel en que se dibuja.

resto: un resto. loc. adv. Mucho (aunque no sea un remanente o residuo).

restregar en el hocico. loc. Echar en cara, reconvenir [DRAE: dar en cara].

resuave. (De *re-*, intensificador, + *suave* 'bueno, excelente, bonito'.) adj. Muy bueno, excelente.

resultar. (De *resultar* 'producirse como consecuencia', del latín *resultare* 'saltar hacia atrás', de *re-* 'hacia atrás' + *-sultare*, de *saltare* 'saltar'.) intr. Suceder, ser el caso que.

resumidero. m. Sumidero, alcantarilla.

retacar. (Del español *retacar* 'hacer más compacto'.) tr. Llenar mucho, hartar, atiborrar. || **retacarse.** Llenarse mucho, hartarse, ponerse ahíto.

retacear. tr. Vender retazos (de tela).

retacerío. m. Conjunto de retazos (de tela) [DRAE: retacería].

retachar. tr. Devolver. || **retacharse.** Volver atrás; rebotar.

retache. m. Devolución. || **de retache.** loc. adv. En devolución.

retaliación. (Del inglés *retaliation*, del latín tardío *retaliatus*, participio pasivo de *retaliare* 'devolver lo mismo', del latín *re-* 'hacia atrás; de nuevo' + *-taliare*, del mismo origen que *talio* 'talión, pena que consiste en hacer sufrir al delincuente un daño igual al que causó'.) f. Venganza.

retazo. (De *retazo* 'pedazo de tela'.) m. Pedazo de carne.

rete-, véase **re-.**

reteabusado, reteabusada. (De *rete-*, intensificador, + *abusado* 'listo, sagaz'.) adj. Muy listo.

retebién. (De *rete-*, intensificador, + *bien*.) adv. Muy bien.

retén. (De *retener* 'impedir que algo se mueva', del latín *retinere* 'detener, mantener inmóvil', de *re-* 'hacia atrás' + *-tinere*, de *tenere* 'detener'.) m. Puesto fijo o móvil que sirve para vigilar una actividad.

retepiocha. (De *rete-*, intensificador, + *piocha* 'bonito, excelente'.) adj. Muy bonito, excelente.

retobado, retobada. adj. Respondón, rezongón, contestón.

retobar. tr. Rezongar, responder.

retobo. m. Pedazo de cuero que se usa para forrar o cubrir.

retobón, retobona. adj. Que retoba mucho.

retocada. f. Acción o resultado de retocar [DRAE: retocado].

retorcida. f. Acción o resultado de retorcer.

retorno. m. Calle que permite que los automóviles den vuelta y regresen en sentido contrario.

retostada: de la retostada. (Eufemismo por **de la chingada**.) loc. adj. Difícil, complicado.

retozada. (De *retozar*.) f. Acción o resultado de retozar (hacer ejercicios ecuestres).

retozar. (De *retozar* 'saltar alegremente'.) tr. Hacer ejercicios ecuestres (por ejemplo, lazar, jinetear, jaripear).

revalidar. tr. (De estudios hechos en otra institución) considerarlos válidos y equivalentes.

reventada. f. Acción o resultado de reventar (estallar).

reventón. (De *reventar* 'estallar con ruido'.) m. Juerga, parranda, diversión bulliciosa.

reverendo, reverenda. (De *reverendo* 'digno de reverencia', del latín *reverendus* 'digno de respeto, venerable', de *reverendus*, gerundivo [participio de futuro pasivo] de *revereri* 'reverenciar', de *re-*, intensificador, + *vereri* 'respetar; temer'.) adj. Grande. Se usa antepuesto.

reversa. (Traducción del inglés *reverse*.) f. 1. Engranaje que invierte la dirección de un vehículo. || 2. Movimiento hacia atrás, marcha atrás. | **meter reversa.** loc. Dar marcha atrás, cambiar de parecer o de decisión o de tendencia.

revisada. f. Revisión, acción de revisar.

revivo, reviva. (De *re-*, intensificador, + *vivo* 'listo, sagaz'.) adj. Muy listo.

revocar. (Del español *revocar* 'enlucir o pintar de nuevo las paredes exteriores de un edificio'.) tr. Rellenar con mezcla espacios que quedan en las paredes de una construcción.

revolcada. f. Acción o resultado de revolcar o revolcarse [DRAE: revuelco].

revolcadera. f. Acción o resultado de revolcar o revolcarse repetidamente.

revoltijo. m. 1. Cierto guiso de tortas de camarón, chile ancho y pasilla, romeritos, papas y nopalitos. ‖ 2. Desorden, mezcla.

revoltura. f. 1. Mezcla. ‖ 2. Mezcla desordenada.

revolvedora. f. Máquina que se emplea para preparar por rotación la revoltura de materiales de construcción (por ejemplo cal, arena y agua).

rey: hablando del rey de Roma, y él que se asoma. ref. Ya llegó la persona de quien se estaba hablando [DRAE 1956: en nombrando al ruin de Roma, luego asoma].

rezumbar. tr. Zumbar fuerte y reiteradamente.

riata. adj. Reata (resuelto, y listo).

ribete: de ribete. (Del español *ribete* 'añadidura, aumento', de *ribete* 'cinta con que se guarnece un vestido'.) loc. Por añadidura.

rico: en el rico es alegría, y en el pobre, borrachera. ref. La gente es injusta: cuando de un rico diría que es jovial o que está contento, de un pobre dice que es un ebrio; o: el dinero hace que la gente disculpe excesos; y la pobreza, que los censure. Compárese *pobre*.

ricura. (De *ricura* 'calidad de rico (excelente, bueno)'.) f. Personita querida (tratamiento de cariño).

rielero, rielera. (De *riel* 'carril de vía férrea'.) m. y f. Persona que trabaja en los servicios de ferrocarril, ferroviario.

riesgoso, riesgosa. adj. Arriesgado, peligroso.

rin. (Del inglés *rim*, literalmente = 'borde'.) m. Parte exterior de una rueda, en la que se pone la llanta de goma.

ring. (Del inglés *ring*, literalmente = 'anillo'.) m. Espacio cuadrado limitado por cuerdas, en que contienden boxeadores y luchadores.

riñón. (De *riñón*, órgano del cuerpo, por parecido de forma.) m. Recipiente para que un enfermo encamado orine en él.

rioblanqueño, rioblanqueña. (De *Río Blanco*, nombre de varias poblaciones de la República Mexicana.) 1. adj. Perteneciente o relativo a Río Blanco. ‖ 2. m. y f. Nativo o habitante de Río Blanco.

rioverdense. (De *Río Verde*, nombre de varias poblaciones de la República Mexicana.) 1. adj. Perteneciente o relativo a Río Verde. ‖ 2. m. y f. Nativo o habitante de Río Verde.

risa: atacarse de risa. Reír con vehemencia, como con un acceso repentino.

-ro. (Del tarasco *-ro* 'lugar'.) Lugar, terminación de topónimos, como en *Acámbaro, Querétaro, Zitácuaro*.

riuma. (De *reúma* 'reuma'.) Reumatismo, inflamación de las articulaciones o dolor en ellas.

roatán, o **plátano roatán.** (De *Isla de Roatán* [en el Mar Caribe], Honduras, y de la ciudad de *Roatán* en la Isla, de la que se exportan plátanos y cocos.) m. Cierto plátano, también llamado **tabasco.**

robacoches. com. Ladrón de automóviles.

robadera. f. Robo frecuente y repetido.

robadero. m. 1. Robo frecuente y repetido. ‖ 2. Lugar donde es fácil robar.

rojillo, rojilla. (De *rojo*, color de la bandera de ciertos revolucionarios.) m. y f. despect. Persona de extrema izquierda en política.

rojinegro, rojinegra. adj. Rojo y negro (se aplica a la bandera que usan los huelguistas).

rollete. (De *rollo* + *rodete.*) m. Rodete que se usa en la cabeza para llevar carga.

rollo. m. Discurso o exposición larga y fastidiosa. [Es la acepción 12 del DRAE]. ‖ **rollo de nuez.** m. Rollo de masa de pan relleno de nuez. | rollo: **echar(se) un rollo.** loc. Hablar largamente.

romeritos. (De *romerito*, cierta planta *[Dondia mexicana]*, de *romero*, arbusto, por parecido de forma.) m. pl. Plato (llamado también *tortas de camarón)* hecho de ramilletes de romerito, tortitas de camarón seco, y mole (de varios chiles).

rompehuelga o **rompehuelgas.** com. Obrero que ocupa en un trabajo el lugar de un huelguista [DRAE: esquirol].

rompelón, rompelona. adj. (De un niño) que rompe mucho la ropa.

rompope. m. Bebida alcohólica (generalmente ron) que se prepara con yemas de huevo, azúcar, leche y canela. Se le agrega esencia de azahar, canela o vainilla.

roncada. f. Acción o resultado de roncar.

roncadera. f. Acción de roncar repetidamente.

roña. (De *roña*, enfermedad, especie de sarna.) f. Juego en que un niño persigue a los demás hasta tocar a uno de ellos, quien a su vez debe perseguir a los demás [este juego se parece al que el DRAE llama *marro* (cuarta acepción)].

ropavejero, ropavejera. m. y f. Persona que compra y vende ropa vieja y otros objetos usados.

ropavieja. (Del español *ropa vieja* 'guisado de la carne que ha sobrado de la olla o que antes se aprovechó para obtener caldo o jugo.) f. Guiso de carne deshebrada de res, con chile, cebolla, papa y jitomates.

rorra. (De *rorro* 'niño pequeño', de la sílaba *ro*, repetida, con que se arrulla a un niño y con que se imita la voz de la paloma.) f. Muchacha, mujer joven.

rosa de Castilla. f. Nombre de cada una de varias plantas tropicales del género *Hippia*.

rosario: acabar como el rosario de Amozoc. (Véase **amozoqueño.**) loc. (a veces se le agrega: "a gritos y sombrerazos"). Acabar en tumulto escandaloso, en escándalo, en alboroto [DRAE: acabar como el rosario de la aurora].

rosca: rosca de Reyes. De *rosca* + *Reyes* [*Magos*]; véase **Santos Reyes.**) f. Pan en forma circular con trozos de frutas cubiertas y un orificio al centro; oculto en el pan hay un muñeco y quien lo descubre debe ofrecer una fiesta. | **hacerse rosca.** loc. Hacerse el remolón, ser esquivo, intentar evitar realizar cierta acción, cierto trabajo.

rosticería. (Del francés antiguo *rostisserie*, de *rostir* 'asar' [francés *rôtisserie*; *rôtir* 'asar'] o del italiano *rosticceria*.) f. Tienda en que se vende carne asada y sobre todo pollos.

rostizar. (Derivado regresivo de *rosticería.*) tr. Asar carne y sobre todo pollos.

rotar. (De *rotar* 'rodar'.) intr. Alternar, hacer rotación.

rotograbado. m. 1. Procedimiento para imprimir grabados en una rotativa (máquina de imprimir). ‖ 2. El grabado que se produce con este procedimiento.

rozadera. (Porque preserva del rozamiento a la reata.) f. Ojo u ojal en una de las puntas de la reata por donde ésta corre al hacerse la lazada.

rozagante. (Del español *rozagante* 'vistoso', del antiguo *rozagante* '(ropa, vestidura) muy larga, que arrastra', del catalán *rossegant* 'que arrastra', participio activo de *rossegar* 'arrastrar'.) adj. Lozano.

rozón. m. Huella de rozadura, escoriación de la piel.

rubiola. (De *rubéola*, del latín *rubeus* 'rojizo'.) f. Rubéola, enfermedad viral contagiosa con erupción de manchas redondas rojas.

rubro. (Del español *rubro*, adj., 'rojo', del latín *rubrum* 'rojo' [neutro; masculino *ruber*].) m. 1. Título, rótulo de una sección de periódico. ‖ 2. (En comercio) asiento, partida.

ruco, ruca. adj. Viejo.

rueda de la fortuna. f. En las ferias, diversión que consiste en una gran rueda mecánica vertical con asientos que siguen derechos cuando ella gira.

ruidero. m. Ruido intenso y repetido.

ruidola. (De *ruido* + *-ola*, como en *sinfonola* (véase **sinfonola**].) f. fest. Fonógrafo, tocadiscos de monedas. Compárese **tragadieces.**

ruletear. intr. (Del conductor de un automóvil de alquiler) recorrer las calles en busca de pasaje.

ruleteo. m. Acto de ruletear.

ruletero, ruletera. (De *ruleta*, juego de azar, del francés *rouler* 'rodar'.) 1. m. y f. Conductor de un automóvil de alquiler que no tiene lugar fijo para estacionarse, no es de sitio (véase **sitio**) y por eso recorre las calles en busca de pasaje. ‖ 2. m. Taxi que no es de sitio.

201

rumorarse. Correr un rumor o una noticia vaga entre la gente [DRAE: rumorearse].

runfla. (Del español *runfla* 'serie de cosas de una misma especie', de *runfla* 'serie de cartas de un mismo palo', del catalán *runfla* 'serie de cartas de un mismo palo'.) f. despect. Conjunto de cosas o de personas.

ruñido, ruñida. adj. Picado de viruelas.

ruñir. tr. Roer, hacer agujeros.

sabadazo. (De *sábado.*) m. Maniobra para impedir que un inculpado evite su aprehensión por no poderse ejercer el recurso de amparo en domingo (día en que no funcionan las oficinas públicas).

sábana. (De *sábana* 'pieza rectangular de lienzo para cubrir el colchón o la persona en la cama'.) f. Pieza grande de carne muy aplanada.

sabanal. adj. Perteneciente o relativo a la sabana.

sabanear. int. Recorrer la sabana (para vigilar el ganado).

sabanera. f. Cierta culebra que vive en las sabanas *(Scotophis mutabilis).*

saber: saber feo. intr. Tener sabor desagradable. **| al que no le saben le inventan.** ref. Nadie está a salvo de las malas lenguas. || **al saber le llaman suerte.** loc. Negación del fatalismo, y contestación a los envidiosos. || **cuesta mucho el saber, pero cuesta más el no saber.** ref. Aprender puede ser difícil, pero la ignorancia puede causar mucho daño. || **quién sabe.** loc. Es difícil de averiguar.

sábila o **zábila.** (Del árabe *ṣabbāra.*) f. Zabila, áloe, cierta planta y el jugo amargo de sus hojas.

sabino. m. Ahuehuete (cierta conífera, *Taxodium mucronatum).*

sableada, f., o **sableo,** m. Acción o resultado de dar sablazos, de pedir dinero prestado sin intención de devolverlo.

sacada. f. Sacamiento, acción o resultado de sacar.

sacadera. f. Acción reiterada de sacar.

sacadura. f. Sacamiento, acción o resultado de sacar.

sacalosúchil, véase **cacalosúchil.**

sacamuelas. com. despect. Dentista.

sacar. tr. Echar en cara, reprochar. || **sacarle.** loc. Tener miedo, temer. || **sacarse.** Quitarse, cambiar de lugar, esquivar (un golpe), huir. || **sácatelas** o **zácatelas.** excl. que se usa al ver que alguien se cae. || **¡sáquese!** interj. Fuera de aquí, salga.

sacate, véase **zacate.**

saco. (De *saco* 'bolsa, recipiente', del latín tardío *saccus* 'tela burda', del latín *saccus* 'bolsa', del griego *sákkos* 'bolsa; tela burda'.) m. Chaqueta [DRAE: americana]. **| al que le venga el saco, que se lo ponga.** loc. Que quien se sienta aludido entienda la indirecta, se dé cuenta de que le atañe.

sacón. (De *sacarle.*) m. Acción rápida para evitar un golpe u otro daño.

sacramenteño, sacramenteña. (De *Sacramento*, municipio del estado de Coahuila.) 1. adj. Perteneciente o relativo a Sacramento. || 2. m. y f. Nativo o habitante de Sacramento.

sagú. (Del malayo *sagu.*) m. 1. Cierta palmera del género *Matroxylon.* || 2. Harina extraída de esta planta, con la que se prepara cierto atole,

saguaro o **sahuaro** o **zaguaro.** m. Cacto de regiones desérticas de México y del suroeste de Estados Unidos *(Carnegiea gigantea)*, de flores blancas y fruto comestible.

sahuayo, sahuaya. (De *Sahuayo*, municipio del estado de Michoacán, del náhuatl, literalmente = 'sarnoso, lugar de sarna', de *zahuatl* 'sarna, roña, tiña' + *-yo* 'que tiene'.) 1. adj. Perteneciente o relativo a Sahuayo. || 2. m. y f. Nativo o habitante de Sahuayo.

sahumada, o **sahumadera.** f. Sahumerio, sahumadura, acción o resultado de sahumar.

sal. f. Mala suerte, desgracia, infortunio. ‖ **sal de gusano.** f. Sal molida con gusanos de maguey tostados; se toma como incitante antes de beber mezcal. | **echarle** a alguien **la sal.** loc. Dar o causar mala suerte, pronosticar males.

sala de espera. f. Antesala para los que esperan ser recibidos.

salado, salada. adj. Que tiene mala suerte, infortunado.

salar. (De *sal* 'mala suerte'.) tr. Dar o causar mala suerte. ‖ **salarse.** Comunicársele a uno la mala suerte.

salazón. f. Mala suerte.

salbute, véase **zalbute.**

salcochado, salcochada, véase **sancochado.**

salcocho, véase **sancocho.**

¿sale? loc. ¿De acuerdo?

salea, véase **zalea.**

salinacrucense. (De *Salina Cruz,* municipio del estado de Oaxaca.) 1. adj. Perteneciente o relativo a Salina Cruz. ‖ 2. m. y f. Nativo o habitante de Salina Cruz.

salir: ¿sale? loc. ¿De acuerdo? ‖ **salir a flote.** loc. Salir adelante después de una dificultad. ‖ **salir a mano.** loc. (Al finalizar una partida de juego) no haber perdido ni ganado. ‖ **salir a relucir.** loc. Divulgarse un secreto. Compárese *trapito.* ‖ **salir como de rayo,** o **salir destapado,** o **salir disparado,** o **salir volado.** loc. Salir muy rápidamente [DRAE: salir pitando]. ‖ **salir junto con pegado.** loc. Ser lo mismo, resultar igual. ‖ **salir sobrando** una cosa. loc. Estar de más, de sobra, ser innecesaria. ‖ **salir volado,** véase **salir como de rayo.**

saliva: el que tiene más saliva, come (o **traga**) **más pinole.** loc. El más listo o más fuerte (o más capacitado o más audaz) logra más, tiene buen éxito en una empresa, en una actividad.

salmantino, salmantina. (De *Salamanca,* municipio del estado de Guanajuato, de *Salamanca,* ciudad de España, la antigua Salmantica o Helmantica.) 1. adj. Perteneciente o relativo a Salamanca. ‖ 2. m. y f. Nativo o habitante de Salamanca.

salón: salón de clases. m. Aula, sala donde se celebran las clases. ‖ **salón de fiestas.** m. Pieza de grandes dimensiones que se alquila, con o sin servicio, para que se celebren en ella fiestas.

salpicada. f. Salpicadura, acción o resultado de salpicar.

salpicadera. f. 1. Acción reiterada de salpicar. ‖ 2. Salpicadero, guardafangos, guardabarros, chapa que va sobre la rueda de un vehículo y sirve para evitar las salpicaduras.

salsa: salsa borracha. f. Salsa de chile pasilla molido con pulque, aderezada con queso añejo, cebolla cruda y chiles largos en vinagre. Se acostumbra servirla con la barbacoa. ‖ **salsa de chile guajillo.** f. Salsa de tomates verdes y chile guajillo, ajo y cebolla. ‖ **salsa de chile pasilla.** f. Salsa de tomates verdes, chile pasilla y ajo. ‖ **salsa de jitomate,** o **salsa roja.** f. Salsa de jitomates (rojos), chile serrano y ajo. ‖ **salsa de tomate.** f. Salsa de tomate verde, chile serrano, ajo y cilantro. ‖ **salsa mexicana.** f. Salsa de jitomates rojos, chile serrano, cebolla y cilantro. ‖ **salsa roja,** véase **salsa de jitomate.** ‖ **salsa Tabasco.** (De *Tabasco,* estado de la República Mexicana [véase **tabasqueño**], de donde eran los chiles que le dieron en 1868 al Sr. E. McIlhenny, quien creó esta salsa en la Isla Avery, Luisiana, Estados Unidos.) f. Salsa de chiles añejados (sin semillas ni piel), vinagre y sal. ‖ **salsa verde.** f. Salsa de tomate verde, chile serrano, ajo y cilantro. | **sentirse** (o **creerse**) alguien **muy salsa.** loc. Creerse apto para ciertas tareas. ‖ **traer** a alguien **en salsa.** loc. Amenazarlo frecuentemente con castigos.

saltapared. (Porque trepan por los muros y andan en ellos continuamente.) m. Nombre de cada uno de dos pájaros (*Caterpes mexicanus* y *Salpinctes obsoletus*).

salteado, salteada. (De *saltear* 'hacer algo discontinuamente', de *saltar* 'levantarse del suelo con impulso', del latín *saltare* 'bailar; saltar', participio pasivo de *salire* 'saltar; bailar'.) adj. (De un sembrado) discontinuo, no unido en conjunto.

saltillense. (De *Saltillo,* capital del estado de Coahuila; la villa fue fundada en 1577 con el nombre de Santiago del Saltillo del Ojo de Agua.) 1. adj. Perteneciente o relativo a Saltillo. || 2. com. Nativo o habitante de Saltillo.

saltillo. m. Consonante oclusiva glótica.

saltimbanqui. (Del español *saltimbanqui, saltabanco* 'titiritero', del italiano *saltimbanco* 'acróbata', de *salta in banco* 'salta en banca'.) com. Acróbata.

¡salucita! (De *salud + -cita.*) interj. ¡Salud! (se usa al brindar, para desear un bien).

salud: la salud no tiene precio, y el que la arriesga es un necio. ref. Los bebedores, fumadores y otros viciosos se exponen a enfermedades y aun a perder la vida.

salvada. f. Acción o resultado de salvarse, salvación.

salvaterrense. (De *Salvatierra,* municipio del estado de Guanajuato; la ciudad fue fundada en 1644 y nombrada en honor del entonces virrey, García Sarmiento, conde de Salvatierra.) 1. adj. Perteneciente o relativo a Salvatierra. || 2. m. y f. Nativo o habitante de Salvatierra.

samblaseño, samblaseña. (De *San Blas,* nombre de muchas poblaciones de la República Mexicana.) 1. adj. Perteneciente o relativo a San Blas. || 2. m. y f. Nativo o habitante de San Blas.

sanandresino, sanandresina. (De *San Andrés,* nombre de muchas poblaciones de la República Mexicana.) 1. adj. Perteneciente o relativo a San Andrés. || 2. m. y f. Nativo o habitante de San Andrés.

sanantoñero, sanantoñera. (De *San Antonio,* nombre de muchas poblaciones de la República Mexicana.) 1. adj. Perteneciente o relativo a San Antonio. || 2. m. y f. Nativo o habitante de San Antonio.

sanate, véase **zanate.**

San Benito: ¿se alivió?, fue San Benito; ¿se murió?, doctor maldito. ref. irón. Los creyentes dicen que lo bueno viene de San Benito, pero lo malo no. Compárese *Virgen.*

sanchito, sanchita, o sancho, sancha.

(De *sancho* 'chancho, cerdo', que es el animal al que más comúnmente le sucede, de *Sancho,* nombre individual masculino que en el siglo XVII se aplicaba como apodo al puerco, del latín tardío *Sanctius,* nombre, literalmente = 'de Sanctus', de *Sanctus,* nombre, de *sanctus* 'santo', del latín *sanctus* 'sagrado', participio pasivo de *sancire* 'volver sagrado, consagrar'.) m. y f. Animal criado por hembra que no sea su madre.

sancochado o salcochado. m. Guiso de carne con caldo y hortalizas.

sancocho o salcocho. m. Dulce compuesto de guayaba, pera, manzana, membrillo, durazno, con miel de piloncillo (estado de Jalisco).

sandieguino, sandieguina. (De *San Diego,* nombre de muchas poblaciones de la República Mexicana.) 1. adj. Perteneciente o relativo a San Diego. || 2. m. y f. Nativo o habitante de San Diego.

sandiero, sandiera. m. y f. Persona que cosecha o vende sandías.

sandunga (Del español *sandunga* 'gracia, donaire, salero') o **zandunga.** f. 1. Baile popular de la zona del Istmo de Tehuantepec, que se acompaña con música de marimba. || 2. La música sentimental que acompaña este baile. || 3. La canción de versos románticos que acompaña la música y el baile. En la letra de la canción, Sandunga es también la mujer amada; ejemplo: "Eres jaulita de plata / donde vivo prisionero; / Sandunga, tu amor me mata, / y por tu amor yo me muero".

sandunguear o zandunguear. intr. Andar en jolgorios.

sandunguero o zandunguero. m. y f. Quien baila sandunga.

sanfelipense, o sanfelipeño, sanfelipeña. (De *San Felipe,* nombre de muchas poblaciones de la República Mexicana.) 1. adj. Perteneciente o relativo a San Felipe. || 2. com., y m. y f. Nativo o habitante de San Felipe.

sangrada. f. Sangría, sangradura, acción o resultado de sangrar.

sangre: sangre de atole. com. 1. Antipático (por estar siempre ecuánime).

Compárese **sangrón**. || 2. Flemático, que no se altera por nada, poco sensible a las emociones. Compárense **atole** (tener alguien atole en las venas), **sangre de horchata**. || **sangre de drago** o **sangre de grado** o **sangredrago** o **sangregado** o **sangregao**. (Probablemente de *sangre* [del tronco se obtiene una resina rojiza] + *drago*, por *dragón*, del latín *draco* 'dragón'.) m. Nombre de cada una de varias plantas. || **sangre de horchata**. loc. adj. Que soporta con paciencia, que no se enoja fácilmente. Compárese **sangre de atole** (segunda acepción). || **sangre ligera** o **sangre liviana**. loc. adj. Simpático. | **chuparle** alguien **la sangre** a otro. loc. Molestar continuamente. || **de sangre liviana**. loc. adj. Simpático. || **de sangre pesada**. loc. adj. Antipático. || **estarle** a alguien **chupando la sangre**. loc. Molestar continuamente. || **liviano de sangre**. loc. adj. Simpático. || **tener alguien la sangre liviana**. loc. Ser simpático.

sangredrago o **sangregado**, véase **sangre de drago**.

sangrita. (De *sangre*, por el color.) f. Bebida de jugo de tomate y de naranja, que se suele tomar acompañando el tequila.

sangrón, sangrona. adj., y m. y f. Pesado, enfadoso, impertinente, antipático (compárese **sangre de atole**).

sangronada. f. Dicho o hecho pesado del sangrón.

sanitario. m. Escusado, retrete.

sanjuanear. tr. Castigar.

sanluisteco, sanluisteca. (De *San Luis*, nombre de muchas poblaciones de la República Mexicana, + *-teco*, *-teca* [véase **-teca**].) 1. adj. Perteneciente o relativo a San Luis. || 2. m. y f. Nativo o habitante de San Luis.

sanlunero, sanlunera. m. y f. Que acostumbra hacer sanlunes. Compárese **lunero**.

sanlunes o **San Lunes**. m. Lunes en que alguien no va a su trabajo, por perezoso, como si los lunes fueran días festivos. | **hacer sanlunes**. loc. No ir al trabajo el lunes, por perezoso.

sanmarqueño, sanmarqueña. (De *San Marcos*, nombre de muchas poblaciones de la República Mexicana.) 1. adj. Perteneciente o relativo a San Marcos. || 2. m. y f. Nativo o habitante de San Marcos.

sanmiguelense, o **sanmigueleño, sanmigueleña**. (De *San Miguel*, nombre de muchas poblaciones de la República Mexicana.) 1. adj. Perteneciente o relativo a San Miguel. || 2. com., y m. y f. Nativo o habitante de San Miguel.

sanote, sanota. adj. Muy sano, saludable.

Sansón (De *Sansón*, hombre fuerte en la Biblia [Jueces 13-16], del latín tardío *Samson*, del griego *Sampsón*, del hebreo *Shimshōn*, de la misma familia que *shemesh* 'sol'.): **ponerse con Sansón a las patadas**. loc. Pretender luchar con quien puede más, de manera desventajosa.

Santa Cachucha. f. fest. Santa imaginaria a quien se invoca en trances difíciles.

Santa Claus (De *Santa Claus* [también *Santoclós*], personaje legendario de la época de Navidad, del inglés *Santa Claus*, del neerlandés *Sinterklaas*, de *Sint Nikolaas* 'San Nicolás', obispo de Myra, en Licia [Asia Menor], en el siglo IV d.C.): **creer aún en Santa Claus**. PRONUNC. /clos/. loc. Creer todavía en leyendas. Compárese **Santos Reyes**.

santacrucense. (De *Santa Cruz*, nombre de muchas poblaciones de la República Mexicana.) 1. adj. Perteneciente o relativo a Santa Cruz. || 2. m. y f. Nativo o habitante de Santa Cruz.

santo: **darse** alguien **de santos**. loc. Conformarse por fuerza o de buen grado. || **ni tanto que queme al santo, ni tanto que no lo alumbre**. ref. No hay que extremar las cosas ridículamente. || **quedarse para vestir santos**. loc. Ser solterona, no haberse casado.

santocristo: **dejar** a alguien **como santocristo**. loc. Dejarlo muy lastimado.

Santos Reyes. m. pl. Reyes Magos, los tres hombres que, según la tradición, viajaron desde el Oriente para rendir homenaje al niño Jesús. || **creer en los Santos Reyes**. loc. Creer en leyendas, ser un inocente, tragarse las mentiras que le cuenten. Compárese **Santa Claus.**

santuario. (Traducción del inglés *sanctuary* 'santuario, templo en que se venera a cierto santo; lugar de refugio para animales'.) m. Lugar de refugio y protección para animales silvestres.

sapo, sapa. (De *sapo*, cierto anfibio rechoncho.) adj. Rechoncho y barrigudo. ‖ **según el sapo es la pedrada.** ref. La acción (o la remuneración) debe tener relación con la importancia de la persona de que se trata.

sapotazo, véase **zapotazo.**

sapote, véase **zapote.** ‖ **sapote negro,** o **sapote prieto,** véase **zapote prieto.**

saraguato o **sarahuato** o **zaraguato.** (De *los araguatos* interpretado como *los saraguatos*, del inglés *araguato*, del francés *araguate*, de origen caribe [en cumanagoto se llama *araguata*].) Véase **mono aullador.**

sarape. m. 1. Frazada, manta. ‖ 2. Prenda de vestir con abertura en el centro para la cabeza, que se usa para abrigarse del frío.

sardinal. m. Cardumen de sardinas.

sardinero. m. Lugar de las aguas donde abundan las sardinas.

sardo. m. Soldado.

sardónico, sardónica. (Del griego *sardónios*, *sardánios* 'desdeñoso, burlesco, escarnecedor'.) adj. Sarcástico, irónico.

sarna de perro. f. Planta silvestre tropical venenosa del género *Rauwolfia*.

sarniento, sarnienta. adj. Sarnoso.

sartén. (Del latín *sartagin-*, tema de *sartago*, fem.) m. Recipiente circular de cocina, de metal y con mango, que sirve para guisar (principalmente freír). El DRAE da esta palabra como femenina.

satín. (Del francés *satin.*) m. Tejido parecido al raso [DRAE: satén].

satisfacción: satisfacción no pedida, acusación manifiesta. ref. Quien se adelanta a dar una explicación es probablemente culpable.

Sayula: hasta que llovió en Sayula. (De *Sayula* [estado de Jalisco], población en que escasean las lluvias.) loc. Final-

mente sucedió, se realizó lo que tanto se había deseado.

sayulense. (De *Sayula [de Alemán]*, municipio del estado de Veracruz, del náhuatl *Zayollan*, literalmente = 'lugar de moscas', de *zayolin* 'mosca' + *-lan* 'abundante en'.) 1. adj. Perteneciente o relativo a Sayula de Alemán. ‖ 2. com., y m. y f. Nativo o habitante de Sayula de Alemán.

sayuleño, sayuleña. (De *Sayula*, nombre de varias poblaciones de la República Mexicana, del náhuatl *Zayollan*, literalmente = 'lugar de moscas', de *zayolin* 'mosca' + *-lan* 'abundante en'.) 1. adj. Perteneciente o relativo a Sayula. ‖ 2. m. y f. Nativo o habitante de Sayula.

sayulero, sayulera. (De *Sayula*, municipio del estado de Jalisco, del náhuatl *Zayollan*, literalmente = 'lugar de moscas', de *zayolin* 'mosca' + *-lan* 'abundante en'.) 1. adj. Perteneciente o relativo a Sayula. ‖ 2. m. y f. Nativo o habitante de Sayula.

sayulteca. m. Cierta lengua indígena del estado de Jalisco.

sazón. (Del español *sazón* 'sabor de los alimentos', de *sazón* 'punto, madurez', de *sazón* 'tiempo oportuno', femeninos, del latín *sation-* tema de *satio* 'acción de sembrar; tiempo en que se siembra', de *satus*, participio pasivo de *serere* 'sembrar'.) m. Buen gusto para guisar.

score. (Del inglés *score.*) m. 1. Número que expresa los puntos ganados en un juego. ‖ 2. Total de puntos.

sebiche, véase **cebiche.**

seboruco. Lugar de rocas ásperas.

sebudo, sebuda. (De *sebo* 'grasa, gordura', del latín *sebum.*) adj. Lento, perezoso.

seca: a secas. loc. Simplemente, sin más.

secada. f. Acción o resultado de secar.

secadera. f. Acción reiterada de secar.

secre. f. Abreviación de *secretaria*.

secreta. f. Cuerpo de policía en que los agentes no usan uniforme y actúan en secreto.

secretearse. Hablar en secreto una persona con otra [DRAE: secretear].

sedentarismo. (De *sedentario* 'asentado', del latín *sedentarius* 'sedentario, de alguien que está sentado', de *sedent-*, tema de *sedens*, participio de presente de *sedere* 'estar sentado'.) m. Régimen de vida de los grupos sedentarios, no migratorios.

seguido. (De *seguido* 'continuo', de *seguir* 'continuar', de *seguir* 'ir después', del latín *sequi*.) adv. Frecuentemente.

seguro: más seguro, más marrao. loc. Hay que asegurarlo (amarrarlo) con firmeza, hay que vigilar los propios intereses.

segurolas. adv. fest. Seguro, claro que sí.

seis: (quedarse) de a seis. loc. Confuso, sorprendido, asombrado, maravillado. Compárese *cuatro*.

sema, véase **cema.**

semblantear. (De *semblante* 'cara, rostro'.) tr. Mirar a alguien en la cara para tratar de adivinar sus intenciones.

semita, véase **cemita.**

sempasúchil, véase **cempasúchil.**

sencillo[1]. m. Dinero suelto [DRAE: calderilla].

sencillo[2]: **conectar un sencillo.** loc. (En beisbol) golpear la pelota de modo que el bateador pueda llegar bien a primera base.

sendal, véase **zendal.**

sensontle, véase **cenzontle.**

sentaderas. f. pl. Nalgas, trasero.

sentadillas. f. pl. Ejercicio (de gimnasia) consistente en doblar las piernas repetidamente en actitud de sentarse.

sentirse. (De *sentir* 'lamentar', de *sentir* 'experimentar una sensación', del latín *sentire* 'percibir, sentir'.) Tenerse por ofendido. | **no sentir lo recio sino lo tupido.** loc. (De golpes, reveses, infortunios) no afectar la intensidad (lo fuerte) sino la frecuencia (lo seguido).

sentón. m. Acción o resultado de golpearse el trasero al sentarse o al caerse. || **darse un sentón.** loc. Fracasar, tener resultado adverso.

señito. f. Señorita.

seño. (De *señorita*.) f. 1. Señorita || 2. Señora.

señorita quedada. f. Solterona, mujer entrada en años que no se ha casado.

separo. (De *separar*.) m. Calabozo o celda en una cárcel (para incomunicar a un preso).

ser: ¡ah, cómo son (eres)! loc. que se usa como reconvención. Compárese **ay, cómo serás.** || **a no ser que.** loc. adv. A menos que. || **ay, cómo serás.** loc. que se usa como reconvención. Compárese **¡ah, cómo son!** || **lo que sea de cada quien.** loc. Sinceramente. || **¡maldita sea!** interj. de enojo o disgusto. || **ni son todos los que están, ni están todos los que son.** ref. que se usa como crítica moderada de las acciones de alguien. (Hablando de un manicomio y los locos) hay muchos que cometen locuras (o hacen tonterías) y no están encerrados. Compárese *estar*. || **no hay que ser,** véase *haber*. || **pa' luego es tarde.** loc. Mientras más pronto, mejor; de inmediato. || **¿qué es de... [fulano]?** loc. ¿Qué se sabe de...? || **ser franco, pero no tanto.** ref. Es mejor callar ciertas verdades. || **si es difícil lo hago luego, y si es imposible, me esperan tantito.** loc. de quien se jacta de sus capacidades. || **tan es así (que)** loc. Es tan así..., tanto es así...

serenatear. tr. Llevar serenata.

seri. 1. com. Miembro de un pueblo indígena del estado de Sonora. || 2. Lengua de los seris (de la familia hokana).

sermonero, sermonera. (De *sermón* 'amonestación', de *sermón* 'discurso moral', del latín *sermon-*, tema de *sermo* 'discurso, conversación', de *serere* 'enlazar, unir'.) adj., y m. y f. Que regaña frecuentemente, proclive a regañar, regañón.

serrote. (De *serr-*, base de *sierra*.) m. Serrucho, sierra de hoja ancha.

serruchar. tr. Aserrar con serrucho.

sesgar. (De *sesgar* 'cortar en sesgo', de *sesgo* [adj.] 'oblicuo'.) tr. fig. Desviar lo que se dice, para ocultar la intención.

sesteada. f. Acción o resultado de sestear, de pasar la siesta durmiendo.

seviche, véase **cebiche.**

shampú. (Del inglés *shampoo*, que se

pronuncia /shampú/, del indo *chãpo*, imperativo de *chãpã* 'apretar, sobar, amasar, lavar (el pelo) con agua y jabón'.) m. Preparado que se usa para lavar el pelo y el cuero cabelludo, champú.

shido, shida, véase **chido**.

shilango, shilanga. (Posiblemente del maya *xilaan* 'pelo revuelto o encrespado', de *xilah* 'erizar, esponjar el pelo o las plumas las aves', de *xil* 'espinazo de iguana'.) m. y f., coloq. Persona de la ciudad de México o del Distrito Federal (véase **chilango,** palabra más usada).

shishi o **xixi.** (De origen nahua.) PRONUNC. /shishi/, con */sh/* como en inglés, o */ch/* francesa. m. Cierto agave cuya penca y cuya raíz (también llamada *shishi)* se vende machacada para servir como jabón.

shocoyote, véase **xocoyote.**

shou. (Del inglés *show,* que se pronuncia /shou/.) m. Espectáculo con cantantes, bailarines, músicos, en un centro nocturno.

siempre. adv. Después de todo. ‖ **siempre no.** loc. adv. No (después de haber creído [o dicho] que sí; por ejemplo "siempre no voy"). ‖ **siempre sí.** loc. adv. Sí (después de haber creído [o dicho] que no; por ejemplo "siempre sí voy").

sietequebrillan. (De *siete cabrillas,* por etimología popular.) f. pl. Las Pléyades (grupo de estrellas en la constelación Tauro).

silaoense. (De *Silao,* municipio del estado de Guanajuato.) 1. adj. Perteneciente o relativo a Silao. ‖ 2. m. y f. Nativo o habitante de Silao.

silbada. f. Acción de silbar, en señal de desaprobación [DRAE: silba].

silbatazo. m. Silbo, silbido.

silencio, silencia. adj. Silencioso, callado.

silla: silla inglesa. f. Silla de montar ligera y sin resalte. **| silla mexicana,** o **silla vaquera.** f. Silla de montar tosca.

simojovelteco, simojovelteca. (De *Simojovel,* municipio del estado de Chiapas.) 1. adj. Perteneciente o relativo a Simojovel. ‖ 2. m. y f. Nativo o habitante de Simojovel.

simón. adv. afirm. fest. Sí.

sinaloa. (De *Sinaloa,* municipio del estado de Sinaloa.) 1. adj. Perteneciente o relativo a Sinaloa. ‖ 2. m. y f. Nativo o habitante de Sinaloa.

sinaloense. (De *Sinaloa,* estado de la República Mexicana, probablemente de origen cahíta, quizá del nombre del río *Sinaloa,* literalmente = 'río de las pitayas', de *sina* 'pitaya' + *-loa* 'río'.) 1. adj. Perteneciente o relativo a Sinaloa. ‖ 2. m. y f. Nativo o habitante de Sinaloa.

sincronizada. (De *sincronizada* 'que coincide en el tiempo', con la idea de que los ingredientes coinciden en el mismo lugar.) f. Jamón y queso entre dos tortillas de maíz; se sirve caliente.

sincuate, véase **cencuate.**

sindicato: del otro sindicato. loc. fest. Homosexual. Compárese **lado.**

sinfonola. (De *sinfonía* + *-ola,* como en ciertas marcas registradas [por ejemplo, *Victrola],* que quizá venga del sufijo diminutivo femenino latino *-ola.)* f. Fonógrafo, tocadiscos. Compárese **tragadieces.**

sinsonte, véase **cenzontle.**

sinvergüenzada. f. Acción propia del sinvergüenza.

sinzonte, véase **cenzontle.**

siricote. m. Fruto del anacahuite *(Cordia boissieri).*

siricua. (De origen tarasco.) f. Troj, lugar en que se guardan cereales.

siriquisiaca, o **la siriqui siaca.** f. La muerte. Se usa, además, en la frase "la muerte siriquisiaca".

sisal. (De *Sisal,* población del estado de Yucatán, probablemente del maya *Ziizaal,* literalmente = 'lugar de mucha frescura', de *ziiz* 'fresco, frío' + *-aal* 'pesado', o de *Ziizha,* literalmente = 'aguas frías', de *ziiz* 'frío' + *ha'* 'agua'.) m. Cierta planta *(Agave sisalana),* y la fibra que se obtiene de sus hojas, con la que se fabrican cuerdas.

sisaleño, sisaleña. (De *Sisal,* población del estado de Yucatán.) 1. adj. Perteneciente o relativo a Sisal. ‖ 2. m. y f. Nativo o habitante de Sisal.

sitio. m. Lugar autorizado para el estacionamiento de taxis en espera de pasajeros.

smoking. (Del francés *smoking* 'chaqueta de ceremonia; traje de ceremonia', del inglés *smoking [jacket]* 'chaqueta para usar en casa', literalmente = '[chaqueta para] fumar', de *smoking* 'fumar'.) m. Traje de etiqueta, comúnmente negro, para hombre.

snob. (Del inglés *snob.*) com. 1. Persona que trata de asociarse con los que se consideran socialmente superiores. ‖ 2. Persona que se da aires de superioridad en cuestiones de conocimientos o de gustos.

snobismo. m. Conducta o carácter de un snob.

sobajar. tr. Humillar, rebajar, menospreciar.

sobar. (Del español *sobar* 'oprimir, apretar'.) tr. Dar masaje.

sobre: ¡sobres! (De *sobre la marcha.*) 1. loc. De inmediato, en el acto, al instante. ‖ 2. interj. de sorpresa.

sobrino nieto. m. Hijo de un sobrino carnal.

socket o **sóquet.** (Del inglés *socket.*) Artefacto destinado a recibir el extremo (que se atornilla en él) de un foco (bombilla de alumbrado eléctrico).

soconostle o **soconoscle,** véase **xoconostle.**

soconusco. (De *Soconusco*, región del estado de Chiapas.) m. Cacao de calidad superior.

soconusqueño, soconusqueña. (De *Soconusco*, municipio del estado de Veracruz, del náhuatl *Xoconochco*, literalmente = 'lugar de tunas agrias', de *xoconochtli* 'tuna agria' [de *xococ* 'agrio' + *nochtli* 'tuna'] + *-co* 'lugar'.) 1. adj. Perteneciente o relativo a Soconusco. ‖ 2. m. y f. Nativo o habitante de Soconusco.

socorrido, socorrida. adj. Usado, de moda.

socoyote, socoyota, véase **xocoyote.**

soirée (Del francés *soirée* 'el anochecer; fiesta al anochecer', de *soir* 'el anochecer'.) Pronunc. /suaré/, o **suaré.** f. Tertulia, velada o fiesta al anochecer.

sol: el sol no se tapa con un dedo. ref. Si se desea conseguir algo, hay que usar los medios adecuados. Compárese *mal.* ‖ **el sol sale para todos.** loc.

Hay que tratar con igualdad a otros seres humanos. ‖ **no se puede tapar el sol con un dedo.** ref. Si se desea conseguir algo, hay que usar los medios adecuados. Compárese *mal.*

soldadera. f. Mujer del soldado, que sigue a la fuerza militar en campaña.

soleta. (Del español *soleta* 'remiendo para la planta del pie de la media', por parecido de forma, de *sol-*, base de *suela* 'parte del calzado que toca el suelo', de *suelo.*) f. Bizcocho de soleta, galleta alargada.

soloescuincle o **soloescuintle,** véase **xoloizcuintle.**

solteca. (De *Sola*, nombre de varias poblaciones del estado de Oaxaca, entre ellas *Villa Sola de Vega*, municipio del estado de Oaxaca.) 1. adj. Perteneciente o relativo a Sola. ‖ 2. com. Nativo o habitante de Sola.

sombrero: sombrero de Panamá. m. Jipijapa, sombrero de paja fina y suave. ‖ **sombrero de petate.** (De *petate* 'tejido hecho con hoja de palma'.) m. Sombrero de palma. ‖ **sombrero jarano,** véase **jarano. | saludar con sombrero ajeno.** loc. Jactarse de algo que hizo otro, haciendo creer que uno lo hizo. Compárese **caravana.**

sombrerudo, sombreruda. 1. adj., y m. y f. Que lleva sombrero grande. ‖ 2. Campesino, rústico.

sombrilla (De *sombra* 'oscuridad parcial'.): **pura sombrilla.** loc. Nada. ‖ **valerle** a alguien **sombrilla** una persona o cosa. loc. Carecer de importancia, ser inútil. Compárese **bolillo.**

sombrita (De *sombra* 'oscuridad parcial'.): **irse por la sombrita.** loc. Cuidarse.

sompantle, véase **zompantli.**

son. (Del español *son* 'sonido'.) m. 1. Canción popular. ‖ 2. Baile popular, especie de zapateado. ‖ 3. Acompañamiento musical de este baile.

sonadora. f. Nombre de cada una de varias plantas (por ejemplo, *Phaca mollis*).

sonar (De *sonar* 'hacer ruido', del latín *sonare.*): **sonarle a alguien.** loc. 1. Pegarle. ‖ 2. Vencerlo. ‖ **sonarse.** verbo recíproco. Pelear con las manos.

sonora. (De *Sonora*, estado de la República.) m. Pimano, familia de lenguas del filo yutoazteca.

sonorense. (De *Sonora*, estado de la República Mexicana, de origen indígena [ópata o cahíta].) 1. adj. Perteneciente o relativo a Sonora. || 2. m. y f. Nativo o habitante de Sonora.

sonsera, véase **zoncera.**

sopa: sopa aguada. (Porque se llama al arroz [o a la pasta] *sopa seca.*) f. Sopa. || **sopa de calabaza.** f. Sopa hecha de calabazas tiernas. || **sopa de elote.** f. Sopa de granos de maíz cocidos, con caldo de res, cebolla, crema y jitomate. || **sopa de frijol.** f. Sopa de frijoles negros cocidos, agua y cominos. || **sopa de lima.** f. Sopa de limas agrias, caldo de pollo, aceite, cebolla, ajo, jitomate, pechuga de pollo, tortillas de maíz, pimiento rojo. || **sopa de tortilla.** f. Sopa de tortillas de maíz cortadas en tiras, jitomate, cebolla, ajo, aguacate, caldo de pollo, epazote, chipotle, aceite. || **sopa seca.** (Porque se llama *sopa aguada*, la sopa que se come comúnmente antes que el arroz o que la pasta.) f. Arroz o pasta. || **sopa veracruzana.** f. Sopa de huachinango, con arroz, zanahoria, papas, cebolla, aceitunas, jitomate, alcaparras. | **dar** a alguien **una sopa de su propio chocolate.** locs. 1. Darle algo que en realidad es suyo, obsequiarlo a costa de su caudal. || 2. Pagar en la misma moneda, ejecutar una acción correspondiente a otra (frecuentemente por venganza). || **hacer la sopa.** loc. (En el juego de dominó) mover las fichas para que no estén en orden. || **sopa de muchas cocineras sale quemada.** ref. Es malo que varias personas hagan el mismo trabajo. Compárese *cocinera*. || **¡sopas!** interj. 1. Se cayó. || 2. fest. Sí.

sope. m. Gordita (tortilla de maíz gruesa) a la que se saca la masa para revolverla con queso, frijol molido y pedazos de papa, zanahoria, cebolla y longaniza, todo lo cual se pone en la cavidad de la gordita antes de freírla en manteca. Se suele aderezar con salsa picante. || **no hay que confundir los sopes con las garnachas.** ref. Hay que evitar confusiones, hay que usar los nombres específicos.

sopear. tr. Comer usando un pedazo de tortilla de maíz como cuchara.

sopilote, véase **zopilote.**

soplar: soplarse. Soportar (un discurso, etc.). || **soplársela.** (De una conferencia o discurso) soportarlo. | **no soplar.** loc. No servir. || **tú ya no soplas.** loc. Has perdido tus facultades físicas, no sirves, haces mal tu trabajo. || **ya no sopla.** loc. No tiene energías suficientes.

soplete. (De *soplete* 'tubo por el que pasa gas al que se aplica una llama'.) m. Tubo flexible con aire a presión que se usa para limpiar el motor y el interior de un automóvil.

soque, véase **zoque.**

soqueano, soqueana, véase **zoqueano.**

sóquet, véase **socket.**

soquete, véase **zoquete.**

sorbete: ¡puro sorbete! loc. Nada. || **valer sorbete** alguien o algo. loc. Carecer de importancia. Compárese **bolillo.**

sorbetera. f. Recipiente para sorbetes helados.

sorbetero, sorbetera. m. y f. Que hace o vende sorbetes helados.

sorbido: a sorbidos. loc. Sorbiendo (un líquido).

sordo: el sordo no oye pero compone. ref. La gente a veces altera las indicaciones que se le han dado.

sorpresivo, sorpresiva. adj. Que sorprende, inesperado.

sotanudo. (De *sotana.*) 1. adj. Que viste sotana. || 2. m. Sacerdote.

sotaventeado, sotaventeada. (De *sotavento* 'poco expuesto a los vientos dominantes'.) adj. Abatido, desorientado.

sotol o **zotol.** (Del náhuatl *zotolin* 'palma'.) m. 1. Cierta planta del género *Dasylirion.* || 2. Licor destilado que se extrae de esta planta (también se hace de caña de azúcar o de maíz).

souvenir. (Del francés *souvenir*, literalmente = 'recuerdo, hecho de recordar', que se pronuncia /suvnir/.) PRONUNC. /suvenir/. m. Algo que sirve para recordar.

soya (Del inglés *soya*, del neerlandés *soja*, que se pronuncia /soya/, del japonés *shōyu* 'salsa de soya'.), f., o **frijol soya,** m. Cierta planta asiática *(Glycine max)*, y su semilla de la que se produce aceite y harina. La salsa de soya es un condimento que se obtiene por fermentación de semillas de soya con harina de trigo.

soyate, véase **zoyate.**

sport. (Del inglés *sport* 'deporte'.) adj. De deporte, deportivo (en frases, como *camisa sport).*

spray. (Del inglés *spray.)* m. 1. Chorrito de líquido en partículas finas. || 2. Lata que contiene un líquido y sirve para rociarlo. || 3. El producto contenido en una de esas latas.

spread. (Del inglés *spread.)* PRONUNC. /spred/. m. Comida (por ejemplo, queso) que se puede aplicar a una superficie (por ejemplo, pan o galleta).

steward. (Del inglés *steward*, literalmente = 'jefe de criados'.) PRONUNC. /stuard/. m. Hombre encargado de ayudar a los pasajeros en un avión.

stock. (Del inglés *stock.)* m. Existencias o surtido de productos (mercancías) de un fabricante o de un comerciante.

strike o **estraik.** (Del inglés *strike*, que se pronuncia /straik/, literalmente = 'golpe'.) m. En beisbol, pelota lanzada que el bateador trata de golpear correctamente pero no lo logra.

strike out. (Del inglés *strike-out.)* En beisbol, salida (del juego) de un bateador que lleva tres strikes.

strip-tease. (Del inglés *strip-tease*, literalmente = 'desvestirse atrayendo el deseo', de *strip* 'desvestirse' + *tease* 'atraer el deseo'.) m. Acción en que en un escenario una persona se quita la ropa poco a poco.

suadero. (Posiblemente de *sudadero* 'manta que protege de la silla al caballo'.) m. Carne maciza que cubre los costillares de la res, el carnero y el chivo, y que se come soasada, generalmente en tacos; músculo abdominal de la res.

suaré, véase **soirée.**

suato, suata. adj. Tonto.

suave. (De *suave* 'liso, blando, dulce', del latín *suavis* 'agradable'.) adj. Bueno, excelente, bonito. || ¡**suave!** adv. Bien, muy bien.

suavena. (De *suave* 'bueno'.) adj. fest. Bueno, excelente, bonito. | **está suavena con su arroz.** loc. fest. Está bien, está bonito.

subcomité. m. Grupo de miembros de un comité que tiene un cometido determinado, subdivisión de un comité.

subeibaja o **subibaja.** (De *sube y baja.)* f. Juego en que dos niños se sientan en extremos opuestos de una tabla equilibrada en el centro, y un extremo sube mientras el otro baja.

subempleo. m. Empleo parcial de un trabajador.

subir: **subírsele** a alguien. loc. Engreírse, envanecerse. | **todo lo que sube tiene que bajar.**

submarino. (Por parecido de forma con la nave que puede navegar bajo el agua.) m. Pan alargado partido horizontalmente relleno de jamón o queso o milanesa o salami.

suchiatense. (De *Suchiate*, río de México y Guatemala, del náhuatl *Xochiatl*, literalmente = 'agua de flores', de *xochitl* 'flor' + *atl* 'agua'.) 1. adj. Perteneciente o relativo al Suchiate. || 2. m. y f. Nativo o habitante de la región del Suchiate.

súchil o **xóchil.** (Del náhuatl *xochitl* 'flor'.) m. Nombre que se da a cada una de varias flores.

sudada. f. Acción o resultado de sudar.

sudadera. (Traducción del inglés *sweater*, literalmente = 'sudadero', de *sweat* 'sudar; sudor'.) f. Camiseta deportiva de manga larga y sin cuello.

sudado. (De *sudar* 'destilar gotas', porque destilan vapor que se condensa en gotas, de *sudar* 'exhalar sudor', del latín *sudare.)* 1. adj. (De un taco) envuelto en trapos dentro de una canasta (véase **taco sudado).** || 2. m. Guiso de pescado.

sudar tinta, véase **tinta.**

sudcaliforniano, sudcaliforniana. (Para la etimología, véase **bajacaliforniano.)** 1. adj. Perteneciente o relativo al estado de Baja California Sur. || 2. m. y f. Nativo o habitante de Baja California Sur.

suelto. m. Dinero suelto, moneda fraccionaria.

sueño (De *sueño* 'acto de dormir', del latín *somnus.):* **írsele** a alguien **el sueño.** loc. Desvelarse, no lograr dormir. ‖ (De *sueño* 'serie de imágenes que uno se representa mientras duerme', del latín *somnium.)* **los sueños mentira son, no te causen sensación.** (Quizá inspirado por el final de la Jornada Segunda, de *La vida es sueño* de Pedro Calderón de la Barca: "...que toda la vida es sueño, / y los sueños sueños son".) ref. No hay que pensar que los sueños indiquen la realidad, pasada o futura.

suero. (De *suero* 'parte que permanece líquida al coagularse un fluido animal'.) m. Solución que se inyecta con fines curativos, suero fisiológico, suero medicinal.

suerte. (De *suerte* 'lance de la lidia taurina', de *suerte* 'encadenamiento de sucesos favorables o adversos', del latín *sort-*, tema de *sors* 'casualidad, azar, suerte'.) f. Acto de magia o prestidigitación.

suerte chaparra. (De *chaparro* 'pequeño'.) loc. Mala suerte, adversidad.

suertudo, suertuda. (De *buena suerte* 'sucesos favorables'.) adj. Afortunado.

suéter o **sweater.** (Del inglés *sweater,* que se pronuncia /suéter/, literalmente = 'sudadero', de *sweat* 'sudar; sudor'.) m. Prenda de vestir, de punto, que cubre de los hombros a la cintura [DRAE: jersey].

suich, véase **switch.**

sultepecano, sultepecana. (De *Sultepec,* municipio del Estado de México, del náhuatl *Zultepec, Zoltepec,* literalmente = 'en el cerro de las codornices', de *zolin* 'codorniz' + *tepetl* 'cerro' + *-c*

'en'.) 1. adj. Perteneciente o relativo a Sultepec. ‖ 2. m. y f. Nativo o habitante de Sultepec.

sumida. f. Acción de sumir (hundir, sumergir) o de sumirse.

sumir. (De *sumir* 'hundir en tierra o en agua'.) tr. Abollar, producir una concavidad (por un golpe).

súper. (Abreviación de *supermercado.)* m. Supermercado.

súpito, súpita. (De *súpito* 'repentino, súbito', del latín *subitus* 'inesperado', de *subitus,* participio pasivo de *subire* 'suceder inesperadamente, ponerse o venir debajo de, acercarse desde abajo', de *sub-* 'hacia arriba' + *ire* 'ir'.) adj. 1. Alelado, atontado. ‖ 2. Muy dormido.

surbajacaliforniano, surbajacaliforniana, véase **sudcaliforniano.**

surcaliforniano, surcaliforniana, véase **sudcaliforniano.**

sureño, sureña. 1. adj. Perteneciente o relativo al sur. ‖ 2. m. y f. Del sur.

suriano, suriana. m. y f. Nativo o habitante del sur de la República Mexicana (especialmente del estado de Guerrero).

surtido. (De *surtido* 'mezcla', de *surtido,* adj., 'que se ofrece en comercio como mezcla', de *surtir* 'proveer; brotar'.) m. Variedad de artículos de comercio.

suspenso. (Del inglés *suspense* 'ansiedad', de *suspense* 'suspensión, interrupción'.) m. Incertidumbre, ansiedad producida por una situación en una novela, el cine, o una obra teatral.

sustazo. m. Susto muy grande.

suvenir, véase **souvenir.**

sweater, véase **suéter.**

switch. (Del inglés *switch,* literalmente = 'cambiador', de *switch* 'cambiar'.) m. Dispositivo para abrir o cerrar un circuito eléctrico, interruptor.

'**ta.** (De *está.*) intr. Está.

tabachín. (Del coca *tabachín.*) m. 1. Cierto arbusto tropical de flores rojas *(Poinciana pulcherrima).* || 2. Cierto árbol tropical de flores rojas, flamboyán *(Delonix regia).*

tabasco, o **plátano tabasco.** (De *Tabasco,* estado de la República Mexicana; véase *tabasqueño.*) m. Cierto plátano. Véase **roatán.**

tabasqueño, tabasqueña. (De *Tabasco,* estado de la República Mexicana; parece ser nombre de origen nahua, por el sufijo locativo *-co* 'en'.) 1. adj. Perteneciente o relativo a Tabasco. || 2. m. y f. Nativo o habitante de Tabasco.

tabique. (De *tabique* 'pared delgada', del árabe *tashbīk* 'labor de trenzado; pared de ladrillos', de *tashbīk,* nombre de acción del verbo *shábbak* 'enrejar, entrelazar'.) m. Ladrillo, masa rectangular de barro húmedo endurecida mediante calor.

tablilla. (De *tabla* + *-illa.*) f. Pieza de chocolate plana y de poco espesor (comprimida o moldeada).

tablita: salvarse en una tablita. loc. Escapar por poco de un peligro, salvarse a duras penas (como alguien que se salvó de un naufragio aferrándose a una tabla).

tacambarense, o **tacambareño, tacambareña.** (De *Tacámbaro,* municipio del estado de Michoacán, del tarasco, literalmente = 'lugar de palmas', de *tacamba* 'palma' + *-ro* 'lugar'.) 1. adj. Perteneciente o relativo a Tacámbaro. || 2. com., y m. y f. Nativo o habitante de Tacámbaro.

tache. (De *tachar.*) m. Trazo que anula lo escrito.

tacho. m. Recipiente para calentar agua y otros usos culinarios.

taco. (De *taco* 'pedazo de queso o jamón que se come como aperitivo', de *taco* 'pedazo de madera que se encaja en un hueco'.) m. 1. Tortilla de maíz enrollada que lleva dentro carnitas o chicharrones, queso, aguacate, o una mezcla de varios alimentos. || 2. Bocado o comida ligera. || **taco compuesto.** m. Taco (tortilla enrollada) con queso u otro alimento, pero sin chile. || **taco con sal.** m. Tortilla de maíz, enrollada, con un poco de sal adentro. Nota: existe la expresión "a cualquier cosa llaman cena, aunque sea un taco con sal". || **taco placero.** (De *plaza* 'mercado'.) Taco (rollo de tortilla de maíz) con barbacoa o chicharrón, chile verde, cilantro y romeritos. || **taco sudado,** o **taco de canasta.** m. Taco preparado en el domicilio del fabricante; se envuelve en trapos en una canasta, lo cual hace que "sude". | **echarse un taco.** loc. Tomar un pequeño refrigerio.

tacotalpense. (De *Tacotalpa,* municipio del estado de Tabasco, del náhuatl *Tlacotlalpan;* véase **tlacotalpense.**) 1. adj. Perteneciente o relativo a Tacotalpa. || 2. m. y f. Nativo o habitante de Tacotalpa.

tacuache, variante de **tlacuache.**

tacuche. (De origen tarasco.) m. 1. Envoltorio de trapos. || 2. Traje, vestido.

taim: pedir taim. (Del inglés *time,* que se pronuncia /taim/, literalmente = 'tiempo'.) loc. Pedir que se suspenda brevemente un juego.

tajamanil, véase **tejamanil.**

tal: tal por cual. amb. Malo.

talabartería. (Del español *talabarte* 'cinturón de cuero'.) f. Taller o tienda de objetos de cuero.

talabartero, talabartera. (Del español

talabarte 'cinturón de cuero'.) m. y f. Persona cuyo oficio es hacer trabajos de cuero [DRAE: guarnicionero].

talacha o **talache** o **talacho.** (De *tlalacha*, instrumento de labranza, del náhuatl *tlalli* 'tierra' + el español *hacha*.) f. 1. Hacha o azada para labrar la tierra. || 2. Trabajo mecánico. || **hacer talacha.** loc. Reparar una máquina o un automóvil.

talache, véase **talacha.**

talachero, talachera. adj. Trabajador.

talacho, véase **talacha.**

talavera de Puebla. f. Loza que se fabrica en Puebla desde fines del siglo XVI y que se hace a imitación de la cerámica de Talavera de la Reina (la antigua Talabriga), en la provincia de Toledo (España).

talco (De *talco* 'polvo de talco (mineral)'.): **lo hizo talco.** loc. Lo deshizo, lo derrotó.

tallada. f. Acción o resultado de tallar (en los dos sentidos; véase **tallar**).

tallar. (Del español antiguo *tallar* 'tajar, cortar'.) tr. 1. Raspar, sobar, fregar. || 2. Fastidiar, molestar. || **tallarse.** 1. Fastidiarse. || 2. Trabajar mucho.

talón. m. 1. Parte pequeña que queda en un cuaderno cuando se da el resto a alguien como recibo. || 2. Parte de un boleto, que se devuelve al usuario como comprobante. | **no llegarle** a alguien (**ni**) **a los talones.** loc. Ser inferior, haber mucha diferencia (entre dos personas en el concepto de que se habla) [DRAE: no llegarle uno a los zancajos a otro].

talonear. tr. Incitar (el jinete) a la caballería (para que camine) picándola con los talones (y también con las espuelas).

talonera. f. Refuerzo de suela que se pone en el talón del calzado.

tamal. (Del náhuatl *tamalli*.) m. Especie de pan (o empanada) de masa de maíz cocido al vapor (comúnmente envuelto en hojas de mazorca o de plátano). Se puede agregarle como un relleno carne de pollo, de cerdo o de res, y salsa. También hay tamales de dulce (véase **tamal de dulce**). || **tamal costeño.** m. Tamal que se envuelve en hojas de plátano y se sazona con achiote; puede llevar relleno de camarones medio secos o de pollo. || **tamal de azúcar,** véase **tamal de dulce.** || **tamal de cazuela.** m. Tamal (de trocitos de carne) que se cuece en cazuela en vez de envolverlo en hojas de maíz o plátano. || **tamal de chile.** m. Tamal condimentado con chile. || **tamal de dulce** o **tamal de azúcar.** m. Tamal condimentado con dulce (azúcar, piñones, pasas, acitrón). || **tamal de elote.** m. Tamal hecho con maíz tierno. || **tamal de horno.** m. Tamal cocido en horno (no al vapor), y relleno de carne de cerdo. || **tamal de manteca.** m. Tamal condimentado con manteca. || **tamal de mole.** m. Tamal condimentado con mole. || **tamal de muerto.** m. Tamal preparado especialmente para el día de conmemoración de los difuntos (día de muertos, 2 de noviembre); su relleno varía según las regiones. || **tamal de pollo.** m. Tamal con pollo. || **tamal de puerco.** m. Tamal con puerco. || **tamal oaxaqueño.** m. Tamal con guajolote tierno, espinazo de puerco y mole poblano; se envuelve en hoja de plátano. || **tamal rojo de pollo.** m. Tamal de pollo, chile (generalmente ancho y guajillo), jitomate y cebolla. || **tamal verde de puerco.** m. Tamal de lomo de cerdo, tomate verde, cebolla y cilantro.

tamalada o **tamaleada.** f. Fiesta en que los tamales son el platillo principal y muchas veces se sirve también atole.

tamalear. intr. 1. Comer tamales. || 2. Hacer tamales.

tamalería. f. Lugar donde se venden tamales.

tamalero, tamalera. m. y f. Persona que hace o vende tamales.

tamarindo. (Por el color del uniforme, parecido al de la fruta.) m. Policía de tránsito (en la ciudad de México).

tamaulipeco, tamaulipeca. (De *Tamaulipas*, estado de la República Mexicana, de origen huasteco [lengua del grupo inik de la familia maya], en que *tam* significa 'lugar'.) 1. adj. Perteneciente o relativo a Tamaulipas. || 2. m. y f. Nativo o habitante de Tamaulipas.

tamazuleño, tamazuleña. (De *Tamazula*, municipio del estado de Durango, o de *Tamazula [de Gordiano]*, municipio del estado de Jalisco, del náhuatl *Tamazullan*, literalmente = 'lugar de sapos', de *tamazulin* 'sapo' + *-lan* 'lugar de'.) 1. adj. Perteneciente o relativo a Tamazula. || 2. m. y f. Nativo o habitante de Tamazula.

tamazunchalense. (De *Tamazunchale*, municipio del estado de San Luis Potosí, probablemente del huasteco *Tam-uxum-tzalle* 'lugar de la Gobernadora'; *tam* = 'lugar'.) 1. adj. Perteneciente o relativo a Tamazunchale. || 2. m. y f. Nativo o habitante de Tamazunchale.

tambache. (Del tarasco *tambache* 'cesto de palillos'.) m. 1. Bulto. || 2. Montón de cosas.

tambo. (De *tambor* 'recipiente cilíndrico'.) m. Tonel de lámina.

tambor. (De *tambor*, instrumento musical, porque si los resortes vibran hacen ruido, del árabe *ṭanbūr*, modificación [influida por *ṭunbūr* 'laúd'] del persa *tabīr*.) m. Armadura o armazón con resortes, sobre la que se pone un colchón (en la cama).

tamborear. (Del español *tamborear* 'tocar el tamboril'.) intr. Tocar el tambor.

tamboreo. (Del español *tamboreo* 'acción o resultado de tocar el tamboril'.) m. Acción o resultado de tocar el tambor.

tameme. (Del náhuatl *tlamama* 'cargar', de *mame, mama, meme* 'llevar a cuestas, cargar'.) m. Cargador, persona cuyo oficio es cargar a las espaldas.

tamiahuense. (De *Tamiahua*, municipio del estado de Veracruz.) 1. adj. Perteneciente o relativo a Tamiahua. || 2. m. y f. Nativo o habitante de Tamiahua.

tampiqueño, tampiqueña. (De *Tampico*, municipio del estado de Tamaulipas, o de *Tampico [Alto]*, municipio del estado de Veracruz, del huasteco, literalmente = 'lugar de nutrias', o de 'perros de agua', de *tam* 'lugar' + *pik'o* 'perro'.) 1. adj. Perteneciente o relativo a Tampico. || 2. m. y f. Nativo o habitante de Tampico.

tamuinense. (De *Tamuín*, municipio del estado de San Luis Potosí.) 1. adj. Perteneciente o relativo a Tamuín. || 2. m. y f. Nativo o habitante de Tamuín.

tanate o **tenate.** (Del náhuatl *tanatli*.) m. Canasta de palma.

tanda. (Del español *tanda* 'alternativa, turno'.) 1. Sección de una representación teatral. || 2. Ronda (de copas, etc.).

tandero, tandera, m. y f., o **tandista,** com. Aficionado al teatro por tandas.

tanque. (De *tanque* 'estanque, depósito de agua'.) m. Piscina.

tanteada. f. Burla, acción de tantear (engañar).

tantear. tr. Engañar. | **tantearse** a alguien. loc. Engañar, burlarse de.

tantito. (De *tanto* 'cantidad indeterminada'.) adv. 1. Un poco. || 2. Un poco de tiempo.

tanto: ¿qué tanto? loc. adv. interrog. ¿Cuánto?

tapaboca. m. Prenda de médico para cubrirse la boca.

tapachulteco, tapachulteca. (De *Tapachula*, municipio del estado de Chiapas, del náhuatl *Tlapachullan*, literalmente = 'lugar de los súbditos o gobernados', de *tlapacholli* 'súbdito, gobernado' [de *tlapachoa* 'cubrir; gobernar', de *pachoa* 'regir, gobernar, apretar'] + *-lan* 'lugar de muchos...'.) 1. adj. Perteneciente o relativo a Tapachula. || 2. m. y f. Nativo o habitante de Tapachula.

tapado, tapada. 1. adj. Cerrado de entendimiento, tonto. || 2. m. y f. Candidato político cuyo nombre se mantiene en secreto hasta el momento propicio. || **tapado.** m. Acción de echar a la suerte con una moneda que cuando baja se mantiene tapada por un momento.

tápalo. m. Chal, mantón con que se cubren la cabeza y los hombros.

tapanco. (Del náhuatl *tlapanco*, literalmente = 'en la azotea', de *tlapantli* 'azotea; techo' + *-co* 'en'.) m. Desván, ático, tablas horizontales con que se divide una parte (de la altura) de una habitación.

tapar: taparle el ojo al macho. loc. Disimular un hecho que podría producir desagrado.

tapatío, tapatía. (Posiblemente de *tapatío* 'mantilla, paño que usan las mujeres para taparse la cabeza', palabra documentada en el estado de Jalisco ya en 1532 y 1552.) 1. adj. Perteneciente o relativo a Guadalajara, capital del estado de Jalisco. || 2. m. y f. Nativo o habitante de Guadalajara.

tapioca. (Del tupí *typyóka.*) f. Preparación granulada del almidón de la mandioca, que se usa para hacer atole.

tapir. (Del portugués *tapira*, del tupí *tapiíra.*) m. Animal del género *Tapirus*.

tapona, véase **tuna tapona.**

taquear. intr. Comer tacos (de tortilla de maíz).

taquería. f. Establecimiento donde se venden tacos (de tortilla de maíz).

taquero, taquera. m. y f. Persona que hace y vende tacos (de tortilla de maíz).

taquete. (De *taco* 'pedazo de madera que se encaja en un hueco'.) m. Pedazo de madera u otra materia, corto y grueso, que se encaja en un hueco, sobre todo en la pared.

taquito. (De *taco* 'tortilla de maíz enrollada, con un relleno'.) m. Taco (de tortilla de maíz).

tarahumara. (Del tarahumara *ralámari*, *rarámuri*, literalmente = 'los que corren a pie'.) 1. adj. De un pueblo de la familia yutoazteca que habita en el estado de Chihuahua. || 2. m. y f. Persona perteneciente a ese pueblo. || 3. m. La lengua yutoazteca del pueblo tarahumara. Compárese **rarámuri.**

tarantera. (Por último de *tarántula*, porque se decía que venía de haber sido picado por una de estas arañas, del italiano *tarantola*, de *Taranto* 'Tarento', puerto de Italia del sur cerca del cual abundaban.) f. Desvanecimiento, aturdimiento, trastorno de los sentidos.

tarascano, tarascana. (De *tarasco* + *-ano.*) adj. Perteneciente o relativo a los tarascos.

tarasco, tarasca. 1. m. y f. Miembro de un pueblo indígena del estado de Michoacán. || 2. adj. Perteneciente o relativo a los tarascos, a su cultura, o a su lengua. || 3. m. Lengua de los tarascos, llamada también *purhépecha* y *purépecha.*

tarde: más tarde. loc. adv. Después.

tardeada. f. Diversión por la tarde, tarde de holganza.

tardear. tr. Ocupar la tarde en diversiones.

tarea. (De *tarea* 'trabajo', del árabe vulgar *ṭarīha* 'encargo de un trabajo en tiempo limitado'.) f. Ejercicio que el alumno debe hacer fuera de clase [DRAE: deberes].

tarugada. f. 1. Desaguisado, agravio. || 2. Tontería.

tarugo, taruga. (Del español *tarugo* 'trozo de madera, zoquete'.) m. y f. Tonto.

tarzán. (De *Tarzan*, personaje de relatos de Edgar Rice Burroughs, escritor estadounidense, 1875-1950.) m. Hombre fuerte y ágil. Compárese **mamá.**

tasajear. tr. Atasajar, hacer tasajos (pedazos secos y salados) la carne.

tasajeo. m. Acción o resultado de tasajear, de hacer tasajos la carne.

tasajera. f. Armadijo o vara para secar al sol la carne.

tasajero, tasajera. m. y f. Persona que prepara o vende tasajos.

tata. (Convergencia del latín *tata* 'papá' y del náhuatl *tatli* 'padre'.) m. Papá, padre. || **tata grande.** m. Abuelo.

tatema, o **tatemada.** f. Acción o resultado de tatemar.

tatemado, tatemada. adj. Asado en el horno.

tatemar. (Del náhuatl *tlatemani* 'cocer, quemar, poner algo al fuego', de *tla-* 'algo' + *tletl* 'fuego' + *mani* 'meter, poner'.) tr. Asar, tostar.

taxcal. (Probablemente del náhuatl *tlaxcalchiquihuitl*, de *tlaxcalli* 'tortilla de maíz' + *chiquihuitl* 'cesto, canasta, chiquihuite'.) m. Caja, cesto o huacal para guardar tortillas de maíz.

taxqueño, taxqueña. (De *Taxco (de Alarcón)*, municipio del estado de Guerrero, del náhuatl *Tlachco*, literalmente = 'lugar de juego de pelota', de *tlachtli* 'juego de pelota' + *-co* 'lugar'. 1. adj. Perteneciente o relativo a Taxco. || 2. m. y f. Nativo o habitante de Taxco.

té. m. Infusión de hojas (o flores) de alguna planta, no necesariamente del arbusto *Camellia sinensis.* Cuando es de este último se llama a veces *té negro* o incluso *té de té* (español *té,* del chino regional [Xiamen] *t'e,* chino del norte *chá).* ‖ **té de estafiate.** m. Infusión que algunos toman contra los cólicos intestinales y contra parasitosis del intestino. Compárese **estafiate.** ‖ **té de hojas de aguacate.** m. Infusión que algunos toman para combatir la anemia. ‖ **té de limón,** véase **té limón.** ‖ **té de yerbabuena.** m. Infusión que algunos toman como eupéptico (que favorece la digestión) y también como carminativo (que favorece la expulsión de los gases desarrollados en el tubo digestivo). ‖ **té limón** o **té de limón.** m. 1. Infusión de cierta gramínea *(Andropogon citratus)* olorosa. ‖ 2. Esta gramínea. ‖ **té negro.** m. Infusión de hojas del arbusto *Camellia sinensis.*

teapaneco, teapaneca. (De *Teapa,* municipio del estado de Tabasco, del náhuatl *Teapan,* literalmente = 'en el río de piedras' [de *tetl* 'piedra' + *atl* 'agua; río' + *-pan* 'en'] + *-eca* 'habitante de'.) 1. adj. Perteneciente o relativo a Teapa. ‖ 2. m. y f. Nativo o habitante de Teapa.

teatrito: **caérsele** a alguien **el teatrito.** loc. Descubrir su falsedad, fracasar en lo que tramaba, fallar en el fingimiento o simulación.

tec. (De *tecnológico.)* m. Tecnológico.

-teca. (Del náhuatl *-tecatl* 'gente, habitante de, persona' [plural nahua: *-teca],* quizá variante de *tlacatl* 'hombre'.) suf. adj. y nominal. Persona (como en *azteca, chinanteca, mixteca).* Compárese **-teco.** Nota: los nombres nahuas de lugar que acaban en *-tlan* o *-tla* o en sus variantes *-llan* o *-lla* forman sus gentilicios en *-tecatl* (los que terminan en *-pa* los forman en *-necatl;* en *-pan,* en *-ecatl).*

tecalense. (De *Tecali [de Herrera],* municipio del estado de Puebla, del náhuatl *Tecalli,* literalmente = 'donde hay casas de piedra', de *tetl* 'piedra' + *calli* 'casa'.) 1. adj. Perteneciente o relativo a Tecali. ‖ 2. m. y f. Nativo o habitante de Tecali.

tecali. (De *Tecali,* Puebla, donde abunda esta piedra.) m. Variedad compacta de calcita o aragonita, especie de alabastro o mármol u ónix.

tecamachalqueño, tecamachalqueña. (De *Tecamachalco,* municipio del estado de Puebla, del náhuatl, literalmente = 'lugar de la quijada de piedra', de *tetl* 'piedra' + *camachalli* 'barbilla, quijada' [de *camatl* 'boca' + *challi* 'borde (de hondonada)'] + *-co* 'lugar'.) 1. adj. Perteneciente o relativo a Tecamachalco. ‖ 2. m. y f. Nativo o habitante de Tecamachalco.

techo de dos aguas. m. Techo de dos partes inclinadas para que el agua escurra.

técnico. m. Policía.

-teco, -teca. suf. adj. y nominal, como en *chiapaneco, guatemalteco, yucateco,* véase **-teca.**

tecolín (Del náhuatl *tecolli* 'carbón'.): **tecolines** o **tejolines.** m. pl. Dinero, pesos, monedas, riqueza.

tecolote. (Del náhuatl *tecolotl* [raíz: *col-* 'doblar; curva'].) m. 1. Lechuza. ‖ 2. (Porque se supone que debían andar los policías con los ojos bien abiertos, como las lechuzas, o porque vigilan de noche.) Agente de policía. **| cantarle** a alguien **el tecolote.** (Ya en el siglo XVI decían los indígenas mexicanos que oír una lechuza era de mal agüero.) loc. Estar cerca de la muerte.

tecoluteco, tecoluteca. (De *Tecolutla,* municipio del estado de Veracruz, literalmente = 'abundancia de tecolotes (lechuzas)', de *tecolotl* 'lechuza' + *-tlan* 'donde abundan'.) 1. adj. Perteneciente o relativo a Tecolutla. ‖ 2. m. y f. Nativo o habitante de Tecolutla.

tecomaneco, tecomaneca, o **tecomanense,** o **tecomaneño, tecomaneña.** (De *Tecomán,* municipio del estado de Colima.) 1. adj. Perteneciente o relativo a Tecomán. ‖ 2. m. y f., y com. Nativo o habitante de Tecomán.

tecomate. (Del náhuatl *tecomatl* 'vaso, olla de barro', de *com-, comitl* 'olla'. Compárese **comal.)** m. Recipiente hecho del epicarpo (= exocarpo, capa exterior del pericarpo) de algunos frutos, como guajes, cocos, calabazas.

tecorral. (Del náhuatl *tetl* 'piedra' + el español *corral.*) m. Cerca de piedras.

tecpaneco, tecpaneca. (Del náhuatl *tecpaneca,* de *Tecpan,* hoy *Tecpan [de Galeana],* municipio del estado de Guerrero, literalmente = 'lugar del señor; palacio' [de *teuctli* 'señor' + -*pan* 'lugar'] + -*eca,* variante de -*teca* 'gente'.) 1. adj. Perteneciente o relativo a Tecpan. || 2. m. y f. Nativo o habitante de Tecpan.

tecuán. (Del náhuatl *tecuani* 'fiera'.) m. Bestia, fiera.

tecuín o **tecuino.** (Del náhuatl *tecuini* 'latir, palpitar (el corazón)', porque produce aceleración cardíaca.) m. Cierta bebida fermentada de maíz, agua y piloncillo.

tegua o **tehua.** com. Miembro de un pueblo indígena que habitaba el actual estado de Nuevo México (Estados Unidos).

tehuacán. (De *Tehuacán,* municipio del estado de Puebla, del náhuatl *Tehuacan,* probablemente = 'lugar rodeado de piedras', de *tetl* 'piedra' + -*hua* 'proximidad' + -*can* 'lugar'.) m. 1. Agua con gas. || 2. Miembro de un pueblo indígena que habitaba cerca de Tehuacán.

tehuacanero, tehuacanera. (De *Tehuacán,* municipio del estado de Puebla, del náhuatl *Tehuacan,* probablemente = 'lugar rodeado de piedras', de *tetl* 'piedra' + -*hua* 'proximidad' + -*can* 'lugar'.) 1. adj. Perteneciente o relativo a Tehuacán. || 2. m. y f. Nativo o habitante de Tehuacán.

tehuano, tehuana. (De *Tehuantepec,* zona del estado de Oaxaca, del náhuatl *Tecuantepec,* literalmente = 'en el cerro de la fiera', de *tecuani* 'fiera' + *tepetl* 'cerro' + -*c* 'en'.) 1. adj. Perteneciente o relativo a Tehuantepec (la zona). || 2. m. y f. Nativo o habitante de Tehuantepec.

tehuantepecano, tehuantepecana. (De *[Santo Domingo] Tehuantepec,* municipio del estado de Oaxaca, del náhuatl *Tecuantepec,* literalmente = 'en el cerro de la fiera', de *tecuani* 'fiera' + *tepetl* 'cerro' + -*c* 'en'.) 1. adj. Perteneciente o relativo a Tehuantepec (el

municipio). || 2. m. y f. Nativo o habitante de Tehuantepec.

tehuistle o **tehuiztle.** (Del náhuatl *tehuitztli,* probablemente de *tetl* 'piedra; duro' + *huitztli* 'espina'.) m. Cierta planta *(Sapindus saponaria).*

tehúl, véase **teúl.**

tehuiztle, véase **tehuistle.**

teip. (Del inglés *tape,* que se pronuncia /teip/, literalmente = 'cinta'.) m. Cinta magnética con sonido grabado.

tejabán o **tejabana,** véase **tejaván.**

tejador, tejadora. m. y f. Persona que tiene por oficio tejar, hacer techos de teja.

tejamanil o **tajamanil.** (Del náhuatl *tlaxamanilli* 'tablitas', de *tla-* 'algo, objeto, cosa' + *xamania* 'astillar, hender'.) m. Tira delgada de madera, que se usa para techar casas o cobertizos.

tejano, tejana (De *Tejas,* variante gráfica de *Texas,* estado del sur de Estados Unidos que fue territorio mexicano hasta 1836), o **texano, texana** (de *Texas,* estado del sur de Estados Unidos.) PRONUNC. Esta *x* se pronuncia /j/. 1. adj. Perteneciente o relativo a Texas. || 2. m. y f. Nativo o habitante de Texas.

tejaván, m., o **tejavana,** f.; o **tejabán,** m., o **tejabana.** (De *[edificio techado a] teja vana,* o sea 'sin otro techo que el tejado'.) Casa rústica.

tejero, tejera. m. y f. Persona que fabrica tejas.

tejocotal. m. Plantío de tejocotes.

tejocote. (Del náhuatl *texocotl,* literalmente = 'fruta como piedra' o 'piedra agria', de *tetl* 'piedra' + *xocotl* 'agrio; fruta'.) m. Cierto árbol *(Crataegus mexicana),* y su fruto comestible. Compárese **pagua.**

tejolín: tejolines, m. pl., variante de **tecolín.**

tejolote. (Del náhuatl *texolotl,* literalmente = 'cilindro de piedra', de *tetl* 'piedra' + *xolotl* 'objeto cilíndrico; monstruo, muñeco'.) m. Mano del molcajete o mortero, majador de piedra que sirve para machacar el chile, el tomate, etc., en el recipiente o mortero de piedra llamado *molcajete.*

tejolotear. tr. Moler en el molcajete con el tejolote.

tejuino. m. Tecuín (variante).

tejupilqueño, tejupilqueña. (De *Tejupilco*, municipio del Estado de México, del náhuatl *Texopilco*, literalmente = 'en los dedos-de-los-pies de piedra', de *tetl* 'piedra' + *xopilli* 'dedos de los pies' [raíz: *xo-* 'pie'] + *-co* 'en'.) 1. adj. Perteneciente o relativo a Tejupilco. || 2. m. y f. Nativo o habitante de Tejupilco.

telar de cintura. m. Aparato para tejer que se fija de un lado a la cintura de quien lo utiliza y del otro a un árbol o un poste.

tele. (De *televisión* y *televisor*.) f. 1. Televisión (transmisión; aparato; empresa). || 2. Televisor (aparato).

telefoneada. f. Acto de telefonear, de hablar por teléfono.

teléfono descompuesto. m. Juego de sociedad en que los jugadores se sientan en círculo y uno de ellos dice algo en voz baja al oído del que le sigue, quien trata de repetirlo al siguiente y así sucesivamente. Cuando el mensaje transmitido llega al final, se dice en voz alta y está generalmente muy cambiado.

telera. f. Cierto pan blanco, el que se usa comúnmente para hacer tortas (véase **torta**).

telescopiar. tr. Meter uno en otro como las secciones cilíndricas de un telescopio manual. || **telescopiarse.** Meterse uno en otro como las secciones cilíndricas de un telescopio manual (se dice, por ejemplo, de trenes de ferrocarril).

telimón, véase **té.**

teloloapeño, teloloapeña. (De *Teloloapan*, municipio del estado de Guerrero.) 1. adj. Perteneciente o relativo a Teloloapan. || 2. m. y f. Nativo o habitante de Teloloapan.

temascal o **temazcal.** (Del náhuatl *temazcalli*, literalmente = 'casa de bañarse', de *tema* 'bañarse (en vapor); cocer' + *calli* 'casa'.) m. Casita baja de adobe para baños de vapor.

temascalapeño, temascalapeña, o **temascalapense.** (De *Temascalapa*, municipio del Estado de México, del náhuatl *Temazcalapan*, literalmente

igual 'en el río de los temascales', de *temazcalli* 'temascal' + *-apan* 'río', de *atl* 'agua' + *-pan* 'en, sobre'.) 1. adj. Perteneciente o relativo a Temascalapa. || 2. m. y f. o com. Nativo o habitante de Temascalapa.

temascalcingueño, temascalcingueña, o **temascalcinguense.** (De *Temascalcingo*, municipio del Estado de México, del náhuatl *Temazcaltzinco*, literalmente = 'en los temascalitos', de *temazcalli* 'temascal' + *-tzintli* 'pequeño' + *-co* 'en') 1. adj. Perteneciente o relativo a Temascalcingo. || 2. m. y f., o com. Nativo o habitante de Temascalcingo.

temascaltepeño, temascaltepeña, o **temascaltepecano, temascaltepecana.** (De *Temascaltepec*, municipio del Estado de México, del náhuatl *Temazcaltepec*, literalmente = 'en el cerro de los temascales', de *temazcalli* 'temascal' + *tepetl* 'cerro' + *-c* 'en'.) 1. adj. Perteneciente o relativo a Temascaltepec. || 2. m. y f. Nativo o habitante de Temascaltepec.

temazcal, véase **temascal.**

tembeleque. com. Tembloroso, que tiembla.

temblar. (De *temblar* 'agitarse'.) intr. Sacudirse la Tierra por razones volcánicas o tectónicas.

temblor. (De *temblar*.) m. Terremoto.

temblorina, f., o **tembloteo,** m. Tembladera, acción o resultado de temblar.

temixco, temixca. (De *Temixco*, municipio del estado de Morelos, del náhuatl *Temizco*, literalmente = 'en el león de piedra', de *tetl* 'piedra' + *miztli* 'león' + *-co* 'en'.) 1. adj. Perteneciente o relativo a Temixco. || 2. m. y f. Nativo o habitante de Temixco.

temoayense, o **temoayano, temoayana.** (De *Temoaya*, municipio del Estado de México, del náhuatl *temohuayan* 'declive, bajada', de *temo* 'bajar' + *-yan* 'lugar'.) 1. adj. Perteneciente o relativo a Temoaya. || 2. m. y f. Nativo o habitante de Temoaya.

temperante. (De *temperar* 'moderar, templar'.) com. Que no toma bebidas alcohólicas, abstemio.

tempestad: **tras la tempestad, viene la calma.** ref. Ánimo, aunque ahora sufras hay la esperanza de un porvenir mejor; después de la tristeza viene la alegría.

tempoaleño, tempoaleña. (De *Tempoal*, municipio del estado de Veracruz.) 1. adj. Perteneciente o relativo a Tempoal. ‖ 2. m. y f. Nativo o habitante de Tempoal.

tenancingueño, tenancingueña. (De *Tenancingo*, nombre de municipios de los estados de México y Tlaxcala, del náhuatl *Tenantzinco*, literalmente = 'en la pequeña muralla', de *tenamitl* 'muro de piedra' [de *tetl* 'piedra'] + *-tzin*, diminutivo, + *-co* 'en, lugar'.) 1. adj. Perteneciente o relativo a Tenancingo. ‖ 2. m. y f. Nativo o habitante de Tenancingo.

tenangoaerense. (De *Tenango del Aire*, municipio del Estado de México, de *Tenango* [véase **tenangueño**] + el español *aer-* 'aire' + *-ense* 'habitante de' [porque está en las laderas del volcán Iztaccíhuatl y hay cerca un Tenango del Valle].) 1. adj. Perteneciente o relativo a Tenango del Aire. ‖ 2. m. y f. Nativo o habitante de Tenango del Aire.

tenangueño, tenangueña. (De *Tenango*, nombre de muchas poblaciones de la República Mexicana, del náhuatl *Tenanco*, literalmente = 'lugar del muro de piedra', de *tenamitl* 'muro de piedra' [de *tetl* 'piedra'] + *-co* 'lugar; en'.) 1. adj. Perteneciente o relativo a Tenango. ‖ 2. m. y f. Nativo o habitante de Tenango.

tenate, véase **tanate.**

-tenco, -tengo. Terminaciones toponímicas de origen nahua, como en *Tianguistengo*, del náhuatl *-tenco*, literalmente = 'en la orilla', de *tentli* 'orilla, borde' + *-co* 'en'.

tendajón. (Del español *tendejón.*) m. Tienda pequeña.

tendear. intr. Recorrer tiendas, frecuentemente sin comprar.

tendida. f. Acción o resultado de tender.

tenejal. (Del náhuatl *tenexxalli*, literalmente = 'arena de cal', de *tenextli* 'cal' + *xalli* 'arena'.) m. 1. Mina de arena caliza o de piedra de cal viva (sin apagar) que se usa para cocer el nixtamal. ‖ 2. Esta arena o piedra.

tener: no tiene ni qué. loc. No tiene discusión. ‖ **¿qué tiene?** loc. ¿qué tiene de particular?, ¿de extraño?

-tengo, véase **-tenco.**

tenis: colgar los tenis. (De *tenis* 'calzado (de tipo deportivo)'.) loc. Dejar cierta actividad. ‖ **con los tenis por delante.** loc. Morir. (De *tenis* 'calzado (de tipo deportivo)' [DRAE: sacar con los pies adelante].)

tenmeacá. (De *tenme* + *acá.*) m. Se usa en oraciones como: "Dile a tu mamá que te dé un poco de tenmeacá" con el deseo de que la otra persona lo cuide un rato porque está estorbando.

tenochca. (Del náhuatl *Tenochtitlan*, literalmente = 'entre tunas duras', de *tenochtli* 'tuna dura, tuna silvestre' [de *tetl* 'piedra; cosa dura, sólida' + *nochtli* 'tuna'] + *-titlan* 'entre', terminación de topónimos [véase *-titlán].*) com. Azteca, nahua, mexica, indígena que se estableció en una isla, en que se fundó Tenochtitlán (que luego se llamó *México),* ciudad principal del Imperio Azteca.

tenosiquense. (De *Tenosique*, municipio del estado de Tabasco.) 1. adj. Perteneciente o relativo a Tenosique. ‖ 2. com. Nativo o habitante de Tenosique.

teocali. (Del náhuatl *teocalli*, literalmente = 'casa de un dios', de *teotl* 'dios' + *calli* 'casa'.) m. Templo precortesiano.

teocinte o **teosinte.** (Del náhuatl *teocentli* o *teocintli*, literalmente = 'maíz del dios', de *teotl* 'dios' + *centli, cintli* 'maíz en mazorca, mazorca de maíz'.) m. Planta gramínea de la familia del maíz, posible antepasada del maíz.

teotihuacano, teotihuacana. (De *Teotihuacán*, municipio del Estado de México, del náhuatl *Teotihuacan*, literalmente = 'lugar de los dioses', de *teotl* 'dios' + *-ti-*, sílaba de enlace, + *huacan* 'lugar de los que tienen [véase **-huacán**]'.)

tepache. (Del náhuatl *tepiatl*, bebida de maíz crudo, de *tepitl*, variedad de maíz, + *atl* 'agua'.) m. Bebida fermentada de piña (o de caña) y azúcar.

tepachera. f. Vasija en que se prepara el tepache.

221

tepachería. f. Lugar donde se expende el tepache.

tepachero, tepachera. 1. adj. Relativo al tepache. || 2. m. y f. Persona que hace o vende tepache.

tepalcate. (Del náhuatl *tapalcatl* [de la misma raíz que *tapayolli* 'pelota, bola'].) m. Tiesto, pedazo de vasija de barro quebrada.

tepalcatepecano, tepalcatepecana, o **tepalcatepense.** (De *Tepalcatepec*, municipio del estado de Michoacán, del náhuatl *Tepalcatepec*, literalmente = 'en el cerro de tepalcates', de *tepalcate* 'tiesto' + *tepetl* 'cerro' + *-c* 'en'.) 1. adj. Perteneciente o relativo a Tepalcatepec. || 2. m. y f., y com. Nativo o habitante de Tepalcatepec.

tepalcatero. m. Lugar donde abundan los tepalcates.

tepaneca. (Quizá del náhuatl, literalmente = 'persona del lugar de piedras', de *tetl* 'piedra' + *-pan* 'lugar' + *-eca* 'persona'.) 1. com. Miembro de un grupo indígena de lengua nahua que se asentó en el Valle de México hacia 820 d.C. || 2. adj. Perteneciente o relativo a las tepanecas.

tepeacano, tepeacana, o **tepeaquense,** o **tepeaqueño, tepeaqueña.** (De *Tepeaca*, municipio del estado de Puebla, del náhuatl *Tepeyacac*, literalmente = 'en la punta (o el principio) de los cerros', de *tepetl* 'cerro' + *yacatl* 'nariz; punta, extremidad' + *-c* 'en'.) 1. adj. Perteneciente o relativo a Tepeaca. || 2. m. y f., y com. Nativo o habitante de Tepeaca.

-tepec. (Del náhuatl *-tepec*, literalmente = 'en el cerro de...', de *tepetl* 'cerro' + *-c* 'en'.) En el cerro de..., terminación de muchos topónimos, como *Coatepec, Cuautepec, Ecatepec*.

tepegua. (Del náhuatl *tepehua*, literalmente = 'esparcir (en el suelo)'.) f. Cierta hormiga migratoria del género *Anomma*.

tepeguaje o **tepehuaje.** (Del náhuatl *tepehuaxin*, literalmente = 'guaje de monte', de *tepetl* 'monte, cerro' + *huaxin* 'guaje, calabaza'.) m. Cierto árbol (*Acacia acapulcensis*).

tepehua. (Probablemente del náhuatl *tepehuan*, literalmente = 'junto al cerro', de *tepetl* 'cerro' + *-huan* 'junto a, en compañía de'.) 1. com. Miembro de un pueblo indígena del sureste de México (estado de Veracruz y otros), de origen totonaco. || 2. m. Lengua de los tepehuas, de la familia totonaca.

tepehuaje, véase **tepeguaje.**

tepehuán, tepehuana, o **tepehuano, tepehuana.** 1. m. y f. Miembro de un pueblo pimano del noroeste de México (estado de Durango y otros). || 2. adj. Perteneciente o relativo a los tepehuanes. || 3. m. Lengua del grupo pimano de la familia yutoazteca. Compárese **pimano.**

tepescohuite o **tepescahuite.** (Del náhuatl, literalmente = 'árbol de cerro', de *tepetl* 'cerro' + *cuahuitl* 'árbol') m. Cierta planta (*Mimosa cabrera*).

tepescuintle o **tepescuincle.** (Del náhuatl *tepeitzcuintli*, literalmente = 'perro de cerro', de *tepetl* 'cerro' + *itzcuintli*, tipo de perro.) m. Cierto roedor (*Coelogenys paca*) comestible.

tepetatal. m. Terreno en que abunda el tepetate.

tepetate. (Del náhuatl *tepetlatl*, literalmente = 'estera de piedra', de *tetl* 'piedra' + *petlatl* 'estera, capa'.) m. Capa terrestre caliza (de carbonato de calcio) y dura. Se emplea para revestir carreteras y para formar bloques para paredes de casas.

tepetatero, tepetatera. adj. Relativo al tepetate.

tepetatoso, tepetatosa. adj. (De un terreno) abundante en tepetate.

-tépetl. (Del náhuatl *tepetl* 'montaña, cerro'.) Montaña, cerro, terminación de topónimos, como en *Citlaltépetl, Popocatépetl.*

tepiqueño, tepiqueña. (De *Tepic*, capital del estado de Nayarit, del náhuatl, literalmente = 'lugar de maíz tempranero', de *tepitl*, variedad de maíz tempranero, + *-c* 'lugar'.) 1. adj. Perteneciente o relativo a Tepic. || 2. m. y f. Nativo o habitante de Tepic.

tepiteño, tepiteña. (De *Tepito*, zona del Distrito Federal, del náhuatl, originalmente *Teocaltepiton*, literalmente = 'templo pequeño', de *teocalli* 'templo' + *tepiton* 'pequeño, chico', de *tepitl*, cierta variedad de maíz tempranero.) 1. adj. Perteneciente o relativo a Tepito. || 2. m. y f. Nativo o habitante de Tepito.

tepocate (De *atepocate.*), véase **atepocate.**

teponastle o **teponaztle** o **teponaxtle** o **teponaxtli.** (Del náhuatl *teponaztli,* quizá de *tepolli* 'tocón, tronco de árbol'.) m. Instrumento musical, especie de tambor pequeño, que utilizan los indígenas. Es un tronco hueco de árbol, sin parche, con dos lengüetas que se golpean con palitos.

teporingo. (Probablemente del náhuatl *tepetl* 'cerro' + *olini* 'moverse, menearse'.) m. Conejo de cerro.

teporocho. m. Tipo harapiento de los barrios bajos de la ciudad de México.

teposán, véase **tepozán.**

teposcolulteco, teposcolulteca, o **teposcoluleño, teposcoluleña.** (De *[San Juan] Teposcolula,* o de *[San Pedro y San Pablo] Teposcolula,* municipios del estado de Oaxaca, del náhuatl *Tepozcolulan,* literalmente = 'cerca de los ganchos de cobre', de *tepozcolulli* 'gancho de cobre' [de *tepoztli* 'cobre' + *col-* 'doblar; curva'] + *-lan* 'entre, junto a'.) 1. adj. Perteneciente o relativo a Teposcolula. || 2. m. y f. Nativo o habitante de Teposcolula.

teposteco, teposteca, véase **tepozteco.**

tepotzoteco, tepotzoteca, o **tepotzotleco, tepotzotleca.** (De *Tepotzotlán,* municipio del Estado de México, del náhuatl, literalmente = 'lugar de jorobados', de *tepotzotli* 'jorobado' [de *tepotztli* 'hombre; espalda'] + *-tlan* 'lugar'.) 1. adj. Perteneciente o relativo a Tepotzotlán. || 2. m. y f. Nativo o habitante de Tepotzotlán.

tepozán o **teposán.** (Del náhuatl *tepozan.*) m. Clase de salvia (planta), del género *Buddleia.*

tepozteco, tepozteca. (De *Tepoztlán,* municipio del estado de Morelos, del náhuatl *Tepoztlan,* literalmente = 'lugar abundante en cobre' [de *tepoztli* 'cobre; hierro' + *-tlan* 'lugar abundante en'], + *-tecatl* 'habitante de'.) 1. adj. Perteneciente o relativo a Tepoztlán. || 2. m. y f. Nativo o habitante de Tepoztlán.

tepuzteca, o **tepuzteco, tepuzteca.** (Del náhuatl *Tepoztlan,* literalmente = 'lugar abundante en cobre' [de *tepoztli* 'cobre; hierro' + *-tlan* 'lugar abundante en'], nombre de lugar, + *-tecatl* 'habitante de'.) 1. m. y f. Miembro de un grupo indígena que habitó lo que hoy es el estado de Guerrero. || 2. adj. Perteneciente o relativo a los tepuztecas.

tequesquital. m. Terreno con mucho tequesquite.

tequesquite. (Del náhuatl *tequizquitl* 'piedra eflorescente', de *tetl* 'piedra' + *quizquitl* 'brotante', de *quizca* 'salir, brotar'.) m. Salitre de tierras lacustres.

tequila. (De *Tequila,* municipio del estado de Jalisco, del náhuatl *Tequillan,* literalmente = 'lugar de tributos', de *tequitl* 'tributo; trabajo' [en el México del siglo xv los tributos se pagaban frecuentemente en forma de servicios] + *-llan* 'lugar de'.) m. 1. Cierto maguey *(Agave tequilana).* || 2. Bebida alcohólica destilada de este maguey, que se elabora en la zona de Tequila.

tequilazo. m. Trago de tequila.

tequilear. tr. Tomar tequila.

tequilense, o **tequileño, tequileña.** (De *Tequila,* nombre de municipios en los estados de Jalisco y Veracruz; véase la etimología de **tequila.**) 1. adj. Perteneciente o relativo a Tequila. || 2. m. y f. Nativo o habitante de Tequila.

tequilera. f. Empresa que fabrica tequila.

tequilería. f. 1. Fábrica destiladora de tequila. || 2. Bar en que se vende tequila.

tequilero, tequilera. (De *tequila.*) 1. adj. Relativo al tequila. || 2. m. y f. Quien fabrica o vende tequila.

tequilteco. (De *Tequila,* nombre de municipios en los estados de Jalisco y Veracruz; véase la etimología de **tequila.**) 1. adj. Perteneciente o relativo a Tequila. || 2. m. y f. Nativo o habitante de Tequila.

tequio. Del náhuatl *tequitl* 'tributo; trabajo', de *tequi* 'cortar, cazar, labrar'.) m. Tarea o faena (servicio social) que se realiza para pagar un tributo en una comunidad indígena.

tequisquiapense. (De *Tequisquiapan*, municipio del estado de Querétaro, del náhuatl *Tequizquiapan*, literalmente = 'en agua o río de tequesquite', de *tequizquitl* [véase **tequesquite**], + *atl* 'agua; río' + *-pan* 'en'.) 1. adj. Perteneciente o relativo a Tequisquiapan. || 2. m. y f. Nativo o habitante de Tequisquiapan.

tercera: **robar la tercera.** (En beisbol) avanzar de segunda base a tercera sin la ayuda de un jit o un error.

terminal. (Del español *terminal* 'extremo de una línea de transporte', del adjetivo *terminal* 'final', de *término* 'último punto', del latín *terminus* 'mojón, linde, límite, fin'.) f. Estación en cada extremo de una línea de transporte.

terracería. (De *terraza* 'terreno llano'.) f. Tierra en un camino, sin revestimiento, sin pavimentar. | **de terracería.** (De un camino) sin revestimiento, sin pavimentar.

terregal. (De *terr-*, base de *tierra.*) m. Polvareda, tolvanera.

terreno de temporal. m. Tierra de temporal (véase).

terrero. (De *terr-*, base de *tierra.*) m. Polvareda.

tesgüino. (De origen tarahumara, o quizá del náhuatl *tecuini* [véase **tecuín**].) m. Bebida alcohólica producida por fermentación de granos de maíz cocidos.

tesonero, tesonera. adj. Que muestra tesón, constancia, perseverancia.

tesontle, véase **tezontle.**

testal o **textal.** (Del náhuatl *textli* 'masa de harina; harina'.) f. Bolita de masa con que se hace una tortilla de maíz.

tetecalteco, tetecalteca. (De *Tetecala*, municipio del estado de Morelos, del náhuatl *Tetecallan*, literalmente = 'donde hay muchas casas de piedra' (la reduplicación de la primera sílaba indica dispersión), de *tecalli*, literalmente = 'donde hay casas de piedra' [de *tetl* 'piedra' + *calli* 'casa'] + *-lan*, sufijo toponímico abundancial [véase **-tlan**]. Compárese **tecalense.**) 1. adj. Perteneciente o relativo a Tetecala. || 2. m. y f. Nativo o habitante de Tetecala.

teúl o **teul** o **tehúl.** (Probablemente del náhuatl *teotl* 'dios'.) m. Nombre que dieron al principio de la conquista española (siglo XVI) los indígenas de habla nahua a todo español.

texano, texana, véase **tejano.**

texcocano, texcocana. (De *Texcoco*, ciudad y lago, del náhuatl *Tetzcoco*, quizá = 'lugar de la olla de alabastro', de *tetztetl* 'alabastro' + *comitl* 'olla' + *-co* 'lugar'.) 1. adj. Perteneciente o relativo a Texcoco. || 2. m. y f. Nativo o habitante de Texcoco.

texmeluqueño, texmeluqueña. (De *[San Martín] Texmelucan*, municipio del estado de Puebla, probablemente del náhuatl *tetzmolli* 'retoño; pino; encina' + *-can* 'en; lugar'.) 1. adj. Perteneciente o relativo a Texmelucan. || 2. m. y f. Nativo o habitante de Texmelucan.

teziutleco, teziutleca. (De *Teziutlán*, municipio del estado de Puebla, del náhuatl, literalmente = 'donde abunda el granizo', de *tecihui* 'granizo' + *-tlan* 'donde abunda'.) 1. adj. Perteneciente o relativo a Teziutlán. || 2. m. y f. Nativo o habitante de Teziutlán.

tezontle. (Del náhuatl *tetzontli*, de *tetl* 'piedra' + *tzontli* 'cabellera'.) m. Piedra volcánica porosa, muy ligera, de color rojo oscuro, usada en construcciones.

tía: **¡me lleva la tía de las muchachas!** expr. que se usa para dar salida al enojo, véase **chingada.** || **no hay tu tía.** loc. No valen pretextos ni excusas. || **si mi tía tuviera ruedas, fuera bicicleta.** expr. que se usa para contestar a quien formula deseos, supuestos, hipótesis que nos parecen imposibles.

tianguero, tianguera. (De *tianguis* 'mercado'.) m. y f. Vendedor o comprador en un mercado.

tianguis. (Del náhuatl *tianquiztli* 'mercado', de *tiamiqui* 'vender, comerciar'.) m. Mercado, plaza del mercado.

tianguistecano, tianguistecana. (De *Tianguistenco*, municipio del Estado de México, del náhuatl *Tianquiztenco*, literalmente = 'en la orilla del mercado', de *tianquiztli* 'mercado' + *tentli* 'orilla' + *-co* 'en'.) 1. adj. Perteneciente o relativo a Tianguistenco. ‖ 2. m. y f. Nativo o habitante de Tianguistenco.

Tianguistengo: más vale tianguistengo que tianguistuve. (Con un juego de palabras entre *tengo* y *Tianguistengo* [municipio].) ref. Más vale lo que tenemos que lo que tuvimos y ya no tenemos.

tianguistenguense. (De *Tianguistengo*, municipio del estado de Hidalgo, del náhuatl *Tianquiztenco*, literalmente = 'en la orilla del mercado', de *tianquiztli* 'mercado' + *tentli* 'orilla' + *-co* 'en'.) 1. adj. Perteneciente o relativo a Tianguistengo. ‖ 2. m. y f. Nativo o habitante de Tianguistengo.

ticket o **tíquet.** (Del inglés *ticket* 'boleto (de viaje, de entrada); billete; recibo', del francés *étiquette* 'etiqueta'.) m. 1. Boleto. ‖ 2. Contraseña (de equipaje, etc.).

ticuleño, ticuleña. (De *Ticul*, municipio del estado de Yucatán, del maya *Ticul*, literalmente = 'donde se asentó/asentaron', de *ti* 'en; allí' + *cul* 'asentarse'.) 1. adj. Perteneciente o relativo a Ticul. ‖ 2. m. y f. Nativo o habitante de Ticul.

ticumano, ticumana. (De *Ticumán*, población del estado de Morelos.) 1. adj. Perteneciente o relativo a Ticumán. ‖ 2. m. y f. Nativo o habitante de Ticumán.

tiempo: tiempo de aguas. m. Época de lluvias, de junio a septiembre. ‖ **tiempo de calor.** m. Período de marzo a octubre. ‖ **tiempo de frío.** m. Período de noviembre a febrero. ‖ **tiempo de secas.** m. Período de octubre a abril. | **al tiempo.** loc. adv. A la temperatura ambiente. ‖ **del tiempo del caldo.** loc. Antiguo. Compárese *año (del caldo)*. ‖ **de tiempo completo.** loc. adj. Empleado por las horas que se consideran normales al día o a la semana (no por cierto número limitado de horas). ‖ **hacer tiempo que.** loc. Haber pasado tiempo desde que. ‖ **tener tiempo.** loc. Haber pasado mucho tiempo (en un lugar).

tienda: tienda de abarrotes. f. Establecimiento comercial donde se venden comestibles y enseres domésticos. ‖ **tienda de raya.** Establecimiento comercial en una hacienda, que vende mercancía a los trabajadores a cuenta de sus salarios. ‖ **tienda de ropa.** Establecimiento comercial que vende ropa hecha. ‖ **tienda de ultramarinos.** f. Tienda de abarrotes, establecimiento comercial donde se venden comestibles y otros productos (no necesariamente importados).

tiendero, tiendera. m. y f. Tendero, dueño de un establecimiento comercial donde se vende mercancía.

tierra: tierra adentro. f. Región que no está en la costa. ‖ **tierra caliente.** f. Cada una de varias regiones de clima tropical. ‖ **tierra de maceta.** f. Tierra vegetal que se encuentra en los bosques y que se usa para cultivar plantas. ‖ **tierra de riego.** f. Terreno que para producir cosechas recibe el beneficio del agua de riego (se irriga por medio de canales). Antónimo: tierra de temporal. ‖ **tierra de temporal.** f. Terreno agrícola que depende de la lluvia para producir cosechas, que no tiene riego artificial. Antónimo: tierra de riego. ‖ **tierra vegetal.** f. Tierra mezclada con elementos orgánicos (hojas, corteza, raíces) que se usa para cultivar plantas. | **¿dónde es tu tierra?; donde la pases, no donde naces.** ref. Una persona es mucho más de donde se crió que de donde nació [DRAE 1956: no con quien naces, sino con quien paces].

tierrablanqueño, tierrablanqueña. (De *Tierra Blanca*, nombre de muchas poblaciones de la República Mexicana.) 1. adj. Perteneciente o relativo a Tierra Blanca. ‖ 2. m. y f. Nativo o habitante de Tierra Blanca.

tierracalentano, tierracalentana, o **tierracalenteño, tierracalenteña.** (De *tierra caliente.*) 1. adj. Perteneciente o relativo a tierra caliente (cada una de varias regiones de clima tropical), y en especial (Tierra Caliente) a la costa del estado de Guerrero. ‖ 2. m. y f. Nativo o habitante de tierra caliente.

tierral o **tierrero.** (De *tierra.*) m. Polvareda.

tierroso, tierrosa. adj. Que tiene tierra.

tierruca. f. La tierra de uno, la patria chica.

tierrudo, tierruda. adj. Que tiene tierra.

tigre. m. Jaguar, mamífero carnívoro americano (*Panthera onca* o *Felis onca*, y no *Panthera tigris*, animal asiático).

tihuatlaneco, tihuatlaneca. (De *Tihuatlán*, municipio del estado de Veracruz.) 1. adj. Perteneciente o relativo a Tihuatlán. || 2. m. y f. Nativo o habitante de Tihuatlán.

tijera: echar tijera. loc. Murmurar, censurar las acciones de un ausente.

tijeretear o **tijerear.** tr. Criticar, murmurar.

tilcuate. (Del náhuatl *tliltic* 'negro' [literalmente = 'como tizne', de *tlilli* 'tizne, tinta'] + *coatl* 'serpiente'.) f. Culebra acuática muy oscura.

tilichal. m. Montón de tiliches.

tiliche. m. Cachivache, utensilio, trebejo.

tilichento, tilichenta. adj. Andrajoso.

tilichera, f., o **tilichero,** m. Bolsa o cajón donde se guardan tiliches.

tilichero, tilichera. adj., y m. y f. Afecto a conservar tiliches, cachivaches.

tilico, tilica. adj. Enclenque, débil. Compárese *muerte*.

tilingo, tilinga. adj. Tonto.

tilma. (Del náhuatl *tilmatli* 'capa; manta'.) f. Manta o capa de algodón dos de cuyas extremidades se ataban sobre un hombro; hoy las hay también de lana y se colocan sobre los dos hombros.

timba. f. Barriga, vientre.

timbiriche. (Del tarasco *tumbiriche*, de *tumbire* 'racimo'.) m. Cierta planta tropical (*Bromelia pinquin*).

timbón, timbona. (De *timba.*) adj. Barrigudo, de barriga grande.

timbrar. tr. Pegar un timbre (sello postal).

timbre. (Del español *timbre* 'sello que se ponía en las hojas de los periódicos en señal de haber satisfecho el impuesto del franqueo de correos'.) m. Sello postal, sello del gobierno que en un sobre prueba que se pagó el porte del correo.

tinacal. (Posiblemente del español *tina* + el náhuatl *calli* 'casa' o quizá del español *tinaco.*) m. Bodega de hacienda pulquera donde están las tinas en que se fermenta el aguamiel del maguey hasta convertirse en pulque.

tinacalero, tinacalera. m. y f. Trabajador del tinacal.

tinaco. (Del español *tinaco* 'tina pequeña de madera'.) m. Depósito o recipiente en que se almacena agua en un edificio, generalmente en la azotea.

tinga. f. Guiso de carne de puerco deshebrada con chipotle y especias.

tingambateño, tingambateña. (De *Tingambato*, municipio del estado de Michoacán.) 1. adj. Perteneciente o relativo a Tingambato. || 2. m. y f. Nativo o habitante de Tingambato.

tingo: del tingo al tango. loc. adv. De aquí para allá, de una parte a otra, de la Ceca a la Meca.

tin, marín. m. Principio de lo que Alfonso Reyes ha llamado un poetema sin semantema (o también una jitanjáfora), fórmula que sirve para designar al niño que tendrá un papel determinado en un juego. Lo que sigue (hay variantes) es: "dedó pingüé cúcara mácara pípire fue".

tinta: de buena tinta. (De *tinta* 'líquido que se emplea para escribir', del latín tardío *tincta* 'rasgo de pluma', del latín *tincta*, femenino de *tinctus*, participio pasivo de *tingere* 'mojar, empapar, teñir'.) loc. De fuente confiable. || **sudar tinta.** loc. Estar en una situación que aflige.

tinterillada. f. Acción propia de un tinterillo, embuste, engaño.

tinterillo. (Del español *tinterillo*, despectivo, 'oficinista', de *tintero* 'recipiente para tinta'.) m. Picapleitos, abogado poco respetable [DRAE: rábula].

tip. (Del inglés *tip.*) m. 1. Consejo. || 2. Información.

tíquet, véase **ticket.**

tiradero. (De *tirar* 'desechar', de *tirar* 'arrojar'.) m. 1. Basurero, lugar donde se arrojan los desechos. || 2. Desorden.

tirador: al mejor tirador se le va la liebre. ref. El más hábil en cualquier materia puede errar. [DRAE 1956: al mejor cazador se le va la liebre]. Compárese *mono*.

tiraleche. (De *tirar* 'hacer fuerza para traer hacia sí' + *leche.)* m. Aparato para extraer leche de una madre que amamanta.

tirar a alguien **a lucas.** (De *lucas* 'loco'.) loc. No tomarlo en serio, tratarlo como a un loco.

tirazón. amb. 1. Desorden. ‖ 2. Fuga de agua.

tiro: de a tiro o **de al tiro** o **deatiro** o **dealtiro** o **diatiro** o **dialtiro.** loc. 1. Enteramente, totalmente. ‖ 2. Es el colmo. ‖ 3. De una vez.

tirol. m. Recubrimiento que se pone en paredes y techos como acabado.

titipuchal. (Del náhuatl, literalmente = 'montón de cosas negras', de *tliltic* 'cosa negra' [de *tlili* 'tinta, tizne, negro'] + *potzalli* 'montón de tierra'.) m. Multitud, muchedumbre, gran cantidad.

-titlán. (Del náhuatl *-titlan* 'entre', terminación de topónimos, de *-ti-*, sílaba de enlace, + *-tlan* 'lugar de' [véase **-tlan**].) Terminación de topónimos, como en Cuautitlán, Tenochtitlán.

tixtleco, tixtleca. (De *Tixtla [de Guerrero]*, municipio del estado de Guerrero.) 1. adj. Perteneciente o relativo a Tixtla. ‖ 2. m. y f. Nativo o habitante de Tixtla.

tiznada, eufemismo por **chingada. | llevárselo** a alguien **la tiznada.** loc. Enojarse. ‖ **¡me lleva la tiznada!** excl. de protesta, que se usa para dar salida al enojo, o de sorpresa. Compárese **chingada.**

tiznar. (De *tiznar* 'manchar la fama', de *tiznar* 'manchar', de *tiznar* 'manchar con tizne', de *tizón* 'palo a medio quemar', del latín *tition-*, tema de *titio* 'tizón'.) tr. Eufemismo por **fregar, chingar.**

-tla, sufijo toponímico abundancial, véase **-tlan.**

tlachar, véase **clachar.**

tlachique. (Del náhuatl *tlachique*, de *chiqui* 'raspar, raer', porque se raspa el maguey para que salga el aguamiel.) m. Aguamiel (pulque sin fermentar, jugo del maguey).

tlachiquero, tlachiquera. m. y f. Quien extrae el aguamiel (del maguey).

tlacloyo, véase **tlacoyo.**

tlacoache, véase **tlacuache.**

tlaco: tlacos. (Del náhuatl *tlaco* 'mitad; medio' [de *tlacoa* 'dañar'], porque la moneda llamada *tlaco* equivalía a la mitad de una cuartilla [que era la cuarta parte de un real].) m. pl. Dinero. **| estar** alguien **sin (un) tlaco.** loc. No tener dinero. ‖ **no importarle** a alguien algo **un tlaco.** loc. No merecer atención. ‖ **no tener** alguien **ni tlaco.** loc. No tener dinero. ‖ **(no) valer un tlaco.** loc. Valer muy poco, ser de poca importancia.

tlacoache, véase **tlacuache.**

tlacolulense. (De *Tlacolula [de Matamoros]*, municipio del estado de Oaxaca, del náhuatl, literalmente = 'lugar (de sementeras) en las laderas de los cerros', de *tlacololli* '(sembrado) torcido' [de *tlacoloa* 'dar vuelta rodeando'; raíz: *col-* 'doblar, rodear'] + *-la.)* 1. adj. Perteneciente o relativo a Tlacolula. ‖ 2. m. y f. Nativo o habitante de Tlacolula.

tlaconete. (Del náhuatl *tlalconetl*, literalmente = 'hija (o hijo) de la Tierra', de *tlalli* 'tierra, suelo' + *conetl* 'niño; niña'.) m. Caracol de tierra, babosa.

tlacotalpense, o **tlacotalpeño, tlacotalpeña.** (De *Tlacotalpan*, municipio del estado de Veracruz, del náhuatl *Tlacotlalpan*, literalmente = 'tierra de las varas', de *tlacotl* 'vara, jara, verdasca' + *tlalli* 'tierra' + *-pan* 'lugar; encima'.) 1. adj. Perteneciente o relativo a Tlacotalpan. ‖ 2. com., y m. y f. Nativo o habitante de Tlacotalpan.

tlacote. (Del náhuatl *tlacoton* 'nacido, divieso, furúnculo', literalmente = 'nacido pequeño', de *tlacati* 'nacer' + *-tontli* 'pequeño'.) m. Divieso, hinchazón e inflamación localizadas de la piel.

tlacoyo. De *tlatlaoyo*, del náhuatl *tlatlaolli* 'maíz molido', de *tlaolli* 'maíz en grano'.) m. Tortilla gruesa de maíz con relleno de frijol u otro alimento.

tlacuache o **tlacoache.** (Del náhuatl *tlacuatzin*, literalmente = 'bocadillo', de *tlacua* 'comer' [de *tla-* 'algo, cosa' + *cua* 'comer'] + *-tzin* 'chico, pequeño'.) m. Cierto marsupial *(Didelphys virginiana)*, zarigüeya.

tlacuilo. (Del náhuatl *cuiloa* 'escribir, pintar'.) m. Pintor de jeroglíficos, quien escribe en ideogramas y pictogramas.

tlahuica. (Del náhuatl *tlahuica*, literalmente = 'de la tierra del almagre', de *tlahuitl, caxtlahuitl* 'almagre, óxido rojo de hierro.) 1. com. Miembro de un pueblo indígena de habla nahua que se estableció en la región de Cuauhnahuac (hoy Cuernavaca). ‖ 2. adj. Perteneciente o relativo a este pueblo.

tlalacha, véase **talacha.**

tlalmanalquense, o **tlalmanalqueño, tlalmanalqueña.** (De *Tlalmanalco*, municipio del Estado de México, del náhuatl *Tlalmanalco*, literalmente = 'en la tierra allanada', de *tlalli* 'tierra, suelo' + *mani, mana* 'extenderse; llano' + *-co* 'en, lugar'.) 1. adj. Perteneciente o relativo a Tlalmanalco. ‖ 2. com., y m. y f. Nativo o habitante de Tlalmanalco.

tlalnepanteco, tlalnepanteca, o **tlalnepantlense,** o **tlalnepantleño, tlalnepantleña.** (De *Tlalnepantla [de Baz]*, municipio del Estado de México, del náhuatl *Tlalnepantla*, literalmente = 'en medio de la tierra' [idea implícita: entre los aztecas y los otomíes], de *tlalli* 'tierra' + *nepantla* 'en medio' [raíz: *neloa* 'mezclar'].) 1. adj. Perteneciente o relativo a Tlalnepantla. ‖ 2. m. y f., y com. Nativo o habitante de Tlalnepantla.

tlalpaneco, tlalpaneca, o **tlalpeño, tlalpeña.** (De *Tlalpan*, delegación del Distrito Federal, del náhuatl *Tlalpan*, literalmente = 'lugar de tierra (la parte orgánica del suelo)', de *tlalli* 'tierra, suelo' + *-pan* 'lugar'.) 1. adj. Perteneciente o relativo a Tlalpan. ‖ 2. m. y f. Nativo o habitante de Tlalpan.

tlalpujahuense, o **tlalpujahueño, tlalpujahueña.** (De *Tlalpujahua*, municipio del estado de Michoacán, del náhuatl *Tlalpoxahuac*, literalmente = 'tierra esponjada', de *tlalli* 'tierra' + *poxahuac*, de *poxactic* 'fofo, esponjado'.) 1. adj. Perteneciente o relativo a Tlalpujahua. ‖ 2. com., y m. y f. Nativo o habitante de Tlalpujahua.

tlaltelolca o **tlatelolca,** o **tlaltelolcano, tlaltelolcana.** (De *Tlaltelolco* o *Tlatelolco*, zona de la ciudad de México que antes de la conquista fue ciudad autónoma situada al norte de México Tenochtitlan, del náhuatl *Tlaltelolco*, literalmente = 'en el montón redondo de tierra', de *tlaltetelli* 'montón de tierra' [de *tlalli* 'tierra' + *ololtic* 'cosa redonda' [de *ololoa* 'redondear'] + *-co* 'lugar de'.) 1. adj. Perteneciente o relativo a Tlaltelolco. ‖ 2. com., y m. y f. Nativo o habitante de Tlaltelolco.

tlamapa. (Del náhuatl *tlamapan*, nombre de una hacienda pulquera, literalmente = 'en las laderas de la sierra'.) m. Pulque.

-tlan [variante regional: *-tan*, como en *Juchitán*] o **-tla** o **-lan** o **-la.** (Del náhuatl *-tlan, -tla, -lan, -la [-llan, -lla]* 'lugar de, lugar de muchos…, lugar abundante en; junto, cerca'.) Sufijos toponímicos abundanciales. Lugar de; lugar abundante en (como en Aztlán, Mazatlán, Zapotlán; Tecolutla; Cholula, Sayula, Tula).

tlapacoyano, tlapacoyana. (De *Tlapacoya*, municipio del estado de Puebla, o *Tlapacoyan*, municipio del estado de Veracruz, del náhuatl *Tlapacoyan*, literalmente = 'lugar en que se lava', de *tlapaco* 'se lava (algo)' [de *tlapa* 'lavar'] + *-yan* 'lugar en que…') 1. adj. Perteneciente o relativo a Tlapacoya. ‖ 2. m. y f. Nativo o habitante de Tlapacoya.

tlapalería. (Del náhuatl *tlapalli* 'color (para pintar)', literalmente = 'líquido de fuego' [de *tla-* (también *tletl*) 'fuego' + *palli* 'lodo; líquido espeso'] + el español *-ería.)* f. Tienda de pintura, material eléctrico y herramientas; especie de ferretería.

tlapalero, tlapalera. m. y f. Dueño o empleado de tlapalería.

tlapaneca. (Del náhuatl *tlalpanecatl*, de *Tlalpan* [véase **tlalpaneco**] + *-ecatl* 'habitante de'.) 1. com. Miembro de un pueblo indígena del actual estado de Guerrero. ‖ 2. m. Lengua de los tlapanecas.

tlapaneco, tlapaneca, variante de **tlalpaneco.**

tlaquiltenanguense. (De *Tlaquiltenango*, municipio del estado de Morelos, del náhuatl *Tlaquiltenanco,* literalmente = 'en el recinto encalado y bruñido', de *tlaquilli* 'encalado y bruñido' + *tenamitl* 'muralla, recinto' + *-co* 'en; lugar'.) 1. adj. Perteneciente o relativo a Tlaquiltenango. || 2. m. y f. Nativo o habitante de Tlaquiltenango.

tlascalteca, véase **tlaxcalteca.**

tlatelolca, véase **tlaltelolca.**

tlaxcal. (Del náhuatl *tlaxcalli* 'tortilla de maíz', probablemente = 'cosa cocida', de *tla-* 'cosa, algo' + *ixca* 'cocer, asar', o de *tlaolli* 'maíz en grano' + *ixcalli* 'cocido, hervido' [de *ixca* 'cocer, asar'; raíz: *iz-].)* m. Tortilla de maíz.

tlaxcalteca, o **tlaxcalteco, tlaxcalteca.** (De *Tlaxcala,* capital del estado de Tlaxcala, del náhuatl *Tlaxcallan,* provincia que prestó ayuda al conquistador Hernán Cortés para subyugar al Imperio Azteca, de *tlaxcalli* 'tortilla de maíz', de *tlaolli* 'maíz en grano' + *ixcalli* 'cocido, hervido', de *ixca* 'cocer, asar' [raíz: *iz-]* [+ *-teca-* 'gente de'].) 1. adj. Perteneciente o relativo a Tlaxcala (estado o su capital). || 2. com., y m. y f. Nativo o habitante de Tlaxcala (estado o su capital).

tlayuda. f. Tortilla de maíz muy grande.

tlazole o **tlazol.** (Del náhuatl *tlazolli* 'basura', de *tla-* [raíz: *tletl]* 'fuego' + *zolli* 'viejo, gastado'.) m. Desecho de la caña de maíz o de azúcar (sirve de forraje).

tlecuil o **tlecuile.** (Del náhuatl *tlecuilli* 'fogón, brasero', literalmente = 'donde se retuerce el fuego', de *tletl* 'fuego' + *cuitzilli* 'torcido'.) m. Fogón, brasero, hornilla.

tobillera. (Del español *tobillo* 'articulación del pie con la pierna', probablemente del latín vulgar *tubellu,* diminutivo de *tuber* 'bulto, nudo, protuberancia'.) f. Calcetín corto.

tobillo: no llegarle alguien (**ni**) **al tobillo** a otro. loc. Serle inferior (en alguna habilidad o prenda), no llegarle a la suela del zapato.

tojolabal. 1. com. Miembro de un grupo indígena del estado de Chiapas. || 2. m. Lengua de los tojolabales (del grupo yaxché de la familia maya).

toletazo. m. Golpe dado con tolete.

tolete. (Del español *tolete* 'estaca a la que se ata el remo en una embarcación'.) m. Garrote corto.

toloache. (Del náhuatl *toloatzin,* de *toloa* 'inclinar la cabeza, cabecear por efecto del sueño' + *-tzin,* reverencial.) m. Nombre de cada una de varias plantas con facultades estupefacientes (del género *Datura,* sobre todo *Datura stramonium,* que se usaba entre el pueblo para embrujar a alguien, especialmente a un enamorado rebelde.) | **dar toloache** a alguien. loc. Hacer que se enamore de una persona del sexo opuesto, del sexo complementario.

tololoche. (Del náhuatl *tololontic, de tolontic* 'redondo', de *tollin* 'juncia, espadaña'.) m. 1. Instrumento musical, especie de contrabajo. || 2. Planta cucurbitácea trepadora, de frutos esféricos del tamaño de una naranja y de pulpa amarga.

tolteca. (Del náhuatl *Tollan,* capital del Imperio Tolteca [hoy Tula, Hidalgo, que fue fundada por los toltecas hacia 856 d.C.; véase **tulense**], + *-tecatl* 'gente de'.) 1. adj. De los toltecas. || 2. com. Miembro de un pueblo indígena de lengua nahua, del centro y el sur de México. || 3. La lengua de los toltecas (que era probablemente náhuatl).

toluqueño, toluqueña. (De *Toluca,* capital del Estado de México, del náhuatl *Tolocan,* literalmente = 'lugar de los que inclinan la cabeza', de *toloa* 'inclinar la cabeza' + *-can* 'en, lugar'.) 1. adj. Perteneciente o relativo a Toluca. || 2. m. y f. Nativo o habitante de Toluca.

tomado: estar tomado. loc. Estar borracho.

tomar. tr. Tomar bebidas alcohólicas.

tomate (Del náhuatl *tomatl.*), o **tomate verde.** m. Cierta planta americana *(Physalis vulgaris)* y su fruto (que es verdoso cuando está maduro, y está cubierto de una envoltura muy delgada, como papel). Compárese **jitomate.**

tompiate o **tompeate.** (Del náhuatl *tompiatli* 'canasta honda hecha de palmas' [raíz: *tom-,* como en *tomatl* 'tomate'].) m. Canasta cilíndrica tejida de hoja de palma o de tule, que se usa entre otros para guardar granos y tortillas.

tonada. (Del español *tonada* 'composición métrica para cantarse; música de esta canción', de *tono* 'sonido musical'.) f. Dejo, entonación, modo de hablar.

tonalteca. (De *Tonalá*, municipio del estado de Chiapas [del náhuatl *Tonallan*, literalmente = 'lugar caliente', de *tonalla* 'verano, tiempo seco', de *tonalli* 'calor del sol', de *tona* 'hacer sol, calentar; calor'] + *-teca* 'persona'.) 1. adj. Perteneciente o relativo a Tonalá. || 2. m. y f. Nativo o habitante de Tonalá.

tongonearse. Contonearse, hacer al andar movimientos excesivos con las caderas y los hombros.

tongoneo. m. Contoneo, acción de contonearse.

tono: ponerse a tono. loc. Ponerse en condiciones adecuadas.

tope. (Del español *tope* 'tropiezo, estorbo', de *topar* chocar'.) m. Obstáculo bajo y redondeado, en una calle, para que los vehículos vayan más despacio.

topetear. tr. Topetar, dar un golpe (tope, topetazo) con la cabeza.

tópico. (Del inglés *topic.*) m. Tema, asunto, materia.

topillo (Probablemente del náhuatl *topilli* 'bastón, vara de justicia, de la autoridad'.): **hacerle topillo** a alguien. loc. Engañarlo.

topolobampeño, topolobampeña. (De *Topolobampo*, población del estado de Sinaloa.) 1. adj. Perteneciente o relativo a Topolobampo. || 2. m. y f. Nativo o habitante de Topolobampo.

toque. m. Sensación debida a una descarga eléctrica. | **darse un toque.** Sentir una descarga eléctrica.

toquido. m. Toque, tañido, golpe en una puerta.

toreo. m. Plaza de toros.

torito. m. 1. Pregunta capciosa, de respuesta difícil. || 2. Cierta bebida alcohólica. | **echar un torito.** loc. Hacer una pregunta capciosa, de respuesta difícil.

tornachile. (Del náhuatl *tonalchilli*, literalmente = 'chile de sol (de época de calor)', de *tonalli* 'sol' + *chilli* 'chile', porque se cosecha en marzo o abril, época en que aún no llueve.) m. Chile parecido al cuaresmeño.

toro: **desde lejos se ven los toros.** ref. Hay que obrar con cautela, tratar de no correr peligro [DRAE: **ver los toros desde el andamio**, o **el balcón**, o **la barrera**]. || **el que torea al toro, tiene que aguantar la cornada.** ref. Quien provoca (por ejemplo golpes) tiene que enfrentarse a las consecuencias. || **pa' los toros de El Jaral, los caballos de allá mesmo.** (El Jaral fue una hacienda en el estado de Guanajuato, cuyos caballos y toros eran famosos.) ref. Tal para cual; para un listo, otro listo; para ciertos fines es mejor alguien del mismo oficio o de la misma familia [el DRAE 1956 tiene un refrán de sentido opuesto: no hay peor cuña que la de la misma madera].

toronja. (Del español *toronja* 'cidra (Citrus medica)', del árabe *turunŷa.*) f. Cierto árbol *(Citrus paradisi)*, y su fruto cítrico.

toronjil. m. Nombre de cada una de varias plantas de la familia de las labiadas, diferentes de la llamada *toronjil* en España.

torre. (De *torre* 'edificio alto', del latín *turris*, del griego *týrris*, *týrsis.*) f. Cabeza. | **dar**(le) a alguien **en la** (**mera**) **torre**, o **dar**(le) a alguien **en toda la torre.** locs. 1. Herirlo. || 2. Callarlo. || 3. Atacar con energía. || **¡en la torre!** loc. 1. ¡Qué contrariedad! || 2. Fue un golpe muy duro.

torreja. f. Torrija, rebanada de pan empapada en leche con huevo, frita y endulzada. Se sirve cubierta de miel de piloncillo.

torreonense. (De *Torreón*, nombre de varias poblaciones de la República Mexicana; en el caso de Torreón, Coahuila, hubo un rancho llamado de *El Carrizal* en que en 1850 el dueño [Leonardo Zuloaga] mandó construir una torre grande y la gente empezó a llamar al rancho *del Torreón.*) 1. adj. Perteneciente o relativo a Torreón. || 2. m. y f. Nativo o habitante de Torreón.

torta, o **torta compuesta.** f. Especie de emparedado hecho típicamente de un pan llamado *telera* partido en dos horizontalmente. Se le quita el migajón; se le pone todo lo siguiente: aguacate (o guacamole), frijoles refritos, cebolla, lechuga tijereteada, rebanadas de jitomate, ruedas de rábano, rajas de queso panela, chiles en vinagre y crema, más uno de los rellenos que siguen y que le dan el nombre (es decir, torta de lomo, torta de pierna, etc.): lomo, pierna, pavo, sesos, milanesa, pollo, jamón, queso, huevo revuelto.

tortas de camarón en revoltijo. f. pl. Guiso de nopales tiernos, romeritos, camarón seco, varios chiles y cacahuates.

torteada. f. Acción de tortear (en los dos sentidos).

tortear. tr. 1. Hacer tortillas de maíz aplanando la bola de masa. || 2. Comer tortas.

tortería. f. Establecimiento comercial en donde se preparan y venden tortas.

tortilla. f. Alimento redondo y plano que se hace de masa (sin levadura) de maíz hervido en agua con cal y se cuece en comal. || **tortilla de harina.** f. Alimento redondo y plano que se hace de harina de trigo. || **tortilla pellizcada,** o simplemente **pellizcada,** véase **pellizcada.** || **tortilla tostada.** f. Tostada (véase), en los dos sentidos.

tortilladora. f. Establecimiento donde se hacen y venden tortillas de maíz.

tortillería. f. Lugar donde se hacen y venden tortillas de maíz.

tortillero, tortillera. 1. m. y f. Que hace y vende tortillas de maíz. || 2. adj. Perteneciente o relativo a la tortilla de maíz.

tortita. f. Porción pequeña de un alimento molido (por ejemplo, carne, papas, coliflor) envuelta en huevo, para freírse.

tortuga de tierra. f. Tortuga terrestre (no acuática), reptil del orden Testudinata.

tortuguismo. (De *tortuga*, reptil lento, que camina despacio.) m. La lentitud de ciertos servicios públicos.

torturante. adj. Que tortura, torturador.

tos: se la hicieron de tos. loc. Le pusieron dificultades.

tosedera. f. Tos persistente.

tosferina. (De *tos* + *ferina* 'de fiera'.) f. Tos ferina, enfermedad infecciosa causada por una bacteria *(Bordetella pertussis)*, caracterizada por tos espasmódica convulsiva.

tosida. f. Acción o resultado de toser [DRAE: tosidura].

tosiento, tosienta. adj. Que padece tos [DRAE: tosigoso].

tostada. f. 1. Tortilla de maíz tostada (con ella se comen los frijoles refritos). || 2. Tortilla de maíz frita, con, encima, trozos de chorizo, papa y verduras picadas. || **tostada de canela.** f. Cierto pan dulce. | **llevárselo** a alguien **la tostada. (Tostada,** eufemismo por **chingada.)** loc. Enojarse. || **¡me lleva la tostada!** excl. de protesta, que se usa para dar salida al enojo, o de sorpresa.

tostón. (Del español *tostón*, otra moneda, del portugués *tostão*, moneda diferente, del italiano *testone*, cierta moneda, de *testone*, aumentativo de *testa* 'cabeza', porque un lado de la moneda tenía grabada una cabeza.) m. 1. Moneda de 50 centavos. || 2. Billete de 50 pesos.

totol, totola. (Del náhuatl *totolin* 'gallina', palabra del mismo origen que *tototl* 'ave, pájaro'.) m. y f. Pavo, guajolote.

totomochtle o **totomoxtle.** (Del náhuatl *totomochtli* 'hoja seca de la mazorca de maíz'.) m. Hojas secas de la mazorca de maíz (se usan para forraje y para envoltura de tamales).

totonaca. 1. com. Miembro de un pueblo indígena de los estados de Puebla y Veracruz (los totonacas llegaron al Anáhuac, desde el norte, antes que los aztecas). || 2. m. Lengua de los totonacas. || 3. m. Grupo lingüístico que incluye el totonaca y el tepehua.

totonaco, totonaca. adj. Perteneciente o relativo a los totonacas, a su cultura o a su lengua.

totopo. (Del náhuatl *totopochtic* o *totopochtli*, literalmente = 'tostado', derivados de *totopotza* 'tostar, asar'.) m. Pedazo de tortilla de maíz secado al sol y luego frito.

trabajador: **trabajador de planta.** m. Trabajador cuyo puesto aparece en la plantilla (relación de cargos de su empresa). Contrasta con **trabajador eventual.** ‖ **trabajador eventual.** m. Trabajador ocasional, que no es de planta.

trácala. f. Embuste, engaño, ardid.

tracalero, tracalera. m. y f. Tramposo, embaucador.

¡trácatelas! interj. que se usa cuando alguien o algo se cae.

traer: **a lo que te truje; o a lo que te truje, Chencha,** véase **Chencha.** ‖ **la traes.** loc. que se usa cuando se juega a la roña (véase *roña*). Compárese **tú la traes.** ‖ **¿qué te traes?** loc. ¿Qué tienes, qué te pasa? ‖ **se las trae.** loc. Es listo y valiente. ‖ **traérselas.** loc. Ser listo y valiente. ‖ **tú la traes.** loc. que se usa cuando se juega a la roña (véase *roña*) al determinar quién va a perseguir a los demás. Se agrega a veces "y yo le corro".

trafique. (De *traficar* 'hacer negocios no lícitos', del italiano *trafficare* 'comerciar'.) m. Maniobra poco limpia en los negocios.

tragaaños. com. Persona que aparenta menos edad de la que tiene.

tragacuras. com. Persona que habla mal de los curas.

tragadieces. (Por la moneda de diez que hay que introducir para que toque.) m. Mueble que contiene un tocadiscos automático y muchos discos, que toca si se introduce una moneda en una ranura. Compárese **ruidola, sinfonola, vitrola.**

trago. (De *trago* 'porción de líquido que se bebe de una vez', de *tragar*.) m. 1. Copa (contenido de una copa) de licor. ‖ 2. Licor, bebida alcohólica. | **echarse un trago.** loc. Beber licor.

traje: **traje de baño.** m. Ropa que usan los que van a nadar [DRAE: bañador]. ‖ **traje de charro.** m. Traje que usan los charros, compuesto de camisa blanca, pantalón ajustado, chaqueta corta y sombrero de ala ancha. ‖ **traje**

de china poblana. m. Blusa blanca bordada, rebozo, y falda roja y verde, ancha y larga, con lentejuelas.

trajinera. (Del español *trajinar* 'llevar géneros de un lado a otro'.) f. 1. Canoa o piragua de los canales de Xochimilco (y otros lagos del Valle de México), desde la cual se vende comida, bebida, flores y recuerdos a las personas que están en otras embarcaciones. ‖ 2. Canoa o piragua para pasajeros o carga. Compárese **canoa trajinera.**

trampa: **dado a la trampa.** loc. En mala situación, sobre todo económica. ‖ **llevárselo** a alguien **la trampa.** loc. Enojarse. ‖ **¡me lleva la trampa!** expr. que se usa para dar salida al enojo. Compárese **chingada.**

trancazo. m. Golpe fuerte de cualquier origen (no necesariamente dado con una tranca).

tranquiza. f. Golpiza (no necesariamente con una tranca).

transa o tranza. 1. f. Trampa, enredo. ‖ 2. m. Tramposo.

transacción: **vale más** (o **más vale**) **una mala transacción** (o **un mal trato**) **que un buen pleito.** ref. Los pleitos, aunque salga uno ganando, cuestan mucho.

tranvía de mulitas. m. Vehículo urbano que circula sobre rieles, arrastrado por mulas.

trapeada. f. Acción o resultado de trapear.

trapeador. m. Trapo con un mango largo para limpiar el suelo.

trapear. tr. Fregar el piso con trapo.

trapito: **sacar(le)** a alguien **los trapitos al sol.** loc. Reprochar en público faltas o defectos que avergüenzan, divulgar faltas o defectos [DRAE: sacar los trapos sucios al sol, o a relucir]. Compárese **salir a relucir.**

trapo: **Poner** a alguien **como trapo,** véase *poner, lazo.*

tras. (De la preposición *tras* 'después de'.) f. Quien tiene el segundo turno en un juego (quien tiene el primero se llama *la mano*) [DRAE: trasmano].

trasbotica. f. Pieza que está detrás de la principal de la botica [DRAE: rebotica].

trasegar. tr. Pasar repetidas veces por el mismo lugar.

tras lomita. loc. adv. Cerca, al otro lado de la loma.

trasmano (De *tras* 'detrás de' [del latín *trans* 'más allá de, al otro lado de'] + *mano.*): **de** o **por trasmano.** loc. adv. Secretamente, por interpósita persona.

traspatio. m. Segundo patio, que queda detrás del patio principal.

traste. m. Trasto, utensilio casero.

trastienda. (De *trastienda* 'aposento detrás de la tienda'.) f. fest. Trasero, asentaderas.

trastornado, trastornada. (De *trastornar* 'perturbar el sentido'.) adj. Que sufre de psicosis.

trato: **más vale un mal trato que un buen pleito,** véase *transacción*.

traza. (De *traza* 'diseño para la construcción de un edificio', de *trazar* 'hacer trazos', del latín vulgar *tractiare* 'tirar de, jalar', de *tractus*, participio pasivo de *trahere* 'tirar de, jalar'.) f. Plan urbanístico.

treintaitrés (De *treinta y tres*.): **aplicar el treintaitrés.** loc. Expulsar del país a un extranjero (el artículo 33 de la Constitución indica que el Ejecutivo tendrá la facultad de hacer abandonar el territorio nacional a todo extranjero cuya permanencia juzgue inconveniente).

tren. (De *tren de ferrocarril*.) m. Tranvía, vehículo urbano que circula sobre rieles. | **llevárselo** a alguien **el tren.** loc. Enojarse. || **¡me lleva el tren!** expr. que se usa para dar salida al enojo. Compárese **chingada.**

trenista. com. Ferroviario, empleado de ferrocarriles.

trenza. (De *trenza* 'peinado que se hace entretejiendo tres ramales de cabello'.) f. Cada uno de varios panes que se hacen entretejiendo tres ramales de masa. || **trenza de canela.** f. Trenza de pan a la que se ha agregado canela.

trepada. f. Acción o resultado de trepar [DRAE: trepa].

treparse. Encaramarse, montarse. || **treparsele** a alguien. loc. Subírsele (el licor).

treviñense. (De *Treviño*, municipio del estado de Coahuila.) 1. adj. Perteneciente o relativo a Treviño. || 2. m. y f. Nativo o habitante de Treviño.

triate. (Probablemente de *tri-* 'tres', como en *trillizo*, + -*ate*, como en *cuate* 'gemelo'.) m. Persona producto de un parto triple.

trigarante. adj. Relativo al ejército de las tres garantías que ayudó a consumar la independencia de México.

trinchador. m. Trinchero, mueble de comedor.

trinche. m. Tenedor (instrumento de mesa).

trinquete. (Quizá del español *trincar* 'robar'.) m. 1. Mordida, dinero que se da para influir en la conducta de un funcionario público, cohecho, soborno. || 2. Timo, estafa.

tripa: **amarrarse** alguien **la tripa.** loc. Aguantar el hambre. || **llenar la tripa.** loc. fest. Comer.

tripié. (Adaptación [de *tri-* 'tres' + *pie*] del francés *trépied* 'armazón de tres pies', del latín *triped-*, tema de *tripes*, adj., 'que tiene tres pies', de *tri-* 'tres' + *ped-*, tema de *pes* 'pie'.) m. Trípode, armazón de tres pies (por ejemplo para un aparato fotográfico).

tripitas. f. pl. Guiso de tripas (vísceras) o de menudencias.

trique, m., o **triquis,** m. pl. Cacharro, recipiente para usos culinarios, trebejo, trasto.

tristear: **estar tristeando.** loc. Estar triste.

tristeza: **llevárselo** a alguien **la tristeza.** loc. Enojarse. || **¡me lleva la tristeza!** excl. de protesta, que se usa para dar salida al enojo. Compárese **chingada.**

trizas (Del español *triza* 'pedazo pequeño'.): (**quedarse** alguien) **hecho trizas.** loc. 1. Muy cansado. || 2. Muy decaído (en virtud de una pena).

troca. (Del inglés *truck*, que se pronuncia aproximadamente /troc/.) f. Camión.

troeno o **trueno.** (Del francés *troène*, en el siglo xiv *tronne*, de origen franco.) m. Cierto árbol (*Ligustrum lucidum*) de ornato [DRAE: alheña].

troja. f. Troje, troj, especie de granero para guardar cereales.

trole. (Acortamiento de *trolebús.*) m. Trolebús.

trompa. (De *trompa* 'prolongación de la nariz de algunos animales', de *trompa* 'especie de trompeta'.) f. fest. 1. Cara, rostro. ‖ 2. Hocico del cerdo y otros animales. ‖ **trompa de hule.** m. Músico que toca un instrumento de viento. | **darle en la trompa.** loc. Pegarle.

trompada: de la trompada. loc. En mala situación. ‖ **llevárselo** a alguien **la trompada.** loc. Enojarse. ‖ **¡me lleva la trompada!** expr. que se usa para dar salida al enojo. Compárese **chingada.**

trompetilla. (De *trompeta,* instrumento musical.) f. Sonido burlesco que se produce soplando al través de los labios fruncidos.

trompo: bailar un trompo en la uña. loc. Ser muy listo. ‖ **échate ese trompo a la uña.** loc. (De un asunto) es de suma dificultad.

trompudo, trompuda. (De *trompa* 'jeta'.) adj., y m. y f. Jetudo, que tiene la boca saliente, la jeta grande.

tronar. (De *tronar* 'sonar truenos', del latín *tonare.*) tr. 1. Matar a tiros. ‖ 2. Reprobar en los estudios.

trucha: ponerse alguien **trucha.** loc. Ponerse listo, abrir los ojos. ‖ **ser** alguien **una trucha,** o **ser** alguien **muy trucha.** locs. Ser listo, sagaz.

trueno (árbol), véase **troeno.**

truje. (Forma antigua del verbo *traer,* en pretérito, primera persona del singular.) verbo. Traje. Compárese **Chencha.**

trusa. (Del español *trusas* 'greguescos, calzones exteriores de los siglos xvi y xvii'.) f. Ropa que usan los que van a nadar [DRAE: bañador].

ts'albut, véase **zalbute.**

ts'ul, véase **tzul.**

tsi'ik, véase **zik de venado.**

tualet. (Del francés *toilette,* que se pronuncia /tualet/, literalmente = 'telita' [por la tela que se ponían sobre los hombros cuando se peinaban o afeitaban], diminutivo de *toile* 'tela'.) f. Arreglo o compostura de la cabeza o de la ropa.

tuba. f. Bebida alcohólica hecha destilando el jugo del tronco o de las inflorescencias de la palmera cocotera.

tubo: mandar a alguien **por un tubo.** loc. Despedirlo o echarlo de mala manera. ‖ **pegar con tubo.** loc. 1. Lograr un éxito rotundo. ‖ 2. Atacar con energía. ‖ 3. Fracasar, fallar.

tuch[1]. (Del maya *tuch* 'ombligo'.) m. Ombligo.

tuch[2] o **tuch'.** (Del maya *tuch'* 'calabaza, sonaja'.) m. 1. Cierta calabaza silvestre. ‖ 2. Sonaja hecha de esta calabaza.

tucho, tucha. (Del maya *xtuch* 'mona'.) m. y f. Mono, mico.

tuerta: más vale tuerta que ciega. ref. Es preferible conformarse con algo que perderlo todo [DRAE 1956: quitáronlo a la tuerta y diéronlo a la ciega, refrán que recuerda vagamente éste y que significa que le quitaron el empleo a quien de alguna manera lo merecía y se lo dieron a quien no podía servir en él]. Compárese *valer* (**vale más algo que nada**).

tueste: pasarse alguien **de tueste.** (De *tueste* 'tostadura'.) loc. 1. Abusar, extralimitarse. ‖ 2. Ir más allá de lo que se pretendía. Compárese *mano* (pasársele...).

tulancingueño, tulancingueña. (De *Tulancingo,* municipio del estado de Hidalgo, del náhuatl *Tollantzinco,* literalmente = 'lugar pequeño de tules', de *tollan* 'lugar de tules' [de *tolin* 'tule' + *-lan* 'lugar de'] + *-tzin* 'pequeño' + *-co* 'lugar'.) 1. adj. Perteneciente o relativo a Tulancingo. ‖ 2. m. y f. Nativo o habitante de Tulancingo.

tular. m. Lugar donde abundan los tules.

tule. (Del náhuatl *tolin* 'anea, junco, espadaña, bejuco, carrizo'.) m. Cualquiera de dos plantas *(Scirpus lacustris* y *S. acutus)* de tallo largo, con cuyas hojas se tejen petates y asientos de sillas; también planta parecida del género *Cyperus.* | **por el tule se conoce el petate.** loc. Por indicios se sabe o entiende algo [DRAE 1956: por el hilo se saca el ovillo].

tulense, o **tuleño, tuleña.** (De *Tula,* municipio del estado de Tamaulipas, o de *Tula [de Allende]*, municipio del estado de Hidalgo, del náhuatl *Tollan*, capital del Imperio Tolteca esta última (véase **tolteca**), literalmente = 'lugar donde abundan los tules', de *tolin* 'tule, anea, espadaña'+ *-lan* 'lugar donde abundan...') 1. adj. Perteneciente o relativo a Tula. ‖ 2. m. y f. Nativo o habitante de Tula.

tulipán. (De *tulipán*, planta europea del género *Tulipa*, de flores vistosas.) m. Cierta planta asiática del género *Hibiscus*, de grandes flores rojas.

tulteca, véase **tolteca**.

tultepequense. (De *Tultepec*, municipio del Estado de México, del náhuatl *Toltepec*, literalmente = 'en el cerro de los tules', de *tolin* 'tule' + *tepetl* 'cerro' + *-c* 'lugar'.) 1. adj. Perteneciente o relativo a Tultepec. ‖ 2. m. y f. Nativo o habitante de Tultepec.

tultitleco o **tultlitleño.** (De *Tultitlán*, municipio del Estado de México, del náhuatl *Toltitlan*, literalmente = 'entre los tules', de *tolin* 'tule' + *-titlan* 'entre'.) 1. adj. Perteneciente o relativo a Tultitlán. ‖ 2. m. y f. Nativo o habitante de Tultitlán.

tumbaburros. (Idea implícita: 'abaten a los que se creen cultos'.) m. fest. Diccionario.

tumbada. f. Acción de tumbar o derribar. Véase, además, *arroz*.

tuna. (Del taíno *tuna*, planta y fruta.) f. Fruto del nopal *(Opuntia tuna)* [DRAE: higo chumbo, higo de pala, higo de tuna]. Hay muchas variedades; algunas son: **tuna agria, tuna amarilla, tuna blanca** (la variedad más apreciada), **tuna cardona** (cierto nopal *[Opuntia streptacantha]*, y su fruto), **tuna colorada, tuna morada; tuna tapona,** o simplemente **tapona** (cierto nopal *[Opuntia tapona]*, y su fruto). **| no te compro tunas, porque están muy caras; no te compro limas, porque están muy verdes, no te compro...metas a lo que no puedes.** ref. fest. Antes de comprometerse hay que pensar si se está en condiciones de cumplir, no hay que contraer un compromiso a lo loco.

tunca. f. Puerca, cerda, marrana.

tunco, tunca. adj. Mocho, manco.

tunda. f. Pípila, hembra del guajolote o pavo.

tunear. intr. Cosechar tunas.

tunero. 1. m. Matorral de tunas. ‖ 2. m. La planta de la tuna. ‖ 3. adj. Relativo a la tuna.

tup. (Del maya *t'up* 'dedo meñique; hijo menor'.) com. Hijo menor.

turco[1]. m. Empanada en forma de media luna rellena de carne de puerco guisada con piloncillo, clavos, pasas, nueces.

turco[2], **turca.** (Por el Tratado de Sèvres, 1920, Turquía [conocida entonces como el Imperio Otomano] dejó de gobernar a Líbano, Siria y otros territorios.) adj., y m. y f. Libanés o sirio.

turista. f. Enfermedad intestinal y diarrea contraídas por un turista extranjero. Compárese **venganza de Moctezuma**.

turnar. tr. Remitir una comunicación o expediente (a otro funcionario o departamento).

turrón: partir (o **romper**) **el turrón.** loc. Empezar a hablarse de tú dos personas que antes se hablaban de usted.

tusa, véase **tuza**.

tusar. (De *tuso*, participio pasivo antiguo de *tundir* 'cortar o igualar con tijera el pelo de los paños', del latín *tonsus* 'trasquilado', participio pasivo de *tondere* 'trasquilar, rapar, cortar'.) tr. Recortar el pelo con tijeras [DRAE: atusar].

tutilimundi. (Del español *tutilimundi* 'cajón con figuras de movimiento, mundonuevo', del italiano regional *tutti li mondi* 'todos los mundos'.) m. Todo el mundo, todos, toda la gente.

tuxpaneca. (De *Tuxpan*, nombre de muchas poblaciones de la República Mexicana, del náhuatl *Tochpan*, literalmente = 'lugar de conejos' o 'río de conejos', de *tochtli* 'conejo' + *-apan* 'en agua', de *atl* 'agua' + *-pan* 'lugar'.) 1. adj. Perteneciente o relativo a Tuxpan, principalmente de las de los estados de Michoacán y Veracruz. ‖ 2. com. Nativo o habitante de Tuxpan.

tuxpanense. (De *Tuxpan*, véase **tuxpaneca**.) 1. adj. Perteneciente o relativo a Tuxpan (Michoacán o Veracruz). || 2. com. Nativo o habitante de Tuxpan.

tuxpense. (De *Tuxpan*, véase **tuxpaneca.**) 1. adj. Perteneciente o relativo a Tuxpan (Michoacán, Nayarit). || 2. com. Nativo o habitante de Tuxpan.

tuxpeño, tuxpeña. (De *Tuxpan*, véase **tuxpaneca.**) 1. adj. Perteneciente o relativo a Tuxpan (Nayarit, Veracruz). || 2. com. Nativo o habitante de Tuxpan.

tuxteco, tuxteca, variante de **tuxtleco.**

tuxtepecano, tuxtepecana. (De *[San Juan Bautista] Tuxtepec*, municipio del estado de Oaxaca, del náhuatl *Tuchtepec, Tochtepec*, literalmente = 'en el cerro de los conejos', de *tochtli* 'conejo' + *tepetl* 'cerro' + *-c* 'en'.) 1. adj. Perteneciente o relativo a Tuxtepec. || 2. m. y f. Nativo o habitante de Tuxtepec.

tuxtleco, tuxtleca, o **tuxtleño, tuxtleña.** (De *Tuxtla,* nombre de dos municipios del estado de Chiapas [Tuxtla Gutiérrez y Tuxtla Chico] y de San Andrés Tuxtla, municipio del estado de Veracruz, del náhuatl *Tochtla,* literalmente = 'lugar de conejos', de *tochtli* 'conejo' + *-tla* 'lugar'.) 1. adj. Perteneciente o relativo a Tuxtla. || 2. m. y f. Nativo o habitante de Tuxtla.

tuza. (Del náhuatl *tozan* 'topo; clase de rata'.) f. Mamífero roedor del género *Geomys,* que cava galerías subterráneas.

tzaráracua. (De origen tarasco.) f. Cedazo.

tzeltal o **tzental.** 1. com. Miembro de un pueblo indígena del estado de Chiapas. || 2. adj. Perteneciente o relativo a los tzeltales. || 3. m. Lengua del grupo chol-tzeltalano de la familia maya.

tzeltal-tzotzil. m. Subfamilia de lenguas que incluye el tzeltal y el tzotzil.

tzendal, véase **zendal.**

tzental, véase **tzeltal.**

-tzin. (Del náhuatl *-tzin, -tzintli* 'chico, pequeño; respetado', diminutivo de cariño o de respeto.) 1. suf. diminutivo. || 2. suf. honorífico.

tzintzuntzense, o **tzintzuntzeño, tzintzuntzeña.** (De *Tzintzuntzan,* municipio del estado de Michoacán, del tarasco, literalmente = 'lugar de colibríes', de *tzintzun* 'colibrí'.) 1. adj. Perteneciente o relativo a Tzintzuntzan. || 2. m. y f. Nativo o habitante de Tzintzuntzan.

tzompantli, véase **zompantli.**

tzoque, véase **zoque.**

tzotzil. 1. com. Miembro de un pueblo indígena del estado de Chiapas. || 2. adj. Perteneciente o relativo a los tzotziles. || 3. m. Lengua del grupo chol-tzeltalano de la familia maya.

uáter, véase **wáter.**

ubicar. (De *ubicarse* 'estar en determinado lugar', por último del latín *ubi* 'donde'.) tr. 1. Instalar en determinado lugar. ‖ 2. Buscar. ‖ 3. Hallar, encontrar.

uchepo. m. Tamal típico del estado de Michoacán, que se envuelve en hoja de elote y se sirve con salsa de jitomate o de tomate verde, crema agria y queso fresco.

¡újule! o **¡hújule!** (Quizá de *uh*, interjección de desdén, + *-le.*) interj. de admiración, de sorpresa o de burla.

ulmeca, véase **olmeca.**

última: andar en las últimas. loc. Estar cerca de la muerte.

ultimadamente. adv. fest. Por último, en conclusión, al final.

ultimar. (De *ultimar* 'dar fin a algo, acabarlo'.) tr. Matar.

ultramarinos. (De *ultramarino* 'que está de la otra parte del mar, traído de la otra parte del mar', del latín medieval *ultramarinus* 'traído de la otra parte del mar', del latín *ultra-* [de *ultra* 'más allá de'] + *marinus* 'marino, del mar', de *mare* 'mar'.) m. pl. Comestibles y otros productos (no necesariamente importados).

uni. (Acortamiento de *universidad.*) f. Universidad.

uno: hacer del uno. loc. Orinar, expeler los excrementos secretados por los riñones. Compárese *dos*.

uña: uñas largas. m. y f. singular, o **uñilargo, uñilarga.** Ladrón. | **cada uno se rasque con sus uñas.** ref. Hay que apoyarse en los recursos propios y no pedir auxilio ajeno. ‖ **tener** alguien **las uñas largas.** loc. Ser ladrón.

urraca. (Del español *urraca*, otra ave.) f. Cierta ave, zanate *(Quiscalus mexicanus).*

uruapense, o **uruapeño, uruapeña.** (De *Uruapan*, municipio del estado de Michoacán, del tarasco, probablemente = 'lugar de jícaras', de *urani* 'jícara'.) 1. adj. Perteneciente o relativo a Uruapan. ‖ 2. m. y f. Nativo o habitante de Uruapan.

uso: es bueno el uso, pero no el abuso. ref. No hay que usar algo mal o excesiva o impropiamente.

ustedes. (De *ustedes*, plural de *usted.*) pron. pl. Se usa como plural de *tú* y el verbo respectivo se conjuga como la tercera persona del plural [DRAE: vosotros, vosotras].

usumacinteco, usumacinteca. (De *Usumacinta*, río de los estados de Chiapas y Tabasco, del náhuatl *Ozomatzintlan*, literalmente = 'lugar de monos pequeños', de *ozomatli* 'mono' + *-tzin*, diminutivo, + *-tlan* 'lugar'.) adj. Perteneciente o relativo al Usumacinta.

¡uta! interj. Eufemismo por **¡puta!**

utoazteca, véase **yutoazteca.**

uva: de pura uva, o **la pura uva.** locs. De excelente condición, en excelente estado, excelente en su clase.

uvate. m. Dulce de uva.

vaca[1]. f. Dinero que juegan en común (por ejemplo, en la lotería, en un sorteo) dos o más personas.

vaca[2]: **tanto peca el que mata la vaca como el que le agarra la pata.** ref. El autor de un delito es responsable, pero el cómplice también.

vaciado, vaciada. adj., y m. y f. Excelente, que ha tenido buen éxito.

vaciarse. (De *vaciar* 'exponer con detalle un saber', de *vaciar* 'dejar vacío algo', de *vacío* 'falto de contenido', del latín vulgar *vacivus*, del latín *vacare* 'estar vacío'.) Dar de sí todo lo que se puede y con eso lograr el buen éxito.

vacilada. f. Acción o resultado de vacilar (en los dos primeros sentidos).

vacilador, vaciladora. adj., y m. y f. Que gusta de la vacilada.

vacilar. (De *vacilar* 'menearse de un lado a otro, bambolearse', del latín *vacillare*.) 1. Hablar en broma. || 2. Hacer bromas. || 3. Andar en desórdenes, en juergas. || **vacilarse** a alguien. loc. Engañarlo.

vacile. m. 1. Diversión. || 2. Broma.

vacilón. m. Juerga.

valenciana. f. Parte baja del pantalón, que se dobla hacia fuera y hacia arriba [DRAE: dobladillo, vuelta].

valer: más te vale o **más le vale.** loc. Te (le) conviene. || **más vale prevenir que lamentar.** Es mejor tomar algunas precauciones que sufrir daño y tener que deplorarlo. || **más vale que digan "aquí corrió", y no "aquí murió".** ref. Hay que huir de los peligros para no sufrir perjuicio. || **más vale rodear que rodar.** ref. Es mejor tardarse en la ejecución de algo que fallar. || **me vale.** (Por *me vale madre* [véase *madre*].) loc. No me importa. || **no se vale.** loc. No está dentro de las reglas. || **vale más algo que nada.** ref. Es preferible conformarse con algo que perderlo todo. Compárese *tuerta*. || **vale más prevenir que curar.** ref. Es mejor tomar algunas precauciones que sufrir daño y tener que corregirlo [Baltasar Gracián en su *Oráculo Manual*, 1647, dice (máxima 86) "que es más fácil el prevenir que el remediar"].

valiente: de valientes y glotones, están llenos los panteones. ref. Los gordos (por glotones) mueren más jóvenes que los flacos; y los valientes, que corren riesgos, mueren más jóvenes que los que huyen. Compárese *collón*.

valona: hacerle a alguien **una valona.** loc. 1. Hacerle un favor. || 2. Encubrir una falta, ayudar a disculpar.

valor: hace falta más valor para vivir que para morir. ref. A veces se necesita mucho ánimo para soportar las dificultades de la vida. || **tener más valor que el primero que comió un zapote prieto.** loc. Ser muy valiente. Compárese **zapote.**

valsear. tr. Bailar el vals [DRAE: valsar].

valuador, valuadora. (De *valuar* 'valorar, señalar precio'.) m. y f. Persona que tiene por oficio valuar.

vaporcito. m. Enrollado o rollo (de gallina, cerdo, cazón) de la comida yucateca.

vaquería. (Del español *vaquero*.) f. Baile popular campesino de Yucatán.

vara de San José. f. Cierta planta *(Althea rosea)* de tallo erguido.

Vargas: averígüelo Vargas. (Del segundo apellido de Eduardo Téllez Vargas, alias *El Güero*, reportero de fuentes policiacas que esclareció muchos crímenes.) loc. No sé el porqué.

varilla, o **varilla de hierro.** (De *varilla*,

diminutivo de *vara* 'rama o palo delgado', del latín *vara* 'travesaño', de *vara*, femenino de *varus* 'patizambo, de piernas anormalmente torcidas hacia fuera y rodillas muy juntas'.) f. Barra de metal que se usa en la industria de la construcción para colado de concreto.

veinte (De *veinte* 'veinte centavos', moneda que se usaba para una llamada breve por teléfono.): **acabársele** a alguien **el veinte.** loc. (En un juego) acabársele la buena suerte.

vela: tener (o **no tener**) **vela en el entierro.** loc. Tener (o no tener) derecho a intervenir. Se usa más la forma negativa.

velador. (De *velar* 'cuidar, hacer guardia'.) m. Vigilante nocturno.

veladora. (De *veladora* 'candelero', de *vela* 'cilindro de cera que se puede encender', de *velar* 'estar sin dormir', del latín *vigilare* 'estar sin dormir; estar atento, vigilar', de *vigil* 'despierto, alerta'.) f. Vasija con aceite o parafina y una mecha que se puede encender y da una luz débil.

velís o **veliz.** (Del inglés *valise* [que se pronuncia /velís/], del francés *valise*, del italiano *valigia*.) m. Maleta.

velorio. m. Acto de velar a un difunto.

venada. f. Cierva, hembra del venado o ciervo.

venadear. tr. Cazar a una persona como venado.

venado: el que porfía, mata venado. ref. Para lograr las cosas difíciles se necesita constancia [DRAE 1956: porfía mata la caza]. Compárese *perseverar.*

vencidas: jugar vencidas. loc. (De cada uno de dos jugadores sentados frente a frente con los codos en la mesa y las manos derechas cogidas) tratar de hacer que el otro baje la mano hasta tocar la mesa.

venganza de Moctezuma. (De *Moctezuma* II, 1466-1520, emperador azteca en la época de la Conquista de México por los españoles.) f. Diarrea contraída por un turista extranjero. Compárese **turista.**

venir: venir guango. loc. No importar. ||

venirle a alguien **guango** algo. loc. No importarle. | **no vengo a ver si puedo, sino porque puedo vengo.** loc. Sé que puedo (afirmación altanera).

ventajoso, ventajosa. m. y f. Quien pretende ventajas para sí (aunque sea en perjuicio de otros).

ventila. (De *ventilar* 'hacer penetrar aire', de *vent-*, tema de *viento*, del latín *ventus* 'viento'.) f. Ventanita que permite la renovación del aire en una pieza, claraboya.

ver: ¿cómo la ves (desde a'i)? loc. (en tono victorioso) ¿Qué te pareció? || **quedó** (o **está**) **en veremos.** loc. En proyecto muy distante de su realización. || **¡vas a ver!,** véase *ir.* || **vérselas negras.** loc. Estar en situaciones difíciles, en conflicto.

veracruzano, veracruzana. (De *Veracruz*, estado de la República Mexicana, de *Veracruz*, ciudad de este estado; el nombre de la ciudad se debe a que Hernán Cortés, el 22 de abril de 1519 desembarcó en esta zona y como era Viernes Santo, día en que la Iglesia católica venera la cruz, pensó en fundar ahí una villa que llevara el nombre de Villa Rica de la Vera Cruz ['de la verdadera cruz'].) 1. adj. Perteneciente o relativo a Veracruz (ciudad o estado). || 2. m. y f. Nativo o habitante de Veracruz (ciudad o estado).

veras: de a de veras o **de a deveras.** loc. De veras, con verdad.

verdad: la verdad es amarga, pero sabiéndola digerir, aprovecha. Causa cierto disgusto que le pongan a alguien de manifiesto sus defectos, pero esto puede serle útil [DRAE: la verdad amarga]. || **la verdad no peca, pero incomoda.** ref. Siempre debe decirse la verdad por amarga que sea [DRAE 1956: quien dice la verdad, ni peca ni miente]. || **la verdad y el aceite flotan siempre arriba.** ref. Las mentiras se descubren fácilmente porque aparece la verdad. Compárese *mentira.*

verdín. (De *verde*, porque tiene manchas verdosas.) m. Cierta ave del orden de las paseriformes.

vergonzosa. (De *vergonzosa* 'que se avergüenza con facilidad', porque cuando la tocan cierra sus hojas.) f. Cierta planta y su flor amarilla, mimosa.

vergüenza: la vergüenza para nada sirve y para todo estorba. ref. El vergonzoso no suele mejorar (de fortuna, etc.) [DRAE 1956: quien tiene vergüenza ni come ni almuerza].

vertir. tr. Verter, vaciar un líquido.

vetarro, vetarra. m. y f. Viejo.

veterano, veterana. m. y f. fest. Viejo.

vetiver. (Del francés *vétiver*, del tamil *veṭṭivēr.*) m. Un pasto de la India (*Andropogon zizamoides*) cultivado por sus raíces olorosas que se usan para tejer esteras y hacer perfumes.

vez: a veces. loc. En algunas ocasiones [DRAE: a las veces]. || **otra vez la burra al maíz** (o **al trigo**). loc. 1. Se repitió un error, alguien reincide en algo que está prohibido. || 2. Ya lo hemos oído, no hace falta repetir.

viaducto. Del español *viaducto* 'puente sobre una hondonada', del latín *via* 'camino' + el español *-ducto* [como en *acueducto*], del latín *ductus* 'conducción'.) m. Avenida que pasa bajo muchos puentes.

víbora. f. Culebra, serpiente. Nota: es un término más general que la definición del DRAE (cierta culebra venenosa). || **víbora chirrionera.** (De *chirrión* 'látigo', por la forma en que azota la cola.) f. Cierta culebra de color oscuro. || **víbora de agua.** f. 1. Nauyaca (véase). || 2. Tromba de agua, tormenta. || **víbora de cascabel.** f. Serpiente de uno de dos géneros (*Crotalus* o *Sistrurus*) que tiene al final de la cola una estructura córnea articulada que produce un sonido agudo (como de matraca) cuando la agita.

victorense. (De *[Ciudad] Victoria*, capital del estado de Tamaulipas; fue fundada en 1750 con el nombre de Santa María de Aguayo y se le dio el nombre de Ciudad Victoria en 1825, en honor de Guadalupe Victoria [nombre original: Manuel Félix Fernández], 1786-1843, primer presidente de la República Mexicana, 1824-1829.) 1. adj. Perteneciente o relativo a Ciudad Victoria. || 2. m. y f. Nativo o habitante de Ciudad Victoria.

vida: vida capulina. f. Vida que se disfruta con sosiego y comodidad, vida regalada y sin cuidados [DRAE: vida canonical, vida de canónigo, vida papal, buena vida]. | **hacer** a alguien **la vida de cuadritos.** loc. Molestar, atosigar constantemente. || **mientras nos dure la vida, lugar tiene la esperanza.** ref. Siempre hay esperanza de que las cosas mejoren. || **¿qué es de su vida?** loc. ¿Cómo le va?

vidita. (De *vida, mi vida*, términos de cariño.) f. Tratamiento de cariño.

vidrio: a'i nos vidrios. loc. fest. Ahí nos vemos, hasta luego. || **echar vidrio.** loc. Vigilar, estar atento.

vieja. f. 1. Esposa. || 2. Mujer en general (aun joven).

viejada. f. Conjunto de viejos, y sobre todo de viejas.

viejazo: dar el viejazo. loc. Envejecer súbitamente.

viejerío. m. Conjunto de viejos, y sobre todo de viejas.

viejo, vieja. m. y f. Esposo. || **viejo rabo verde,** o **viejo verde.** (De *verde* 'que conserva inclinaciones galantes impropias de su edad', de *verde* [de una planta] 'que conserva alguna savia'.) m. Anciano enamoradizo, propenso a enamorarse. | **mientras más viejo, más pendejo** [y su parodia festiva y eufemística: **mientras más viejo, más pe...lón de la frente**]. loc. Los viejos se vuelven más lentos mentalmente. || **no todo lo viejo es malo, ni todo lo nuevo es bueno.** ref. Hay que hacer una apreciación sin prejuicios.

viga: echarle a alguien **la viga.** loc. Reprenderlo.

Villa: el que se va (o **se fue**) **a la Villa, pierde** (o **perdió**) **su silla.** (Esta Villa es la Villa de Guadalupe.) ref. 1. Quien abandona o no cuida su lugar (o su interés, o su casa u otros bienes) lo pierde. || 2. No tiene derecho a recobrar su lugar, etc., si voluntariamente lo dejó [DRAE 1956: quien fue a Sevilla perdió su silla]. Compárese *lugar*.

villacarbonense. (De *Villa del Carbón*,

municipio del Estado de México.) 1. adj. Perteneciente o relativo a Villa del Carbón. || 2. com. Nativo o habitante de Villa del Carbón.

villahermosino, villahermosina. (De *Villahermosa*, capital del Estado de Tabasco; la ciudad se llama así desde 1598 [fue fundada en 1596].) 1. adj. Perteneciente o relativo a Villahermosa. || 2. Nativo o habitante de Villahermosa.

villismo. m. Doctrina de los partidarios de Francisco (o Pancho) Villa (nombre original: Doroteo Arango), 1878-1923, en la Revolución Constitucionalista (1913, contra Huerta).

villista. adj. y com. Partidario de Francisco Villa (véase **villismo**).

vino espumante (Del italiano *spumante*, de *spumare* 'hacer espuma', de *spuma* 'espuma', del latín *spuma.)*, o **vino espumoso.** m. Vino que produce espuma cuando se destapa la botella.

violatorio, violatoria. adj. Que viola una ley o una norma.

violín: pintarle a alguien **un violín.** loc. 1. Hacer una señal de burla que consiste en poner el índice de una mano abierta a un lado de la nariz y el medio al otro lado. Esta señal es el equivalente visual de la que consiste en sacar el pulgar por entre los dos dedos siguientes (señal que se llama *fica* en italiano 'higo; vulva' y en latín vulgar 'higo', *fig* en inglés, *figa* en portugués, *figue* en francés). || 2. Engañar, timar, estafar, no cumplir una promesa.

Virgen: si se alivió, fue la Virgen; si se murió, fue el doctor. ref. irón. Los creyentes dicen que lo bueno viene de la Virgen, pero lo malo no. Compárese *San Benito*.

viriguar. tr. Averiguar.

virote. 1. adj. y m. Tonto. || 2. o **birote.** Cierto pan, bolillo.

viruela negra. f. Forma mortal de la viruela, caracterizada por hemorragias cutáneas.

visa. (Del francés *visa*, m., del latín *visa* 'vistos', plural neutro de *visus* 'visto', participio pasivo de *videre* 'ver'.) f. Indicación, hecha en un pasaporte por la autoridad del país que alguien desea visitar, de que esa persona puede hacerlo [DRAE: visado].

visconversa (Deformación de *viceversa.*)**: a la visconversa.** loc. fest. Al contrario.

viseras. (De *visera* 'ala de la gorra, que resguarda la vista', de *visera* 'parte del yelmo que defendía el rostro', del español antiguo *viso* 'sentido de la vista', del latín *visus* 'sentido de la vista', de *visus* 'visto', participio pasivo de *videre* 'ver'.) f. pl. En las guarniciones de las caballerías de tiro, piezas de cuero situadas junto a los ojos del animal para que no pueda ver hacia los lados sino sólo de frente, anteojeras.

visión: ver uno **visiones.** loc. Tener alucinaciones.

visita conyugal. f. Acción de ir a ver, a solas (un cónyuge al otro) en la cárcel.

vitrola. (Del inglés *victrola*, de *Victrola*, marca registrada.) f. Fonógrafo, tocadiscos. Compárese **tragadieces.**

viuda negra. (Es negra, con una mancha roja por abajo del abdomen.) f. Cierta araña venenosa (*Latrodectus mactans*).

vivillo, vivilla. (De *vivo* 'listo'.) adj., y m. y f. Listo, sagaz.

vivito: vivito y coleando. loc. (De un animal que se creía muerto y aun de una persona) sigue vivo.

vocacional. (De *vocación* 'inclinación por cierto tipo de trabajo', del latín *vocation-*, tema de *vocatio* 'invitación', de *vocatus* 'llamado', participio pasivo de *vocare* 'llamar'.) f. Escuela de segunda enseñanza en que se aprenden materias y habilidades que permiten obtener trabajo técnico al terminar el curso.

voceador, voceadora. (De *vocear* 'dar voces', de *voz* 'sonido producido por pulmones y laringe', del latín *voc-*, tema de *vox* 'voz'.) m. y f. Vendedor callejero de periódicos. Compárense **papelero, periodiquero.**

¡vóitelas!, véase **ir.**

volada: de volada. (De *volar*.) loc. Con rapidez, sin demora.

volado. (De *volar.)* m. Acción de echar a la suerte con una moneda que "vuela" en el aire. Compárese **águila o sol.** |

echar un volado. loc. Resolver un conflicto o un empate con un volado.

volador. m. El que baila la danza del volador (véase **danza del volador**).

volanta. (De *volante* 'que vuela', de *volar* 'ir rápidamente'.) f. Vehículo de los aduaneros que vigila las carreteras.

volar: **¡a volar (gaviotas)!** loc. A paseo (expresión que se emplea para despedir [expulsar de un lugar] a alguien con desprecio o disgusto), lárgate, lárguese. Compárense **bañar,** *bolívar, goma, ir.* || **volarse.** Robar.

volibol. (Del inglés *volleyball,* que se pronuncia aproximadamente /vólibol/, literalmente = 'pelota en vuelo', de *volley* 'vuelo' + *ball* 'pelota'.) m. Juego en que se echa por encima de una red una pelota inflada [DRAE: voleibol, balonvolea].

volován. (Del francés *vol-au-vent,* que se pronuncia /volován/, literalmente = '(un) vuelo en el viento'.) m. Pastelito horneado relleno de carne o mariscos en una salsa.

volteada. f. Acción de girar la cabeza, de voltear o voltearse.

volteado. adj., y m. Afeminado, invertido sexual.

voltear, intr., o **voltearse.** Girar la cabeza [DRAE: volver].

voluntad: **donde hay una voluntad, hay un camino.** ref. No sirve el pretexto "No sé hacerlo"; la voluntad es lo principal en las acciones, aun de parte de quien parece tener menos posibilidad; con voluntad se consigue casi todo lo posible [DRAE 1956: donde hay gana hay maña; más hace el que quiere que no el que puede; querer es poder].

vos. pron. pers. de segunda pers. sing. Tú. Nota: Con el pronombre *vos* se conjuga el verbo en forma especial (vos cantás, comés, venís).

vosear. tr. Dar el tratamiento de *vos.*

voseo. m. Acción o resultado de vosear.

¡vóytelas!, véase *ir.*

vuelo: **darle vuelo a la hilacha.** (De *hilacha* 'ropa, vestido'.) loc. Correr o moverse mucho en busca de diversiones o placeres fuertes.

vuelta. (De *vuelta* 'regreso al punto de partida'.) f. Paseo corto, recorrido breve. | **a la vuelta.** loc. A la vuelta de la esquina. || **a vuelta de rueda.** loc. Con suma lentitud, muy despacio. || **darse vuelta.** loc. Girar la cabeza, el torso, o todo el cuerpo, para mirar lo que estaba a la espalda [DRAE: volver]. || **dar vuelta.** loc. Volver, regresar. || **de vuelta.** loc. Otra vez. || **¡(y) vuelta la burra al trigo!,** véase *burra.*

vuelto. m. Dinero que le devuelven a uno cuando entregó más del importe debido [DRAE: vuelta]. | **dar el vuelto.** loc. Devolver al cliente la cantidad que entregó de más del importe debido.

w.c. (Del inglés *w.c.*, abreviatura de *water closet*, literalmente = 'gabinete con agua'.) Pronunc. /doble u ce/. m. Retrete, escusado, cuarto con instalaciones para orinar y defecar.

wáter o **guáter** o **uáter.** (Del inglés *water (closet)*, literalmente = '(gabinete) con agua', de *water* 'agua'.) m. Retrete, escusado, cuarto con instalaciones para orinar y defecar.

whiskey. (Del inglés *whiskey*, del irlandés *uisce (beathadh)* y del gaélico escocés *uisge (beatha)*, literalmente = 'agua (de vida)'.) m. 1. Licor destilado de granos fermentados (centeno o cebada) [DRAE: güisqui]. ‖ 2. Un trago de ese licor.

winche o **güinche** o **huinche.** (Del inglés *winch*.) m. Máquina para jalar (tirar) con un cable.

xicalanca. (Del náhuatl *Xicalanco*, nombre de la región que habitaban los xicalancas, literalmente = 'donde hay muchas jícaras', de *xicalli* 'jícara (fruto del jícaro [árbol tropical] del que se hacían vasijas)' + -*lan* 'abundante en' + -*co* 'lugar; en'.) Pronunc. Esta *x* se pronuncia /sh/. com. Miembro de un pueblo indígena que habitó la costa del Golfo de México.

xiote, véase jiote.

xixi. Pronunc. Esta *x* se pronuncia /sh/, véase shishi.

xochicalca. (De *Xochicalco*, pueblo del estado de Morelos, del náhuatl *Xochicalco*, literalmente = 'lugar de la casa de flores', de *xochitl* 'flor' + *calli* 'casa' + -*co* 'lugar'.) Pronunc. Esta *x* se pronuncia /s/. 1. adj. Perteneciente o relativo a Xochicalco. || 2. com. Nativo o habitante de Xochicalco.

xóchil. Pronunc. Esta *x* se pronuncia /s/, véase súchil.

xochimilca. (De *Xochimilco*, delegación del Distrito Federal, del náhuatl *Xochimilco*, literalmente = 'lugar de sementeras de flores', de *xochitl* 'flor' + ·*milli* 'tierra sembrada' + -*co* 'lugar'.) Pronunc. Esta *x* se pronuncia /s/. 1. adj. Perteneciente o relativo a Xochimilco. || 2. com. Nativo o habitante de Xochimilco.

xochiteco, xochiteca. (De *Xochitlán*, nombre de muchas poblaciones de la República Mexicana, del náhuatl *Xochitlan*, literalmente = 'donde abundan las flores', de *xochitl* 'flor' + -*tlan* 'abundante en'.) Pronunc. Esta *x* se pronuncia /s/. 1. adj. Perteneciente o relativo a Xochitlán. || 2. m. y f. Nativo o habitante de Xochitlán.

xocoatole. (Del náhuatl *xococ* 'agrio' + *atolli* 'atole, papilla de maíz'.) Pronunc. Esta *x* se pronuncia /sh/. m. Atole agrio.

xoconostle o joconostle o soconostle. (Del náhuatl *xoconochtli*, literalmente = 'tuna agria', de *xococ* 'agrio' + *nochtli* 'tuna'.) Pronunc. Esta *x* se pronuncia /sh/. m. Tuna agria que sólo se emplea en la confección de dulces en almíbar o cubiertos. Su nopal (planta) es del género *Opuntia* y se llama también *xoconostle*.

xocoyote o socoyote. (Del náhuatl *xocoyotl* 'hijo o hija menor', posiblemente de *xocotl*, 'cierta fruta, fruta verde' + *coyotl* 'coyote, cachorro'.) Pronunc. Esta *x* se pronuncia /sh/. m. Benjamín, el más joven de los hijos.

xola. (De *xolo*.) Pronunc. Esta *x* se pronuncia /sh/. f. Pavo hembra.

xolo. (Del náhuatl *xolotl* 'monstruo; pavo'.) Pronunc. Esta *x* se pronuncia /sh/. m. Pavo, guajolote.

xoloizcuintle o xoloescuintle o xoloescuincle o soloescuincle o soloescuintle. (Del náhuatl *xoloitzcuintli*, literalmente = 'monstruo-perro', de *xolotl* 'monstruo' + *itzcuintli* 'perro'.) Pronunc. Esta *x* se pronuncia /sh/. m. Perro mudo precolonial, privado de pelo.

xtabay. (De origen maya.) Pronunc. Esta *x* se pronuncia /sh/. f. Fantasma que se aparece a los enamorados.

xtabentún o ixtabentún. (De origen maya.) Pronunc. Esta *x* se pronuncia /sh/. m. Bebida alcohólica que se prepara con la flor de un árbol también llamado xtabentún (*Turbina corymbosa*).

ya: **ya mero.** loc. adv. 1. En un tris, a punto de. || 2. Pronto, en seguida, ya casi, en un momento más.

yácata. (Del náhuatl *yacatl* 'nariz'.) f. Montón de tierra cubierto de piedras, ruina de habitación prehispánica.

yagual. (Del náhuatl *yahualli* 'redondo'.) m. Rodete de fibra o de trapo que sirve para asentar vasijas de fondo combado, o para cargarlas en la cabeza. Compárese **cayagual.**

yalalteco, yalalteca. (De *Yalálag,* hoy Villa Hidalgo, municipio del estado de Oaxaca.) 1. adj. Perteneciente o relativo a Yalálag o Villa Hidalgo. || 2. m. y f. Nativo o habitante de Yalálag o Villa Hidalgo.

yanqui. (Del inglés *Yankee* 'de los Estados Unidos', de *Yankee* 'de Nueva Inglaterra'.) adj., y m. y f. De los Estados Unidos de América.

yaqué. (Del francés *jaquette.*) m. Chaqueta masculina de ceremonia, de cola larga y partida.

yaqui. 1. adj. De un pueblo de la familia yutoazteca que habita en el estado de Sonora. || 2. com. Persona perteneciente a ese pueblo. || 3. m. Lengua yutoazteca del pueblo yaqui (véase **cahíta**).

yautle. (Del náhuatl *yautli,* probablemente de *iyautli* [idea implícita: 'flor de ofrenda'], de *iyahua* 'ofrecer sacrificio'.) m. Cierta planta *(Tagetes lucida).*

yaxché. (Del maya *yax che* 'ceiba', literalmente igual 'árbol verde', de *yax* 'verde' + *che* 'árbol'.) m. Ceiba.

yecapixtle, o **yecapixtla.** (Del náhuatl *yacapitztli,* literalmente = 'nariz aguda', de *yacatl* 'nariz' + *pitztli* 'cuesco, hueso de cierta fruta'.) amb. Cierta planta *(Psittacanthus calyculatus).*

yecapixtleco, yecapixtleca. (De *Yeca-* *pixtla,* municipio del estado de Morelos, del náhuatl *Yacapitztlan,* probablemente = 'lugar de yecapixtle', de yacapitztli (véase **yecapixtle**) + *-tlan* 'abundante en'.) 1. adj. Perteneciente o relativo a Yecapixtla. || 2. m. y f. Nativo o habitante de Yecapixtla.

yemita. f. Dulce de yema de huevo.

yerba. f. Marihuana. || **yerba de olor.** f. Hierba o planta culinaria, que da aroma o sabor a los guisos, como hierbabuena, laurel, mejorana, orégano. || **yerba santa,** véase **hierba santa. | y otras yerbas.** loc. Y otros de la misma clase.

yerbabuena. f. Cierta planta del género *Mentha,* hierbabuena.

yerbadulce o **yerba dulce.** f. Orozuz, regaliz, cierta planta del género *Glycyrrhiza.*

yerbajal o **yerbal.** (De *yerba* 'hierba'.) m. Yerbazal, herbazal, terreno cubierto de hierbas.

yerbaloca. f. Cierta planta del género *Croton.*

yerbazal. (De *yerba* 'hierba'.) m. Terreno cubierto de hierbas.

yerbería, véase *hierbería.*

yerbero, yerbera, véase **hierbero.**

yetatura. (Del italiano *iettatura,* del italiano regional [Sur] *iettatura,* literalmente = 'echamiento, acción de echar', de *iettare* 'echar' [italiano *gettare],* del latín vulgar *jectare* 'arrojar, lanzar', del latín *jactare,* frecuentativo de *jacere* 'arrojar', de *jactus,* participio pasivo de *jacere.)* f. Mal de ojo, influjo maléfico que ejercen, según cierta superstición, algunas personas (aun sin quererlo) o cosas.

yoli. (Probablemente del inglés *jolly* 'agradable', que se pronuncia /yoli/, de *jolly* 'alegre'.) adj. (En el estado de Sonora) muy bueno, excelente.

yolosóchil o **yoloxóchitl.** (Del náhuatl,
literalmente = 'flor corazón', de *yolotl*
'corazón' + *xochitl* 'flor'.) m. Cierta
planta que produce una flor olorosa,
cuya infusión se toma para curar
enfermedades del corazón.

yompa. (Probablemente del inglés *jum-
per* 'blusa o chaqueta holgada', que se
pronuncia /yómpa/, de *jump* 'chaqueta
holgada', de *jupe* 'chaqueta; falda', del
francés *jupe* 'falda', del árabe *ŷubba*
'túnica'.) f. Chaqueta, blusa de campesino.

yope. com. Miembro de un grupo indígena del estado de Oaxaca.

yori. (Del yaqui *yori*, literalmente =
'blanco'.) com. Persona que no es
yaqui.

yoyo. (De *Yo-Yo*, marca registrada.) m.
Juguete que consiste en dos discos
gruesos unidos por un eje en que está
atada una cuerda; se lo hace caer o
subir hasta la mano haciendo que se
desenrede o enrede la cuerda.

yuca. f. Cierta planta (familia: Liliaceae)
que se parece a la palmera y cuya fibra
se utiliza para hacer varios utensilios.

yucateco, yucateca. (De *Yucatán*, estado de la República Mexicana, y península [que incluye los estados de Campeche, Quintana Roo y Yucatán, así
como Belice y el norte de Guatemala],
+ *-eco* 'habitante de' [véase **-eco**].) 1.
adj. Perteneciente o relativo a Yucatán. ‖ 2. m. y f. Nativo o habitante de
Yucatán.

yugo. (De *yugo* 'instrumento al cual se
uncen los bueyes o las mulas formando yunta', del latín *jugum.*) m. Objeto

arqueológico de piedra en forma de
herradura. Muchos yugos son de procedencia totonaca (estados de Puebla
y Veracruz).

**yunta: como la yunta de Juan Delga-
do: tan marrajo el pinto como el
colorado,** o **como la yunta del tío
Jaramillo: tan malo el pinto como
el amarillo,** o **como la yunta (del tío)
de Silao, tan malo el pinto como el
colorao.** locs. que se usan para comparar a personas que se comportan o
trabajan a cual peor, o para comparar
situaciones o condiciones malas.

yurecuarense, o **yurecuareño, yure-
cuareña.** (De *Yurécuaro*, municipio
del estado de Michoacán.) 1. adj. Perteneciente o relativo a Yurécuaro. ‖ 2.
com., y m. y f. Nativo o habitante de
Yurécuaro.

yurirense. (De *Yuriria*, municipio del
estado de Guanajuato.) 1. adj. Perteneciente o relativo a Yuriria. ‖ 2. m. y
f. Nativo o habitante de Yuriria.

yutoazteca (Del yute *yuta* 'yute (miembro de un grupo de pueblos del oeste
de Norteamérica)', palabra que es
también la fuente de *Utah*, nombre de
un estado de Estados Unidos, que
se pronuncia /yúta/, + el español *-o-* +
azteca.) o **yutonahua.** adj. De una
familia lingüística que incluye los grupos (y entre paréntesis las lenguas)
pimano (pápago, pima, ópata, tepe-
huán), tarahumareño (tarahumara,
cahíta), huicholeño (cora, huichol) y
aztecano (náhuatl).

yuya. (Del maya *yuyum.*) Cierta calandria mexicana *(Icterus mesomelas).*

Z

zaachilteco, zaachilteca, o zaachileño, zaachileña. (De *Zaachila*, municipio del estado de Oaxaca.) 1. adj. Perteneciente o relativo a Zaachila. || 2. m. y f. Nativo o habitante de Zaachila.

zábila, véase **sábila**.

zacahuil. m. Tamal de gran tamaño en que hay un lechón entero y que se cuece bajo tierra envuelto en hojas de plátano.

zacamecate. (Del náhuatl *zacatl* 'zacate, hierba' + *mecatl* 'mecate, cuerda'.) m. Estropajo de fibras vegetales que sirve para el baño y para lavar.

zacapoaxteco, zacapoaxteca. (De *Zacapoaxtla*, municipio del estado de Puebla.) 1. adj. Perteneciente o relativo a Zacapoaxtla. || 2. m. y f. Nativo o habitante de Zacapoaxtla.

zacatal. m. Terreno en que abunda el zacate, pastizal.

zacate. (Del náhuatl *zacatl* 'hierba, pasto'.) m. 1. Hierba, pasto. || 2. Estropajo de fibras vegetales que se usa para fregar.

zacateada. f. Paliza, azotaína.

zacatear. tr. Azotar, castigar.

¡zácatelas! (De *sácatelas*, influido por *zacate.*), véase **sacar (sácatelas)**.

zacateca. com. Miembro de un grupo indígena del estado de Zacatecas.

zacatecano, zacatecana. (De *Zacatecas*, capital del estado de Zacatecas, de *(los) zacatecas*, grupo indígena, del náhuatl *zacatecatl*, literalmente = 'la gente del pasto', de *zacatl* 'hierba, pasto' + *-tecatl* 'gente'.) 1. adj. Perteneciente o relativo a Zacatecas (estado o su capital.). || 2. m. y f. Nativo o habitante de Zacatecas (estado o su capital).

zacateco, zacateca, véase **zacatleco**.

zacatelimón. m. Cierta planta silvestre de la que se prepara una infusión que se toma como tónico.

zacatepecano. (De *Zacatepec*, municipio del estado de Morelos, del náhuatl *Zacatepec*, literalmente = 'en el cerro del zacate', de *zacatl* 'zacate, hierba' + *tepetl* 'cerro' + *-c* 'en') 1. adj. Perteneciente o relativo a Zacatepec. || 2. m. y f. Nativo o habitante de Zacatepec.

zacatero[1]. m. Cierta ave *(Chondestes stringatus)* que vive en los zacatales.

zacatero[2], zacatera. adj. Relativo al zacate.

zacatleco, zacatleca, o zacateco, zacateca. (De *Zacatlán*, municipio del estado de Puebla, del náhuatl *Zacatlan*, literalmente = 'junto al zacate', de *zacatl* 'zacate, hierba' + *-tlan* 'junto'.) 1. adj. Perteneciente o relativo a Zacatlán. || 2. m. y f. Nativo o habitante de Zacatlán.

zacatón. (De *zacate.*) m. Nombre de cada una de varias gramíneas silvestres.

zacatonal. m. Sembrado de zacatón.

zacazonapense, o zacazonapeño, zacazonapeña. (De *Zacazonapan*, municipio del Estado de México.) 1. adj. Perteneciente o relativo a Zacazonapan. || 2. com., y m. y f. Nativo o habitante de Zacazonapan.

zacualpaneco, zacualpaneca, o zacualpeño, zacualpeña. (De *Zacualpan*, nombre de muchas poblaciones de la República Mexicana, del náhuatl *Tzacualpan*, literalmente = 'en el montículo', de *tzacualli* 'montículo, túmulo, pirámide' [de *tzacua* 'cerrar, tapar, encerrar'] + *-pan* 'en, sobre, lugar de'.) 1. adj. Perteneciente o relativo a Zacualpan. || 2. m. y f. Nativo o habitante de Zacualpan.

zacualtipaneco, zacualtipaneca, o

zacualtipense. (De *Zacualtipán [de Ángeles]*, municipio del estado de Hidalgo, del náhuatl *tzacualli* 'montículo, túmulo, pirámide' [de *tzacua* 'cerrar, tapar, encerrar'] + (posiblemente) *-icpac* 'encima, sobre'.) 1. adj. Perteneciente o relativo a Zacualtipán. ‖ 2. m. y f., y com. Nativo o habitante de Zacualtipán.

zafado, zafada. adj. Loco, chiflado.

zafadura. f. Luxación, dislocación de un hueso.

zafar (De *zafar* 'excusarse de hacer algo'. de *zafar* 'quitar estorbos'.): ¡**zafo!** loc. No participo, me zafo. ‖ **zafar(se).** Dislocarse, descoyuntarse (un hueso).

zafón. m. Zafadura, dislocación.

zaguaro, véase **saguaro.**

zalamerear. tr. Hacer zalamerías.

zalbute o **salbute.** (Del maya *zaal* 'ligero; cosa liviana' + *but* 'relleno, embutido; llenarse'.) m. Especie de chalupa (bocadillo de masa de maíz) de chaya, jitomate y carne de cerdo molida.

zalea o **salea.** (Del español *zalea* 'cuero de oveja o carnero', del árabe vulgar *salīja* 'piel', de *salaj* 'desollar'.) f. Cuero, piel. | **entregar la zalea,** o **estacar la zalea.** locs. Morir.

zambullidor. m. Cada una de varias aves de la familia Podicipedidae.

zambutir. tr. Meter, hundir. ‖ **zambutirse.** Meterse, hundirse.

zamorano, zamorana. (De *Zamora*, municipio del estado de Michoacán, del *Fuerte de Zamora*, fundado allí hacia 1540 y así llamado por la Zamora del noroeste de España.) 1. adj. Perteneciente o relativo a Zamora. ‖ 2. m. y f. Nativo o habitante de Zamora.

zanate (Del náhuatl *tzanatl)* o **sanate** o **picho.** m. Cierta ave negra, cuervo pequeño *(Quiscalus mexicanus).*

zancadilla: **meterle** a alguien **una zancadilla.** loc. Engañarlo.

zancón, zancona. (De *zancón* 'de zancas largas'.) adj. (Del vestido) demasiado corto.

zancudo. (De *zancudo*, adj., 'que tiene las zancas largas'.) m. Mosquito (familia: Culisidae).

zandunga, véase **sandunga.**

zandunguear, véase **sandunguear.**

zandunguero, véase **sandunguero.**

zapateado o **zapateo.** m. Cierto baile del sureste de México, inspirado por el zapateado español.

zapatear. tr. Bailar el zapateado (baile mexicano).

zapateo, véase **zapateado.**

zapatero: **quedarse zapatero** o **quedarse zapato.** loc. (En dominó, etc.) no ganar ningún partido, ninguna mano del juego.

zapatismo. m. Doctrina política de los zapatistas.

zapatista. (De Emiliano *Zapata*, 1879-1919, caudillo revolucionario.) com. Partidario de Emiliano Zapata (quien estaba a favor de la reforma agraria, del reparto equitativo de la tierra).

zapotácea. f. Cualquiera de los árboles o arbustos tropicales de la familia de las sapotáceas (Sapotaceae), que tienen un jugo lechoso y hojas coriáceas.

zapotazo o **sapotazo.** (De *zapotazo* 'golpe que se oye cuando un zapote cae del árbol'.) m. Golpe fuerte que se da una persona al caer. | **dar el zapotazo.** loc. Caer con fuerza.

zapote (Del náhuatl *tzapotl)* o **sapote.** m. Cierto árbol *(Achras zapota)* tropical, y su fruto. El árbol y el fruto se llaman también *chicozapote* o simplemente *chico.* Compárese **pagua** ‖ **zapote blanco.** m. Cierto árbol *(Casimiroa edulis),* y su fruto comestible. ‖ **zapote chico,** véase **chicozapote.** ‖ **zapote prieto,** o **zapote negro.** Cierta planta *(Diospyros ebenaster),* y su fruto comestible de piel fina y verde, de pulpa oscura, que casi no tiene semillas. | **chico zapote,** véase **chicozapote.** ‖ **más valiente que** (o: **tan valiente como) el primero que se comió un zapote prieto.** loc. Muy valiente (porque el zapote prieto, por negruzco, puede inspirar temor).

zapoteca, o **zapoteco, zapoteca.** (Del náhuatl *tzapoteca*, literalmente = 'gente de la tierra de los zapotes', de *tzapotlan* 'lugar de zapotes' [de *tzapotl* 'zapote'] + *-teca*, plural de *-tecatl*, sufijo que denota origen.) 1. adj. Perteneciente o relativo a los zapotecas. ‖ 2. com. Miembro de un pueblo indígena del estado de Oaxaca. || 3. m. Cualquiera de varias lenguas de los zapotecas, de la familia oaxaqueña (de alguno de los tres grupos lingüísticos de esa familia: serrano norteño, de los valles, sureño).

zapotiteco, zapotiteca. (De *Zapotitlán*, nombre de varias poblaciones de la República Mexicana, del náhuatl *Tzapotitlan*, literalmente = 'entre los zapotes', de *tzapotl* 'zapote (árbol)' + *-titlan* 'entre'.) 1. adj. Perteneciente o relativo a Zapotitlán. || 2. m. y f. Nativo o habitante de Zapotitlán.

zapotlaneco, zapotlaneca, m. y f., o **zapotlaneca,** com. (De *Zapotlán [de Juárez]*, municipio del estado de Hidalgo, o de *Zapotlán [del Rey]*, municipio del estado de Jalisco, del náhuatl, literalmente = 'lugar de muchos zapotes', de *tzapotl* 'zapote' + *-tlan* 'lugar de muchos...') 1. adj. Perteneciente o relativo a Zapotlán. || 2. m. y f. y com. Nativo o habitante de Zapotlán.

zapotlense. (De *Zapotlán [el Grande]*, nombre anterior de Ciudad Guzmán, en el estado de Jalisco.) 1. adj. Perteneciente o relativo a Ciudad Guzmán. || 2. m. y f. Nativo o habitante de Ciudad Guzmán.

zaragozano, zaragozana. (De *Zaragoza*, nombre de muchas poblaciones de la República Mexicana.) 1. adj. Perteneciente o relativo a Zaragoza. || 2. m. y f. Nativo o habitante de Zaragoza.

zaraguato, véase **saraguato.**

zarandeado, zarandeada. adj. (De un pescado entero, sin escamas ni entrañas) relleno con verduras (jitomate, aceitunas verdes, ajo, zanahorias, papas), bien envuelto en tortillas y papel de aluminio (para que los jugos no se salgan) y asado sobre fuego de leña (comúnmente leña de manglar) o de carbón.

zarandear. tr. Preparar pescado zarandeado.

zempasúchil, véase **cempasúchil.**

zempoal, véase **cempoal.**

zempoalteca, véase **cempoalteca.**

zenzontle, véase **cenzontle.**

zigzagueante. (De *zigzaguear* 'serpentear'.) adj. Ondulante, tortuoso.

zihuatanejense o **zihuateco, zihuateca.** (De *Zihuatanejo*, población del estado de Guerrero, del náhuatl *Cihuatlan, Cihuacoatlan*, literalmente = 'junto a(l templo de) la Cihuacoatl' [de *Cihuacoatl*, nombre de una diosa, literalmente = 'culebra-hembra', de *cihuatl* 'mujer' + *coatl* 'culebra, serpiente'] + el español *-ejo*, sufijo despectivo.) 1. adj. Perteneciente o relativo a Zihuatanejo. || 2. com., y m. y f. Nativo o habitante de Zihuatanejo.

zik (o **tsi'ik**) **de venado.** (Del maya *tzic* 'deshebrar'.) m. Salpicón de venado pibil deshebrado y revuelto con naranja agria y otros condimentos.

zimapaneco, zimapaneca, o **zimapanense.** (De *Zimapán*, municipio del estado de Hidalgo, del náhuatl *Cimapan* [+ *-ecatl* 'sobre, en; persona de...'].) 1. adj. Perteneciente o relativo a Zimapán. || 2. m. y f. Nativo o habitante de Zimapán.

zimatleco, zimatleca. (De *Zimatlán [de Álvarez]*, municipio del estado de Oaxaca.) 1. adj. Perteneciente o relativo a Zimatlán. || 2. m. y f. Nativo o habitante de Zimatlán.

zinacanteco, zinacanteca. (De *Zinacantán*, municipio del estado de Chiapas, del náhuatl *Tzinacantlan*, literalmente = 'lugar de murciélagos', de *tzinacantli* 'murciélago' + *-tlan* 'lugar'.) 1. adj. Perteneciente o relativo a Zinacatlán. || 2. m. y f. Nativo o habitante de Zinacatlán.

zinacantepeño, zinacantepeña. (De *Zinacantepec*, municipio del Estado de México, del náhuatl *Tzinacantepec*, literalmente = 'en el cerro de los murciélagos', de *tzinacantli* 'murciélago' + *tepetl* 'cerro' + *-c* 'en'.) 1. adj. Perteneciente o relativo a Zinacantepec. || 2. m. y f. Nativo o habitante de Zinacantepec.

zinapecuarense, o **zinapecuareño, zinapecuareña.** (De *Zinapécuaro*, municipio del estado de Michoacán, del tarasco *Tzinapequarho*.) 1. adj. Perteneciente o relativo a Zinapécuaro. || 2. com., y m. y f. Nativo o habitante de Zinapécuaro.

zincuate, véase **cencuate.**

zinzontle, véase **cenzontle.**

zíper o **zipper.** (Del inglés *zipper.*) m. Cremallera de prendas de vestir, bolsos, etc., cierre relámpago.

ziracuaritense, o **ziracuariteño, ziracuariteña.** (De *Ziracuaretiro,* municipio del estado de Michoacán.) 1. adj. Perteneciente o relativo a Ziracuaretiro. || 2. com., y m. y f. Nativo o habitante de Ziracuaretiro.

zitacuarense, o **zitacuareño, zitacuareña.** (De *Zitácuaro,* municipio del estado de Michoacán.) 1. adj. Perteneciente o relativo a Zitácuaro. || 2. com., y m. y f. Nativo o habitante de Zitácuaro.

zócalo. (Del español *zócalo* 'friso o franja que se coloca en la parte inferior de una pared', del francés *socle,* del italiano *zoccolo* 'zueco; zócalo', del latín *socculus* 'zueco pequeño', diminutivo de *soccus* 'zueco'.) m. Plaza principal de una ciudad.

zoclo. (Del español *zócalo* 'friso o franja que se coloca en la parte inferior de una pared', del francés *socle,* del italiano *zoccolo* 'zueco; zócalo', del latín *socculus* 'zueco pequeño', diminutivo de *soccus* 'zueco'.) m. Hilada de mosaico que se coloca verticalmente al pie de la pared en el interior de cada habitación.

zompantli o **sompantle.** (Del náhuatl *tzompantli,* literalmente = 'fila de cabelleras', de *tzontli* 'cabello, cabellera' + *pantli* 'fila, línea'.) m. Lugar de los templos aztecas donde se colocaban en filas los cráneos de las víctimas.

zoncear. (De *zonzo* 'tonto'.) intr. Actuar como tonto, decir o hacer tonterías.

zoncera o **sonsera.** (De *zonzo* 'tonto'.) f. Tontera, simpleza, tontería (calidad de tonto, y dicho o hecho tonto).

zongoliquense, o **zongoliqueño, zongoliqueña.** (De *Zongolica,* municipio del estado de Veracruz, del náhuatl, literalmente = 'lugar de cabelleras retorcidas', de *tzontli* 'cabellera' + *coliuhqui* 'retorcido', de *coloa* 'torcer'.) 1. adj. Perteneciente o relativo a Zongolica. || 2. com., y m. y f. Nativo o habitante de Zongolica.

zontecomateco, zontecomateca. (De *Zontecomatlán [de López y Fuentes],* municipio del estado de Veracruz.) 1. adj. Perteneciente o relativo a Zontecomatlán. || 2. m. y f. Nativo o habitante de Zontecomatlán.

zopilote (Del náhuatl *tzopilotl.*) o **sopilote.** m. Clase de buitre *(Cathartes atratus)* [DRAE: aura, gallinaza].

zoque. 1. com. Miembro de un grupo indígena que habita en los estados de Oaxaca, Chiapas y Tabasco. || 2. m. Lengua del grupo zoque de la familia mixe-zoque.

zoquetada. f. Tontería, hecho propio de un zoquete.

zoquetazo. (De *zoquete* 'pedazo de madera'.) m. Golpe fuerte.

zoquete. (Del español *zoquete* 'pedazo de madera, tarugo'.) 1. Tonto, de escaso juicio, mentecato. || 2. m. Pedazo de madera corto y grueso.

zoquetear. intr. Comportarse como un zoquete.

zorrillo. (De *zorrillo* 'zorro pequeño', diminutivo de *zorro.*) m. Cierto mamífero (familia: Mustelidae) que tiene dos glándulas cerca del ano de las que puede segregar un líquido fétido que el animal lanza cuando se cree en peligro [DRAE: mofeta]. | **hacerse** alguien **el zorrillo.** loc. Hacerse el tonto. || **oler a zorrillo.** loc. Oler muy mal.

zorro: cuando el zorro no alcanza las uvas, dice que están verdes. ref. Algunos se consuelan de no saber o poder lograr lo que desean, diciendo que no lo querían o que no es bueno [Baltasar Gracián en su *Oráculo Manual,* 1647, dice (máxima 220) "cuando no se puede alcanzar la cosa, entra el desprecio"].

zotehuela, véase **azotehuela.**

zotol, véase **sotol.**

zoyate o **soyate.** (Del náhuatl *zoyatl* 'palmera, palma'.) m. 1. Palmera, palma (árbol). || 2. Hoja de esta palmera. || 3. Fibra que se saca de estas hojas. || 4. Tejido hecho de esta fibra. || 5. Cuerda hecha de esa fibra.

zumba. (De *zumbar* 'golpear'.) f. Tunda, zurra. | **agarrar una zumba.** loc. Emborracharse.

zumbador. (Porque *zumba* [produce ruido] al volar.) m. Colibrí.

zumbar. (Del español *zumbar* 'dar, atizar (golpes)'.) tr. Golpear, pegar.

zumbiche. m. Cierto reptil.

zumpanguense, o **zumpangueño, zumpangueña.** (De *Zumpango*, municipio del Estado de México, del náhuatl *Tzompanco*, literalmente = 'en la percha de calaveras', de *tzompantli*, literalmente = 'fila de cabelleras, percha de calaveras' [de *tzontli* 'cabello, cabellera' + *pantli* 'fila, línea'], + *-co* 'en'.) 1. adj. Perteneciente o relativo a Zumpango. ‖ 2. com., y m. y f. Nativo o habitante de Zumpango.

zurcida. f. Acción o resultado de zurcir [DRAE: zurcidura].

Apéndice

LAS LENGUAS INDÍGENAS DE MÉXICO EN 2001

Familia
Grupo
    Lengua

Familia
Grupo
    Lengua

hokana
yumano
    paipai
    kiliwa
    cucapá
    cochimí
    kumiai
seri
    seri
tequistlateca
    chontal de Oaxaca

chinanteca
ojiteco
    chinanteco de Ojitlán
    chinanteco de Usila
de Quiotepec
    chinanteco de Quiotepec
    chinanteco de Yolox
    chinanteco de Sochiapan
de Palantla
    chinanteco de Palantla
    chinanteco de Valle
      Nacional
de Lalana
    chinanteco de Lalana
    chinanteco de Latani
    chinanteco de Petlapa

otopame
pameano
    pame del norte
    pame del sur
chichimeca
    chichimeca jonaz
otomiano
    otomí (=ñah ñu)
    mazahua
matlatzincano
    matlatzinca
    ocuilteco

oaxaqueña
serrano norteño
    zapoteco de Ixtlán
    zapoteco vijano
    zapoteco del Rincón (= yalal-
      teco)
de los valles
    zapoteco vallista
    zapoteco del Istmo (= zapoteco
      tehuano; juchiteco)

oaxaqueña *(continúa)*
sureño
    zapoteco de Cuixtla
    solteco (= zapoteco de Sola)
    zapoteco sureño
chatino
    chatino
    papabuco
mixteco
    mixteco de la costa
    mixteco de la Mixteca Alta
    mixteco de la Mixteca Baja
    mixteco de la zona
      mazateca
    mixteco de Puebla
cuicateco
    cuicateco
trique
    trique
amuzgo
    amuzgo
mazatecano
    mazateco
    chocho (= popoloca)
    ixcateco

huave
huave
    huave

tlapaneca
tlapaneca
    tlapaneco

totonaca
totonaca
    totonaca
    tepehua

mixe-zoque
mixe
    mixe
    popoluca de Oluta (= popoluca
      de Sayula)
zoque
    popoluca (de la sierra)
    popoluca de Texistepec
    zoque

maya
del Golfo (= inik)
    huasteco
peninsular (= winik)
    lacandón

LAS LENGUAS INDÍGENAS DE MÉXICO EN 2001

[Concluye]

Familia
Grupo
    Lengua

maya
  peninsular (= winik) (continúa)
    maya (= yucateco; maya penin-
      sular)
  chol-tzeltalano (= yaxché)
    chol
    chontal de Tabasco
    tzeltal
    tzotzil (= chamula)
    tojolabal
  mameano
    mame (= mam)
    teco
    cakchiquel
  motocintleco
    motocintleco
  chicomucelteco
    chicomucelteco
  kanjobaleño
    kanjobal
    jacalteco
  guatemalteca
    aguacateco
    ixil
    kekchi
    quiché

Familia
Grupo
    Lengua

yutoazteca
  pimano
    pápago (= pima; pima alto)
    pima (bajo) (= pima; pima bajo;
      ópata)
    ópata
    tepehuán
  tarahumareño
    tarahumara (= rarámuri)
    cahíta (= yaqui; mayo)
  huicholeño
    cora
    huichol
  aztecano
    náhuatl (= mexicano; azteca)
tarasca
  tarasco
    purhépecha (= tarasco; purépe-
      cha)
algonquina
  algonquino
    kikapú
chiapaneco-mangue
  chiapanecano
    chiapaneco

Este libro se terminó de imprimir en octubre de 2001 en los talleres de Impresora y Encuadernadora Progreso, S. A. de C. V. (IEPSA), Calz. de San Lorenzo, 244; 09830 México, D. F. En su tipografía, parada en el Taller de Composición Electrónica del FCE, se emplearon tipos New Century de 9.5:11, 8.5:10 y 7:8 puntos. La edición, de 2 000 ejemplares que estuvo al cuidado de *René Isaías Acuña*.

LÉXICO
DE LA
POLÍTICA

LAURA BACA OLAMENDI
JUDIT BOKSER-LIWERANT
FERNANDO CASTAÑEDA
ISIDRO H. CISNEROS
GERMÁN PÉREZ FERNÁNDEZ DEL CASTILLO
(COMPILADORES)

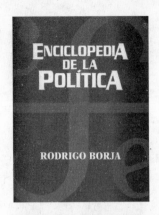

ENCICLOPEDIA
DE LA
POLÍTICA

RODRIGO BORJA

Otros
diccionarios
del FCE

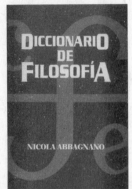

DICCIONARIO
DE
FILOSOFÍA

NICOLA ABBAGNANO

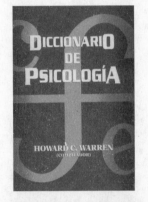

DICCIONARIO
DE
PSICOLOGÍA

HOWARD C. WARREN
(COMPILADOR)

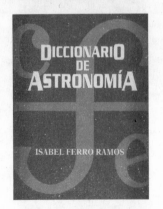

DICCIONARIO
DE
ASTRONOMÍA

ISABEL FERRO RAMOS

DICCIONARIO
DE
CIENCIA
POLÍTICA

A-LL

ANDRÉS SERRA ROJAS

DICCIONARIO
DE
CIENCIA
POLÍTICA

M-Z

ANDRÉS SERRA ROJAS

DICCIONARIO
INTERNACIONAL
DE
LITERATURA
Y
GRAMÁTICA

GUIDO GÓMEZ DE SILVA

BREVE
DICCIONARIO
ETIMOLÓGICO
DE LA LENGUA
ESPAÑOLA

GUIDO GÓMEZ DE SILVA

DICCIONARIO
GEOGRÁFICO
UNIVERSAL

GUIDO GÓMEZ DE SILVA
MIEMBRO DE NÚMERO DE LA ACADEMIA MEXICANA